중국을 움직인 시간
❶

땅, 권력, 동란 그리고 개혁

중국을 움직인 시간 1

발행일 2020년 12월 7일

지은이 김상규
펴낸이 손형국
펴낸곳 (주)북랩
편집인 선일영
편집 정두철, 윤성아, 최승헌, 배진용, 이예지
디자인 이현수, 한수희, 김민하, 김윤주, 허지혜
제작 박기성, 황동현, 구성우, 권태련
마케팅 김회란, 박진관, 장은별
출판등록 2004. 12. 1(제2012-000051호)
주소 서울특별시 금천구 가산디지털 1로 168, 우림라이온스밸리 B동 B113~114호, C동 B101호
홈페이지 www.book.co.kr
전화번호 (02)2026-5777
팩스 (02)2026-5747

ISBN 979-11-6539-482-0 04910 (종이책)
979-11-6539-484-4 05910 (전자책)
979-11-6539-483-7 04910 (세트)

이 도서의 국립중앙도서관 출판예정도서목록(CIP)은 서지정보유통지원시스템 홈페이지(http://seoji.nl.go.kr)와 국가자료공동목록시스템(http://www.nl.go.kr/kolisnet)에서 이용하실 수 있습니다.
(CIP제어번호: 2020051365)

중국을 움직인 시간 1

땅, 권력, 동란 그리고 개혁

김상규 지음

토지 사유제에서 무술변법까지,
3천 년 중국 역사의 물길을 바꿔놓았던 변혁들

북랩book Lab

프롤로그

나는 왜 역사를 쓰는가?

사실 역사 책을 쓴다는 생각을 해 본 적은 없었다. 한 택시 기사와의 대화가 계기가 되어 '역사를 다시 봐야겠다'고 마음먹었고 그 후 내 스스로를 위해 역사를 정리했던 것이 시작이었다. 예전에는 중국의 미래에 대한 주제에 심취했던 것 같다. 중국의 앞날에 대한 전망, 중국의 리더들, 이런 책들을 보면서 내 나름대로 이들의 미래를 예측해 보기도 하고 중국통이라는 칭찬에 으쓱하곤 했는데 지금 와서 생각해 보면 다 부질없고 주제넘는 짓이었다. 오히려 이들의 미래보다는 과거를 꿰뚫었어야 했다. 역사의 수레바퀴가 움직여온 궤적과 동력을 이해하는 것이야말로 그것이 어디로 굴러갈지를 예측하는 눈을 키워주는 것임을 그때는 몰랐다.

이렇게 역사를 뒤지면서 정리해 나가다 보니 나도 모르게 빠져들었고 숨겨져 있던 탐구심이 발동되었다. 이 사람이 쓴 걸 보면 저 사람이 하는 얘기도 듣고 싶어졌고 드라마나 영화에서는 어떻게 그렸으며 그 현장은 어떻게 생겼는지, 오늘날 중국인들은 이를 어떻게 생각하는지가 궁금했다. 그러다 보니 내가 알게 된 것들을 누구한테 이야기해 주고 싶은 욕구가 생겼다. 내 가상의 청자는 내 딸과 같이 대학 진학을 앞둔 학생이나 대학교 저학년생들이었다. 곧 세상에 눈을 뜨게 될 그들에게 뭔가 도움되는 이야기를 해 주고 싶었고, 또 솔직하게 말하자면 내가 그 이상의 사람들을 가르칠 수준은 아니라 생각했기 때문이다.

그런데 2년이 지난 후 이것이 '나의 무모한 시도였구나'라는 걸 깨닫게 되었다. 나의 밑천이 바닥을 드러내는 것을 느꼈고 더 이상 써 나갈 수가 없었다. '무식한 게 용감하다'고 처음 시작할 때는 내가 알게 된 것들, 경험한 것들을 마구 쏟아냈다. 그런데 그렇게 2년이 지난 어느 순간 내가 하고 있는 말에 확신이 안 서고 내가 이런 걸 쓸 자격이 있는지에 대한 물음이 생기기 시작했다. 앞에 썼던 내용들을 보면 허튼 소리를 하는 것 같아 얼굴이 달아오르기도 했다. 결국은 '역사를 쓴다는 것을 너무 우습게 봤구나'라는 결론에 이르렀다.

'그럼 어떻게 해야 하나? 그만둬야 하나?'

역사를 서술한다는 행위는 사실을 알려주고 싶어서가 아니라 잘 보면 그 본질은 자기가 하고 싶은 이야기를 하는 것이다. 사마천에게 "당신은 왜 《사기》를 썼습니까?"라고 물으면 그는 뭐라고 할까? 사마천이 생식기가 잘리는 형벌을 감수하면서까지 《사기》를 완성한 이유는 무엇이었을까? 그는 기전체라는 인물 중심의 서술 방식으로 제왕들의 공과 과를 낱낱이 밝혀 후세 사람들로 하여금 폭군과 혼군들에 대해 가차없는 평가를 하기를 바랐을 것이다.

나는 내가 무얼 하려는 것인지를 다시 곰곰이 생각해 보았다. 나의 관점으로 본 중국 역사, 내가 이해한 만큼의 중국 역사를 이야기해 주고 싶었다. 그 이상 그 이하도 아니다. 나는 역사를 가르치는 선생님도 아니고 대학에서 연구를 하는 학자도 아니다. 그러나 방대한 바다와 같은 역사의 세계는 학자나 언론인, 소설가들만의 무대는 아닐 것이다. 그곳은 나와 같은 비즈니스맨의 시각도 포용하고 때로는 필요한 곳일 것이다.

역사의 본질을 한마디로 말하자면(물론 나의 생각이다) '인간 사회와 집단의 본성을 말하고 있는' 것이다. 집단과 사회의 본질(본성)은 '권력'이다. 그러므로 '권력'에 대한 이해와 공감 없이는 역사를 제대로 느낄 수 없다('안다'와 '느낀다'는 다르다). 권력이 나쁜 건 아니다. 어느 집단이건 권력이란 게 생길 수밖에 없다. 그러니 권력을 추구하는 행위도 나무랄 일은 아니다. 단지 그 과정과 권력을 소유하였을 때 어떻게 사용하는지에 달렸다. 나의 친구들, 형누나들, 우리 아버지와 같은 회사원들, 공무원들, 크고 작은 사업체를 꾸려가고 있는 사람들, 즉 층층의 권력 구조의 밑바닥에서 시작하여 승진을 위해, 생업을 위해 투쟁했던 사람들이야말로 집단 내 권력관계를 제대로 경험해 봤으며 집단 내 권력 경쟁에서 얼마나 야비한 인간 본성이 드러나는지를 몸소 체험해 왔고 때로는 자기 자신도 후회하고 있는 사람들이다. 사실 이런 사람들이야말로 역사적 인물이나 사건이 주는 의미를 가장 잘 이해하고 공감할 수 있는 사람들이며 이들이 진짜 살아 있는 역사 서술가일 수 있다.

왜 중국 역사인가?

중국 역사는 우리에게 특별한 의미가 있다. 우리에게 있어 중국 역사는 로마, 유럽, 인도 역사를 들을 때와는 비교할 수 없는 몰입성을 불러일으킨다. 그 이유는 같은 아시아인이고 한자문화권, 유교문화권으로 묶여 있으며 20세기 전까지는 제도와 사회 가치관 측면에서 상당히 유사했기 때문이다. 그 옛날의 우리는 원하든 원치 않든 중국의 영향을 깊게 받아왔다. 가장 대표적이면서 영향이 컸던 것은 문자와 사상이었다. 그러나 우리가 중국의 영향을 많이 받았다는 사실을 굳이 거북하게 느낄 필요가 없다. 고대 동북아 국가들의 역사에서 중국의 영향을 받는 것은 지극히 자연스러운 현상이고 당연하기 때문이다. 유럽의 모든 국가들은 로마와 그리스의 영향을 깊게 받았지만 각국이 각각의 문화를 형성하고 있지 않은가. 1,000년 전, 2,000년 전에 중국과 국경을 접하고 있던 민족들은 한때 강대한 듯했으나 지금은 우리 민족을 제외하곤 전부 사라졌다. 이것은 우리가 고도의 문화를 갖춘 농경민족이었다는 것과 밀접한 관련이 있다.

몰입성이 크다는 것은 이들의 역사에서 우리가 취할수 있는 것이 많다는 것을 의미한다. 우리는 2,000년이 넘는 역사를 가진 민족이지만 안타깝게도 고려시대 이전의 역사는 사료가 부족하여 디테일한 스토리가 전해지지 않는다. 고대인들의 성공과 실패의 교훈을 외국의 역사에서 얻어와야 하는데 중국의 역사는 우리와 가장 근접하며 우리가 가장 참고할 만한 거울이라 할 수 있다. 중국 역사는 중국인들의 조상에 의해 만들어진 것이니 유구한 역사에 대한 자부심은 그들의 것이다. 그렇지만 역사가 주는 통찰력과 교훈은 역사를 향해 질문하고 그 답을 찾아가는 자의 것이다. 어쩌면 역사를 '바라보는' 입장에 있는 제3자의 깨달음이 더 클 수도 있다.

중국의 고대 사회는 생산(농경사회), 정치체제(전제왕조사회), 사상(유교사회), 문자(한자문화권) 등 모든 면에서 우리와 비슷한 면이 많긴 하지만 이들의 역사는 우리보다 훨씬 하드코어이고 자극적이다. 넓은 영토만큼 권력의 힘은 컸고 그러기에 이들의 정치투쟁은 그만큼 치열했으며 패패한 자에 대한 응징은 상상을 초월할 정도로 잔인했다. 넓은 영토와 많은 인구를 통치하기 위해선 강한 형법과 공포정치가 필요했기 때문이다. 그렇지만 패배한 자에 대한 가혹한 응징이 정치투쟁을 막지는 못했다. 중앙의 정치투쟁은 점점 빈번하고 치열한 양상으로 갔고 이는 왕조를 멸망으로 이끄는 한 축을 담당하였다.

중앙 정치가 부패했을 때 지방관리들의 착취와 이에 따른 민중들의 고통 역시 우리보다 훨씬 심했던 것 같다. 옛날의 농민들은 웬만해서는 집단 행동을 하지 않았다. 중국의 역사에서 농민 기의가 많았다는 것은 그만큼 지방관리들의 수탈이 심했고 이들이 도저히 살 수 없을 지경으로 몰리는 경우가 많았다는 것을 뜻한다. 이에 비해 우리의 역사에서는 농민 기의가 별로 없었다. 방금 언급한 두 가지, 중앙의 정치투쟁과 지방의 수탈, 여기에 지방 군벌(이 또한 국토가 넓은 중국 같은 나라의 특징이다)들의 할거가 더해져서 중국은 동란의 시기를 여러 번 겪었다. 동란은 세상을 몇십 년 뒤로 후퇴시켰으나 동란의 시기가 끝난 후에는 세대교체와 새로운 정권에 의한 대대적인 개혁이 뒤따랐다. 이것이 중국을 계단식으로 진보하게끔 만든 역사의 동력이다. 나는 일전에 한 TV역사 프로그램에서 어느 역사학자가 '우리 역사 속에는 수많은 작은 변혁들이 있었고 그러했기에 동란의 시기가 많지 않았다'라고 하는 말을 들었다. 일리가 있는 말인 것 같다. 우리의 역사는 작고 온건한 개혁이 끊임없이 있었고 완만한 우상향 곡선을 그려왔다. 그렇지만 한편으로는 우리 역사에서는 철저한 개혁이 이루어진 적이 거의 없다. 개혁은 기득권의 반발에 직면하게 되는데 두 세력 간의 충돌이 격렬하지 못했다는 건 개혁이 좌절되었거나 타협하여 충분하지 못했다는 걸 의미한다. 중국의 역사는 우리가 가지지 못한 부분, 즉 동란과 개혁이라는 요소를 강하게 지니고 있고 나의 중국사 이야기는 이 점에 주목하고 있다.

개혁이란 무엇인가?

우리나라는 왜 35년의 일제 강점기를 겪어야 했을까? 우리 역사는 도대체 어디서부터 무엇이 문제였을까? 삼일절이나 광복절에는 응당 이런 질문들을 던지면서 역사의 교훈을 끄집어내야겠지만 그렇지 못한 것 같아 안타깝다. 그저 일본이 저질렀던 잔악한 행위, 우리 독립투사들의 활약, 나라 잃은 설움을 그리는 내용뿐이다. 정말 답답하다. '역사를 잊은 민족에게 미래는 없다'라는 단재(丹齋) 신채호 선생의 말만 되풀이하면서 일본의 만행을 잊지 말자고 한다. 사실 단재는 강점기 초기에 우리 민족의 자긍심과 진취적 기상을 불어넣고자 역사서와 역사소설을 저술하였고 을지문덕과 같은 고구려 역사를 부각시켰다. 단재가 역사를 통해 말하고자 했던 것은 시종일관 우리 역사의 진취적 측면이었고 수나라의 113만 대군을 물리쳤던 고구려의 기상으로 식민 근성에서 벗어나 단결하여 독립을 쟁취하자는 것이었다. 그러나 당시에는 이러한 접근이 위안이 되고 용기를 북돋아 주었을지 모르나 이 역시 역사를 대하는 올바른 자세는 아니며 지금은 우리 민족의 미래에 별 도움이 되진 않는다.

'우리는 왜 일본에게 나라를 빼앗겼는가?'에 대한 답을 찾는 것은 어렵고도 민감한 문제일 것이다. 하지만 민감하다고 답을 찾으려고 하는 노력 자체를 하지 않는 것은 비겁하고 바보 같은 짓이다. 이 질문에 대한 해답을 구하려면 열강들이 호시탐탐 이권을 노리던 19세기보다 훨씬 더 앞으로 올라가야 할지도 모른다. 다시 질문을 해 보겠다. '우리는 삼국이 통일된 이래로 왜 한 번도 강해 본 적이 없는가?' 물론 여러 가지 주장이 있을 것이다. 이런 종류의 질문에 대한 답을 구하는 데에는 굳이 전문가의 답을 기다릴 필요는 없다. 나름의 견해를 가지고 있으면서 필요 시 수정할 수 있는 열린 마음을 견지하고 있으면 된다. 이 질문에 대한 나의 대답을 말하자면 '개혁의 역사가 빈약했다'이다. 인류 역사를 발전시키고 진보하게 했던 것은 '개혁'이었다. 식민 경영을 했던 민족들과 유구한 역사를 가졌으면서도 식민지 또는 식민지에 준하는 처지가 되었던 민족들을 가르는 건 무엇일까? 그것은 관건의 시기마다 '개혁'이 이루어져 역사가 진보해 왔느냐에 달려 있다. 중국은 어느 나라보다도 개혁의 역사가 풍부했던 나라이다. 그러나 이들은 15세기 이후부터 필요한 개혁을 하지 못했고 자신들만의 세계에 갇혀 지냈다. 그리고 그에 대한 대가는 아편전쟁의 패배와 뒤이어 열강들에 의해 갈기갈기 찢겨지고 유린당하는 신세가 되는 것이었고 급기야 일본에 의해 국토의 절반이 침략당하는 일을 겪었다. 그러므로 오랜 역사에 걸쳐서 개혁의 성공과 개혁의 실패, 그리고 개혁의 부재가 이들의 운명을 어떻게 바꿔놓았는지를 보는 것은 매우 흥미롭고 의미 있는 일일 것이다.

'개혁이 무엇인지? 우리 시대에 필요한 개혁이 무엇인지?'에 대한 나름의 정의와 확고한 견해가 필요하다. 왜냐하면 개혁이란 말만큼 정치인들의 입에 자주 오르내리며 민중의 눈과 귀를 현혹시키는 단어가 없기 때문이다. 개혁이라는 이름으로 쿠데타를 했고 개혁이라는 간판을 내걸고 정치적 숙청을 했으며 개혁이라는 이름으로 민중을 선동했다. 나는 세상에 대해 막 눈을 뜨고 있는 학생들이 '개혁'과 '정치투쟁'을 구분하는 눈을 가졌으면 좋겠다. 오늘날의 정치인들이 부르짖는 개혁은 잘 보면 거의가 '정치투쟁'이기 때문이다.

중국사에서 개혁이라 하면 '관중', '상앙', '왕안석' 등 손꼽히는 스타 개혁가들이 있다. 이들 개혁가들만으로도 이야기를 꾸려갈 수 있지만 나는 처음부터 끝까지 시간 순으로 다방면에 걸쳐 서술하는 통사(通史)의 방식을 선택하였다. 그래서 모든 챕터가 다 개혁을 주제로 하고 있진 않다. 개혁과 무관해 보이는 사건과 인물도 이야기하고 있는데 이런 것들은 중국 고대사에서 반드시 알아야 하는 사건이며 간접적으로는 후에 나오는 개혁과 무관치 않다. 시대의 요구와 흐름을 알아야 하는데 몇백 년을 훌쩍 건너 뛰어 에피소드 형식을 취하면 독자들이 느끼는 스피드감은 있겠으나 역사의 맥락을 알 순 없다. 통사의 방식을 선택한 또 한 가지 이유는 스타 개혁가의 이야기만 하고 싶진 않았기 때문이다. 왕조 초기에는 항상 새로운 법령과 정책이 실시되었는데 이런 것도 대단히 중요하다. 중국이란 사회가 어떻게 굴러왔는지를 아는 데에는 민족 문제를 이야기하지 않을 수 없다. 또한 사회 전반적인 개혁은 아니지만 화폐나 조세 제도 같은 특정 방면에서 의미 있는 개혁과 진보가 이루어지기도 했는데 이러한 것들에 대한 이야기를 하려면 전반적으로 두루 설명하는 통사가 더 적합하였다.

대한민국은 확실히 새로운 진보의 동력을 찾아야 할 때가 되었다. 이미 늦었지만 그나마 지금이라도 이 작업을 하지 않으면 미래가 없어 보인다. 우리나라에서는 진보라는 개념이 정치 진영을 뜻하면서 그 본질이 변질되어 왔는데 진보는 정치 진영의 문제가 아니다. 간단히 생각하면 된다. 진보의 반대말은 '퇴보'나 '낙후'이지, '보수'가 아니다. 그리고 보수의 반대말은 '개혁'이다. 진보는 앞으로 나아가는 것이다. 좀 더 객관적이고 중립적으로 보기 위해 '진일보'라고 불러보자. 자신이 이전보다 앞으로 나아갔다고 생각이 들면 진보한 것이고 아니면 진보하지 못한 것이다. 과거의 엔진은 이미 힘을 잃고 멈춰선 지 오래다. 그 엔진은 이미 써먹을 대로 써먹었고 그 수혜자들이 내 형, 누나들이다. 나도 그 세대의 끄트머리에 살짝 걸쳐있다. 이제는 국가의 미래를 다시 설계하고 새로운 발전의 동력을 세워야 하는데 이런 일이 바로 개혁인 것이다.

나의 《중국을 움직인 시간》 1, 2는 중국 역사의 시작 시점부터 당왕조까지의 시대를 담고 있다. 5대10국에서부터 청 말기까지의 1,000년의 개혁과 개혁 실패사를 담는 3권은 현재 집필 중에 있다. 나도 아직 어떤 내용이 쓰일지 모른다. 원래는 중국사를 편력(遍歷)하면서 개혁이 왜, 어떤 조건하에서, 어떻게 일어나고, 어떻게 실패하는지, 잘못된 개혁과 개혁 부재의 대가는 어떤 건지를 깨닫고자 했는데 아주 초보적인 수준밖에 가지 못한 것 같다. 역시 희망과 개인의 능력치는 다르다. 그러나 누군가가 이 책을 읽고 이런 주제에 관심을 가지고 내가 다가가지 못한 경지를 향해 나아가 준다면 더할 나위 없이 기쁠 것 같다.

끝으로 나의 역사 토론에 매번 응해 주고 영감을 준 내 친구 쉬광핑(徐广平)에게, 그리고 언제나 나를 응원해 주는 아내에게도 고맙다고 말하고 싶다.

2020년 12월

김상규

차례

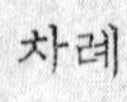

춘추시대 81

법가 개혁의 시대 146

제1제국 시대(진·한)

제1차 황금시기 255

대분열의 시대

통일 진(秦) 탄생 전
(~기원전 221)

사양방존(四羊方尊 상왕조 말기)

역사의
시작

1장
중국 민족의 기원

오늘날 모든 중국 국민들이 가지고 있는 신분증에는 이름, 성별, 생년월일, 주소지, 신분증 번호 외에 다른 나라의 신분증에선 보기 힘든 개인 정보가 하나 있는데 그것은 바로 '민족'이다. 성별 바로 옆에 민족란이 있어서 한족은 汉,[1] 조선족은 朝鲜, 장족은 壮, 이렇게 적혀 있다. 이렇게 신분증에 민족을 드러내는 나라가 지구상에 중국 하나는 아니다. 라오스, 미얀마 등 민족과 종교가 복잡한 나라에서도 신분증에 민족 구분을 하고 있다. 신분증이란 작은 물건에 새겨지는 정보는 한 국가의 행정 체계 안에서 중요한 의미를 가지는 아주 기본적이고 핵심적인 개인 정보라 할 수 있다. 그러므로 신분증에 민족란이 있는 나라는 그렇게 하는 나름의 이유와 목적, 역사적, 사회적 배경이 있을 것이다.

그런데 중국과 비슷한 역사의 길이와 인구 그리고 더 많은 민족과 종교를 가지고 있는 인도는 정작 신분증에 민족을 표기하지 않는다.

1) 이 책은 인명, 지명, 관직명, 관청명, 종족명 등 고유명사에 해당하는 단어는 현대 중국에서 쓰고 있는 간체자로 기입하고, 우리말에서 보편적으로 사용되는 한자어(예를 들어 동정東征)는 번체자로 기입하였다.

미국은 더더욱 없다(그렇지만 미국은 재미있는 게 눈동자 색깔을 운전면허증에 표기하는데 그것이 무슨 의미인지는 모르겠다). 중국처럼 국토가 넓고 여러 민족으로 구성되어 있는 러시아는 예전에는 민족란이 있었는데 소수민족 차별 소지가 있다는 이유로 삭제했다. 아프가니스탄도 2018년에 새로 발행되는 전자 신분증에 민족을 표기하는 것에 대한 우려와 반대의 목소리가 많았다. 그것이 소수민족에 대한 차별이 될 수 있다는 이유에서였다. 우리가 아는 메이저 국가들 중에선 신분증에 민족을 드러내는 나라로는 중국이 유일하다.

그러면 왜 중국은 굳이 민족명을 신분증에 박아 넣을까? 얼핏 생각하면 절대 다수를 차지하고 있는 한족과 구분되는 것이 기분 나쁜 일이고 차별받는다는 느낌을 받을 수도 있는데 이들은 생각이 다른 걸까? 중국인들에게 그 이유를 물어보면 이들은 일말의 주저도 없이 '소수민족을 우대하기 위함'이라고 이구동성으로 말한다. 입학, 출산 등에 있어서 소수민족 우대정책이 있긴 하니(지금은 많은 우대정책이 유명무실화 되어가는 추세이긴 하다) '이들을 우대하기 위한'이란 말이 틀린 말은 아닐 것이다. 그러면 중국은 왜 이들에게 특혜를 줄까? 소수민족과 한족 간에 자녀가 생겼을 때 소수민족에게 우대정책이 있으니 이들은 기꺼이 소수민족을 택할까? 소수민족에 대한 우대를 하는 케이스가 다른 나라에도 있긴 하다. 미국도 인디언 보호구역이라는 걸 만들어 놓고 이들에 대한 특혜를 주고 종족과 문화를 보존하도록 하고 있다. 중국의 소수민족 정책과 미국의 인디언 보호 정책을 같은 맥락으로 봐도 될까?

민족의 기원에 관련한 이야기는 역사적 해석이나 의미부여가 필요한 일이라기보다는 인류학적 가설을 설명하는 일이다. 객관적인 문헌이나 증거가 부족하고 학자마다도 다소 차이가 있으므로 필자가 이해한 수준에서 일반적인 설명을 할 수밖에 없다. 그렇지만 중국 민족의 실체, 즉 '중국 민족이 어떻게 형성되었나'를 들여다보는 것은 이들의 역사와 사회를 이해하는 데 빼놓을 수 없는 일이다. 수천 년의 역사를 거치면서 이들의 터전은 늘었다 줄었다를 반복했고 다른 민족과 섞이기도 하고 배척하기도 하였으며 지배하기도 하였고 지배받기도 하였다. 그렇기 때문에 민족 문제는 이들의 역사만큼이나 복잡하며 이들의 역사 어느 시기에 있어서도 빠지지 않고 등장하는 주제이다. 또한 신장, 시장(티베트), 칭하이, 네이멍구, 윈난, 쓰촨 등지의 소수민족 집산지역 그리고 동북지역의 소수민족들이 중국 역사와 사회 속에서 어떤 의미를 차지하고 있는지를 아는 것은 현대 중국을 이해하는 데에 있어서도 중요한 한 축임에 틀림없다.

중국 민족이란?

오늘날 중국의 민족 구성은 한족(汉族)이 91.5%, 55개의 소수민족이 8.5%이다. 한족은 12억 2,000만 명으로 전 세계에서 인구가 가장 많은 민족이다. 맞는가? 인류학자들이 한족을 하나의 민족으로 보는지는 모르겠다. 인류학에 대해 문외한이므로 더 이상 뭐라 언급을 하진 않겠으나 민족을 보는 관점은 아마 몇 가지가 있지 않을까 싶다. 얼핏 생각하더라도 생물학적, 유전적 관점으로 12억이 하나의 민족이란 건 말이 안 된다. 분명한 건 이들이 말하는 '한족'이란 역사 공동체, 운명

공동체의 개념으로 이해해야지 생물학적, 유전적 유사성을 가지는 종족의 개념으로 볼 순 없다는 것이다.

쉽게 생각하면 이렇다. '유럽 민족'이란 말을 들어본 적이 있는가? 게르만 민족, 앵글로색슨 민족, 라틴 민족, 슬라브 민족 등이 모여 유럽을 형성하고 있지만 이들을 뭉뚱그려 '유럽 민족'이라고 하진 않는다. 이들은 현재 EU라는 국가 연맹의 울타리에는 들어가 있지만 각국이 개별 역사와 문화, 신앙을 유지해오면서 살아왔기에 유럽 민족이란 개념은 탄생하지 않았다. 만약 유럽 대륙이 옛날부터 19세기까지 로마제국의 울타리하에 같은 문자와 언어를 써왔다면 지금쯤에는 로마 민족 또는 유럽 민족이라는 말이 생겨났을 수도 있다.

중국의 '한족'은 위의 가칭 '유럽 민족'과 비슷한 개념이다. 스웨덴 사람과 이탈리아 사람의 생김새와 언어, 풍습이 다르듯이 헤이룽장(黑龙江) 사람과 광동(广东) 사람이 다르고, 프랑스 사람과 폴란드 사람이 다른 만큼 산동(山东) 사람과 깐수(甘肃) 사람이 다르다. 그러나 유럽과는 달리 중국의 각 지역들은 분열의 시기가 있긴 했어도 더 많은 시간 동안 통일 왕조의 울타리 안에 포함되어 왔다. 그러면서 중국 대륙에서는 유럽보다는 훨씬 빈번한 지역 간의 이동과 혼합, 융합이 일어났고 결정적으로 한자의 우산 안에 포함되면서 역사와 문화를 공유하는 운명 공동체로 형성되었다. 그것이 바로 한족이다.

한족(汉族)이라는 이름은 한(汉)나라에서 유래되었다. 400년 동안 이어졌던 이 통일왕조는 중국을 크게 발전시켰다. 실크로드를 개척하여 서역의 국가들과 활발한 교류를 하였고 흉노를 몰아내는 등 중국은 경제, 문화, 군사 측면에서 황금기를 구가하였다. 오늘날 중국 사람들이 자신들을 중국인이라 부르듯이 당시 사람들은 자기들을 '한인(汉人)'이라고 부르기 시작했을 것이고 주변 민족 정권들도 중원 사람들을 '한인(汉人)'이라 불렀을 것이다. 3세기 초에 한왕조가 멸망하고 다른 왕조가 들어섰지만 중국인들의 가슴 속에 자신들은 여전히 '한인'이었고 이렇게 한인의 개념은 역사, 문화 공동체의 개념으로서 왕조가 바뀌어도 면면히 이어져 내려왔다. 진시황이 중국을 통일하고 10년 째 되는 해의 인구가 약 3,000만 명이었으니 2,200여 년 동안 한족의 인구는 40배 늘어난 셈이다.

그러면 소수민족은 무엇인가? 소수민족은 한족의 역사와 문화, 생활방식에 동화되지 않은 사람들이다. 고대 한인들의 터전은 동쪽의 바다를 제외하고는 모든 방향에서 많은 민족들과 국경을 접하고 있었다. 한인 정권이 팽창함에 따라 이들 비한인 민족들은 중국의 울타리 안으로 들어올 수밖에 없었는데 일부는 더 멀리로 이동했고 일부는 다른 소수민족과 합쳐지기도 했으며 일부는 한족에 동화되었다. 물론 그 과정에서 충돌이 있었다. 그리고 일부는 특정 지역에서 자신들의 언어, 문자, 관습, 신앙을 유지하며 살아왔는데 이들이 오늘날의 소수민족이다. 비율로는 8.5%이지만 1,000만이 넘는 인구 수를 가진 민족이 4개나 된다. 이들의 인구 수에 대한 고대의 문헌 자료는 매우 빈약하고 부분적이므로 이들 소수민족의 인구 증감 추세는 알 길이 없다. 그러나 상식적으로 생각해 볼 때 문화적, 경제적으로 훨씬 앞섰던 한족이 팽창함에 따라 소수민족들은 시간이 흐를수록 한화되었을 것이고 따라서 역사를 거치면서 한족과 소수민족 간의 인구 격차는 점점 커져갔을 것이다.

농경 지구와 유목 지구의 경계선 400밀리미터 라인

강수량 400밀리미터 라인

중국을 가르는 유무형의 경계 중 가장 의미가 큰 경계는 무엇일까? 통상 북방인과 남방인을 가르는 장강을 가장 대표적인 경계선이라고들 한다. 당나라 때까지만 해도 회하가 더 중요한 남북의 경계였지만 지금은 의미가 없어졌다. 회하라는 강을 본 적이 있는가? 벼농사와 밀농사를 가르는 회하는 구간 구간 말라버려 지금은 존재감이 거의 없는 강이 되어 버렸다. 또한 화북의 평야지대와 고원지대를 가르는 태행산맥, 중원의 서쪽 경계선인 황하 중류에 의미를 두는 사람들도 있다. 그러나 역사적 시각으로서 가장 의미가 큰 경계선은 무엇보다도 강수량 400밀리미터 경계선이다. 동북에서 서남으로 중국을 대각선으로 가르는 이 경계선은 농경과 유목이라는 생산 방식을 구분지었고 생산 방식과 환경의 차이는 생활방식에 있어서 하늘과 땅과 같은 차

이를 만들어 놓았으며 결국은 '유목민족 vs 농경민족'이라는 역사의 대결구도를 이어가게 했다. 한족이 지역별 다양성을 내포하고 있긴 하지만 그래도 이들은 모두 정주 농경민족이다. 자신들이 먹고사는 게 여의치 않을 때 유목민족들의 눈은 어쩔 수 없이 남쪽의 농경민족의 땅으로 향할 수밖에 없었고 농경민족은 목숨걸고 자신들의 터전을 사수해야 했다. 그래서 만들어진 게 만리장성이고 그것은 깐수성에 이르기까지는 강수량 400밀리미터 라인과 대략적으로 일치한다.

황하 문명의 기원

아주 옛날, 역사 이전의 시기 중국 대륙에 살고 있던 민족을 후세 사람들은 크게 네 개로 구분하였다. 동쪽(산동과 발해만)에 있는 민족을 이(夷), 북쪽 초원에 있는 민족을 적(狄), 서쪽 고원 지대에 있는 민족을 융(戎), 남쪽에 있는 민족을 만(蛮)이라 통칭했다.

이(夷), 적(狄), 융(戎), 만(蛮)은 후대에 들어 중원의 바깥 지역에 살고 있는 이민족, 소위 오랑케를 지칭하는 단어가 되었지만 중원의 개념이 생기기 훨씬 전인 민족 형성기에는 이들이 중국 민족을 이루는 네 개의 모태 민족이었다. 소위 화하민족(华夏民族)이라 불리는 한족(汉族)의 프로토타입은 이들 이(夷), 적(狄), 융(戎), 만(蛮)이 융합되어서 황하 중류에 형성된 민족을 말한다.

동이(夷), 북적(狄), 서융(戎), 남만(蛮)은 통칭일 뿐 예를 들어 융(戎) 안에도 대융족, 소융족, 견융족, 강족(羌) 등 여러 민족들이 있었다.

서쪽의 융(戎)의 지류 민족인 '강(羌)족' 중에 '염제(炎帝)'란 부락이 있었는데 이들이 황하 중류지역으로 동진했다. 비슷한 시기에 산동성에 분포해 있던 '이(夷)족' 중 '황제(黄帝)'란 부락이 역시 황하 중류지역으로 서진하여 염제 부락과 충돌한다. 이 둘의 충돌에서 염제부락이 밀려서 그중 일부는 다시 서쪽으로 밀려가고 일부가 황제(黄帝)부락과 합쳐졌는데 염황(炎黄)이라 불리우는 이들이 중국 황하 문명의 기원으로 알려져 있다. 중국에 오래 산 사람들은 매체나 광고에서 가끔 '염황의 자손(炎黄之孙)'이라고 하는 걸 듣거나 본 적이 있을 것이다. 이는 우리로 치면 '단군의 자손'이라고 하는 것과 마찬가지이다. 허난성의 성회[2]인 쩡저우(郑州) 시 북쪽 30킬로미터 지점에 일명 시조산이라고 불리우는 상양산(向阳山)이 있는데 여기에 이 두 부락의 수장인 염제와 황제의 모습을 한 100미터가 넘는 거대 조각상이 있다. 물론 현대에 와서 만든 것이다. 어쨌든 이와 같은 설에 따르자면 중국 최초 문명의 시작은 동이족과 강족이 합쳐져서 형성된 것이다.

중국 역사를 '한족과 이민족들 간의 충돌과 동화의 역사'라고 하기도 하지만 지금 말하는 이 시기는 한족이라는 실체가 형성되기도 훨씬 전이므로 이 시기에는 어떤 민족이 중국 민족에 속하고 어떤 민족이 이민족이라는 경계를 그을 수 없다. 시간이 흐르면서 이(夷), 적(狄), 융(戎), 만(蛮)이 전부 조금씩 섞여서 오늘날 이들이 화하민족이라 부르는 한족의 초기 버전을 이루었고 이 다민족 공동체는 세월이 흐를수록 점점 여러 민족들을 흡수하여 그 크기를 키워간다.

2) 중국의 1차 행정구역인 성(省)의 수도를 성회(省会)라고 한다.

2장

반국가 시대: 하(夏), 상(商)왕조

지금으로부터 대략 2,900년 전인 주나라 7대 국왕 주의왕(周懿王) 원년 어느 날 동이 틀 무렵, 주의 도읍 호경(섬서성 시안)에서 서쪽으로 약 180킬로미터 떨어진 정(郑)[3]이라는 곳에서 매우 기이한 현상이 목격되었다. 어둠을 밝히는 붉은 태양이 먼 산에서 떠오르기 시작했고 강렬한 여명에 하늘의 달과 별들은 서서히 자취를 감추기 시작했다. 아침이 왔다는 뜻이다. 대부분의 사람들은 아직 자고 있을 때이지만 새벽 밭일을 하러 일찍 나선 백성과 노예들은 이미 들판에 나와 있었고 보초를 서던 병사도 여명이 밝아오는 것을 보고 있었다. 이때였다. 갑자기 태양이 무언가에 잡아먹히듯 조금씩 줄어들며 빛을 잃어가더니 온데간데없이 자취를 감췄고 눈 깜짝할 사이에 다시 칠흑 같은 어둠이 깔렸다. 다시 밤이 된 것이다. 도대체 무슨 일이 벌어진 건가? 분명 동이 텄었는데 다시 밤이 되다니! 사람들은 웅성대기 시작했고 자신들이 아직 꿈을 꾸고 있다고 생각했다. 웅성대는 사이 먼 산에서 다

3) 오늘날의 섬서성 바오지시(陕西省 宝鸡市).

시 해가 조금씩 나타나기 시작하더니 다시 날이 밝아왔다. 다시 동이 트고 아침이 다시 온 것이다.

듣도 보도 못한 이 기이하기 이를 데 없는 자연 현상은 당연히 주왕실에 보고가 되었고 조정 대신들은 동요하였다. 어떤 이들은 큰 재앙이 닥쳐올 징조이니 하루빨리 하늘에 제사를 지내야 한다고 했고, 또 어떤 이들은 새 국왕의 즉위를 경축하는 하늘의 표시라 하는가 하면, 어떤 이는 곧 서쪽의 견융족이 공격해 올 수 있으니 이에 대비하라는 하늘의 경고라고 했다. 역사는 이 기이한 현상을 '아침이 두 번 왔다'는 뜻의 '천재단(天再旦)'이라 기재하였다.

천재단 사건은 그로부터 약 2,900년이 지난 1997년에 베이징의 여러 학자들이 모인 토론 테이블에 올랐다. 이들은 모두 하상주 단대공정(夏商周断代工程)에 참여한 학자들이었다. 이 기이한 자연 현상에 대해서는 《죽서기년(竹书纪年)》[4]에 "의왕 원년에 정(郑)에서 천재단이 목격되었다(懿王元年天再旦于郑)"라고만 기재되어 있을 뿐이었다. 그곳의 학자들은 '주의왕 원년이 몇 년이다'라는 과학적 계산 결과를 듣기 위해 모인 것이었다.

여명의 순간에 일어나는 개기일식 현상인 '천재단(days again)'은

4) 《죽서기년》은 춘추시대 진(晋)의 사관과 전국시대 위(魏)의 사관이 만든 편년체(연대순으로 기재) 통사이다. 오제기(五帝記), 하기(夏記), 은기(殷記), 주기(周記), 진기(晉記), 위기(魏記)로 구성되어 있다. 서진(西晋) 시대인 280년에 한 도굴꾼이 오늘날 허난성 지현(河南省 汲县)의 전국시대 무덤을 도굴하던 중 이 역사서를 발견하였다. 《죽서기년》은 진시황의 분서갱유를 겪지 않고 원본이 전해진 유일한 편년체 통사였다. 그러므로 발견 당시에는 죽간 형태였을 것이다. 그러나 송대에 와서 유실되었고 명대에 와서 기록과 기억에 의거하여 다시 만들어졌지만 다소 신뢰성과 사료적 가치를 잃을 수밖에 없었다.

1,000년에 한 번씩 벌어진다고 할 만큼 극히 드문 자연현상이다. 보통의 경우 개기일식이 일어나더라도 세상은 이미 빛을 머금고 있으므로 어두어질 뿐 캄캄한 밤이 되진 않는다. 그러나 동이 트는 순간에 개기일식이 일어나면 땅과 하늘에 아직 빛이 차기 전이므로 순간 다시 캄캄한 밤이 된다. 그리고 몇 분 후 일식이 끝나고 다시 아침이 찾아온다. 하상주 단대공정이 진행되던 당시는 이미 천문학과 슈퍼 컴퓨터의 도움을 빌어 천재단이 일어났던 과거의 날짜와 앞으로 일어날 날짜, 위치까지 정확히 계산이 가능했다. 이는 매우 중요한 작업이었다. 왜냐하면 《죽서기년》에 기재된 '주의왕 원년'이 몇 년인지를 알면 그것을 기준으로 여러 사건들의 선후와 연도를 추정해낼 수 있기 때문이다. 과학자들의 계산 결과는 섬서성 바오지시(陕西省宝鸡市)에서 천재단을 볼 수 있었던 때는 기원전 899년 4월 21일 새벽 5시 48분이었다.

하상주 단대공정

이 이야기는 '하상주 단대공정'을 소개하기 위해 꺼낸 이야기이며 물론 실화이다. 1995년 가을, 국가 과학위원회(오늘날의 과학기술부) 주임 송젠(宋健)은 베이징에서 그가 초청한 학자들과 좌담회를 가졌다. 여기서 그는 하상주단대공정의 구상을 제기한다. '하상주단대공정'의 글자 그대로의 의미는 '대(代)가 끊어진(断) 하·상·주 세 개 왕조를 연구하는 프로젝트(工程)'이다. 당시만 해도 하(夏), 상(商), 서주(西周) 이 세 개의 상고시대 왕조의 역사는 역사인 듯하면서도 역사가 아닌 듯한 시대였다. 특히 하왕조에 대해선 당시 국제 사학계에서 인정을 하지 않았고 그래서인지 필자가 세계사를 배울 때만 하더라도 교과서에는 은·상왕조의 갑골문자 사진과 함께 중국사가 시작되었다. 그도 그럴 것이 이 세 개 왕조 시기에 벌어진 역사적 사건들은 그 선후와 연대가 모호하고 학자마다 주장이 달랐기 때문이다. 기원전의 역사에 대해서도 놀라울 정도의 디테일을 보여주는 사마천의 《사기》는 모든 역사적 사건에 대해 정확하게 연도를 달았다. 그런데 무슨 이유에서인지 사기의 연도 기재는 기원전 841년부터 시작한다[5]. 사기는 물론 이 세 상고시대 왕조의 역사도 기술하고 있지만 기원전 841년 이전의 역사에는 연도를 달지 않았다. 그래서 기원전 841년 이후를 '믿을 수 있는 역사'라는 뜻의 '신사(信史) 시대'라고 부르기도 하는데 이는 곧 그 이전의 역사에는 자신이 없다는 뜻이기도 하다. 하상주 단대공정은 841년 이전의 역사에 대해 연도를 부여하고자 한 국가 주도의 역사 프로젝트였다. 연도의 부여는 곧 신사(信史) 시대가 되는 것을 뜻하기 때문이다.

하상주 단대공정은 이듬해인 1996년에 시작하여 2000년까지 5년에 걸쳐서 역사학, 고고학, 문헌학, 고문자학, 역사지리학, 천문학 분야의 180여 명의 전문가들이 참여하였고 이들은 현장발굴, 문헌 연구와 토

5) 기원전 841년에 주려왕의 폭정에 반발하여 폭동이 일어났고 주려왕은 도주하였다. 그의 어린 아들 희정이 있었으나 여기서 특이한 점은 희정이 성장할 때까지 즉위시키지 않고 소공과 주공이라는 두 대신에 의해 국정이 처리되는 국왕 공백 시기가 있었는데 이 시기를 '공화행정시기'라고 한다. 사마천은 공화행정이 시작되는 기원전 841년을 '공화원년'이라 하고 이때부터 정확하게 연도를 기재했다. 이는 중국 역사에 있어서 획을 긋는 사건인데 중국에서는 이후부터를 신사(信使) 시대라고 하기도 한다. 신사(信使) 시대는 직역하면 '역사를 믿을 수 있는 시대'라는 뜻으로 이때부터 엄밀한 의미의 역사시대가 열렸다고 보는 시각도 있다.

론, 그리고 과학적 검증 방법을 통해 드디어 하상주 연표를 만들어냈다. 프로젝트 과정에서 밝혀지고 규명된 엄청난 양의 내용과 역사적 증거들은 하(夏), 상(商), 서주(西周)라는 모호했던 시대를 손에 잡히는 역사로 만들어냈고 새롭게 나온 역사적 정보는 중국의 교과서와 여러 문헌에 채용되었다. 물론 하상주 단대공정에 대한 서구 사학계의 비판이 있긴 했다. 이들은 하상주 단대공정이 정치적 목적을 담은 정부의 역사 프로젝트라는 점, 의도가 순수하지 않으므로 역사의 왜곡이 있을 수 있다는 점을 비판하였고 당시 중국의 과학 기술의 정확성에 대해서도 의구심을 제기하였다. 국가 주도의 역사 프로젝트란 것이 서구 사학자들의 눈에는 거슬리는 행위였던 것이다. 마치 몇 년 후 진행된 또 하나의 역사 프로젝트인 '동북공정'에 의하여 우리의 고대 만주 역사가 그들의 역사로 들어간 것처럼 말이다.

하·상왕조를 이야기함에 앞서 하상주 단대공정 이야기를 하는 것은 이를 비판하기 위함이 아니다. 프로젝트에 정치적 의도가 담겨 있고 설령 신뢰성에 의심의 여지가 있다 하더라도 이 프로젝트가 낳은 수많은 성과들까지 부정할 순 없다. 그러한 성과들이 있었기에 필자와 같은 역사 초보자도 3,000~4,000년 전의 하·상왕조 이야기를 할 수 있는 것이 아닐까?

황하 중류지역에 두 개의 왕조가 차례로 일어났는데 기원전 21세기에 시작하여 대략 1,000년 동안 지속하다가 기원전 11세기에 끝난다.

하(夏)왕조: 기원전 21세기~기원전 16세기(470년)

상(商)왕조: 기원전 16세기~기원전 11세기(550년)

하왕조와 상왕조를 거치면서 중국은 신석기에서 청동기로, 모계사회에서 부계사회로 가며, 평등한 사회에서 노예제 사회가 되고, 부락연맹체에서 반국가 형태를 갖추게 된다.

최초의 세습왕조 하(夏)

중국의 웬만한 도시에는 모두 역사 박물관이 있다. 그곳은 당연히 시대순으로 전시관이 배치되어 있고 그래서 가장 먼저 보게 되는 게 하(夏)왕조 유물이다. 하왕조의 유물은 그 수가 적어서 토기류 몇 점을 보면 금방 지나가게 되지만 우리의 이야기에서 중국인들에 의해 '최초의 왕조'로 공인된 이 시기를 그냥 지나칠 순 없다.

5제 시대[6]의 마지막 대장인 제순의 뒤를 이어 부락 연맹의 장이 된 사람은 하(夏)부락 출신인 '우(禹)'이다. 후세 역사에서는 그를 '대우(大禹)[7] 라고 불렀다. 대우는 자기 부락의 이름을 따서 국호를 하(夏)라고 했고 수도를 안읍(安邑, 산시성山西省 남부 윈청시运城市 샤현下县)에 정했다. 때는 기원전 2070년이다. 산시성 윈청시가 어딘가 하면 황하의 중류가 '几'자를 그리면서 북으로 올라갔다가 다시 남으로 내려오는데 남으로 내려와서 다시 동으로 꺾이는 코너 안쪽에 위치한다. 산시

6) 지금으로부터 5,000년에서 4,000년 전에 존재했던 전설상의 다섯 군주. 첫 번째 군주가 황제(黄帝) 희원원(姬轩辕)이고 우리의 단군과 같은 위치이다. 네 번째와 다섯 번째 군주가 요순 시대라고 하는 제요와 제순이다.

7) 주왕조 이전에는 왕(王)이라는 호칭이 없었고 제(帝)로 불렀다. 하왕조 초대 군주 '우(禹)'는 주로 '대우(大禹)' 라고 불렸고 '제우(帝禹)'라고 하기도 하며 때로는 하우(夏禹)라고 불리기도 한다.

성은 대부분이 산지이지만 유독 이곳만은 평야지대이며 춘추전국시대까지 중국의 중심이 되었다.

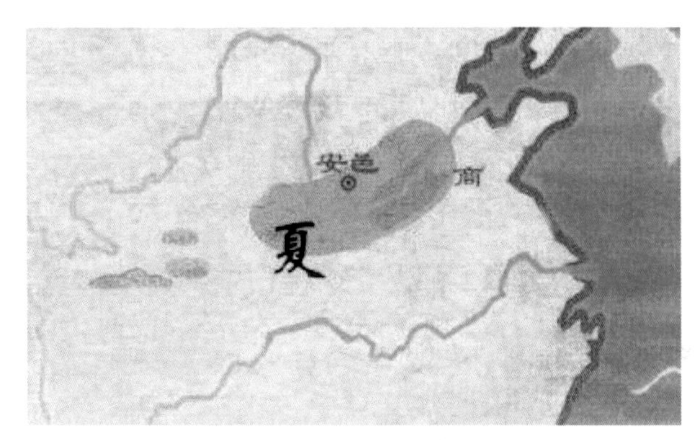

하왕조의 세력 범위

하왕조가 중국인들에게 남긴 유산 중 가장 큰 건 무엇보다도 그 이름이라 하겠다. 오늘날 중국의 관방 매체에서 즐겨 쓰는 명칭인 '화하민족'의 '화하(华夏)'는 하(夏)왕조에서 유래한 것이고 그것이 오늘날에까지 사용되고 있다. 화하 민족이란 '오랜 역사'와 '여러 민족의 융합'이란 의미를 내포하고 있는 개념으로써 중국인들의 역사적 자긍심과 응집력을 불러일으키는 명칭이다. 마치 환웅이 하늘에서 내려와 만든 전설상의 국가 '배달국'을 따와서 우리 민족을 '배달민족'이라고 부르는 것처럼 말이다.

중국 선진(先秦)시기의 성과 씨

하(夏) 왕조의 왕들은 사(姒) 성에 하후(夏后) 씨였다.[8] 진이 중국을 통일하기 전까지 중국의 귀족들은 성(性)과 씨(氏) 두 개를 가지고 있었다. 아주 먼 옛날에는 모계 사회였으므로 혈연 계통을 어머니의 성(性)을 따서 구분하였다. 그럼 씨(氏)는 무언가 하면 성의 지계(支系)로 보면 된다. 씨(氏)는 주로 공훈이나 작위 또는 분봉되어 받은 땅과 관련이 있다. 그러므로 씨는 왕족이나 귀족에게만 있을 수밖에 없었다. 아주 먼 옛날에는 중국에 8개의 성(性)이 있었다고 하는데 8개의 성 아래로 많은 씨가 나왔고 남자는 모두 씨(氏)로 불렸으며 여자는 성(性)으로 불렸다. 그러던 것이 진한(秦汉) 시대를 거치면서 성과 씨의 구분 없이 하나만 쓰이게 된다.

인류 역사를 보면 그 옛날 생존을 위해 자연에 대항하여 힘겨운 싸움을 한 흔적들이 있는데 이를 상상하자면 처절하기도 하지만 한편으론 장엄하기도 하다. 황하의 범람은 대단히도 당시 중국인들을 괴롭혔던 것 같다. 황하 유역의 중국인들은 황하의 범람을 어떻게 다스리느냐가 자신들 터전의 유지와 생산활동의 관건이었기에 수많은 사람들이 동원된 치수 사업이 끊임없이 이루어졌고 대규모 인력 동원은 이들 부락들 간의 협력을 불러일으켰다. 부락들의 연맹도 홍수에 공동

8) 선진(先秦)시기 왕족들은 국호를 자신들의 씨(氏)로 삼았다. 왕(王)이라는 호칭은 주나라 때 나온 것이고 당시에는 '후(后)'가 왕에 해당하는 호칭이었다. '하후(夏后)'라는 씨는 우(禹)의 아들이 자신들을 '하(夏)왕조의 왕'이라고 하여 바꾼 것이고 이를 하(夏)씨로 줄여 부르기도 한다.

으로 대응하기 위해 형성되었다는 설도 있다. 그러므로 이 공동의 적에 대응하기 위한 대규모 프로젝트를 성공적으로 이끈 사람이 존경을 받았고 자연스레 연맹의 헤게모니를 잡게 되는 것이었다. 우(禹)의 주도하에 전개된 대대적이고 성공적인 치수(治水) 사업은 당시 시대에 큰 전환점이 되었다. 요순 시대의 제순(帝舜)이 연맹의 장으로 있을 시 하(夏)부락의 추장인 곤(鯀)에게 치수 사업을 맡겼으나 실패했다. 많은 인력이 9년 동안이나 동원된 사업이 효과를 보지 못하자 정적들과 부락민들은 그에게 불만을 표출하기 시작하였다. 이는 곤이라는 사람의 치수 사업의 방식도 문제였겠지만 그의 리더십에 문제가 있었다는 걸 의미하기도 한다. 그의 치수 사업을 다시 아들 우(禹)가 이어받았는데 그는 무조건 둑을 쌓는 방식에서 벗어나 물길을 터서 통하게 하는 방식을 택했다. 여러 부락의 수많은 민중들이 동원되어 돌과 나무로 된 도구를 가지고[9] 약 20년에 걸쳐 성공적으로 완수했다. 대우의 치수 사업은 효과를 발휘하여 홍수로 인한 피해를 줄였고 원래 범람을 피해 평야의 가장자리 고지대에 살고 있던 주민들이 점차로 평야를 향해 가운데로 내려와 개간을 하게 되면서 생산량이 크게 늘어났다. 이로써 여러 부락민들의 인정을 받은 대우는 제순을 잇는 연맹의 장으로 추대되었을 뿐 아니라 전과는 다른 강한 리더십을 구축하였다. 공공의 적이나 위협이 있을 때 민중들은 강한 리더를 원하고 그 리더하에 뭉치기를 원한다. 그래서 정치 리더의 탄생에는 항상 공공의 적이 필요했고 하왕조는 물이라는 공공의 적을 다스리는 과정에서 탄생하

9) 하왕조 시기는 신석기 말기에서 청동기 시대 초기이다. 게다가 청동기는 귀했기 때문에 춘추전국시대에 철기가 나오기 전까지는 금속이 농기구나 공사 도구로는 쓰이지 않았다.

였다. 나아가 하왕조가 군주 세습을 이룰 수 있었던 것도 대우(大禹)의 성공적인 치수 사업이 그 기초가 되었다고 하겠다.

대우(大禹)는 중국을 예주(豫州), 청주(青州), 서주(徐州), 양주(扬州), 형주(荆州), 량주(梁州), 옹주(雍州), 기주(冀州), 연주(兖州)의 아홉 개 주(州)로 나눴는데 이것 또한 그가 후세에 남긴 유산 중 하나이다. 이들 이름은 중국 역사 내내 사용되었고 이 중 기(冀)와 예(豫)는 4,000년이 지난 오늘날에도 허베이성과 허난성의 자동차 번호판으로 쓰인다. 당시는 부락연맹에서 봉건국가로 넘어가는 과도기에 있었으므로 아직 국가 경계의 개념이 생기기 전이다. 그러므로 하왕조의 영토를 규정한다는 게 모호한 일이지만 부락연맹의 세력권은 산시성 남부와 허난성을 중심으로 허베이성 남부, 산동성 남부 그리고 많이 보면 장수성 북부와 안휘성 북부 정도를 포함했을 것으로 보여진다. 오늘날의 중국 땅에 비하면 아주 일부에 불과하다.

우(禹)의 뒤를 이어 연맹의 장이 된 사람은 그의 아들 계(启)였다. 원래는 선양제의 전통에 따라 연맹 회의를 열어 우(虞)부락의 대장이자 제순 재위 때 법관을 지냈던 연맹의 원로 고도(皋陶)를 후임으로 정했었다. 그런데 고령이었던 고도가 대우보다 먼저 죽어버린 것이다. 그래서 연맹 회의를 다시 열어 역시 공이 있고 덕이 있는 고도의 아들 익(益)을 후임으로 정하였고 그러고 나서 얼마 후 대우가 죽었다. 그런데 여기서 중국 역사상 최초의 정변이 일어난다. 익이 군주가 되는 것에 승복할 수 없었던 대우의 아들 계(启)가 자신의 지지 세력과 함께 반란을 일으킨 것이다. 이로써 대우의 아들 계를 지지하는 파와 선양제 옹호파 간의 전투가 벌어졌고 우여곡절 끝에 계(启)가 승리하여 익

(益)을 죽이고 부락 연맹의 두 번째 장이 되었다. 이로써 중국은 부락 연맹장 선양제를 끝내고 군주 세습 체제로 들어간다. 이로써 그 후 4,000년간 이어진 부자 상속 전통의 첫 테이프를 끊은 하(夏)왕조는 중국 역사상 최초의 세습 왕조라는 타이틀을 가지게 되었다. 왕위의 부자 세습제가 의미하는 바는 모계 씨족 사회에서 부계 사회로 완전히 전환되었다는 것을 뜻한다. 왜냐하면 군주와 귀족의 지위가 아버지에서 아들로 계승된다는 것은 권력이 아버지에게서 나온다는 걸 뜻하기 때문이다. 중국에서는 대략 이 시기부터 부권이 가정을 대표하는 사회가 형성되기 시작한다.

하부락을 중심으로 하여 같은 사(姒)성이며 씨(氏)가 다른 11개 부락으로 형성된 이 연맹은 그 전 시대보다 좀 더 종속적인 관계로 변해간다. 이들은 혈연적으로 종친관계, 정치적으로 분봉관계, 그리고 경제적으로는 공납관계에 있었다. 이렇게 하여 만들어진 사(姒)성 연맹 집단을 역사는 하왕조라 부른다.

하(夏)왕조 470년 역사는 여전히 베일에 싸여있는 부분이 많긴 하다. 아주 일부지만 하왕조의 존재 자체를 부인하는 학자도 있다. 그것은 하왕조의 최대 아킬레스건인 당시의 문자 기록이 발견되지 않았다는 점 때문일 것이다. 그렇지만 《사기(史记)》, 《좌전(左传)》, 《상서(尚书)》를 비롯하여 하왕조의 역사를 담은 후세의 사료들은 많이 있고 이들은 위에 설명한 건국 스토리 외에 하왕조 열일곱 명의 군주, 정치, 행정, 군사 체제에 대해서도 전해내려온 정보들을 수록하였다. 이 점에 있어서 하왕조를 역사 시대로 넣고 중국 최초의 왕조로 보는 보편적 인식에는 문제가 없다고 생각된다.

기원전 17세기 말에 하왕조 마지막 군주인 하걸(夏桀)이 즉위했는데 이 사람은 중국 역사가 기록한 최초의 폭군이다. 그러고 보니 하왕조는 참으로 여러 가지로 '최초'라는 타이틀을 거머쥔 왕조이다. 방국과의 갈등은 하걸의 아버지 공갑(孔甲) 때부터 시작되었다. 그는 조상에 제사를 지내는 전통을 버리고 옥황상제를 숭배하고 미신에 집착하여 여러 방국[10]들의 불만을 샀다. 그리고 그의 아들 하걸이 즉위하자 방국들과의 관계는 더욱 악화되었고 여러 갈등이 표출되었다. 급기야 공납을 거부하는 방국들이 생겨나기 시작했고 하왕조는 이들 반항하는 방국들을 쳐들어가 무력으로 제압하였는데 이 과정에서 여러 악행이 자행되었다. 그는 여색을 밝혀 자신이 제압하는 방국에서 여자들을 데려와 자신의 첩으로 삼았는데 여기에는 유시(有施) 씨 부락의 말희(妺喜)라는 여인도 있었다. 아마도 중국 역사에서 처음 등장하는 정치에 연류된 여성이 아닐까 싶다. 하걸이 유시 씨 부락을 침공한 후 가져온 전리품에 이 여인이 있었는데 그녀는 하걸의 총애를 받아 그의 부인이 되었다. 그녀는 일찌기 이윤(伊尹)이라는 남자와 사귀던 사이였는데 이 일로 이윤은 하왕조에 등을 돌리고 상(商)부락의 추장인 탕(汤)의 사람이 된다. 이윤은 상부락에게 있어서 '장량'과 같은 존재가 되었고 후에 탕을 도와 하왕조를 멸망시키는 데 지대한 공을 세우고 상왕조 초대 재상이 된다. 그런데 하걸은 처음에는 말희를 좋아했다가 싫증이 나버리자 그만 내쳐버린다. 내쳐진 말희는 다시 이윤과 재회하였고 그녀는 이윤에게 하왕조의 내부 정보들을 알려주었다. 그

10) 방국(方国)이란 하상왕조 시기 연맹을 이루는 제후 부락 또는 부족 국가를 말한다. 방국의 수장을 방백(方伯)이라 불렀다.

녀가 전쟁 포로로 끌려간 건지 춘추시대 월나라의 서희처럼 의도적으로 접근한 여성 스파이인지는 알 길이 없지만 여러 가지 상상의 여지를 남긴다.

기원전 1600년경 산동성과 발해만 지역을 근거지로 하고 있던 동이족인 상(商)부락 연맹이 서진하여 지금의 하남성 동부와 산동성 서부에 자리 잡았다. 발달한 청동기를 가진 이들은 군대를 일으켜 하왕조의 수도를 공격하였고 하의 군대는 궤멸되었다. 하(夏)왕조는 이렇게 멸망하였다.

상(商)왕조와 갑골문자

광서 25년(1899년) 여름, 베이징 왕푸징에서 멀지 않은 시라후통(锡拉胡同)[11]의 한 사합원, 병상에 있던 왕이롱(王懿荣)은 아내가 가져온 탕약 재료에서 뭔가를 발견하였다. 그는 엄지와 검지를 이용해 오랜 세월이 지나 누렇게 바랬고 바싹 마른 동물뼈 조각 같은 것을 집어들어 자신의 눈앞에 가져다 대고는 양 미간을 찌푸리며 뭔가를 유심히 살펴보고 있었다. 그 뼛조각에는 마치 아이들이 장난이라도 친 듯한 이상한 무늬와 기호, 줄이 새겨져 있었다. 평소에 금석학과 골동품 수집에 관심이 많았던 그는 그것이 심상치 않은 물건이란 걸 직감했다.

11) 후통(胡同)의 원뜻은 '골목'이란 뜻인데 지금은 '옛날 정취와 모습이 남아있는 골목'이란 뜻으로 쓰인다. 베이징 자금성 주변에는 이러한 청나라 시대 모습을 유지한 후통들이 많이 있어서 옛 베이징의 정취를 느끼고 싶은 관광객들의 필수 코스가 되었다.

학질로 인해 열이 많이 올라 있었지만 호기심과 흥분을 억제할 수 없었던 왕이롱은 자기가 아픈 것도 잊어먹고 뼛조각들을 하나하나 자세히 살폈다. 뭔가 날카로운 걸로 그어놓은 것 같았는데 무슨 동물 모양 같기도 하고 기호 같기도 했다. 그는 아내에게 이 약재들을 어디서 사 왔냐고 물었고 아픈 몸을 이끌고 그길로 가마를 불러 당시 베이징의 가장 큰 약재점인 학련당(鶴年堂)으로 갔다. 중국 상고 시대의 역사를 500년이나 앞당긴 갑골문(甲骨文)은 이렇게 세상에 모습을 드러냈다.

새로 세워진 상(商)왕조는 자신들의 원래의 근거지였던 박읍(亳邑)이란 곳에 도읍을 세웠다. 이곳은 오늘날의 행정 구역상으로는 허난성에 속해 있지만 실은 산동성, 장수성과도 만나는 세 성의 인접 지역이다. 중국의 중심이 앞선 하왕조에 비해서 상당히 동쪽으로 이동한 것이다. 상왕조는 주왕조에게 멸망하는 기원전 1046년까지 약 550년을 이어갔다.

출토된 상왕조의 유물들을 보면 생각보다 정교한 청동 주조 기술과 마차 제조 기술에 놀라게 된다. 청동기의 발달이 상왕조가 하왕조를 멸망시킬 수 있었던 직접적인 경쟁력이었다. 예리한 청동 병기들로 무장한 상부락 군대는 몽둥이와 돌을 던지며 전투를 하던 하왕조에 군사적 우위에 있었을 것이다.

상왕조는 동시대의 문자 기재가 남아있는 첫 번째 왕조이다. 이 시기 통치자들은 많은 걸 미신에 의존했고 모든 사안마다 점을 쳐서 점복의 결과를 동물의 뼈나 거북이 등에 새겨놓고 보존했다. 이들의 중앙 관제를 보면 국가의 앞날에 대한 점을 보는 복(卜)이라는 관직과 조상과 신령, 귀신에 제사를 주관하는 제(祭)라는 종교관(官)이 있을 정도로 미신을 숭배했다. 이들은 비가 언제 올 것인지, 곧 재난이 닥칠 것인지, 풍년이 들건지 흉년이 들건지, 전쟁에서 승리할 건지 등등 앞날에 대한 점을 쳤고 이에 대한 보존 또한 게을리 하지 않았다. 뿐만 아니라 갑골문에는 정치, 군사, 사회 관습, 문화, 천문, 역법, 의술 등 당시의 여러 방면의 내용들이 기록되어 있다. 20세기 초에 허난성 안양(安阳)에서 이것이 무더기로 발견되었는데 이것이 한자의 초기 형태인 갑골문자이다. 앞서 소개한 청 말의 관리 왕이룽은 사재를 털어 갑골을 수집하였고 갑골 보존과 연구에 지대한 공헌을 하여 오늘날 '갑골의 아버지'로 불리고 있다. 중국의 역사에 있어서 갑골문자의 의의는 어마어마하게 크다. 한 민족에게 문자의 중요성은 이루 말할 수 없이 중요하기 때문이다. 문자는 고대 국가로 가기 위한 필수 조건이고 사회와 기술의 진보를 위해 반드시 필요한 것이다. 문자가 있어야 생각을 횡적으로 퍼트리는 것이 가능하고 문자가 있어야 지식과 기술의 종적 전수가 가능하며 또 이들이 축적되어 기술과 사상의 진보가 이뤄지는 것이다. 또한, 중국과 주변 민족과의 문화적 경계도 어찌 보면 한자였고 왕조가 수없이 바뀌고 나라가 수없이 쪼개졌다가도 다시 합쳐지고 문화적 정체성이 유지될 수 있었던 데에는 이들에게 통일된 문자가 있었기 때문이다. 한때 중국을 군사적으로 압도했던 흉노와 같은 유목민족이 영토로는 제국을 건설하고도 전부 역사 속으로 사라지는 것도 이들이 문자를 가지고 있지 않았다는 데에서 이유를 찾을 수도 있다. 이런 측면에서 갑골문자는 상왕조가 중국인들에게 남긴 가장 큰 유산이자 그 어떤 것보다도 위대한 발명이 아닐 수 없다.

한반도 고대 문명이 자신의 문자를 고안해내지 못한 건 매우 안타까운 일이 아닐 수 없다. 우리말은 중국어와 언어의 계통 자체가 다르다. 입으로는 완전히 다른 언어를 사용하면서 문자는 중국의 상형문자를 이용하였으니 자신의 생각이나 정보가 제대로 기재되었을 리가 없다. 기원전 16세기부터 한자를 써온 중국도 명나라 때까지 문맹률이 95%였다고 하니 우리나라의 고대 시대에 문맹률이 어느 정도였을지 짐작할 만하다. 자신의 생각을 글로 적거나 읽을 수 있는 사람은 극소수층에 국한되었을 것이고 이런 상태가 사회의 진보를 매우 크게 가로막았을 거라는 데에는 의심의 여지가 없다. 민간에 책이 별로 없는데 그 사회가 진보할 수 있겠는가?

그러나 이는 우리 조상들을 탓할 일은 아닌 듯하다. 한반도에는 한사군으로 편입되었을 때 한자가 전해진 걸로 알려져 있는데 만약 그때 한자가 전해지지 않았더라면 한자와는 완전히 다른 우리식 표음문자가(예를 들면 한글이나 알파벳 같은) 생겨났을까? 어차피 동북아와 베트남 지역이 한자의 영향을 완전히 벗어나 전혀 다른 문자 체계를(자연 발생적으로) 형성한다는 건 현실적으로 기대하기 어려운 가정인 듯하다. 중국의 영향력이 워낙에 컸기 때문이다. 우리가 고유 문자를 발전시켰다면 그것은 향찰을 공식 문자로 하여 계속 발전시키는 일이었을 것이다. 고대의 한반도는 한자와 향찰이 혼용되다가 통일신라시대 때 대대적인 한화 정책으로 지배층에서 중국식 한자를 공식 문자로 사용하면서 이두와 향찰은 쇠퇴하였다. 만약 한자를 그대로 도입하지 않고 향찰을 발전시켜 나갔더라면 어땠을까? 그렇다면 우리는 지금 일본 가나와 비슷한 글자를 쓰고 있을 것이다. 이것도 썩 반길만

한 결과는 아닌 듯 싶다. 이런 의미에서 우리글 프로젝트에 의해 창제되어 반포된 한글은 그 구상 자체가 개혁적이라 할 수 있다. 이런 개혁이 500년만 먼저 나왔더라면 우리의 역사는 많이 달라졌을 것이다.

상왕조 초기까지는 일부일처제였는데 이때가 중국 고대사에서 일부일처제를 했던 마지막 시기이다. 그래서 궁정의 가계보가 비교적 간단하고 왕위 계승에의 문제 없이 비교적 평탄한 시기를 보냈다. 그러다가 중기로 가면서 일부다처제가 보편화되었고 이로써 왕위 계승 갈등과 내부 권력 투쟁이 붉어지기 시작한다. 일부일처제에서 일부다처제로의 변화는 모계 사회에서 부계 사회로의 완전한 전환을 의미한다는 게 일반적인 설명인데 일부다처제로의 변화는 그 이상의 무엇을 의미하고 있을 것 같다. 중국과 우리나라는 일부다처제의 왕실 전통을 유지하였는데 역사 내내 이것이 혼란과 불행의 근원이 되었다. 왕실과 귀족 계급의 일부다처제는 대가 끊기는 것을 방지하는 일차적인 목적이 있지만 그럼 로마제국은 왜 중국 황실과 같은 비빈 제도가 없었는지, 중세 서양 국가의 왕실도 중국과 우리나라처럼 공식적인 일부다처제를 실시하고 있었는지, 그 차이를 형성하는 본질은 무엇인지 사회적·인류학적 관점에서 생각해 보는 것도 재미있는 주제일 것 같다.

상왕조는 8번이나 도읍을 옮겼는데 최초 도읍에서 200년가량 있다가 그 후로는 빈번하게 천도하였다. 상왕조의 빈번한 천도에 대한 이유는 몇 가지 설이 있지만 이들 내부의 정치 투쟁과 무관치 않은 것 같다. 새로 권력을 잡은 이가 떨치기 어려운 유혹이 도읍을 천도하는 것이다. 그래야 기존 세력권에서 완전히 벗어나고 새로이 자기 권력을 강화할 수 있기 때문이다. 마지막 8번째 도읍이 은읍(殷邑)[12]이라는 곳인데 이때부터 다시 정치가 안정되어 약 180년간 도읍을 유지할 수 있었다. 이곳이 갑골문자가 발견된 현재의 허난성 안양(安阳)이다. 상왕조의 유물을 보기 위해선 이곳으로 가야 한다. 이들이 은읍으로 천도한 때가 기원전 13세기 초인데 이후로 상왕조는 '은왕조'라고도 불리며, 이 둘을 합쳐서 은·상(殷商) 왕조라 하기도 한다.

우리가 알고 있는 트로이 전쟁이 기원전 13~12세기 사이에 있었다고 알려져 있으니 상왕조 후기에 속한다. 시기에 대해 의견이 분분하지만 대략 기원전 1300년경에 히브리족의 모세가 자기 민족 30만 명을 이끌고 이집트를 탈출하여 홍해를 건너 가나안 땅에 정착했다. 이 시기는 대략적으로 상왕조가 은읍으로 천도를 하던 시기이다.

상왕조는 하왕조와 무엇이 달랐나?

허난성 안양시에 있는 상왕조 은읍 유적지를 가보면 세 가지가 큰 인상으로 남는다. 그 세 가지는 동물뼈에 새겨진 갑골문자, 생각보다 화려하고 정교한 청동 제품 그리고 군주와 귀족들의 무덤에 같이 순장된 수많은 해골들이다. 이는 상왕조가 앞선 시대와 비교 시 진보한 문명을 이뤘고 청동 기술이 발달했으며 발달한 청동기 무기로 주변 부락들을 굴복시켜 많은 노예들을 생산하였고 그 노예들은 소나 말과

12) 읍(邑)은 우리가 아는 읍내가 아니고(물론 글자는 같다) 당시에는 도시를 읍(邑)이라 불렀다.

동일한 가치로 취급받던 철저한 노예 신분제 사회였음을 말해 준다.

상왕조는 하왕조 470년을 끝내고 세워진 왕조이다. 상고 시대의 사회 발전 속도가 아무리 느리다 하더라도 이렇게 긴 시간 동안 시대적 진보와 사회 변화가 이루어지지 않았다고는 할 수 없을 것이다. 하왕조와 상왕조 둘 다 부락 연맹 체제하의 왕조이지만 그 성격에는 다소 차이가 있다. 하왕조는 치수 사업을 통한 평화적인 연맹으로 결성된 왕조이다. 그래서 연맹 안에서 방국 간의 관계가 비교적 평등했고 단지 이들은 모두 하부락을 공동의 주인으로 받들고 있었을 뿐이었다. 그리하여 하왕조는 국가 구조가 비교적 간단했으며 연맹 내에서 복잡하고 입체적인 권력 계층 구조가 형성되지 않았다.

그러나 상왕조는 원래 하왕조의 일개 방국이었던 집단이 전쟁을 통해 연맹장을 멸망시키고 건립한 왕조이다. 그러므로 상왕조 건립 후에는 원래의 상부락, 상부락의 동맹 부락, 상부락에 투항한 부락, 그리고 상부락에 저항하다가 무력으로 복속된 부락 등 복잡한 형국이었다. 전쟁으로 부락 연맹 안에서의 관계에 변화가 일어났고 이들을 관리하기 위해선 전 시대보다 복잡한 계층 구조와 더 강한 통제력이 필요했다. 상왕조의 군주는 제후와 방백들에 대한 통제를 통하여 이들 지역 내의 행정 주권을 행사하였다. 문헌에 의하면 제후와 방백들은 종종 상왕조가 주제하는 연맹 회의에 참석하였고 이때마다 수많은 제후와 방백들이 모였다고 적혀 있다. 상왕조의 군주들은 연맹 내에 자신의 특수한 정치적 지위를 구축하였고 등급과 복종 관계를 확립하였다. 그리고 제후나 방백들을 중앙 대신으로 임명하여 중앙에서 일하도록 하기도 했다. 이로써 중앙에의 충성심, 공동체 의식을 높이고 사회의 응집력을 높이려 했다. 상왕조의 통치 기반이 점차 공고해짐에 따라 이들의 정치 제도는 씨족 사회의 원시성을 벗어나서 좀 더 체계적이고 질서를 갖추게 된다.

경제적으로 제후국과 방국들은 상왕조에게 공물과 특산품을 공납하고 상왕조의 각종 부역에 동참해야 했다. 상왕조는 제후와 방백의 영토 내에서 각종 경제 활동을 할 권리가 있었고 이들 영토에서 말, 개, 노예를 징발할 수 있었다. 상왕조는 다량의 청동기를 만들었는데 청동기 재료도 각 방국에서 조달했다. 또한 제후국과 방국들은 상왕조의 변경을 지키고 상왕조의 대외 전쟁에 참여해야 할 의무가 있었다. 상왕조는 제후국과 방국의 영토 내에서 군사 훈련을 할 권리가 있었고 이들의 군대를 지휘, 통솔할 수 있었다.

상(商)왕조의 멸망

상왕조 말기에 서쪽의 섬서성(陕西)을 기반으로 한 주(周)부락이 세력을 키워가고 있었다. 주 부락의 우두머리는 희(姬) 성이었다. 앞서 설명한 황제(黄帝) 부락의 성인 희(姬) 성이 여기서 다시 나온다. 지금은 매우 희귀하지만 선진(先秦) 시기에는 희(姬) 성이 절대 다수였다. 앞선 장에서 성과 씨에 대해서 설명하였듯이 희씨 성에서 파생되어 나온 씨(氏)가 주(周), 오(吴), 정(郑), 왕(王), 노(鲁), 조(曹), 위(魏) 씨 등 400여 개에 달하고 전체의 80%가 넘는다고 한다[13]. 희(姬) 성은 명실

13) 북송 때 편찬된 《百家性》에 의거.

상부한 성 씨(姓 氏)의 조상이라 할 수 있는데 이에는 희(姬) 성이 군주였던 주나라가 봉건제도를 펼치면서 수많은 봉국에 자기 친족들을 제후로 보낸 것과 큰 관련이 있다.

제신(帝辛) 또는 주왕(紂王)[14]이라 불리는 상왕조 마지막 군주는 젊고 혈기가 왕성했으며 좋게 말하면 용맹하고 나쁘게 말하자면 포악하고 잔인한 성격의 소유자였다. 상왕조 말기의 상황은 하왕조와 비슷했다. 방국들과의 갈등이 잦았고 이제는 상왕조에 반기를 드는 방국들이 생겨나기 시작했다. 특히 동쪽의 동이와 남쪽의 남만 민족들의 반란이 두드러졌는데 혈기 왕성한 제신은 동이와 남만 정벌에 많은 국가 원기를 쏟아부었다. 상왕조는 아주 강한 군대를 보유하고 있었다. 선진적인 청동제 무기와 투구, 갑옷으로 무장된 상왕조의 전차 부대는 가는 곳마다 승리하였고 제신은 동으로는 산동과 회하 하류 지역, 남으로는 장강 유역까지 영토를 넓혔다. 그러나 동남 전선에서의 싸움이 장기화되면서 상왕조는 많은 자원을 소모하였고 상왕조의 군대도 큰 전력 손실을 입을 수밖에 없었다. 이들은 전비 마련을 위해 방국들로부터 더 많은 물자를 뜯어야 했고 이로 인해 방국들과의 관계는 더더욱 악화되었다.

상왕조가 동남쪽 전선에 모든 정력을 쏟고 있을 때 서쪽에서는 주(周)부락의 군주 희창(姬昌)이 여러 방국들의 지지를 받으며 세력을 넓히고 있었고 희창은 재위 42년째인 기원전 1064년에 왕을 자칭한다(주문왕). 그러나 동쪽에 정신이 팔려 있던 상왕조는 서쪽에서 일어나

14) 제신의 또 다른 별명인 주(紂)를 따와서 '주왕(紂王)'이라고도 부른다. 그러나 왕이라는 호칭은 주나라 때부터 쓰이기 시작한 것이므로 엄밀히는 맞지 않다. 여기서는 주나라의 왕들과 혼돈을 피하기 위해 제신이라는 명칭을 사용하였다.

고 있는 신흥 세력을 적기에 효과적으로 견제하지 못했다. 결국 희창의 아들 주무왕과 연합군이 동진하였을 때는 상왕조에 병력의 공백이 있었고 그들은 주 연합군을 막아내지 못했다.

또 한 가지 멸망의 원인인 제신(주왕)의 폭정을 이야기하지 않을 수 없다. 그는 성격이 포악하여 잔인한 형벌을 고안해 놓고는 달기(妲己)라는 여인과 함께 죄수들이 죽는 모습을 즐겼다. 별장을 지어놓고 정원에 온갖 동물들을 풀어놓고 연못은 술로 채웠으며 나무에는 아무때나 먹을 수 있게 고기를 걸어두었고 수백 명의 남녀를 벌거벗은 채로 뛰어다니게 하는 등 변태적인 취향을 지닌 사람이었다. 상왕조의 폭정에 불만이 쌓인 여러 부락들은 평판이 좋은 희창에게로 몰려들었다. 이들은 제신을 저대로 놔두면 안 되겠다는 데 의견을 같이하고 희창을 중심으로 상왕조 전복을 계획하기 시작한다. 그러나 서쪽에서 주(周)가 이미 너무 커져버린 것을 알게 된 제신은 희창에게 중앙관직을 하사하겠다며 그를 중앙으로 부른 후 그에게 날조된 죄를 뒤집어 씌워 감금하였다. 주 부락의 대신들이 금은보화와 미녀를 바치자 제신은 희창을 풀어주었다. 그러나 희창이 감금되어 있던 당시 제신은 희창의 맏아들을 죽여 그 고기로 탕을 만든 후 희창으로 하여금 먹게 하는 끔찍한 일을 저질렀는데(물론 희창은 모르고 먹었다) 이 일은 그로 하여금 반드시 상왕조를 멸망시키고야 말겠다는 굳은 결심을 하게 만드는 계기가 되었다. 그러나 얼마 후 희창은 97세의 나이로 세상을 뜬다.

상왕조를 뒤엎는 사명은 희창의 둘째 아들 희발(姬发)이 물려받았고 그는 본격적으로 전쟁 준비에 들어갔다. 그는 여러 부락들을 끌여들어 연합군을 형성하였는데 대표적인 인물이 상왕조와의 전쟁에서 총

사령관을 맡은 강자아(姜子牙, 강태공)였다. 강자아는 강(姜) 성 부락의 우두머리이자 희발의 장인이다. 아마도 희창이 그를 동맹으로 영입하면서 그의 아들을 강자아의 딸과 결혼시켰을 것이다. 이미 상왕조의 폭정에 치를 떨고 있던 각 제후와 방백들은 희발이 상왕조와 전쟁을 하겠다고 하자 너도나도 주(周)의 깃발 아래로 모였다.

기원전 1046년 1월 21일, 주(周)를 앞세운 5만 연합군은 황하를 건너 상왕조의 도읍과 불과 70리(28킬로미터) 떨어진 목야(牧野)[15]라는 곳에서 상왕조의 70만[16] 대군과 대치한다. 그러나 상왕조의 군대는 반수 이상이 노예들이거나 동이족 포로들을 급조해서 무장시킨 오합지졸이었고 전투의 의지도 없었다. 오랜 훈련과 불타는 전의로 다져진 주 연합군과 몰락을 앞둔 상왕조의 군대가 드디어 결전을 벌였고 상왕조의 군대는 뿔뿔히 흩어지거나 싸워보지도 않고 주 연합군에 투항하였다. 제신과 달기는 자신들이 만들어 놓은 무릉 도원인 녹대(鹿台)[17]로 도망갔으나 더 이상 갈 곳이 없자 거기서 자살했다. 주무왕은 제신의 몸에 화살을 세 번 쏜 후 그 둘의 목을 베어 성문 앞에 걸어놓았다. 목야전투(牧野之战)의 승리로 상왕조는 막을 내리고 주(周) 왕조 시대가 열렸다. 이때부터 중국은 전과는 다른 새로운 시대로 접어들며 때는 기원전 1046년이다.

15) 오늘날의 허난성 신샹시(新乡市). 쩡저우시(郑州市)에서 북쪽으로 황하를 건너면 처음 나오는 도시이다. 이곳은 기원전 216년 장량(张良)의 진시황 암살 기도가 벌어졌던 곳이기도 하다. 이곳에서 조금만 북쪽으로 가면 상왕조의 도읍이었던 안양시가 나온다.
16) 당시의 인구 규모로 봤을 때 이 숫자는 상당히 과장된 것이라 생각된다.
17) 오늘날 허베이성 남부의 싱타이시(邢台市) 근처. 진시황이 순유 중 죽은 곳이기도 하다.

3장
주(周), 연방 체제의 형성

1976년, 진시황 병마용 박물관에서 얼마 떨어지지 않은 섬서성 린퉁현 링커우진(临潼县领口镇)에서 높이 28센티미터, 직경 20센티미터 무게 8킬로그램의 청동기가 하나 발견되었다. '서주이궤(西周利簋)'라는 이름의 이 청동 제기는 현재 베이징 국가 박물관에 전시되어 있고 '외국으로의 반출 금지 목록 1호'로 지정된 국가 문화재이다. 윗부분은 원형이고 밑부분은 네모난 모양에 양 옆에 귀가 달린 이 청동기는 목야전투(牧野之战)를 승리로 끝낸 주무왕이 유사(有司)라는 관직을 맡고 있던 '이(利)'라는 자에게 공을 치하하면서 상으로 내린 청동(당시에는 청동이 곧 금이었다)을 녹여 만든 것이다. 그리고 이(利)는 그 안쪽에 4줄 33자를 새겼는데 그 내용을 번역하자면 이렇다.

주의 무왕이 상나라 왕을 정벌하고자 와서 하루 밤 사이에 상 나라를 멸망시켰다. 조가(朝歌, 상왕조 수도)를 점령하였을 때는 세성(岁星목성)이 하늘에 걸려 있는 갑자일 새벽이었다. 8일째 되는 날 주무왕은 장수들과 전공을 논한 후

유사(有司) 이(利)에게 많은 동, 주석 등을 상으로 하사하였다. 이를 영광스럽게 여긴 유사 이(利)는 공적을 기념하고 조상에 제사를 지내기 위하여 하사된 동으로 제기를 만들었다.

서주이괴(西周利簋)

주왕조의 성립: 국왕의 탄생

희발은 주무왕(周武王)으로 칭하여져 주왕조의 1대 국왕이 된다[18]. 시호는 군주가 죽은 후에 지어지는데 무공(武公), 무왕(武王), 무제(武帝)와 같은 '무(武)' 시호는 무력이나 전쟁, 영토확장, 통일과 관련이 있다. 시호는 주 나라 때부터 시작되었고 희발은 '무(武)' 시호를 가진 역사상 첫 번째 군주의 영광을 차지하였다.[19] 주 부락의 근거지가 섬서

18) 상왕조를 멸망시키기 전에 이미 희창이 스스로 왕이라 칭했으니 주왕조 초대 국왕을 주문왕(희창)이라 하기도 한다.

19) 오늘날 학자들은 시호는 엄밀히는 주의 8대 국왕인 주효왕(周孝王) 때부터 만들어지기 시작하였고 주무왕이라는 이름은 시호가 아니라는 주장을 펴고 있다. 왜냐하면 주나라 국왕들 재위 기간에 만들어진 청동 제기에서 우리가 시호로 알고 있는 이름이 새겨져 있기 때문이다. 우리는 앞선 왕들의 이름이 시호가 아니라고 하기보다는 주왕조 7대 국왕까지는 시호를 생전에 만들어서 불렀다고 생각하면 될 듯하다.

성(陝西)이었으므로 이들은 도읍을 호경(镐京)이라는 곳으로 정했다(지금의 섬서성 시안西安 남서부). 중국 역사에서 처음으로 '관중'을 수도로 정했는데 앞선 하·상왕조가 전부 황하 중하류를 따라서 도읍을 정했던 반면 이 시기부터 황하 유역이 아닌 '관중'의 시대가 열린 것이다.

주왕조의 위치[20]

'관중(关中)'이란 섬서성(陝西) 남부의 분지로 된 평야 지대을 말하는데 진(秦)나라 때 이곳을 둘러싼 네 개의 관문(关)을 만들었고 그 가운데(中) 지역이라 하여 관중이라 불리었다. 그러므로 관중은 주나라 당시에는 아직 생기지 않았던 단어이다. 관중은 정식 행정구역이 아닌 '중원(中原)'과 같은 추상적인 지역 개념이지만 고대 역사를 이야기하다 보면 자주 등장하는 역사지리 용어이다. 황하 중하류 지역인 중

20) 왕기(王畿)란 주왕조 직할 지역을 뜻한다. 기(畿)는 봉건 시대 도성 주변 지역을 뜻하는 글자로서 오늘날 경기(京畿)란 말이 여기서 유래하였다.

원이 문명의 발상지이자 역사의 주무대였다면 서쪽 이민족과 국경을 맞대고 있는 이 분지 지역은 전략적 요충지이자 후에 진(秦)나라가 부상하면서 중원과 함께 또 다른 의미를 가지는 역사의 무대가 된다. 어쨌든 특이한 점은 주의 수도는 앞선 두 왕조와 달리 서쪽 변경으로 치우쳐 있었고 그래서 이들은 왕조 내내 서쪽 융 민족의 움직임에 신경을 곤두세워야 했다.

주왕조의 군주는 '제(帝)'라는 호칭을 버리고 '국왕(王)'으로 바꾸었는데 이는 분명 의미하는 바가 있다. 오제 시절부터 은·상왕조 말기까지 약 1천6백 년간 중국은 군주를 제(帝)라고 불렀는데 후에 진시황에 의해 다시 소환되기 전까지 제(帝)는 여러 부락들의 대표자 개념일 뿐 다른 부락에 대한 통제력이 별로 없었다.

호칭을 국왕(国王)으로 바꾸었다는 건 이전의 왕조보다는 분명히 국가적 요건을 갖췄다는 것을 의미한다. 주왕조가 성립되기 전까지는 아직까지 국가라기보다는 반(半)국가 또는 부락 연맹에 가까웠다고 봐야 할 듯하다. 물론 주왕국이 춘추전국시대를 거친 후 탄생하는 진·한과 같은 봉건 전제군주 국가는 아니었지만 주왕실이 임명한 사람을 지역의 제후로 '책봉(封)'하면서 주 왕실과 제후들 간의 군신 관계가 형성된다는 점에서 앞선 상왕조와는 분명한 차이가 있다. 이렇듯 주왕국은 완전한 국가 체제를 갖추고 전 시대와는 다른 새로운 시대를 열게 되는데 여기에는 주공(周公)이라는 왕조의 설계자가 있었기에 가능했다.

이름: 희단(姬旦), 성은 희(姬), 이름은 단(旦)

별명: 주공단(周公旦), 숙단(叔旦)

생몰: 미상(대략 기원전 1076~기원전 1025)

직업: 정치가, 개혁가, 군사전략가

신분: 왕족

가족관계: 주의 1대 국왕(주무왕)의 넷째 동생

출생지: 섬서성(陕西省) 어딘가

봉지: 노(鲁, 오늘날의 산동성 곡부曲阜)

무덤: 섬서성 치샨현(陕西省 岐山县). 주공의 사당은 그의 무덤이 있는 섬서성 치샨현에도 있고 그의 봉지(封地)였던 산동성 취부시(曲阜市)에도 있다.

비고: 공자는 주공을 자신의 꿈속에서의 스승이라고 밝힌 바 있다.

주공

주공(周公), 성은 희(姬), 이름은 단(旦)이며 숙단(叔旦)이라고 불리기도 한다. 희창의 넷째 아들이자 1대 국왕 주무왕의 동생이다. 보통 별명은 그 사람의 출신지나 분봉된 채읍(봉토)이 있는 곳을 따서 지었는데(우리가 전주 출신의 아줌마를 '전주댁'이라고 불렀던 것과 같다) 숙단이 받은 봉토는 왕기(주 왕실의 원래 영지) 안에 있었기에 사람들은 그를 주공이라 불렀다. 주왕조를 이야기하면서 이 사람을 언급하지 않을 수 없다. 그는 주무왕이 은·상왕조를 전복시킬 때 무왕을 보좌하며 전투를 지휘했던 개국 공신이자 앞선 시대와는 완전히 다른 차원의 사회 시스템과 통치 시스템을 구축해낸 왕조의 설계자이다. 이 사람이 있었기에 중국은 부락 연맹, 반(半)국가 상태에서 국가 체제를 갖추기 시작하였고 하·상왕조보다 훨씬 넓은 지역에 걸쳐서 여러 국가가 하나로 엮어진 연방국가 체제를 이루게 된다.

무왕은 주를 건립한 후 2년이 지나서 죽었다. 그의 요절은 조정에 문제를 불러일으켰는데 장자 희송(姬诵)이 즉위 시 불과 15살이었기 때문이다. 새 왕조를 창건한 지 얼마 안 된 상황에서 주왕조는 새로운 혼란을 맞이할 위기에 놓여 있었고 이를 염려한 무왕은 죽기 전 넷째 동생 주공으로 하여금 희송을 도와 섭정하도록 하였다.

주공의 섭정은 그의 형제들, 특히 셋째 형 관숙의 시기와 질투를 불러일으켰는데 급기야 이들은 주공이 왕위를 찬탈하려 한다며 유언비어를 퍼뜨리는 등 반대 여론을 조성하기에 이른다. 그래서 조정 안팎에서도 주공의 섭정에 대한 반대의 목소리가 일었다. 이때를 틈타 상왕조의 남은 종친 무경(武庚)이 주공의 섭정에 불만을 가지고 있는 세 명의 형제(관숙, 채숙, 곽숙)를 선동하였고 동시에 중국 동부의 서(徐), 엄(奄), 포고(薄姑), 웅(熊), 잉(盈) 등 옛 상왕조의 부속국과 연합하여 주왕조에 반란을 일으켰다. 주는 상을 멸망시키고 호경으로 철군할 때 상왕조 종친인 무경(武庚)을 살려두어 동쪽의 원래 상나라 땅에서 제사를 지낼 수 있도록 하였다. 그리고 자신의 세 형제로 하여금 삼감(三监)이라는 감시관에 임명하여 상왕조 잔당들을 감시하도록 하였다. 무경은 이들 삼관 중 두 명을 꼬드겨 반란을 일으킨 것이다.

이리하여 주왕조는 다시금 위기의 상황에 맞닥뜨렸고 주공은 성왕(희송)과 대신들을 설득한 끝에 군대를 소집하여 동쪽으로 출정을 하기로 한다. 이것이 주의 2차 동정(東征)이다. 3년간의 전쟁을 통해 반란이 평정되었고 무경과 관숙은 사형되고 채숙은 유배 보내어졌다. 그리고 동정군은 계속하여 반란에 참여했던 동쪽의 여러 국가들을 정복하였고 이들을 황해와 발해만 근처로까지 몰아냈다. 내친 김에 동정군은 북쪽의 은·상 잔여 세력도 토벌하여 허베이 북부로 몰았고 기세를 몰아 서쪽의 반란 세력인 당국(唐国)도 멸하였다. 두 차례에 걸친 동정으로 주는 세력을 크게 넓혔고 주변 국가들을 모두 복속시켰다. 사실 목야전투가 벌어졌던 1차 동정은 쉽게 끝난 편이었고 2차 동정이 대규모 세계대전이었다.

동정 후 주공은 동쪽에 대한 관리를 강화하기 위해 성왕에게 낙양에 제2의 도읍을 건설할 것을 건의하였고 성왕이 이를 받아들여 우선 서주 왕권의 상징인 구정(九鼎)[21]을 낙양으로 옮겼다. 그리고 주공을 파견하여 도읍을 건설하도록 하였으니 이것이 낙읍이다. 그래서 주나라는 사실 수도가 호경(시안)과 낙읍(뤄양) 두 개였고 낙읍은 주나라가 동방의 정치, 경제를 통치하는 중심이었다. 그래서 300년 후에 호경이 견융족의 공격을 받고 폐허가 되었을 때 이들은 제2의 수도가 있었기에 쉽게 동천을 결정할 수 있었던 것이다. 이렇게 서주 정권은 주공의 섭정하에 점차 공고해졌다.

주공의 동정으로 주의 강역은 공전의 확대를 이루게 된다. 그러나 주나라 사람들은 원래 서쪽에 있던 작은 나라였다. 이들 앞에는 어떻

21) 정(鼎)이란 왕실에서 제사를 지낼 때 쓰는 청동으로 만든 제사 도구이자 왕실의 상징물이었다. 하(夏)왕조 초대 군주 제우(帝禹)은 중국을 아홉 개 주(州)로 나눴고 각 주의 장을 주목(周牧)이라 불렀다. 제우는 아홉 명의 주목으로 하여금 각 지역의 산천이 조각된 정(鼎)을 만들어서 하(夏)왕실로 바치도록 했고 상, 주를 거치면서 이 아홉 개의 정(九鼎)은 왕실의 존엄을 상징하는 물건으로 전수되었는데 춘추전국시대를 거치면서 소실되었다.

게 새로 정복한 이 넓은 지역을 통치할 것인가의 문제가 놓여 있었다. 이에 주공은 영토를 분봉하여 번국을 만들어서 연방국가를 건설하고자 하였으니 이것이 바로 분봉제이다.

주(周)의 봉건체제

주(周)왕조의 봉건제도(분봉제)란 무엇인가?

앞서 주왕조 성립의 과정에서 '주(周) 부락과 연합군'이 상왕조 도읍을 공격해 무너뜨렸다고 했다. 상왕조를 무너뜨리는 과정에서 주(周) 부락 혼자 한 것이 아니라 여러 부락을 규합하여 연합군을 이루었다. 동서고금을 막론하고 정권 찬탈을 위해선 여러 세력이 연합하여야 하고 그렇게 하여 만들어진 새로운 세상에서는 개국에 참여한 이들에게 만족할 만한 뭔가를 주어야 하는 일이 뒤따르기 마련이다. 또한 이들이 불만을 품지 않도록 잘 관리하는 게 새로 만들어진 정권 유지에 있어서 가장 중요한 일이기도 하다. 우리 역사에서도 그런 예가 있는데 고려를 세운 태조 왕건은 그의 생애 내내 결혼이라는 수단으로 지방 호족 세력을 자기편으로 품었다.

중국은 예나 지금이나 가장 큰 자산은 그들의 드넓은 국토이다. 특히 무력을 통해 앞선 왕조를 전복시키고 탄생한 새 왕조의 경우 앞선 왕조가 귀족들에게 봉지로 하사한 땅들을 전부 몰수했기 때문에 건국 초기에는 분봉을 할 수 있는 자원이 충분했다. 그래서 자신을 도와 공을 세운 사람에게 '어디어디 땅을 줄 테니 네가 거기서 영주가 되어라'라며 영토로 대가를 지불하는 게 가장 쉽고도 강하게 어필하는 방법이었고 중국은 한나라 때까지 개국의 멤버들에게 이런 '땅 떼어주기' 방식의 유혹을 떨치지 못했다. 이들에게는 땅과 함께 그 안의 주민들에 대한 통치권도 같이 주어졌다.

제후로 분봉받은 나라(제후국 또는 봉국이라 한다)는 외부의 침략을 받았을 때 출병하여 국왕을 지키고, 공물을 바치고, 정기적으로 조정에 와서 국왕을 알현하고 국왕을 모시고 제사를 지내는 등의 의무가 있었다. 이렇게 하여 제후국으로 하여금 왕실을 수호하고 주의 보호막 역할을 하도록 하였다.

이렇게 하여 부락의 개념이 없어지고 제후국(诸侯国) 또는 봉국(封国) 이라고 불려지는 나라들이 세워지는데 이는 이전 시대와 구별되는 아주 큰 의미를 갖는다. 하·상왕조 시절 소위 방국이라 불렸던 부락이란 성씨를 기반으로 한 자연발생적 씨족 집단인데 주왕조에 이르러 성씨를 기반으로 한 기존 부락을 인정하지 않고 거기에 국왕이 임명한 제후(诸侯)를 앉혀서, 즉 책봉을 하여 대를 이어 지배토록 하였기 때문이다. 하·상왕조는 기존의 부락들을 그대로 놔둔 채 그 위에서 우두머리 역할을 했을 뿐이지만 주왕조에 와서는 자신의 친족과 측근들을 각지로 보내어 소왕국의 지배자가 되도록 한 것이다. 그리고 제후는 그 안에서 다시 자신의 혈족들에게 분봉을 하였고 이들은 또다시 그 안에서 분봉을 하였다. 이 과정에서 부락은 해체되거나 통합되었다. 이렇게 하여 형성된 연방국가인 주나라는 오늘날의 유럽연합(EU)과 미합중국(USA)의 중간 정도의 국가 체제라 이해하면 될 듯하다. 주와 제후국들 간에는 대부분 같은 성인 데다가 엄연한 군신 관계가 형성되어 있었기 때문에 유럽연합(EU)보다는 강한 결속력을 가지고 있었을 것이다. 그렇지만 미합중국과 같은 하나의 국가체제로 보기는 어렵다. 이들 제후국들은 자신의 영토 내에서 완전한 자치를 하고 있었을 뿐 아니라 군대를 보유하고 있었기 때문이다.

제후로 봉(封)해진 사람들은 네 부류로 구분된다. 첫째, 대부분이 왕의 친척이었는데 건국 초기 만들어진 70여 개의 제후국 중 53곳의 제후가 희(姬) 성이었다. 새로 건국한 나라에 자기가 가장 신뢰할 수 있는 핏줄을 갖다 놓는 건 당연한 이치이다. 둘째로, 건국에 공을 세운 다른 부락의 우두머리들도 제후로 봉해졌는데 대표적 케이스가 주(周) 연합군 총사령관 강자아(강태공)가 제국(齐国, 산동성)의 제후로 봉해진 것이다. 세 번째 유형은 상왕조 시절의 귀족들이다. 지난 정권의 세력가들은 여전히 지역에 영향력이 있으므로 이들에 대한 회유책으로 분봉을 해야 했다. 네 번째는 정복할 수 없거나 힘이 미치지 않는 부락에 대해서도 그들의 우두머리에게 제후라는 작위를 주어 정치적 지위를 인정하고 기분을 좋게 하여 그들로부터의 위협을 없애고자 했다. 이들은 주로 변방의 이민족들이었고 주왕국에 투항한 민족에게도 제후국의 지위를 주었다. 남쪽의 초(楚), 서남쪽의 파(巴), 촉(蜀)이 이런 케이스이다. 지금이야 중국의 일부이지만 이 당시만 해도 장강 이남 지역과 쓰촨과 같은 서남 지역은 완전히 다른 세계였다. 거리도 너무 멀고 생김새도 다르고 문화, 언어도 다른 실질적으로 주왕조의 통제력이 거의 미치지 않는 지역이었다.

그러나 한 가지 알아둬야 할 것이 주(周) 연방의 모든 땅은 소유권이 국왕에게 있다는 것이다. 국왕이 제후들한테 땅을 분봉하지만 제후는 엄밀히는 분봉된 땅의 점유권(또는 사용권)을 가지고 있을 뿐이었다. 제후로부터 재분봉받는 귀족들의 봉지 역시 마찬가지이다. 국왕은 분봉권과 박탈권을 둘 다 쥐고 있었고 실제 주의 국왕이 정국(郑国)의 봉지 일부를 몰수한 케이스가 있다.

계층 구조

주나라의 계층 구조에 대해 이해하고 가는 건 중국의 개혁사를 이야기 함에 있어서 매우 중요하다. 시대에는 시대를 밀고 가는 주된 계층이 있고 개혁에는 개혁을 담당하는 계층이 있다. 그러므로 크고 작든을 떠나서 개혁은 사회의 계층 구조에 어떤 식으로든 영향을 미친다. 그래서 앞으로 이야기할 개혁의 역사에서도 우리는 이런 측면에 주목하지 않을 수 없다. 그리고 계층 변화의 흐름에 있어서 주나라는 그 출발점이니 이 시기의 계층 구조를 아는 것이 꼭 필요하다고 하겠다.

특이한 것은 주나라의 계층은 지역적 구분과 신분적 구분 두 가지 측면으로 볼 수 있다는 것이다. 주나라는 주부락 동맹이 전쟁을 통해 상부락 동맹을 점령하여 만들어진 나라이다. 그러므로 일차적으로 점령 계층과 피점령 계층이 생겨났는데 그 두 계층이 서로 다른 곳에 살았다. 점령 계층이 모여 사는 도시와 주변지역을 국(國)이라 칭하였고 그 안에 사는 사람들을 국인이라고 불렀다. 국인은 통치계층인 귀족 집단과 원래 주부락의 평민들로 이루어져 있었다. 이들은 피점령

계층에 비해 분명한 특권이 주어졌는데 예를 들면 주나라의 주력군인 주육사는 이들 국인들로만 이루어져 있었다. 국(國)의 바깥 쪽 지역을 야(野)라고 불렀고 이곳에 사는 사람들을 야인(野人) 또는 서인(庶人)이라고 칭했다. 이들은 주로 피정복 부락의 주민들이었으며 농업의 주된 담당자들이었다. 그렇지만 지역적 구분은 그리 중요치는 않다. 중요한 건 신분적 구분이다.

신분적 구분은 크게 통치 계층과 피통치 계층으로 나눠진다. 통치 계층의 정점은 물론 국왕이다. 그 밑으로 제후들이 있고, 그 아래로 경·대부들이 있다. 경·대부란 관직을 맡고 있는 경과 대부들을 말한다. 귀족의 가장 아래 층에는 무사(士)들이 있었다. 물론 여기서 말하는 무사는 징집되어 나가는 일반병을 말하는 게 아니라 장교들을 말한다. 피통치 계층은 국인들 중 농(農), 공(工), 상(商)에 해당하는 주민들과 대다수 야인(서인)들로 구성되어 있었다. 야인들의 지위는 낮았지만 그렇다고 이들이 노예는 아니었다. 이들은 농업에 종사하며 자신들의 가정을 꾸리고 있었다. 피통치 계층의 가장 아래에 노예 계급이 있었다. 노예의 대다수는 전쟁 포로였고 자유 없이 귀족들에게 소유되어 농사일에 투입되었다.

주나라는 엄격한 계층·신분 사회로서 계층 간의 이동은 불가능하였다. 즉, 제후는 대를 이어 제후의 지위와 정치적·경제적 특권을 누렸으며 경·대부는 대를 이어 경·대부의 정치적·경제적 특권을 가졌고 평민이 관직을 맡는다는 건 생각도 할 수 없었다.

종법제도

주공은 주왕실의 통치 체제를 강화하고 사회 체제를 유지하기 위해 법령과 제도를 만들고 보급시켰는데 그 핵심이 종법과 등급제도이다. 주 왕실, 제후들(귀족), 그리고 봉국(영토)이 봉건시스템을 이루는 기본 요소라고 한다면 이들 간의 권력의 분배와 계승을 어떻게 할 것인지를 규정짓는 법칙이 바로 '종법(宗法)'이다. 종족(宗族)의 법칙이란 의미의 종법제도는 원시사회 말기의 부계 가장제가 진화된 것으로서 적장자 계승제를 기본 특징으로 하는 권력 분배 제도이다. 쉽게 말하자면 종족의 주가지와 곁가지를 규정하고 종족 내의 지위는 어떻게 물려줄 것인지, 이들 간의 관계는 어떻게 할 건지를 규정하는 법칙이며 이 법칙에 의해 족보가 만들어진다. 즉, '○○이씨 □파 몇 대손'과 같은 문중에서의 위치가 종법에 의해서 만들어지는 것이다. 주공은 주왕을 천하의 대종(大宗)으로 규정하고 그 적장자를 친자로 규정하여 왕위를 계승토록 하였다. 서자는 소종(小宗)으로서 주왕은 서자를 제후로 봉할 수 있는 권한이 있었다. 제후의 분봉 아래로 경·대부(卿·大夫)의 분봉이 있었고, 경·대부의 아래에 사(士)의 분봉이 있었다. 그들도 본가지인 대종이 있고 또한 적장자가 계승하도록 되어 있었다. 주왕은 하늘의 명을 받아 인간 세계를 다스리는 사람으로 규정되었고 그래서 '천자'라고 불리었다. 이렇게 볼 때 위로는 천자에서 아래로는 사에 이르는 모든 권력은 전부 대종의 수중으로 집중되어 있다는 걸 알 수 있다. 그래서 주의 봉건 귀족의 통치제도를 정권(政权), 족권(族权), 신권(神权)이 합쳐진 산물이라 한다.

주공이 종법을 만들 땐 주의 분봉 시스템하에서 사회의 질서 유지를 위해 꼭 필요한 법칙이라 생각했을 것이다. 그렇지만 사회가 위기에 처하거나 변혁이 필요한 시기에는 개혁이 종법과 충돌하여 사회변혁이 어려움을 겪게 되었다. 주왕실과 제후들 간에는 이러한 거대한 종법시스템이 지배했고, 각 봉국 내에서도 지배층, 즉, 제후와 귀족(경대부, 사)들 간에 이러한 종법으로 강하게 묶여 있었다. 이는 후에 각 제후국들이 독자생존을 해야 하는 춘추전국시대에 와서는 그들의 사회 개혁에 있어서 큰 걸림돌로 작용하였다. 종법시스템은 귀족들로의 자원 집중을 허용했고 몇백 년 동안 그것을 향유했던 귀족들은 이를 절대 놓으려 하지 않았기 때문이다. 다시 말하면 전국시대로 오면서 종법을 누가 먼저, 철저하게 깨트리느냐가 개혁의 핵심이었다. 그래서 당시의 개혁을 '법을 고치다'라는 뜻의 변법(變法)이라 불렀던 것이다.

관료, 군사 편제

주공은 종법과 분봉제도의 기초 위에 상왕조 때보다 훨씬 엄격하고 복잡한 관료 통치기구을 만들었다. 주공이 저술한 《주례》에 의하면 주나라의 관직에는 재상에 해당하는 '천관총재(天官冢宰)'라는 직책을 두어 천자를 보좌하고 모든 관리들의 리더로 하였고, '지관사도(地官司徒)'를 두어 토지와 호적을 관리하도록 하였으며, '춘관종백(春管宗伯)'으로 하여금 왕족을 관리하는 사무를 보게 하였고, '하관사마(夏官司马)'는 군사, '추관사구(秋官司寇)'는 형법, '동관사공(冬官司空)'은 공공 건설사업을 관장하도록 하였다. 이들 6관 이하로 또 여러 개의 작은 관리들이 있어서 조밀한 관리 체계를 형성하였다. 이들 크고 작은 관직은 모두 귀족들이 맡았고 위법 사항이 발견되지 않는 한 관직은 부자 간 계승되었다. 관직이 계승되었다는 것을 보면 주나라가 아직은 철저한 귀족 중심의 신분제 사회였다는 것을 알 수 있다.

그 밖에, 주공은 무경의 반란을 진압한 후 세 개의 군조직을 편제하였다. 그중 하나는 호분(虎贲)이라고 하는 왕실의 금위군이었다. 앞으로 금위군이라는 용어가 많이 등장할 텐데 수도방위사령부와 경호부대를 합쳐놓은 군단이라 생각하면 될 것 같다. 두 번째는 주육사(周六师)라는 것으로서 주나라 사람들로 구성된 여섯 개의 주력군이었다. 이들은 호경이 있는 서쪽 땅을 방어하였고 서육사라고도 불렸다. 세 번째 부대는 은팔사(殷八师)라는 부대로 은·상왕조의 유민들로 구성되어 있었고 장교는 주나라 사람이 맞았다. 이들은 주로 동방에 주둔하면서 이민족과의 정벌 전쟁에 이용되었다.

주가 이렇게 완벽하고 조직적으로 빈틈없는 관제와 군제를 갖추었기에 그들의 정권은 점차로 안정되고 공고해지기 시작하였다. 이 모든 것이 주공에 의해 설계된 것이라 하니 그는 그야말로 중국 역사에서 '제도의 아버지' 또는 '사회 시스템의 창시자'라 불려도 부족함이 없을 듯하다.

제례작락(制禮作樂)

주공이 주나라와 중국의 봉건사회에 한 가장 큰 기여(?)는 '제례작락(制禮作樂)'에 있다. '예악제도(禮樂制度)'라고도 불리우는 이것은 한마디로 말하자면 신분과 등급에 의해 조밀하게 짜여진 의전과 의식에 관한 규정이다. 사실 이것은 주공이 창조해낸 것이 아니라 상왕조 때부터 사회에 전해 내려오던 관례와 규칙이었는데 주왕조 설립 후 이것이 더욱 조밀하고 구체화되었고 규정화되었다. 제례작락에 의하면 군신 간에, 부자형제 간에, 심지어는 의식주에도 의례가 정해지지 않은 곳이 없었고 모든 사람들에게는 그들의 신분과 상황에 상응하는 의례가 있었다. 관혼상제와 같은 일은 말할 것도 없고, 서로 만났을 때 인사는 어떻게 하며 밥먹을 때는 어떻게 하는 등등 모든 인간의 활동에 걸쳐서 자잘한 규칙들이 만들어졌고 그것이 신분과 등급에 따라 달랐다. 주공은 스스로 제정한 엄격한 군신, 부자, 형제, 친속, 존비, 귀천의 의례제도를 통해서 천자의 세습적 지위를 공고히 하고 천자와 제후 이하 봉건 귀족 간의 권력 균형을 유지하고자 했다.

이러한 의례는 그로부터 오백 년 후에 공자와 유가학파들에 의해 더욱 숭상되어 '예의범절'과 '문화'란 이름으로 진화하였고 다시 삼백 년 후인 한무제 때 유교가 국교화되면서 그 후 2,000년 동안 통치계급과 기득권층을 보호하는 규칙과 규범이 되었다. 공자의 사상은 아무것도 없는 무에서 창조된 것이 아니다. 공자는 '꿈에서도 주공을 만났다'고 할 정도로 주공을 숭상했으며 그로부터 많은 영향을 받았다. 공자뿐 아니라 춘추시대 이래로 중국의 지식인들에게 주공은 꿈속의 스승과도 같은 존재였고 그들은 예의와 문화를 논할 때면 어김없이 '주공이 말하길……' 또는 '주공은……'이란 멘트를 날리며 주공을 인용하였다. 이렇게 주공은 오랜 시간 동안 중국인들에게 있어서 '정신 문화의 시조'로서 존재해 왔다.

정전제(井田制)

주나라의 토지제는 노예제에 기반한 토지국유제 또는 국왕 명의의 귀족 토지 소유제라고들 일컫는다. 천하의 모든 토지를 왕전(王田)이라 이름하여 국왕을 제외한 어느 누구도 토지를 소유할 수 없었고 그러므로 토지 매매는 당연히 있을 수 없었다. 분봉된 토지는 이론적으로는 전부 사용권을 수여받은 것이었다. 정전제는 어느 누군가가 고안한 제도가 아니라 하·상왕조 시대부터 몇백 년 동안 전해 내려오던 토지 분배 제도이며 시대의 흐름에 따라 변천하여 주왕조 시기에 성숙됐던 제도이다. 정전제는 정사각형 모양으로 9등분된 땅이 8개 집에 주어지고 가운데 땅은 공전(公田)이라고 하여 8개 집이 공동으로 경작하고 여기서 생산되는 작물은 공물로 정전주인 귀족에게 납부하는 제도이다. 정전을 받은 가정은 공전(公田)의 일을 먼저 끝낸 후에 개인의 경작지인 사전(私田)의 일을 할 수 있었다. 이 모양이 '우물 정(井)' 자와 같다고 하여 정전제라 이름하였다. 정방형 단위 하나는 100무(畝)였고 이는 가로와 세로가 138.6미터에 해당했다. 이런 게 9개가 있었으니 정전 한 세트의 크기는 이론적으로 가로와 세로가 415.8미터이다. 이것이 정전제에 대한 일반적인 설명이다.

그러나 정전제는 일종의 유토피아적 제도일 뿐 실제로는 엄격하게 실시되지 않았다는 주장도 있다. 심지어는 정전제의 존재 여부에 의문을 던지는 사람들도 있다. 위에 설명한 정전제의 구조와 크기, 운영 방식이 《맹자》에 나와 있긴 하나 여러 가지 의문을 품을 수 있다. 당시에는 측량 기술이 발달하지 않았기에 물길을 이용해 토지를 사각형으로 나눠서 질서 정연하게 아홉 개로 구분하는 것은 쉽지 않은 일이다. 정전 한 세트당 여덟 개의 가구(호)에 배분되었으므로 만약 1만 호의 농민을 주변에 둔 도읍이라면 1,250세트의 정전이 필요하고 이는 가로세로 14.5킬로미터의 정방형 땅에 논두렁을 이용하여 가로세로 138.6미터짜리 정방형 전(田)을 1만 1,250개 구획해야 한다는 것인데 이것이 과연 당시 기술로 가능한 일인지 모르겠다. 또한 당시에 전 국토에 대해 이렇게 구획을 나누고 이를 관리할 수 있을 정도의 행정력이 있었으리라고도 생각하기 어렵다. 그 외에도 정전제에 대해선 사료의 기재가 서로 앞뒤가 안 맞거나 모순되는 말들이 있기도 하는 등 알면 알수록 정체가 모호하고 뭔가 석연치 않다는 생각을 지울 수가 없다. 이런 이유로 정전제는 현재까지도 학자들 간의 논쟁 거리로 남아있다.

주(周) 연방의 붕괴: 서주(西周)의 쇠망과 동천

자신의 여인을 웃게 하기 위해 일으킨 '장난봉화 사건' 이야기를 익히 들어봤을 것이다. 그 주인공이 주나라의 마지막 왕인 주유왕(周幽

王)과 포사(褒姒)라는 여인이다. 유왕을 마지막으로 제후국들이 서로 맞장을 뜨며 독자생존을 해야 하는 춘추전국시대가 열린다. 주 왕국은 서쪽의 이민족 견융(犬戎)의 공격을 받아 유왕이 피살되고 포사는 견융족의 노예가 되어 끌려가는 참사를 맞는다. 수도 호경은 불타서 폐허가 되었고 주 왕실은 수도를 서쪽으로 370킬로미터 떨어진 낙읍(허난성 뤄양洛阳)으로 옮겨야 했다. 때는 기원전 771년, 이해는 중국 선진(先秦)시기 고대사에서 분기점이 되는 해이다. 주의 동천이 갖는 의미와 그 영향은 생각보다 컸다. 중국연합 의장국의 몰락은 국제 관계의 새로운 판도 변화를 의미했고 이는 어떤 제후국들에게는 도약의 기회를 제공하였지만 어떤 제후국들은 생각치 못한 위기에 직면하게 되었다. 이후로의 주왕국은 그 위상에 큰 손상을 입었고 제후들에 대한 통제력은 점점 감소하여 그들과 다를 것 없는 조그만 나라로 전락하고 중국은 소위 '춘추전국시대'라고 하는 새로운 시기로 접어든다. 그렇지만 주나라는 쪼그라든 종가집 모양으로 기원전 256년까지 지속을 하긴 한다. 구분을 위해 동천 이전의 주를 서주(西周), 동천 후의 주를 동주(东周)라 칭한다.

서주(西周)는 왜 망한 것인가? 서주는 왜 견융 민족의 침공을 막지 못했을까? 거짓말에 속은 제후국들이 제때 파병을 안 했기 때문일까? 주유왕과 포사의 장난봉화 이야기에서 우리는 '이들이 장난봉화를 했다는 것'보다는 '제후국들이 파병을 안 했다'에 주목해야 할 듯하다. 앞서 설명했듯이 주연방의 대외전쟁은 주 왕실에서 제후국에 파병을 요청하면 거의 의무적으로 군대를 보내야 하고 주 왕실은 이들 제후국의 군대를 데리고 전쟁을 치렀다. 그러므로 '제후국들이 파병을 안 했다'라는 것은 뭔가 주연방의 주종관계 시스템에 중대한 문제가 발생하고 있었다는 것을 말해 준다. 그렇다면 주왕실의 권위가 떨어지고 연방의 주종관계가 망가진 이유는 무엇일까? 한마디로 말하자면 주변 민족과의 관계에서 잘못된 대외정책을 취한 게 하나이고, 또 하나는 봉건체제 자체가 가지는 잠재적 문제점이 불거져 나왔기 때문이다.

건국 초기의 주(周)는 주변 민족들에게 당근과 채찍, 양면을 잘 사용하여 이들과 좋은 관계를 유지했다. 주변 민족들은 주(周)왕조에 호감을 가졌고 이들 중에는 주(周)가 주도하는 연합체제 안으로 편입되고 싶어하는 부락도 있었다. 신국은 원래 견융족의 한 부락이었는데 주를 도와 견융족을 토벌하는 데 공을 세웠고 이에 주왕실에서 이들을 신국(申国)에 봉하여 주연방 체제에 포함시켰다. 신국은 주왕조 대외 정책의 모범 케이스였다.

그러나, 시간이 지나면서 이들 주변 민족들과 트러블이 생기기 시작하였고 전성기를 맞은 주왕조의 자신감과 오만은 그들의 대외정책에 있어서 외교적인 방법을 버리고 군사적 방법을 선호하게 만들었다. 주왕조에게 특별히 위협적이었던 두 개의 민족이 있었는데 그것은 동쪽의 동이족과 서쪽의 견융족이었다. 주왕조는 동이족과 장장 200년에 걸친 전쟁을 하느라 국력을 완전히 소모했다. 전쟁은 재정 지출이 가장 많이 드는 행위이다. 우리는 앞으로의 역사에서 잦은 전쟁 또는 전쟁국면의 장기화로 국가 재정 위기가 찾아오고 심지어는 그것이 왕조 멸망의 원인이 되는 경우를 계속적으로 보게 될 것이다.

서쪽의 상황을 보자. 위에 설명한 신국(申国)은 진(秦)과 함께 서방의 견융 민족의 위협으로부터의 완충지대가 되어주었고 주는 이 두 국가를 잘 활용하여 서쪽에서의 무력 충돌을 최소화하였다. 그러던 것이 주(周)와 견융 간의 트러블이 잦아지기 시작했고 외교와 무력 병진노선을 버린 주왕조는 견융을 상대로 대규모 전쟁을 시작하였다. 이 전쟁은 결국 주(周)의 승리로 끝나긴 하였으나 주왕국도 엄청난 국력 손실을 입었고, 또한 견융 민족과 돌이킬 수 없는 철천지 원수지간이 되어버렸다.

하나 더 얘기하자면, 남쪽의 초(楚)와의 전쟁이다. 초(楚)는 주왕조로부터 제후국 지위을 받은 나라이긴 하지만 멀리 떨어진 초(楚)는 주왕실로부터 거의 이민족 취급을 받던 나라이다. 러시아를 EU에 편입시킨다손 치더라도 서유럽 국가들이 러시아를 진정한 멤버 국가로 생각하겠는가? 마찬가지로 러시아도 EU를 자기가 진정으로 몸담을 울타리로 생각하겠는가? 실제로 장강 유역을 무대로 한 초국은 중원과 거리가 너무 떨어져 있고 문화와 언어가 달라서 거의 이민족이나 다름없었다. 주왕조의 간섭이 싫어진 초는 주와 알력이 생긴다. 주왕조는 장강 세력의 부상에 위기 의식을 느꼈고 이에 여러 차례 전쟁을 벌였지만 그렇다고 초를 정벌한 것도 아니었다. 광대한 영토를 가진 초국은 만만한 상대가 아니었다. 이런 식으로 주(周)는 동서 양쪽 전선에서 이민족과 장기간의 전쟁 국면을 거쳤고 남으로 반(半)이민족인 초(楚)와 여러 차례 전쟁을 벌였다. 주의 국력은 쇠퇴할 수밖에 없었고, 결국 기원전 771 견융과 신국(申国)의 공격에 수도 호경이 함락된다. 주유왕과 포사의 거짓 봉화 때문이 아니고 어쩌면 누적된 전쟁으로 제후국들도 군대의 파병이 어려웠을 수도 있다.

또 하나의 원인은 제후국들과의 관계에 있다. 이는 봉건체제가 가지는 필연적인 문제점으로서 시간이 지날수록 건국 초기의 맹약과 군신관계는 희석되기 마련이다. 이는 중앙정부의 재정 수입과도 연관이 있는데 이들 제후국들은 초기에는 주(周) 정부에 바치는 정기적인 납세(공물)를 꼬박꼬박 내다가도 세월이 흐르면 이것이 아까워지는 법이다. 이런저런 핑계로 제후들이 공물을 적게 내는 경우가 생기기 시작했고, 또한 봉국 간의 병합이 일어나면서 봉국의 수가 줄어들었고 중앙정부로 들어오는 공물은 점점 적어졌다. 그리고 재미있는 것이 주왕조는 봉국의 수를 늘리기 위해서 기존 봉국으로 하여금 새끼 봉국을 만들도록 독려하였는데 후기에 가서 봉국들이 새끼 봉국 만드는 일에 소극적이 된다. 한없이 늘어날 것만 같았던 봉국의 수는 봉국 간의 M&A로 오히려 감소하였고 주왕조는 봉국에서 오는 수입이 줄어들어 재정에 문제가 생긴다.

봉국은 커지고 있고 중앙정부의 권위와 힘은 점점 빠져가고 있으니 주왕조의 몰락은 예견되어 있었다. 주유왕의 '장난봉화'가 사실이든 아니든을 떠나서 봉국들은 더 이상 싹수가 없어 보이는 연맹의 의장국에 예전처럼 적극적으로 파병을 하고 싶은 마음도 할 여력도 없었을 것이다. 장난봉화가 아니더라도 이들은 견융의 침략을 막지 못할 운명이었다.

주공이 세팅한 정치체제, 군사제도, 토지제도, 사회제도는 당시로는 대단히 체계적이며 완벽해 보였고 이러한 체계적인 시스템은 주왕조를 300년 가까이 움직이게 했다. 이 제도들은 중국의 역사를 볼 때 국가·사회 제도의 시작점이었으며 때로는 역사를 거치면서 개혁의 대상이 되기도 하였고 어떤 경우는 복고의 지향점이 되기도 했다. 특히 춘추전국시대로 들어오면서 주공의 업적이었던 이들 정치·사회 시스템 하나하나가 발전의 걸림돌이었고 개혁의 대상이 되어버리고 만다. 주공의 시스템을 대체할 새로운 개혁을 이루느냐에 각국의 운명이 달린 시대가 열리고 있었다.

공화행정(기원전 841~827년)

서주의 마지막에서 세 번째 국왕 주려왕周厉王(희호姬胡) 때 중국 역사상 아주 특이한 일이 벌어진다. 공화행정이라 불리는 이 전무후무한 '14년간의 군주 부재' 사건의 발생 원인과 경과에 대해서는 사마천의《사기》에 려왕과 당시 재상이었던 소공(召公) 간의 대화체로 상세히 기술되어 있다. 그리고 그 끄트머리에 이렇게 말하고 있다.

"소공, 주공 두 명의 재상이 정치를 맡아 '공화(공동으로 화합한다)'라 불렀다. 려왕은 체(彘)에서 죽었다. 소공의 집에서 거주하고 있던 태자 정(静)이 성인이 되자 두 명의 재상은 공동으로(합의하여) 그를 국왕으로 옹립하였고 그가 선왕(宣王)이 되었다. 선왕 즉위 후 두 명의 재상이 보좌하여 정치, 법, 군사 방면에서 '성왕과 강왕 시기의 분위기'를 재현했다(중흥을 이루었다)."[22]

22) 召公、周公二相行政, 号曰"共和"。共和十四年, 厉王死于彘。太子静长於召公家, 二相乃共立之为王, 是为宣王。宣王即位, 二相辅之, 脩政, 法文、武、成、康之遗风, 诸侯复宗周《史记》.

이에 의하면 '공화행정'의 어원은 군주 없이 두 재상이 '공동으로 조화롭게' 정치를 한 것에 기인한다. 그러나 전국시대 위나라 때 만들어진 사서인 《죽서기년》에 공백화(共伯和)라는 제3의 인물이 언급되면서 그 어원과 스토리에 조금 다른 해석을 낳게 해 주었다. 그래서 기원전 841년에 시작된 공화행정 사건에 대해서는 대체적으로는 비슷하지만 조금씩 다른 두세 개의 버전이 존재한다. 그러나 우리는 버전과 상관없이 이 사건의 배경과 이 사건이 역사에 의미하는 바를 이해해야 한다.

《사기》는 려왕(厉王)이 '백성들의 삶은 안중에도 없고 자신의 사치향락을 위해 세금을 올리고 그것도 모자라서 각종 명목으로 백성들을 착취하였던 폭군이었다'라고 말하고 있다. 려왕은 돈이 아주 절실했던 모양이다. 세금으로 충당이 안 되자 백성들이 벌어먹고 사는 터전과 민중에 속한 먹거리를 국가라는 이름으로 귀속하여 그 사용권을 뜯어냈는데 예를 들어 산의 나무를 베어 무엇을 만드는 사람들에게 벌목세를 받고, 강을 지나게 되면 통행세를 받고, 물건을 사고파는 행위에 세금을 매기고, 뭔가를 만들어 파는 사람들에게 제조세를 물리는 식이었다. 쉽게 말하면 돈 되는 건 모조리 국유화하여 이의 사용료 조로 백성들의 돈을 뜯었다는 것인데 이로써 백성들의 삶은 피폐해졌고 특히 국인들, 즉 도성에 거주하는 상공업자들과 중소귀족들의 불만이 컸다. 이러한 방식에 대해 재상 소공이 죽기살기로 간언을 하며 이 정책을 막으려 했으나 려왕이 이를 밀어붙였다. 당연히 국인들의 불만과 반발이 있었고 어리석은 주려왕(周厉王)은 불만을 누르기 위하여 공포정치와 감시정치를 펼쳤다. 무사(巫师)라고 하는 비밀경찰을 풀어 정부에 불만을 표하는 사람들은 가차없이 잡아갔다. 정부정책에 대해 비판이나 불만을 표하기는 커녕 정부와 관련하여 입만 뻥끗해도 잡아가는 분위기였다. 사람들은 괜히 오해를 살까 봐 사람을 만나거나 인사를 하는 것조차 꺼렸다고 한다. 소공(召公)이 아무리 진언을 해도 국왕은 이를 무시하였고 폭정과 착취는 계속되었다.

주려왕은 왜 그렇게 돈이 필요했을까? 려왕이 폭군이었던 건 맞는 것 같다. 그러나 그가 그렇게 정치적 무리수를 두면서까지 재원을 마련하고자 한 것이 단지 자신의 사치향락을 위해서만이었을까? 국인폭동이 일어나는 기원전 841년은 서주가 망하고 동천하는 기원전 771년에서 불과 70년 전의 일이다. 때는 이미 주나라가 쇠망의 길로 접어들고 주왕실에 재원을 보장해 주었던 각종 정치 시스템과 봉국 시스템이 제대로 작동하지 않고 있을 때이다. 주려왕 재위시기 주왕조는 재정난에 시달리고 있었을 것이고 이를 타계하고자 그가 취한 방식은 각종 자원들을 국가 소유로 하여 사용권을 뜯어내는 무리수였다. 사실 그 핵심은 금속과 소금이었다. 그는 사마천에 의해 폭군과 사치향락을 추구하는 자로 그려졌지만 달리 상상을 해 보자면 국가 재정난을 타개하고자 감행한 급진적 국유화 개혁이었을 수도 있다. 그리고 정부의 국유화와 사용권 징수 조치로 가장 타격을 받은 계층은 산, 강과 같은 부동산에서 이권을 취득하고 있던 중소귀족 계급, 나무나 금속을 가지고 뭔가를 만들어 파는 수공업자, 소금이나 면직물 등을 사고 팔며 돈을 버는 상인 계층이었다. 이들은 모두 국인(国人)들이지 농사를 짓고 사는 교인(郊人)이나 야인(野人)들은 아니었다.

급기야 국인들이 이에 저항하여 폭동을 일으켰다. 국인폭동(国人暴动)은 중국 역사상 최초의 '봉기'라고 볼 수도 있겠지만 우리가 일반적으로 떠올리는 민중(농민)봉기는 아니다. 기원전 841년의 국인폭동은 중소 귀족들의 주도하에 성 안의 상공업자들이 동원된 봉기였다. 왕궁의 경비병들도 주려왕의 폭정에 불만을 가졌고 그래서 이들도 봉기 세력에 가세하였다고 하는데 어쩌면 귀족들이 기획한 봉기에 미리 매수되었던 것일 수도 있다. 이렇게 보면 이 사건은 봉기라기보다는 정변에 가깝다.

귀족들은 왕궁으로 쳐들어와 주려왕의 무사(巫师)들을 모조리 죽였고 국왕은 간신히 도망쳤다. 서쪽은 견융족이 있는 곳이니 동쪽으로 갈 수밖에 없었고 그는 산시성의 체(彘)라는 곳으로 도망쳤다.

려왕에게는 아들 희정(姬静)이 있었는데 그는 도망칠 때 태자를 데려가지 않았다. 데려가지 않은 건지, 못한 건지는 모호하다. 재상 소공(召公)이 어린 태자를 집에 숨겼는데 이게 인질로 잡아 둔 건지, 숨겨준 건지도 모호하다.

여기서 반란의 소식을 듣고 달려온 제후가 있었는데 그가 공백화(共伯和)이다. 이 사람의 존재는 《사기》에는 나오지 않으나 《죽서기년》에 공백화가 섭정을 하였다고 나온다. 즉, 공백화가 몰고 온 군사에 의해 수도 호경의 혼란한 정세가 안정을 되찾았으나 왕족인 공백화도, 소공도, 주공(周公)[23]도 종법에 의해서 천자의 자리를 이을 수 없었다. 그래서 그들은 공백화로 하여금 태자가 성인이 될 때까지 섭정을 하도록 하고 그 둘이 귀족 회의의 리더가 되어 나라를 꾸려간 것이었다.

그로부터 14년이 흐른 기원전 827년에 체국에서 주려왕이 죽었다는 소식이 전해지자 이들은 애초 합의한 대로 성인이 된 태자를 천자로 옹

23) 주공단의 후손으로서 소공과 함께 국정을 보좌했던 귀족 대신이다. 이 둘이 국인폭동의 주동자인지 아닌지는 모호하다.

립하였다. 기원전 841년의 국인폭동과 14년간의 공화행정은 기원전 771년의 서주의 멸망을 예견하는 일대 사건이었다. 주선왕(宣王)은 두 재상들의 보좌를 받으며 반짝 중흥을 일으키는 듯했으나 왕조 쇠망의 대세를 돌려놓을 순 없었다. 결국 그의 아들 대에 가서 서주는 견융의 공격에 전혀 손을 쓰지 못하고 호경이 함락되고 만다.

《사기》는 기원전 841년을 '공화원년(共和元年)'이라고 명명하였고 이 시기부터 정확히 연도를 기재하기 시작하였다. 즉 기원전 841년을 첫 해(원년)로 하여 역사를 기재했다는 것이다. 이는 중국 역사에 있어서 획을 긋는 사건으로서 중국에서는 이후로부터를 신사(信使) 시대라고 하기도 한다. 신사(信使) 시대는 직역하면 '역사를 믿을 수 있는 시대'라는 뜻으로 이때부터 엄밀한 의미의 역사시대가 열렸다고 보는 것이다.

사마천에게 이 사건이 그렇게나 큰 의미로 다가왔을까? 아니면 이때부터 연도에 대한 확신이 있어서였을까? 사마천에 의하면 공화(共和)는 '국왕 없이 두 대신이 공동으로(共) 서로 조화를(和) 이루며 정치를 하였다'라는 뜻에서 명명된 이름이다. 하지만 또 한 가지 설은 공백화(共伯和)라는 사람이 섭정을 하였으므로 그의 이름 두 글자를 따서 공화(共和)라고 했다고 한다. 어쩌면 사마천에게는 군주가 없었던 이 14년간이 가장 이상적인 정치 형태였을 수도 있다.

오늘날 우리가 공화국, 공화정이라고 하는 '공화'는 여기서 나온 단어이다. 메이지 유신 때 한 일본의 학자가 서양의 republic 개념을 '공화(共和)'라는 한자를 써서 소개했고 그 이후로 우리는 republic을 공화라고 부르게 된 것이다. 아마도 뭐라고 부를지 고민하다가 주나라 공화정치 시기에 군주가 없었던 점에서 착안하여 그렇게 불렀지 싶다.

춘추 시대

4장

진보와 융합의 500년, 춘추전국시대

낙읍(뤄양)[24]으로 수도를 옮긴 후 주나라의 위엄과 봉국에 대한 통제력은 현격히 쪼그라들었다. 형식적으로는 여전히 주왕국과 봉국의 관계가 유지되긴 했으나 각 봉국은 주(周)가 자신을 더 이상 보호해 줄 수 없다는 걸 잘 알고 있었고 더 이상 충성할 필요를 느끼지도 못했다. 실질적으로 주(周)는 이미 대장으로서의 지위를 잃었고 각 봉국은 스스로의 힘으로 생존할 수밖에 없었다. 나아가 각 봉국이 자기의 영토를 넓히려는 야망을 가지기 시작한다. 이 시기 이후로 주왕조는 형식적으로만 의장국이었을 뿐 실질적으로 다른 여러 봉국과 같은 처지이거나 때로는 그들만도 못한 처지가 된다. 이제 각 봉국은 서로 창칼을 겨누는 상황에 처해졌고 또한 주왕조의 쇠락을 틈타 사방의 이민족들이 중원으로 압박을 가하고 있었다. 이제 각 제후국들은 과거와 같은 안일한 마인드로는 생존을 할 수가 없게 되었고 이러한 위기

24) 뤄양(洛阳)의 옛 이름은 낙읍, 낙양, 동도, 동경 등 여러 가지가 있다. 이 책에서는 현재 지명은 중국어 발음대로 적는 것을 원칙으로 하고 있으므로 뤄양이라고 표기하였다.

의식하에 중국의 '개혁'의 역사가 시작된다.

춘추전국시대의 진보적 의의

'춘추전국시대를 언제부터 볼 것인가'는 학자마다 주장이 조금씩 다르지만 주(周)왕국이 동쪽으로 수도를 옮기기 시작한 기원전 771년부터 보는 게 편할 듯하다. 세계대전의 끝은 진(秦)이 중국을 통일한 기원전 221년으로 논란의 여지가 없다. 이로써 중국 민족은 무려 550년간 전쟁의 소용돌이 속을 헤매게 된다.

550년간 전쟁을 한다는 건 세계사에서 유례를 찾아볼 수 없는 일이다. 춘추전국시대라는 이 긴 세월이 '전쟁의 시기'는 맞다. 그렇지만 이 시기를 '동란기'라고 불러야 할지는 한번 고민해 볼 문제이다. 춘추전국시대의 주요국들은 전부 몇백 년 동안 지속되었다. 주연방 체제가 무너지고 긴 세월 동안 약육강식의 시대가 열린 것일 뿐 무질서한 동란기와는 상황이 다르다. 당시 중국인들은 항상 전쟁에 대비해야 하는 뉴노멀에 접어든 것이다. 그럼 중국사에서 춘추전국시대는 어떤 의미를 가지고 있는가? 500년이 넘는 긴 세월이 주는 의의는 무엇이고 이 세월 동안 일어난 변화는 무엇일까?

춘추전국시대의 가장 큰 특징은 청동기에서 철기로 가는 과도기라는 것이다. 철기의 사용은[25] 세계사를 바꿔놓을 만큼 엄청난 변화를

25) 당시 철기의 도입은 철제 농기구의 사용을 말한다. 철제 병기의 사용은 한참 뒤인 한왕조 때의 일이다.

가져왔다. 또 한 가지 일대 혁신을 가져온 것은 농경에 소를 이용하기 시작한 것, 즉 우경(牛耕)의 시작이 이 시기에 일어났다는 것이다. 철제 농기구의 사용과 우경의 시작은 생산력을 비약적으로 늘렸고 생산력의 비약적 증가는 생산 계급 관계의 변혁을 가져오기 시작했다.

춘추전국시대는 노예경작제에서 봉건사유경작제로 가는 과도기의 시기이다. 서주왕조 시기에는 귀족이 땅을 소유하고 노예를 부려 경작하는 체제였는데 춘추전국시대를 거치면서 우경과 철제 농기구가 도입되면서 노예제에 기반한 기존의 생산질서가 붕괴되고 새로운 질서로 대체된다. 이것은 매우 중요한 변화였다. '노예'라는 건 이 시기를 거치면서 중국 역사에서 이제는 어울리지 않는 단어가 되어버린다. 당시는 농경 사회였으므로 사회와 산업의 변화는 농업 분야에서 먼저 일어났고 가장 두드러졌다. 이 시기부터 가정 단위의 소생산 체제와 개인 경영을 하는 소농 계층이 생겨나기 시작한다. 구시대 노예제 하에서 수많은 사람들이 달려들어 밭을 갈고 김을 매던 집체 노역 방식은 이제는 정전제(井田制)의 붕괴로 더 이상 지속될 수 없었다. 제후국들은 자신들의 생존을 위해 농지세 개혁을 진행해야 했다. 부역과 조세제도의 변화는 생산 관계의 변화를 의미했고 노예제의 급속한 쇠퇴와 새로운 봉건 생산 방식으로의 발전을 암시했다. 사회는 거대한 변혁의 한가운데에 있었다.

농업 생산력의 발전은 경작지를 끊임없이 넓혔다. 제후들과 경·대부들은 더 많은 토지를 점유하고 더 많은 생산물을 착취하기 위해 끊임없이 변경의 농지와 주인 없는 토지에 대한 소유권 작업을 하였다. 이들은 자신들의 사유지를 늘림과 동시에 토지에 딸려 있는 노동 인구도 점하였다. 구시대의 노예는 토지에 종속된 농노로 바뀌었고 구시대의 노예주 귀족들은 초기 형태의 봉건지주 계급으로 변화되었다. 구시대의 세습 노예주 계급은 날로 쇠락하고 있었고 대신 신흥 지주 계급이 자라나고 있었던 것이다. 이제는 노예를 몇 명 가지고 있느냐가 중요한 게 아니라 땅을 얼마나 소유하고 있느냐가 경제력과 정치력을 결정하였다.

춘추시대에는 주왕조의 엄격했던 종법 등급제가 심각한 타격을 받았고 종법제의 타파는 사회와 경제의 새로운 발전을 위해 큰 길을 열어놓았다. 가정 단위의 농민에게 일정한 자유가 생겼으며 이들은 자신의 생산품 중에서 잉여분에 대한 다소간의 처분의 자유가 생겼고 이로 인해 교역이 일어났다.

제후국들은 정치, 군사상의 필요에 의해 경쟁적으로 도시를 건설하고 수륙 운송로를 확장하였는데 이는 지역 간의 교역을 촉진하였고 각국의 화폐 시장 경제를 급속도로 발전시켰다. 시장 경제의 발전은 수공업과 상공업의 발달을 이끌었고 민간 상공업자들을 출현시켰다. 춘추시대의 민간 상공업자들은 이미 무시할 수 없는 하나의 정치·경제 세력이었다. 역시 노예제 해체의 산물이었던[26] 신흥 민간 상공업자들은 시장이 확대되기를 바랐고, 원할한 상품 유통을 위해 제한이 없고 통일된 국면을 희망했다. 그들 또한 재산 증식의 방법으로 토지에 투자하였고 이로써 그들 또한 신흥 지주 계급의 일원이 된다. 그러므로 신흥 상인과 신흥 봉건 지주 계급은 이익원과 이익 추구의 방향에 있어서 한 배를 타고 있었다고 할 수 있겠다. 지난날에 '천한 직업'으

---

26) 서주 시기에는 수공업 역시 노예 노동을 이용해 국가에 의해 운영되던 산업이었다.

로 인식되었던 상공업자들은 사회의 대변동 안에서 확실한 지위를 확보했다.

요컨대, 춘추시대는 계급 관계의 대분화, 대변동의 시대였다. 이 시기의 천자, 제후, 경(卿)·대부(大夫), 사(士), 농, 공, 상 계층은 모두 변화 중에 있었고 이러한 계급을 유지하고 있었던 엄격한 예악제도는 이미 동요하고 있었다.

방대한 주왕조 연합은 새로 일고 있는 계급의 대변동 속에서 사분오열하기 시작하였고 이 틈을 타 북방과 동쪽의 이민족들이 중원으로 침투하고 있었다. 분명한 건 이 공전의 계급 투쟁과 민족 투쟁이 뒤섞인 사회의 대변동하에서 이 국면에 적절히 대응하고 통제하는 자 또는 집단이 패왕이 된다는 것이었다.

춘추전국시대는 민족이 융합되는 시기였다. 주왕조는 각 지역에 자기 혈족들과 측근들을 봉국의 우두머리로 만들어 놓긴 했지만 여전히 중국은 서로 잘 통하지 않는 말과 풍습을 가진 민족들로 구성되어 있었고 주왕조는 이들을 단지 제후국이라는 느슨한 종적인 관계로 엮어놓았을 뿐 이들 간의 횡적 교류는 없었다. 전쟁은 필연적으로 양자간 또는 다자간의 융합과 교류를 낳는다. 550년간의 세계대전 시기를 통해 중국은 마치 여러 가지 색깔의 찰흙을 한데 뭉쳐서 반죽을 하는 것과 같은 민족의 대융합 시대를 겪는다. 춘추전국시대가 중국 민족에게 가져다준 가장 큰 선물은 무엇보다도 이 시기를 거치면서 중국은 남쪽의 방대한 영토인 초, 오, 월을 품었다는 것이다. 이런 의미에서 이 시기를 '혼란기'라고 하기보다는 '대융합 시기'라고 부르는 게 더 맞을 수도 있다.

이 시기는 다양한 사상과 창의, 혁신, 개혁이 일어나는 시기이다. 오랜 전쟁 국면은 각 제후국으로 하여금 경쟁력을 갖추지 않으면 생존할 수 없도록 만들었고 그러기 위해서 각국은 고향과 출신성분을 가리지 않고 경쟁적으로 인재를 유치하였고 이렇게 유치된 인재들은 사회의 개혁을 이끌었다.

이렇듯 춘추전국시대는 경제적으로 획기적인 생산력 증대와 이에 따르는 생산계급 관계의 변화가 일어나는 시기이고, 그에 따른 사회의 진보를 이루는 시기이며 민족의 융합을 이루는 시기이다. 춘추전국시대라는 용광로와 같은 시기를 거쳐 진(秦)제국으로 통일된 중국 민족은 그 후에도 수 없는 분열의 시기가 있었으나 결국은 원래 자리를 되찾는 구심력을 갖게 된다.

춘추전국시대의 무대

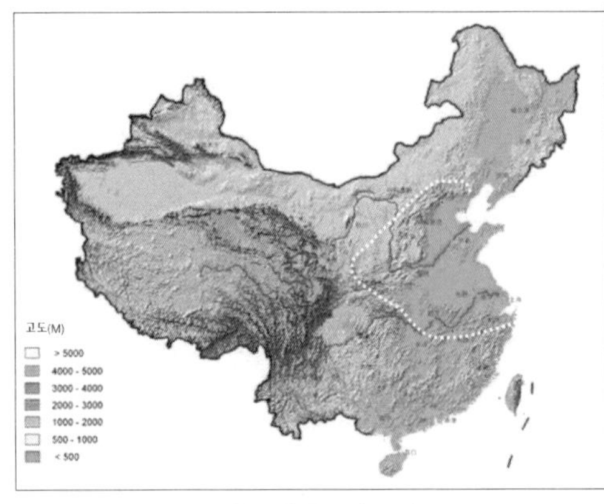

춘추시대 무대의 크기

춘추시대의 5대 문화권

춘추전국시대의 무대는 어떻게 되고 어떤 지형적 특색을 지녔는지에 대해 대략적으로나마 알아두는 게 앞으로의 이야기 전개에 도움이 될 듯하다. 당시 사람들이 천하(天下)라고 불렀던 무대는 위의 중국 전도에서 실선으로 표시된 부분이다. 현재 중국 영토의 7분의 1도 안 되는 면적이다.

춘추전국시대의 무대를 바둑판이라 생각하면 이 바둑판에는 남과 북에 황하와 장강이라는 두 개의 큰 강의 중하류가 지나고 있다. 황하를 따라 대부분의 나라들이 위치해 있고 장강이 지나는 나라는 초(楚)와 오(吴) 두 나라밖에 없다. 월(越)은 장강보다도 남쪽에 있다. 근데 이 바둑판은 평평한 게 아니라 서고동저의 지형으로 왼쪽(서쪽)으로 3분의 1정도 되는 지역은 높고 울퉁불퉁하며 오른쪽 3분의 2지역은 평평하다. 토양도 서쪽은 척박하고 동쪽이 비옥하여 동쪽으로 갈수록 농경에 더 적합하다.

바둑판은 오늘날의 허베이(河北), 산시(山西), 산동(山东), 허난(河南), 섬서(陕西)[27], 후베이(湖北), 안훼이(安徽), 장수(江苏), 저장(浙江)의 8개 성을 담았다. 신장, 내몽고, 시장, 광동, 광시 등지는 말할 것도 없고 동북3성, 깐수, 쓰촨 그리고 후난성 대부분 지역조차 이 시대의 바둑판은 담지 못하였다.

이리하여 춘추전국시대의 여러 나라들은 위의 지도와 같이 중원(中原)문화권, 북방(北方)문화권, 제노(齐鲁)문화권, 진(秦)문화권, 그리고

27) 山西와 陕西의 중국어 발음은 둘 다 '산시(shan xi)'로 성조만 다를 뿐 발음이 같다. 우리말 표기 시 이 둘을 구분할 방법이 없으므로 陕西를 한자 독음인 '섬서'로 표기하였다. 섬서(陕西)는 산시(山西)보다 서쪽에 위치하며 섬서성 남부에 시안(西安)이 소재하고 있다.

장강유역의 초(楚)문화권으로 나뉘어진다. 당시의 이들을 같은 민족으로 봐야 하는지 다른 민족이라 해야 할지는 조금 애매하다. 분명한 건 당시 이렇게 서로 다른 문화권을 형성했고 각 문화권의 특성은 저마다의 생김새, 방언, 풍습의 형태로 오늘날에도 남아있다는 것이다.

춘추전국시대의 주식

당시 사람들은 무얼 먹고 살았을까? 황하 중하류 지역은 강수량이 적어 쌀을 재배할 수 없고 밀이나 옥수수, 대두를 주로 생산한다. 반면 장강 이남 지역은 벼농사를 주로 한다. 이는 옛날이나 지금이나 마찬가지이다. 그러나 더 옛날인 상(商), 주(周) 시대에는 밀과 옥수수마저 없었고, 조와 기장이 주식이었다. 춘추시대에 화북지역 중국인들이 먹는 '밥'이란 귀족이든 평민이든 좁쌀을 찐 '좁쌀죽'이었던 것이다. 귀족들의 밥상에는 반찬 몇 개가 더 있었을 뿐이다. 그러므로 춘추전국시대나 진·한 시대를 배경으로 한 사극에서 일반인들이 오늘날과 같은 공깃밥을 퍼먹는 모습이 보인다면 그건 고증이 안 된 엉터리라 간주해도 될 듯하다. 당시에도 오곡, 즉 조, 기장, 밀, 대두, 벼가 있긴 했으나 그 시대에 어떤 작물이 보편화되었느냐는 당시의 식자재 가공 기술의 발달과 조리 방법의 변천에 달려 있었다.

가난한 사람들은 대두를 먹었다. 대두는 재배가 쉽고 잘 자라지만 딱딱하여 찐다고 해서 밥처럼 쉽게 연해지지 않았고 고로 귀족들은 대두를 잘 먹지 않았다. 맷돌의 발명은 인류의 주식에 대변화를 가져왔다.

맷돌의 도입 시기에 대해선 확실한 정설은 없으나 많은 학자들은 전국시대 초기에 발명되었을 것으로 추정한다. 맷돌이 간단해 보여도 그 안에 철제 축이 들어가야 하고 돌에 구멍을 뚫어야 하기는 난이도 높은 기구이다. 맷돌의 발명은 대두와 밀을 주식으로 편입시키는 데 큰 역할을 했다. 대두는 딱딱했고 밀은 밥처럼 그대로 쪄서 먹기에는 소화가 잘 되지 않았기 때문이다. 그러나 맷돌의 도입으로 대두를 가루로 만들어 죽을 끓이던가 두장을 만들어 마실 수 있게 되었다. 밀 역시 밀가루를 만들어 죽을 끓여 먹었다.

그러나 화북지역 사람들의 주식은 여전히 조와 기장 위주였고 밀이 보편화된 건 한나라 때 와서인데 밀의 보편화에 기여한 건 밀가루를 반죽하여 만든 '병(饼)'의 출현이다. 그 전까지는 가루로 만들어서 끓여 먹었을 뿐 반죽하여 빵의 형태로 만들 생각은 못했기 때문이다. 더 후에(당나라 때로 추정) 면의 도입으로 화북 지역은 밀이 완전한 주식으로 자리 잡는다.

춘추오패(春秋五霸)

'춘추시대'는 몇 명의 배우가 활약하고 있던 무대인가? 춘추시대 초기에는 크고 작은 제후국이 170여 개가 있었다고 한다. 후에 수많은 합병과 정벌이 이루어지면서 기원전 7세기에 들어 제(齐), 노(鲁), 송(宋), 연(燕), 위(卫), 진(陈), 조(曹), 채(蔡), 진(晋), 정(郑), 진(秦), 초(楚), 오(吴), 월(越) 그리고 주(周)의 15개 정도로 정리된다. 이 중에서 힘이 가장 센 나라가 패권국으로서 '패주(霸主)'라 불리었다. 패주는 중국 연합의 실질적인 의장 지위를 대신했다(물론 아직까지 형식적으로 주왕조가 존재는 하고 있었다). 주왕조가 누렸던 공물, 봉국들이 주왕조를 알현하는 의식 같은 것을 이제 지역의 실질적 대장인 패주가 누리게 되었고, 어려운 상황에 처한 나라는 패주에게 가서 원조를 구하였다. 패주의 지위는 단지 무력에 의해 결정되었다. 그러므로 힘이 약해지면 패주의 지위는 다른 나라로 이동했다.

제(齐), 진(晋), 진(秦), 초(楚), 오(吴)의 다섯 나라가 돌아가면서 패주가 되었는데 이들을 '춘추오패(春秋五霸)' 라고 부른다. 오늘날 같았으면 G5라고 불렀을 것이다. 춘추오패의 멤버에 관해서는 사료마다 조금씩 다르다. 어떤 책은 진(秦)을 빼고, 남방의 신생국 월(越)을 넣기도 한다.

춘추오패들에 얽힌 이야기들을 여기서 일일이 하진 않고자 한다. '기원전 7세기 초에서 기원전 5세기 초에 걸친 약 200년 동안 5개의 힘센 나라가 있었고 이들 사이에서 패권의 이동이 있었다' 정도로만 알고 있어도 될 듯하다. 전반 100년은 제(齐), 진(晋), 진(秦)의 북방 국가들이 패권을 장악하였고 후반 100년은 초(楚)와 오(吴)의 남방 국가들로 헤게모니가 넘어왔다. 여기서 하나 알아둬야 할 것이 패권이 북방에서 남방으로 이동했다고는 하지만 중원의 강대국 진(晋)은 춘추시대 전 시기에 걸쳐 넘볼 수 없는 지존이었다. 물론 오(吴), 월(越)과 같은 남방의 신흥 국가들이 잠시 반짝하긴 했으나 춘추시대 대부분의 시기에 걸쳐서 '진(晋)과 초(楚), 이 두 남북방 G2 간의 패권 다툼이였다'라고 봐도 무방하다. 하나는 황하 문명을, 다른 하나는 장강 문명을 대표하고 있었다.

장강 세력의 굴기: 초(楚)

초(楚)는 중국 역사를 잘 모르는 사람에게도 낯설지 않은 이름이다. 원래 초(楚)는 장강 중류에 있던 부락이었다. 지금까지 중국의 상고시대 문명이라고 하면 우리는 황하 문명만 이야기해 왔으나 중국은 황하와 장강이라는 두 개의 큰 강이 젖줄이 되어 문명을 이루어 왔으므로 황하보다 더 크고 수량도 풍부한 장강 유역에 문명이 형성되지 않았다는 건 납득하기 어렵다. 중국은 아주 오래전부터 황하와 장강 유역에 부락을 형성하여 살고 있었으나 무슨 이유에서인지 장강 근처에 살고 있던 사람들의 발전이 황하 유역의 사람들에 비해 뒤처졌고 인구도 황하 유역보다 적었다. 황하의 범람은 사람들을 뭉치게 하여 문명을 이루게 하였고 동시에 범람으로 생기는 비옥한 토양은 그 문명에게 두터운 경제 기반을 제공하였다. 그래서 하(夏)라는 왕조가 성립될 수 있었던 것일지도 모른다. 이렇다 하면 인류 문명의 성립과 발전은 살기에 완벽한 조건보다는 어느 정도의 자연적 악조건이 필요했고 인류는 이를 극복해 나아가는 과정에서 사회 체계를 이루고 진보와 발전을 이루었다고 할 수 있겠다.

오늘날 후베이성(湖北省)의 방언 중에 '不服周(bu fu zhou)'라는 말이 있다. '패배를 인정하지 않다', '굴복하지 않다' 또는 '(결과를) 기꺼이 받아들이지 않다'라는 뜻의 표준말인 '不服气(bu fu qi)'에서 '气(qi)' 대신 '周(zhou)'라 말하는 것이다. 그러므로 '不服周'를 직역하면 '주(周)에 굴복하지 않는다'는 뜻이다. 이들에게는 왜 이런 말이 생겨난 것일까? 거진 3,000년 동안 전해 내려온 이 후베이 방언은 초나라와 주왕조의 관계를 여실히 드러내는 단면이기도 하다. '不服周(bu fu zhou)'라는 말이 생기게 된 스토리를 이제 이야기하려 한다.

초의 건국

황하와 장강의 문명은 오랜 세월 서로 전쟁과 교류를 해 왔고 이로써 장강과 한수가 있는 장한 평원에 공통의 언어, 공통의 경제생활, 공통의 문화, 공통의 특성을 가진 부족이 형성되었다. 사학계에서 형초(荊楚) 지역이라고도 불리는 이 지역은 오늘날 후베이성(湖北省) 징저우시(형주시荆州市)를 중심으로 반경 약 200킬로미터 지역을 말한다. 후에 위·촉·오 삼국의 각축장이 되기도 했던 이 지역은 예로부터 초(楚)라고 불리었고 그래서 이 지역에 모여 사는 부락을 초(楚)라고 부르게 되었다.

초부락의 추장 중에 미(芈)성을 가진 육웅(鬻熊)이라는 사람이 있었는데 그가 초나라의 시조이다. 기원전 11세기 사람이다. 이들은 상왕조의 핍박을 받아 남하하여 형초 지역으로 왔고 형초 지역의 원주민인 남만(南蛮) 민족과 섞여서 자신들만의 독특한 초 부락을 형성하게 되었다. 육웅 이후로 초나라 군주들은 웅(熊)을 자신들의 씨(氏)로 하였다.

상왕조 말기 상이 쇠락하고 주가 강성해지자 육웅은 부락민을 이끌고 주무왕의 연합군에 가입하여 주의 상왕조 멸망을 도왔다. 그러나 무슨 이유에서인지 주왕조 건립 시 육웅에게는 작위와 분봉이 행해지지 않았고 그의 증손자 웅역(熊绎) 때에 와서야 간신히 육웅의 공을 인정받아 주성왕에 의해 자작(子爵)이라는 작위와 단양(丹阳) 땅을 봉지로 받았다. 당시는 주공이 섭정을 하던 시기이니 실제로는 주공에 의해 작위가 내려졌을 것이다. 이로써 초는 단양을 도읍으로 한 제후국이 되었고 웅역은 초나라의 개국 군주가 되었다. 자작은 주왕조의 다섯 개 작위 중 네 번째이다. 주왕조 초기의 70여 개 봉국 중 다섯 번째 작위인 남작을 받은 나라는 하나밖에 없었으니 사실상 가장 찬밥 대우를 받은 셈이다. 봉지는 오늘날 허난성 시촨현인 단양[28]에 고작 50리를 받은 게 전부였고 이들은 주연방의 남쪽 울타리 역할에 불과했다. 주왕실은 처음부터 초를 별로 좋아하지 않았고 중원의 제후국들 눈에 초의 군주는 그저 촌구석의 제후였을 뿐이었다.

초의 확장과 주의 남정

초는 건국 초기부터 주왕실의 멸시를 받았지만 초국도 주왕실을 존중하지는 않았다. 초는 스스로 주변을 개척해 나아갔고 남방의 주연방 속국들을 병합하면서 주변으로 빠르게 확장해갔다. 초는 남쪽으로 세력을 확장하면서 남만(南蛮)인들의 문화와 뒤섞였고 이는 초로 하여금 중원 국가들과 차별화되는 독특하고 독자적인 특성을 형성하도록 하였는데 중국 연방의 연방정부인 주는 이를 탐탁지 않게 여겼다. 이 문화 세력이 확장되는 것에 대한 견제 심리가 작용하고 있었던 것이다. 주왕조 연방의 울타리에서 점점 떨어져 나가 장강의 독자 세력을 구축하려는 초와 이를 견제하고 억누르고자 하는 주왕실 간의 알력은 점차 노골화되었는데 이 둘은 마치 그리스의 역사학자 투키디데스(Tucydiddes)가 말한 신구패권 간의 충돌 현상인 '투키디데스의 함

28) 초왕국 최초의 도읍지인 단양(丹阳)은 오늘날 허난성 남부의 난양시 시촨현(淅川县)으로서 허난(河南), 후베이(湖北), 섬서(陕西) 세 개 성이 만나는 지점이다. 초는 300년 동안 이곳을 도읍으로 하였다.

정'에 빠진 듯하다. 주는 초의 확장에 필요 이상으로 민감하게 반응하였고 한편 영토 확장으로 자신이 붙은 초는 주왕실에 자신의 지위 격상을 요구하는 등 도전적인 행태를 보였다. 초는 자신들의 시조 육웅이 주왕조의 건립에 한 공헌에 비하면 자신의 작위는 너무 낮으며 자신들에 대한 대우가 다른 제후국들과 균형이 맞지 않는다며 격상을 요구하였다. 이들은 마음속으로는 자신들이 주왕실의 신하라는 생각을 하고 있지 않았던 것 같다. 주왕실로서도 자꾸만 자기들과 맞먹으려는 제스처를 보이며 도발하는 초가 마음에 들지 않았고 그래서 오랜 시간에 걸쳐 주왕조의 역대 국왕들은 이들을 굴복시키기 위해 군대를 이끌고 수차례 전쟁을 하였다.

때는 주소왕(周昭王: 기원전 996~977 재위) 재위 시기였다. 강성 매파인 주소왕은 이참에 초를 손보지 않으면 안 되겠다고 마음을 굳히고는 제후국들과 연합군을 형성하여 초 정벌을 위해 세 차례나 남정을 하였다. 주소왕이 왜 남정을 했는지 사료는 기재하지 않고 있고 그 결과가 어떠했는지에 대해서도 모호하게만 말하고 있지만 역사학자들은 청동 제기에 새겨져 있는 글자들과 발굴된 유물·유적으로 많은 걸 유추해낼 수 있었다. 주소왕의 남벌에는 또 하나의 요인, 즉 자원 경제적인 이유가 숨어 있었다.

초는 인근의 악국(鄂)과 증국(曾)의 청동 광산을 접수하면서 풍부한 광물 자원을 보유하게 되었고 장강과 한수에 의해 형성된 퇴적평야를 기반으로 빠르게 확장했다. 청동기가 발달했던 상왕조는 남쪽에 많은 청동 광산을 개발해 놓았고 주왕조는 이들 지역에 증국(曾), 운국(鄖),

식국(息)을 분봉하여 왕실의 중요한 구리 자원을 보호하도록 하였다. 전국시대 말기까지 동(銅)은 '금(金)' 또는 '적금(赤金)'이라 칭하여졌고 사료에 '금 얼마를 하사하였다'고 기재된 것은 전부 동(銅)을 의미하는 말이었다. 이는 당시에 청동이 아주 귀한 광물 자원이었으며 국가의 주요 재원이었음을 말해 준다. 남방에서 초 세력이 커지면서 이들은 자연히 주왕실의 제후국들과 청동자원 쟁탈전에 나서게 된다. 사료에는 주소왕의 세 차례 남정이 '남쪽 부락의 반란으로 시작되었다'고 간단히 쓰여있지만 실은 이 전쟁은 새로 부상하는 '초(楚)'라는 이문화 세력을 억누르려는 '주(周)'의 대외 전략과 이들 간의 청동자원 쟁탈이 합쳐져서 발발한 것이다. 주소왕의 세 차례 남정은 아래와 같이 전개되었다.

- 1차: 한수(汉水)를 건너다 실패했다.
- 2차: 기원전 979년, 방(方), 등(邓), 주(舟), 증(曾), 악(鄂)과 연합하여 초를 공격했다. 많은 청동기를 노획하여 가져가서 청동 제품을 만들었다고 한다.
- 3차: 기원전 977년, 주소왕이 친히 군대를 이끌고 갔고 주의 승리로 끝난다. 그러나 다량의 청동기들을 가져오는 와중에 전군이 물에 빠져 몰살되는 일이 벌어진다. 주소왕도 이때 사망했다. 구체적인 상황은 기재되어 있지 않다.

주소왕의 남정은 초의 굴기에 제동을 걸긴 했으나 결정적인 타격을 주진 못했고 그 후 주왕국의 세력권에서 이 야만족은 오랫동안 잊혀졌다. 그러는 사이 이들은 오늘날의 후난성(湖南省), 안후이성(安徽省),

장수성(江苏省) 등 주왕조가 관심을 가지지 않는 지역으로 엄청난 면적의 세력권을 형성하였다. '남만(南蛮)'이라 불렸던 장강유역 사람들은 황하유역의 사람들과는 민족 자체가 달랐다고 봐야 할 것 같다. 그들만의 언어가 있었고 황하 지역 사람들과는 성씨도 달랐으며 신앙과 관습도 달랐다. 중원 제후국들은 용을 신성시했으나 초는 봉황을 숭배했다. 문자도 중원과 다른 새모양 글씨를 썼다. 그러던 초(楚)가 기원전 9세기에 와서는 엄청나게 큰 세력으로 성장한다. 인구는 늘었으며 싸움도 잘했다. 초(楚)는 이렇게 점점 사방으로 세를 넓히고 있었고 그들에 대항할 수 있는 봉국은 하나도 없었다. 남방에 신흥 강대국이 형성되고 있었다.

왕국 선포

웅거(熊渠, 기원전 886~877 재위)는 초나라의 여섯 번째 군주이다. 웅거 재위시 초는 당국(唐), 양국(扬), 악국(鄂) 삼국을 공격하여 한수와 장강 사이의 한강평원을 장악하고 중원의 청동광산을 접수하였다. 초의 확장에 긴장한 곡국(谷), 등국(邓), 호국(户), 언국(鄢), 나국(罗), 권국(权) 등 황하 이남 진영의 제후국들이 연합하여 초를 둘러싼 C자형 포위망을 구축하였고 초는 이에 대하여 가까운 적과는 우호적 입장을 취하면서 원거리 국가를 공격하는 전략을 취했다. 이들 중원 제후국들은 초에 대해 견제와 멸시의 시선으로 대했지만 초나라는 전혀 개의치 않았다. 오히려 초는 중원국의 멸시적 시선에 대해 일종의 실용주의 관점을 견지했다. 그들은 자신들이 만족 오랑캐(蛮夷)라는 걸 인정하고 오히려 만족 오랑캐 신분을 이용하여 주연방의 시스템이 주는 제약을 탈피하려 했다. 웅거는 아주 의미심장한 말을 했다.

"우리는 남쪽의 야만 민족(蛮夷)이다. 그래서 중국의 시호를 쓰지 않는다(我蛮夷也, 不与中国之号谥)!"

-《사기·초세가》

이렇게 말하면서 세 명의 아들을 각각 단(亶)왕, 악(鄂)왕, 월장(越章)왕에 봉했다. 이 말은 겉으로는 겸손한 것처럼 보이나 실은 반어적 표현으로서 '우리는 우리 방식대로 할 거다!'라는 걸 드러낸 말이었다. 웅거의 이 말은 초국의 외교 노선을 드러낸 선언적 말로써 후에 초가 이웃 국가를 명분 없이 공격하여 병합할 때도 여러 번 인용되었다. 웅거의 세 아들에게 주어진 봉지는 주요 청동광산 지역으로서 초에게 안정적인 청동광석의 공급을 보장해 주었다.

그러나 주이왕의 뒤를 이은 주려왕(周厉王)의 대외 강경노선으로 초는 주와의 정면충돌을 피하기 위해 세 아들에게 내린 왕작을 철회하고 잠시 몸을 수그렸다. 폭군 주려왕은 기원전 841년에 내부 쿠데타에 의해 쫓겨났으나(14년간의 공화행정 시작) 그 후 주왕조는 점점 쇠락의 길을 걸었고 반대로 초는 갈수록 강대해졌다.

기원전 704년, 초(楚)는 자신들의 작위를 올려줄 것을 주왕국에 요청하였고 이것이 거절되자 스스로 '초(楚)왕국'을 선언하였다. 이로써 주왕국의 봉국 시스템에서 탈피해서 또 하나의 왕국이 생겨버렸고 새로이 생긴 이 미(芈)성 왕국의 영토는 화북 지역의 주왕조 제후국들을 전부 합친 것보다도 컸다. 왕국이 선언되었으니 천하에 두 개의 왕국이 생겨버린 것이다. 주는 새 왕국을 인정하지 않았으나 초는 이제 주 왕실의 인정 따윈 신경쓰지도 않았다. 물론 새로 탄생한 왕국에게 잘 보이려는 몇몇 나라들이 있었고 새 왕국은 이들을 제후국으로 거느렸다. 기원전 771년 주의 동천으로 '주연방'은 보다 느슨한 연합국 체제로 변했고 다시 기원전 704년에 초를 대장으로 한 '장강 진영'이 결성된 것이다. 그래서 당시 모든 국가의 군주들이 '○○공(公)', '○○후(侯)'와 같은 작위로 불렀던 반면 유일하게 초나라 만이 '○○왕(王)'의 칭호를 가지고 있었다.[29] 그래서 실질적으로 주의 봉국 시스템이 붕괴되고 춘추시대가 열리는 시점을 초나라가 왕국을 선포한 기원전 704년으로 보는 게 더 일리 있는 시각일 수도 있다. 왜냐하면 주가 낙양으로 동천을 했을 때에도 천자는 여전히 하나였고 동천을 했다고 해서 하루아침에 주왕조 봉국 체제가 작동하지 않았다고 보기는 어렵기 때문이다. 그렇지만 장강 연합인 초왕국이 성립되었을 때 이미 천하는 두 개의 연맹으로 나눠졌고 주 천자는 이미 아무런 통제력을 발휘하지 못하는 상황이었음에 틀림없다.

서쪽의 변방국가 진(秦)의 탄생

춘추시대 초기의 진(秦)은 지금의 섬서성(陝西省) 남부와 깐수성 일부 지역에 걸친 조그만 나라였다. 이 지역은 오늘날의 중국 전도에서

29) 후에 나오는 남방의 두 국가(오와 월)도 성립과 동시에 왕국으로 선포했고 이들의 군주도 국왕이라 불렸다. 그렇지만 이들의 명칭이 왕국이라는 것이 화북 지역의 제후국보다 더 강대했다는 걸 뜻하진 않는다.

보면 거의 정중앙에 해당하지만 당시로서는 '천하'의 가장 서쪽 끝자락이었다. '섬서성(陕西省)'이라 하면 잘 모를 수도 있으나 섬서성 시안(西安)을 모르는 사람은 많지 않을 것이다. 서주(西周)의 수도 호경, 진(秦)의 수도 함양, 그 뒤를 이은 서한(西汉)과 수(隋), 당(唐)의 수도 장안이 모두 오늘날 시안(西安)과 그 주변을 말하며 이들 왕조들의 존속 기간을 합하면 1,000년이 넘는다. 진시황릉, 병마용, 화청지, 건릉 등 주왕조에서 이래로 3,000년의 유적과 유물들이 묻혀 있는 이 곳은 중국 고대 유적의 메카 중의 메카이다.

진(秦)을 설명하기에 앞서 이 나라의 지리적 특성과 인접국에 대해 알아둘 필요가 있다. 모든 문명이 강을 끼고 태동했듯이 진(秦)도 동서로 흐르는 위수(谓水)를 끼고 있으며 동쪽으로 진국(晋), 남쪽으로는 초(楚)와 접하고 있었다. 이 변방의 후진국은 불행히도 춘추시대 가장 강성한 두 대국을 이웃 나라로 하고 있었고 서쪽으로는 융민족의 위협에 항상 노출되어 있었다.

'영(嬴)'성 부족인 진(秦)은 기원전 905년 주왕실로부터 부용국(附庸国)의 지위를 부여받았다. 부용국이란 제후국의 부속국을 말하며 이는 초라하게 시작한 진(秦)의 역사를 단적으로 보여준다. 진(秦)의 서쪽, 즉 오늘날의 깐수성(甘肃省)은 당시 이민족 서융(西戎)의 영토였다. 춘추시대가 열리기 전까지 이들은 서쪽의 제일선에서 서융의 침략을 온몸으로 막으며 본의 아니게 중원의 방패막이 역할을 충실히 하고 있었다. 그러던 진에게 기회가 온다. 기원전 771년 서융(견융)의 침공으로 호경이 점령당하고 주유왕이 피살된 것이다(서주 멸망). 이때 유왕의 적장자, 즉 태자를 보호하기 위해 몇 개 제후국이 연합군을 이루어 서융과 싸웠고 이들은 결국 서융을 다시 서쪽으로 밀어내는 데 성공한다. 이렇게 하여 살아남은 태자가 동주의 첫 번째 왕인 주평왕(周平王)이고 연합군의 멤버 중 하나가 진(秦)이었다. 주 왕실이 진(秦)이라는 작은 부용국에게 빚을 한 번 진 셈이다. 그리고 2년 후 주의 동천이 이루어질 때 진(秦)이 포함된 연합군은 주의 동천을 호송하였다. 주평왕은 이에 대한 고마움으로 진(秦)을 '제후'로 책봉하면서 오늘날 기산(岐山)[30]의 동쪽 지역을 주었다. 그래서 서주가 멸망한 기원전 771년이 진의 개국 연도인 셈이다.[31]

그 후로 이들은 부근의 서융과 끊임없이 싸우면서 자신들의 영토를 넓혔고 그로부터 약 100년 후인 기원전 677년에는 동쪽으로 약간 이동하여 옹(雍)[32]이란 곳으로 천도하였다. 이로써 진은 관중 평원의 대부분을 차지하게 되었고 평야를 확보한 이들은 더 동쪽인 함양으로 천도하기 전까지 300년 동안 이곳을 도읍으로 둔다.

진(秦)은 춘추시기 내내 크게 비중 있는 국가로서 등장하지 못했다. 그러다가 이 별 볼 일 없는 최빈국 국가는 전국시대 중기에 와서 변법(개혁)이라는 마법으로 순식간에 초강대국으로 변하는 드라마를 연출하게 된다. 이에 대해서는 좀 더 뒤에서 설명하겠다.

30) 섬서성 바오지시(宝鸡市).
31) 정확히는 주의 동천이 이루어진 기원전 769년이지만 편의상 서주가 멸망한 771년을 진의 개국 연도로 말하기도 한다.
32) 오늘날의 바오지시 펑샹현(宝鸡市 凤翔县). 시안에서 서쪽으로 약 180킬로미터 떨어져 있는 섬서성 서부.

진령회하 라인

진(秦)은 황하의 지류인 위수(渭水) 유역에 도읍을 정했다고 했다. 위수 바로 밑에 진령(秦岭)산맥이라고 동서로 뻗은 험준한 산맥이 있는데 이 진령산맥이 진(秦)의 남쪽 경계인 셈이다. 이렇게 진(秦)은 동으로는 황하, 남으로는 진령산맥이 요새처럼 지켜주고 있는데 이러한 지형적 특성이 진이라는 나라에 주는 의미에 대해서는 좀 더 나중에 이야기할 기회가 있을 것이다. 여기서는 진령산맥과 회하가 전체 중국에서 가지는 의미를 잠시 이야기하고자 한다.

진령회하 라인

진령산맥이 끝나는 지점에서 '회하(淮河)'라는 꽤 큰 강이 시작된다. '회수'라고도 하는데 '귤이 회수를 건너면 탱자가 된다'는 속담을 들어 봤을 것이다. 회하(淮河)는 오늘날의 하남성 남부, 안휘성 북부를 지나서 강소성 북부에서 황해로 흘러 들어간다. 황하와 장강의 사이에 있는 회하는 오늘날에는 잘 거론되지 않지만 고대 역사에서는 매우 중요한 의미를 가지는 자연지물이었다.

진령산맥과 회하를 더하여 진령회하라인(秦岭淮河一线)이라 부르는데 이 진령회하 라인이 중국을 정확히 남과 북으로 나눈다. 진령회하 라인은 남방과 북방을 나누는 경계이고, 강수량 800밀리미터의 경계선이며, 최저기온 0도의 경계이고, 온대 계절풍 기후와 아열대 계절풍 기후의 경계이며 밀농사와 벼농사의 경계이다. 이는 풍속, 식습관, 문화, 성향 등 보이지 않는 측면에서도 북방 문화와 남방 문화를 나누었던 의미 있는 경계이다. 그래서 '귤이 회수를 건너면 탱자가 된다'라는 말이 나왔다.

주왕조 봉국들의 최남단 경계선이 진령회하 라인이었다. 이 경계를 넘어서면 장강 문화권인 초와 오, 월이 있다. 주나라 시절의 진령회하 라인은 문명세계와 신생 후진국 지역을 가르는 경계였다가 춘추시대로 접어들면서 황하 연합국 지대와 장강 연합국 지대를 나누는 경계가 된다.

5장

개혁의 시작: 관중(管仲)의 중상주의 개혁

관중이 처해진 시대는 바로 중국 사회가 노예제에서 봉건제로 전환되는 시기이다. 이때는 철제 농기구[33]와 우경이 점차 보급되었고, 새로운 농업 관개(灌溉) 기술, 방아두레박의 발명 등으로 사회와 경제는 진일보한 발전을 이루고 있었다. 진(晋), 제(齐), 노(鲁), 위(卫) 등 주왕조 초기 봉국들의 사회와 경제는 급속도로 발전하였고 춘추시대 초기에 '남쪽 변방의 땅' 또는 '여우의 소굴, 표범과 늑대가 으르렁대는 곳'이라고 불리던 지역들이 오래지 않아 모두 개간되었다. 특히 제나라의 경제는 더욱 발전했으며 농업뿐 아니라 수공업 또한 여러 국가들 중에서 최고 수준이었다. 또한 해안을 끼고 있는 지리적 특성상 어업과 염업이 발달한 그들은 여러 나라들과 가장 빈번한 왕래를 하였고 제

33) 제철은 서주 말기부터 시작되었던 걸로 추정된다. 당시의 철제 기구는 청동기처럼 정교하지 못했기 때문에 병기로 쓰이지 못했으나 《관자(管子)·해왕(海王)》에 관중이 "오늘날 철관(철을 관할하는 관청)을 세워 여자들은 바늘과 칼을 하나씩 갖게 하고 경작을 하는 사람에게는 가래와 쟁기를 반드시 갖게 한다"라고 한 말이 기재되어 있으니 춘추시대 초기부터는 철이 농기구로 쓰였다는 것을 알 수 있다. 王炳万, 《简仑春秋时期的农业结构及农业工具》, 农业考古.

나라의 수도 임치(오늘날 산동성 쯔보시淄博市)는 춘추시대의 가장 큰 상업 중심지였다. 춘추시대의 새로운 생산력은 황하, 장강, 한수, 회하를 포함하는 광대한 지역을 서로 관련성을 맺으며 교류하는 시장으로 발전시켰다. 춘추시대 초기의 이러한 경제 대변혁이 가져오는 힘은 어마어마했다. 각국이 모두 군사력에 의존하여 패권을 추구할 때 제나라의 한 개혁가는 시대가 가져오는 경제 대변혁의 힘을 꿰뚫어 보았고 그 안에서 경제 패권이 주는 이익의 거대함을 인지하였다. 2,600년 전에 그가 이뤄낸 개혁의 성과는 경제와 산업, 무역에서의 주도적 지위로도 패권국이 될 수 있다는 선진적인 사상과 가능성을 열어놓았다.

개혁의 본질

춘추전국시대 각 국가들의 개혁의 키워드는 '부국강병'이다. 전시의 국가 개혁이란 주변 국가를 제압할 수 있는 강한 나라를 만드는 것이 목표일 수밖에 없었다. 그리고 당시의 부국강병이란 곧 생산력을 늘리고 인구를 늘리는 것이었다. 왜냐하면 인구가 곧 생산력과 군사력을 좌우하기 때문이다. 생산력을 늘리기 위해서는 국민들에게 토지를 갖게 하여 경작의 의욕을 높여주어야 한다. 그렇기 때문에 토지 개혁이 제도적으로 뒤따라줘야 하고, 이는 귀족들이 장악하고 있던 자원의 재분배를 의미하기 때문에 정치적, 법제적, 행정적 개혁이 반드시 있어야 하는 일이었다. 이들 개혁의 세부 내용들을 지금의 관점에서 보면 너무나도 당연한 일이라 생각되지만 당시에는 그런 것들 하나하나가 천지를 뒤흔드는 변화였다. 이는 바꿔 말하면 노예제에 기반한 주왕조 시절 각 봉국들의 사회 시스템하에서 모든 자원과 권력이 귀족들에게만 집중되어 있었다는 것과 당시의 행정 체제가 얼마나 허술했는지를 짐작하게 해 준다. 하지만 이러한 개혁은 노예제도에서 몇백 년을 유유낙낙했던 세습귀족들에게는 하늘이 무너지는 일이었기에 이들은 필사의 저항을 한다. 그렇기 때문에 당시, 물론 지금도, 개혁의 성공 여부는 기득권층의 반발을 얼마나 잘 극복하느냐에 있었다.

개혁 군주와 개혁 재상의 만남

춘추 오패들의 패권 장악의 과정에는 항상 개혁 군주와 개혁을 이끈 재상[34]이 등장한다. 부국강병과 패권장악의 웅대한 꿈을 품는 건 군주의 일이지만 군주는 일을 하는 사람이 아니었기에 개혁을 기획하고 추진할 재상이 필요하다. 그렇지만 재상 혼자만의 힘으로는 기득권층의 반발을 누르며 제도 개혁을 이끌어 나갈 수가 없다. 그래서 개혁에는 개혁의 기획자와 개혁에 추진력을 불어넣어 주는 정치적 후원자가 항상 필요하다. 춘추전국시대에는 각국 간의 인재 이동이 자유

34) 여기서 재상이란 개념을 명확히 하고 넘어가야겠다. 재상은 공식 관명이 아니라 군주 밑으로 모든 신하의 위에서 국정을 통솔하는 사람을 말한다. 보통 '일인지하 만인지상'으로 표현되는 재상이란 존재는 왕조별로 그에 해당하는 관직명이 다 달랐다. 춘추전국시대에는 상국 또는 상방이란 직책이 재상이었고, 통일 진과 서한 때는 승상이 재상이었다. 동한 이후는 상서령, 또 어떤 시기에는 중서령, 어떤 시기에는 군 계통의 직위인 대사마가 재상 역할을 담당하는 등 시기별로 달랐다. 또한 이후로 갈수록 한 명의 재상이 아니라 여러 명의 재상급 대신들이 있었다.

로웠기에 개혁 재상과 군주는 마치 오늘날의 전문 경영인과 오너의 관계와 비슷했다.

가장 먼저 패권을 잡은 나라는 제(齐)나라인데 이들이 '춘추제일패주(春秋第一霸主)'가 될 수 있었던 데에는 환공(桓公)이라는 개혁 군주와 관중(管仲, 기원전 723~기원전 645)이라는 중상주의 개혁 재상이 있었기에 가능했다. 지금부터 설명하는 제나라의 개혁은 춘추시대의 첫 번째 개혁이자 아마도 중국 역사가 기재하는 최초의 개혁이라 불러도 무방할 듯하다. 관중의 개혁은 위기의 제나라를 일약 강대국으로 올려놓은 성과도 물론 의의가 크지만 그보다도 2,700년 전에 전에 벌어진 중국 역사 속의 최초의 국가개혁이었고 동시대 다른 국가(제후국)와 후세에도 지대한 영향을 주었다는 데서 더 큰 의의가 있다.

제환공(齐桓公)의 탄생

제환공(齐桓公)의 이야기는 그의 부친 제희공(齐僖公)의 이야기로부터 시작해야 할 것 같다. 제희공은 기원전 731년에서 기원전 698년까지 33년 동안 재위했던 제나라의 군주이다. 제희공 재위 시기 제나라는 패주까지는 아니더라도 국운 상승기였고 나름 영향력 있는 국가의 지위에 있었다. 그러나 그의 아들 대에 이르러서 제나라는 군주의 섹스 스캔들로 인한 외교 갈등과 쿠데타의 소용돌이 속으로 빠져들었고 이는 서로 정략적 혼인 관계로 얽혀있던 당시 국제 사회 속에서 주변국의 개입을 불러일으키는 등 제나라는 혼란 속으로 빠져든다.

기원전 709년, 제희공과 이웃 나라인 노환공(鲁桓公)이 만나서 연맹을 논하면서 혼사를 결정하였다. 그리고 그해 7월 제희공의 둘째 딸 문강(文姜)[35]이 노환공에게 시집간다. 제희공에게는 3명의 아들과 2명의 딸이 있었다. 물론 같은 어머니에게서 나온 자식들은 아니다. 문제는 장자 제아(诸儿)와 그의 배다른 여동생 문강(文姜)이 서로 사랑하였고 이들은 육체적으로도 서로를 탐하는 사이였다는 것이다. 역사는 물론 이를 사통(私通), 난륜(乱伦)이라고 기재하고 있다. 물론 아버지 제희공은 이를 몰랐을 것이다. 사랑이 되었건 난륜이건 그녀의 결혼으로 이들의 관계는 그렇게 끝나는 듯했다.

기원전 698년, 제희공이 죽고 장자 제아가 즉위하였다(제상공 齐襄公). 기원전 695년, 문강이 노나라로 시집간 지 14년째 되던 해, 제상공 제아와 주장왕(周庄王) 간의 혼담이 오갔고 주장왕은 자신의 친여동생을 제나라로 시집보내기로 한다. 주왕실의 규정에 따라 노나라의 군주가 주례를 보게 되어 있었는데 이때 문강은 남편(노환공)을 따라 제나라로 가서 오빠의 혼례에 참석하겠다고 한다. 그녀와 제상공과의 부적절한 관계를 알고 있던 대신들이 만류했지만 노환공은 그녀의 청을 들어준다. 당시 제환공과 문강 사이에는 이미 11살 난 아들도 있었으므로 '설마 무슨 일이 일어나겠어?'라고 생각했던 것 같다.

여동생 문강과 재회한 제상공 제아는 다시 그녀와 사통하였다. 후에 이 사실을 알게 된 노환공이 그녀에게 심하게 화를 냈고 모욕을 당한 문강은 이를 오빠에게 알렸다. 이듬해에 제상공은 노환공을 연회에 초대하여 술

35) 춘추시대 4대 미녀 중 하나이다. 통일 진 이전 시기 남자는 씨로 불렸고 여자는 성으로 불렸으므로 제나라 군주의 성인 강(姜)을 따서 문강(文姜)이라 불렸다. 문(文)은 당시에 '재기가 많다'는 뜻을 담고 있었으므로 문강이라는 이름은 '재기가 많은 강 씨'란 뜻이다.

에 취하게 한 후 부하 장수를 시켜 마차에 올려주는 척하면서 그의 늑골을 부러뜨려 죽였다. 노나라의 대신들이 노환공을 맞이하였을 때 그는 이미 마차 안에서 죽어있는 상태였다. 분노한 노나라의 대신들은 제나라에 진상규명과 책임자 처벌을 요구하였고 두 나라는 전쟁 직전의 일촉즉발의 상태에 놓인다. 할 수 없이 제상공은 노환공을 암살한 장수를 참하고 그의 머리를 노나라로 보내어 사과를 하였고 이로써 두 나라 간의 군사 충돌을 피하였다. 그 후로 문강은 제나라에 와서 살았다고 한다.

의붓 여동생과의 난륜과 이웃 나라 군주 암살 사건은 제상공이란 사람의 자질과 그의 재위 시기 제나라의 어지러운 정치 상황을 보여주는 일례이다. 제상공은 아둔하며 폭력적인 군주였다. 이런 군주 밑에서 동생들이라고 안전할 수 없었다. 관중은 제상공의 둘째 동생 규(纠)의 스승이자 책사였는데 그는 규를 데리고 어머니의 나라인 노나라로 몸을 피했다. 규의 어머니는 노국의 공주 출신이었다. 비슷한 시기 관중의 친구이자 정치적 라이벌인 포숙아는 제상공의 셋째 동생 소백(小白)을 데리고 거국(莒国)으로 도망갔다.

사통 사건이 있은 지 8년 후인 기원전 686년, 대신 연칭(连称)과 관지부(管支父)가 제상공의 사촌 형제인 공손무지(公孙无知)를 옹립하며 정변을 일으켰다. 제상공은 살해되었고 공손무지가 군주가 되었다. 이때 정변의 주인공인 관지부는 관중의 친척이었다. 그러나 이듬해에 공손무지도 옹름이라는 신하에 의해 다시 살해당하고 제나라는 잠시 군주 공백의 상황에 놓인다.

이제 제나라의 군주 자리는 희공의 둘째 아들 규(纠) 아니면 셋째 소백(小白)의 차지였다. 규는 노나라의 지원을 받고 있었고 소백은 제나라 내부의 지지를 받고 있었다. 제나라는 정권 성립 후부터 전통적으로 군주 이외에도 두 개의 슈퍼 귀족 가문이 정치 지분을 나눠 가지고 있었다. 그중 하나가 고(高)씨 가문이고 다른 하나는 국(国)씨 가문이었는데 이 두 패밀리가 상경(上卿)이라는 최고 대신 지위를 대를 이어 장악하고 있었다. 그런데 고씨 가문의 수장인 고혜(高傒)가 소백을 지지하고 있었던 것이다. 사료에는 그렇게까지 자세히 나와 있진 않으나 아마 공손무지의 암살도 고씨 가문의 지시 또는 암묵하에 이루어졌을 가능성이 크다. 규와 소백은 서로 먼저 제나라의 도읍 임치(오늘날 쯔보시)로 가서 군주 자리에 오르고자 했다. 먼저 도착하는 사람이 군주가 된다는 게 우스운 상황이긴 하나 여기서는 역사적 상상력을 발휘해야 한다. 소백은 고씨 가문의 지지를 받긴 했으나 그 세력이 절대적이진 않았고 규는 국내 지지 기반은 다소 열세였으나 노나라의 외교·군사 지원을 등에 업고 있었다. 소백이 군주가 되려면 즉위식을 거행하여 군주 즉위를 만천하에 알려서 국내 여론과 국제 사회의 인정을 받아야 했다. 그래서 소백 지지파는 빨리 소백을 불러 즉위식을 거행하고자 했던 것이다. 규는 노나라 군대의 호송을 받으면서 여유있게 임치로 가고 있었고 소백은 몇 안 되는 가신을 데리고 말을 타고 달렸다. 이때 노나라의 호송군을 지휘한 이가 바로 관중이었다. 이동 중인 소백은 도중에 매복한 노나라의 군대가 쏜 활을 맞고 쓰러진다.[36] 소백이 죽었으므로 급할 게 없다고 여긴 규와 관중은 노나라에서 여유롭게 6일을 더 보내다가 즉위를 위해 임치로 향했다. 그런데 임치에 도착하자 그들을 맞이하는 건 이미 즉위를 마

36) 허리띠의 금속 버클 부분에 활이 맞았는데 소백이 죽은 척하였다.

치고 보좌에 앉아있는 소백이었다. 때는 기원전 685년이었고 그가 바로 '춘추제일패주(春秋第一霸主)'가 되는 제환공(齐桓公)이다.

개혁이 시급했던 제나라의 처지

제환공은 야망이 있는 사람이었다. 그는 제나라를 부유하고 강한 나라로 만들고자 하는 비전을 품고 있었다. 그런데 정권을 탈환한 그의 앞에 놓여진 상황은 쉽지 않았다. 제나라는 그의 형 제아가 즉위한 기원전 698년부터 제환공이 정권을 탈환한 기원전 685년까지 13년간 정치적 혼란 속에 빠져 있었기 때문이다. 제환공이 즉위했을 당시 제나라는 심각한 재정위기를 겪고 있었다. 이는 그의 이복형 재위 시기에 무분별한 대외 전쟁과 아둔한 경제 정책으로 국가의 재정이 물 쓰듯 빠져나갔기 때문이다. 나라의 곳간은 텅 비어 있었고 백성들은 가난했으며 주변국들은 호시탐탐 침략의 기회를 노리고 있었다. 전쟁 수행 능력이 없는 상태에서 침략을 받으면 나라가 망할 수도 있는 위기였다.

이제 나라를 추스르고 하루바삐 패업의 꿈을 향해 전진하기 위해선 개혁을 추진할 인재를 모집하는 것이 시급했다. 환공은 새 정권에서 사람을 어떻게 배치하고 어떤 인재를 영입할 것인지에 대해 포숙아와 상의했다. 제환공을 이 자리에 올려놓은 일등 공신 포숙아는 재상의 자리를 예약해 놓은 상태였다. 그러나 그는 환공에게 이렇게 말한다. "주공께서 그저 제나라를 잘 관리하고자 하신다면 저와 고혜(高

係)만으로 충분합니다. 그러나 왕도와 패도의 과업을 이루고자 하신다면 관중이 아니면 안되옵니다." 제환공은 자신을 죽이려 한 관중을 생각하자 몸이 부들부들 떨렸으나 일단 포숙아에게 그 이유를 물었다. 그리고 포숙아는 자신이 관중에 비해 떨어지는 다섯 가지 부분을 조목조목 설명하며 환공을 설득시킨다. 결국 환공은 "그럼 선생님 말씀대로 관중을 데려와서 일단 써보고 다시 판단하는 걸로 하죠." 그러자 포숙아는 고개를 절래 흔들며 말한다. "특별한 인재는 특별한 예로서 대우를 해줘야 마땅합니다. 세상 사람들은 주공께서 현자를 존중하고 과거의 원한에 얽매이지 않는다는 것을 볼 것이고 그러면 더 많은 인재들이 우리 제나라로 와서 충성을 다할 것입니다." 제환공은 포숙아의 말에 고개를 끄덕였다.

국가의 미래를 위해 자신을 내려놓는 포숙아도[37], 자신을 죽이려고 했던 관중을 재상으로 중용하는 환공의 실리주의적, 대승주의적 포용력도 모두 칭송할 만하다. 하지만 이는 당시 제나라의 사정이 그만큼 어려웠고 국가개혁의 필요성이 그만큼 절실했다는 것을 반증하기도 한다.

이렇게 하여 노나라에 피신해 있던 관중을 보내라는 협조문이 보내졌다. 노나라는 규를 군주로 세우는 것이 실패로 돌아가자 이제는 제나라와의 충돌을 막고자 제환공의 요구를 전부 들어준다. 노나라는 규를 참수하였고 관중은 죄인의 마차에 태워져 제나라 임치로 보내어졌다. 물론 관중에게 사전에 이미 귀뜸이 갔을 수도 있다. 제환공은 직접 성 밖으로 나와 관중을 마중하였다. 감동한 관중은 제환공에게 충

37) 친구 간의 깊은 우정을 뜻하는 '관포지교'의 고사는 관중과 포숙아의 이야기에서 유래하였다.

성을 맹세하였고 3일 밤낮 이야기를 나눴다고 한다. 이는 아마도 관중이 자신의 개혁 구상에 대해 제환공에게 보고하는 자리였을 것이다.

이름: 관중(管仲)

성씨: 희(姬)성, 관(管)씨

국적: 제(齐)

직업: 사업가 → 정치인, 개혁가

생몰: 기원전 723~기원전 645(78세)

태생: 오늘날 안후이성(安徽)

출신: 주목왕(周穆王)의 후손, 부친이 제나라의 고위 관리(대부)였으나 가문의 기운이 쇠하여 형편이 어려워졌다.

경력: 생계를 위해 절친 포숙아(鲍叔牙)의 투자를 받아 몇 번 사업을 하였으나 모두 실패했다.

업적: 중상주의 개혁을 성공적으로 이끌어 제환공(齐桓公)을 초대 패주의 자리에 올려놓았다.

무덤: 산동성 쯔보시 관중릉(山东省淄博市管仲陵)

관중은 사실 전쟁 중에 도망친 탈영병이자 장사를 해서 몇 차례 말아먹은 실패한 상인이였다. 그럼 군주 환공은 똑바른 사람이었냐 하면 그렇지 않다. 그는 술을 좋아하고(好吃), 사냥을 좋아하며(好田), 여색을 좋아한다(好色) 하여 삼호 선생(三好先生)이라는 별명을 가졌던 사람이다. 고대 사회에서 술과 여색, 사냥을 좋아한다는 말은 오늘날로 보자면 좋은 차를 몰고 문란한 생활을 하는 재벌 2세를 뜻하는 것이다. 그런데 뜻밖에도 이 실패한 사업가와 삼호 선생의 만남은 역사에 길이 남을 국가 개혁과 경제 대변혁을 이뤄냈고 제나라를 초대 패주의 자리에 올려놓는다.

관중의 인재 기용 철학

실리주의자인 관중은 관리의 선발과 승진에 있어서 실질적인 공적을 강조하였다. 그는 백성들이 신뢰할 수 있는 실적에 의거해야지 모호하고 형식적인 공적은 안 된다고 하였다.

그는 '덕(德)이 그 지위에 상당하지 않고, 공(功)이 그 녹봉에 상당하지 않고, 능력(能)이 그 직위에 상당하지 않는' 세 가지 현상을 맹렬히 비판하면서 능력에 의한 엄격한 관리 선발 기준과 실적에 따른 구체적인 상벌 제도를 도입했다. 예나 지금이나 개혁의 첫 걸음은 인사 혁신이다. 인재 선발과 평가 기준의 재정비는 여러 가지로 의미가 있다. 새 지도부나 새로운 CEO의 인사 성향을 보면 그들이 추구하는 가치를 엿볼 수 있기 때문이다. 관중은 철저하게 실적 위주와 시스템적인 인사를 주장하였다.

그는 상계제도(上計制度), 서벌제(書伐制), 삼선제(三選制)라는 인사 시스템을 구축하였다. 상계제도(上計制度)는 수도와 지방의 행정 장관이 매년 정월에 조정에 와서 군주에게 정무를 보고하고 군주는 잘한 걸 치하하고 잘못한 걸 지적하는 제도이다. 오늘날 대기업에서 실시하는 해외법인장 정기 업무보고와 마찬가지이다. 서벌제(書伐制)란 각

지역 행정 장관들이 매년 한 번씩 자기 관할 지역의 공무원들에 대한 공적(伐)을 기록하여(書) 그중 우수 직원을 뽑아 중용하는 제도이다. 우수 직원에 뽑힌 관리는 덕행을 갖추었고 주민들에게 생산을 독려하며 정부를 비방하는 여론을 억제하고 다른 관리의 부족한 면을 보충하는 사람이어야 했다. 오늘날 기업체에서 평가 항목을 정하고 부서장 또는 법인장은 이 평가 항목에 의거하여 상·하반기 업무 성과를 평가하고 우수 직원을 포상하는 것과 본질적으로 동일하다. 물론 지역 행정 장관이 이런 걸 얼마나 시스템에 의해 잘 관리했느냐는 위의 상계제도에 의해 고용주인 군주에게 평가받는다. 삼선제(三選制)는 3단계 심사에 의한 핵심인재 발탁 제도로서 지방관리가 사람을 추천하면 중앙 장관이 심사하여 선발하고 최종적으로 군주가 면접을 통해 결정하는 제도이다. 최종 선발된 사람은 장관급(上卿) 대신의 보좌관이 되었다. 이 세 가지의 인사 제도는 전부 오늘날 기업이나 공무원 사회에서 시행되고 있는 임용, 평가, 포상 시스템과 큰 틀에 있어서 차이가 없다. 2,700년 전에 이런 생각을 하기란 쉽지 않다. 이러한 객관적 능력에 의거하고 법제화된 관리 임용·평가 제도는 세습귀족의 우월적 지위를 깼고 주나라 이래로 행해온 '가까운 사람을 뽑는' 관례를 무너뜨렸다. 이로써 제나라의 관리들은 정기적으로 자신의 공적에 대해 점검해야 했고 어질고 능력있는 자가 승진하고 나태하고 공적이 없는 자는 파면되는 시스템하에서 맡은 바 직분을 다하고 국가와 군주에 충성했다. 공무원 사회 분위기 쇄신은 일반 민중들의 생산의욕 고취와 같은 사회 전체적인 선순환을 불러일으켰고 이로써 이어지는 개혁과 정책의 추진에 있어서 유리한 기반이 마련되었다.

직업군에 따른 행정 구역

관중은 직업군에 따라 행정 구역을 나누는 매우 독특한 행정 개편을 추진하였다. 당시는 아직 지방 행정이 분화되기 전이었고 국토는 '국(国)'과 '비(鄙)'로 나뉘어 있었다. 주왕조와 마찬가지로 여기서의 국(国)은 단지 수도를 말한다기보다 수도권이라고 이해하는 게 맞을 듯하다. 관중은 국(国)을 21개의 향(乡)이라는 행정 단위로 나눴다. 21개의 향은 사향(士乡)[38] 15개, 공향(工乡) 3개, 상향(商乡) 3개로 나눠서 중앙이 직접 관리하였는데 공향과 상향에 있는 사람들은 병역이 면제되었다. 즉, 군사, 공업, 상업의 3개 직업군으로 수도권을 구성하였고 이들은 각자의 직업에 따라 거주지가 확정되어 있었다. 사향(士乡)은 군대의 병력원이었다. 이들은 도성 주변 지역에 거주하면서 평소에는 농사를 지었다. 이들은 매 호(户)마다 한 명씩 군인을 선발하였다. 그들도 평소에는 농업에 종사하다가 춘계와 추계에 훈련에 참가하였다. 여기서 중요한 것이 사향이란 것이 행정 단위이자 군 단위였다는 것이다. 다섯 집을 모아 궤(轨)라고 불렀고 궤장(轨长)을 두었다. 열 개의 궤가 모여 리(里)가 되었고 리유사(里有司)를 두었다. 다시 네 개의 리가 모여 연(连)을 이루었고 연장(连长)을 두었다. 마지막으로 열 개의 연이 모여 하나의 향(乡)을 이루었고 향양인(乡良人)을 두었다. 이렇게 하여 구성된 15개의 사향은 군주와 두 명의 상경上卿(고씨와 정씨)이 각각 다섯 개씩 나눠서 관리하였다. 여기서 특이한 점은 궤장, 리유사,

38) '사농공상(士农工商)'의 원뜻은 후세에 와서 심각하게 잘못 인식되어 왔다. 여기서 말하는 '사(士)'는 글을 읽는 선비가 아니라 '군사(军士)'를 뜻한다.

연장, 향양인은 행정관이자 군 지휘관이었다는 것이다. 궤에는 각 집마다 뽑힌 다섯 명의 군인이 있는데 이를 오(伍)라고 했다. 가장 작은 군조직인 것이다. 그런데 오를 지휘하는 지휘관은 궤의 행정관인 궤장이 겸임하였다. 이런 식으로 리(里)에서 징집된 50명의 군대를 융(戎)이라 칭했고 역시 리유사에 의해 통솔되었다. 연에서 나온 200명의 군대를 졸(卒)이라고 했고 역시 연장에 의해 통솔되었다. 향에서 나오는 2,000명의 군대를 여(旅)라고 불렀고 이 역시 향양인이 지휘관이었다. 마지막으로 다섯 개의 여단이 모여, 즉 1만 명의 군사를 군(军)이라고 칭하였고 원사(元师)라는 직을 두었다. 행정권은 군주와 두 명의 상경(上卿)[39]이 나눠 가졌지만 군권은 세 명의 원사를 군주가 모두 통솔하였다. 이런 식으로 행정조직과 군조직을 일치시킨 것은 군의 단결력과 조직력을 극대화시켰다. 예를 들어 오와 리의 군인들은 같은 지역에 살던 오랜 이웃들이었기에 목소리만으로도 서로의 식별할 수 있어서 야간 교전에 능했고 형제와 같은 단결력과 조직력을 지니고 있었다.

이것이 의미하는 바는 매우 크다. 15개의 사향(士乡)은 생산활동을 하지 않는 사실상의 상비군이었다. 왜냐하면 씨 뿌리고 수확하는 봄·가을에 훈련을 한다는 건 사실상 농업 활동을 거의 하지 못하는 걸 의미하기 때문이다. 이를 두고 중국 역사상 최초의 상비군[40] 창설이라고 보는 견해도 있다. 왜냐하면 서주 시절 군대는 모두 어제까지 농사를 짓다가 오늘 징병 명령이 떨어지면 밭갈던 쟁기를 들고 전쟁에 참

39) 제나라는 다른 나라와 다른 상경이라는 독특한 제도가 있었다. 군주와 두 명의 상경이 제나라의 지분을 나눠갖고 있었고 상경은 군주가 임명하는 직책이 아니라 대를 이어 물려받는 대주주였다. 이것은 후에 제나라의 잦은 내분의 원인이 된다.

40) 张荣明, 从观众改革看中国古代军制的演变,《管子学刊》, 1993.

여하는 식이었기 때문이다. 너무나도 당연한 것 같아 보이는 상비군은 당시로는 획기적인 아이디어로 후에 진(晋)도 상비군을 체택하는 등 다른 나라로 영향을 미친다.

공향과 상향은 병역 면제의 혜택을 받는 상공업 단지이다. 이를 통하여 상공업의 전문성을 향상시키고 기술공유, 전수, 분업, 유통 등에 있어서의 촉진 효과와 시너지 효과를 증대시켰다. 그리하여 제나라는 수도 임치에 3만의 직업군대와 1만 2,000명의 전문 공상인들을 보유하게 된다[41].

수도 이외의 지역은 5개의 속(属)이라는 지역으로 나누고 이를 다시 현, 향, 졸, 읍의 4단계로 분화하였다. 수도 이외의 지역은 거의가 농민이고 전시에 호당 한 명씩 차출하도록 되어 있었다. 이렇게 하여 제나라는 사·농·공·상의 직업군에 따라 각각의 거주지역이 있는 독특한 행정구조를 구축하게 된다.

관중의 경제 개혁

사(군인), 농, 공, 상 중 사농(士农)이 공상(工商)의 위에 있고 공상이 천시 받게 된 것은 주나라 때부터이다. 상(商)나라 때에는 왕조의 이름이 대변하듯이 상공업이 활발했던 시기이다.[42] 그러나 상왕조의 멸망이 농민 기반이 약해서리고 판단한 주나라 군왕들은 공상을 천시

41) 1개 향(乡)은 2,000명.
42) 상나라 사람들은 상업에 능했기에 당시 사람들은 장사를 하는 사람들을 '상나라 사람'이라 불렀고 이것이 상인(商人)이라는 단어의 유래이다.

하였다. 그렇지만 관중은 공상을 사농과 같은 지위로 끌어올렸다. 이는 관중이 상인 출신이었기 때문도 있지만 상대적으로 상업이 중시될 수밖에 없었던 제나라의 상황도 있었다. 제나라가 위치한 산동 북부 지역은 평야 지역이지만 알카리성 토양으로 그리 비옥하지 않다. 그래서 제나라는 바다와 인접한 잇점을 살려 어업과 염전업이 발달했고, 비단 등 수공업의 무역 비중이 컸던 나라이다.

농업이 가져다주는 부(富)보다 상품경제와 활발한 무역이 국가 경제에 가져다 주는 부가 훨씬 크다는 점을 인지한 관중은 경제 전반에 걸친 개혁을 추진한다. 중국 역사가 기록한 최고의 경제 전문가이자 최초의 경제 개혁가 관중이 실시한 경제 정책의 핵심은 무엇이었을까? 그는 파산 직전에 이른 제나라 정부를 앞에 두고 어떤 해법을 생각하였을까? 그는 먼저 이렇게 생각했을 것이다.

제나라는 지금 백성들은 가난하고 정부는 돈이 없는 상황에 처해 있다. 농업 기반이 약하고 시장도 크지 않으니 자급자족으로는 융성할 수가 없는 나라이다. 그럼 어찌할 것인가? 시장을 크게 만들고 2, 3차 산업을 육성시켜 교역으로 백성들로 하여금 돈을 벌게 해야 한다. 시장을 크게 만들려면 어떻게 해야 하지? 시장을 개방하고 상인들을 유치해야 한다. 이곳에 자유무역 지대를 만들어 주자! 그러면 각국의 상인들이 몰려들어 교역이 일어날 것이고 2, 3차 산업이 흥할 거야. 그러려면 어떻게 해야 하지? 세금을 낮추거나 대폭 없애주어야 한다. 그래 그렇게 하자. 그런데 세금을 낮추면 텅 빈 나라 곳간을 뭘로 채우지? 그래 우리에겐 소금과 철이 있잖아. 소금과 철 없이 사람들이 생활할 수 있는가? 내 전공이 장사 아닌가. 이 두 가지를 내가 독점할 수만 있다면 여기서 어마어마한 이익을 만들어낼 수 있을 거야. 그 이익으로 다시 시장에 재투자를 하면 시장이 더 커질 거고. 시장이 커지니 세금도 당연히 많이 걷히겠지. 그래 돈을 벌어야 한다! 인민도 돈을 벌고 정부도 돈을 벌어야 해.

관중의 경제 철학은 '돈을 벌자'였고 이는 '세금'과 '필수품 국유화'라는 두 가지 수단을 통해 실현시키고자 했다. 그가 실시한 경제개혁을 '상품시장 활성화', '전략물자의 국유화' 그리고 '정부 역할 강화', 이 세 가지 방면으로 설명해 보고자 한다.

상품 시장 활성화

국가가 어떤 산업을 육성시키는 방법이란 별것 없다. 세금을 낮추고 영업 활동에 대한 규제를 푸는 것이다. 관중은 상품시장 활성화를 위해 과감한 세금 경감과 외국(다른 제후국) 상인 유치 정책을 폈는데 그 몇 가지 예를 들어보겠다. 먼저 주 산업인 수산물과 소금의 수출 자유화이다. 관중은 이들에 대해 국가에 신고만 하면 무관세로 수출을 할 수 있도록 하여 생산과 교역을 촉진시키고 관련 산업 종사자들의 수입을 증대시켰다. 물론 후에 가서 소금에 대해서는 국가가 전량 매입하여 수양과 가격을 통제하는 시스템으로 바뀌긴 한다. 그 외의 상품은 일단 한번 세금을 내면 시장에 나가서는 또다시 세금을 내는 일이 없도록 하였고 또는 그 반대의 경우도 한 번의 과세로 끝내는 단일 관세정책을 실시하였다. 그리고 국경의 관문에서 빈 수래로 들어오는 상인과 어깨에 보따리를 짊어지고 오는 영세 상인들에게는 세금을 받지 않았다. 외국 상인을 위한 초대소도 곳곳에 마련하여 대형 상인들에게는 식사와 말 먹이를 제공하는 등의 편의를 제공하였다. 심지어는 외국 상인들 유치를 위한 관제 기생집을 운영하기도 하였다. 이런 일련의 세금경감 및 시장개방 정책으로 수도 임치(오늘날 쯔보시淄博市)는 일약 자유무역지대가 되었고 항상 사람과 수래와 말로 들끓었으며 피리를 불고 북을 치는 사람들로 벅적거렸다고 한다. 상품시장의 활성화는 식당, 숙박업, 오락 등 3차 산업이 뒤따르게 되어 있다. 서한 시대의 역사서인 《전국책(战国策)》에는 임치를 이렇게 묘사하고 있다. "임치의 거리에는 마차 바퀴가 서로 부딪혔고, 사람들은 어깨를 서로 맞대었으며, 사람들의 옷깃을 이어 장막을 만들 수 있고 사람들의 땀을 모으면 빗물이 될 정도였다." 《사기》에 의하면 당시 임치성에 7만 호가 있었다고 하니 인구는 적게 잡아도 30만으로 추산된다. 그보다 3세기 후인 기원전 4세기의 아테네의 인구가 25~30만[43]이었다고 하니 임치는 당시 세계에서 가장 큰 도시였다고 말할 수 있겠다.

산동성 지난시(济南市)에서 동쪽으로 100킬로미터 떨어진 쯔보시(淄博市)는 우리에게 그리 잘 알려진 곳은 아니나 실제 가보면 '이곳이 과거에는 엄청난 곳이었구나'라는 것을 피부로 느낄 수 있다. 쯔보(치박)시의 옛 이름인 임치는 주왕조 설립 초기 강자아(강태공)가 이곳에 분봉을 받아 제나라를 설립한 후 기원전 221년 진시황에 의해 멸망하

43) Thorley, John (2005). *Athenian Democracy*. Lancaster Pamphlets in Ancient History. 출처: Wikipedia.

기까지 약 800년간 제나라의 도읍으로 있었던 곳이다. 통일 진(秦) 성립 이후에는 역사에 별 존재감을 보이지 못했다. 인구 470만의 오늘날의 쯔보시는 중심가를 가 보면 널찍한 차도 양 옆으로 고층 건물과 대형 쇼핑몰, 고급 아파트들이 즐비한 현대화된 도시의 모습이지만 사실 이곳은 그야말로 춘추전국시대 800년 역사로 먹고사는 도시라고 해도 과언이 아니다. 외각으로 나가면 아직 주인이 밝혀지지 않은 조그만 산 규모의 왕릉들이 눈에 띄고 곳곳에 유적지가 있다. 이곳에서 발굴된 춘추전국시대 유물들은 어마어마한 규모의 역사 박물관을 구성하기에 충분했다. A급 이상 국가 관광지가 61개가 있다고 하나 쯔보의 자연 경관은 별로 볼 게 없으니 이들은 대부분이 역사 관련 관광지라 할 수 있겠다. 2018년 쯔보시 GDP가 3,573억 RMB(567억 불)이고 이 중 3차 산업이 1,589억 RMB이라고 한다. 연간 관광객 수가 5,900만 명에 달하고 관광객들의 연 소비액이 694억 RMB라 하니 관광수입이 3차 산업 GDP의 절반가량을 차지한다. 이 모든 것들이 관중이 후대에 남긴 유산인 것이다.

염철 국유화

경제 개혁의 두 번째 키워드는 전략물자(필수품)의 국유화였다. 제나라는 염업이 가장 발달한 나라였고 철광석도 풍부했다. 관중은 소금과 철을 전략물자로 규정하고 정부의 통제하에 두었다. 사업가 출신 관중을 재상으로 둔 제(齐) 정부는 두 필수품의 독점을 통해 막대한 이익을 남기게 되고 그로 인해 정부 재정이 충당되었다. 지금으로 말하면 소금공사, 광물공사를 설립하여 정부가 독점력을 이용하여 이익을 엄청나게 남긴 것이다. 이후의 경제사를 보면 중국의 왕조들은 염철의 국유화와 민영화 사이를 왔다갔다 한다. 소금과 철이라는 거대 이권을 국가가 경영하여 직접적인 이익을 취하느냐 아니면 민간에 개방하여 세금을 거둬들이느냐가 역대 정부의 경제 정책에서 내려야 할 핵심 의사결정이었는데 이는 당시 왕조가 처한 상황과 통치자의 치국 철학에 따라 달랐다. 중국이 장기 혼란에 빠져 있거나 정부의 관리력이 미치지 못할 경우는 어쩔 수 없이 국가가 염철 사업에서 손을 떼야 했고 강력한 중앙정부를 구축하고 있을 때에는 대부분의 경우 염철을 국영화하여 국가의 주수입원으로 삼고자 했다. 이 점에 있어서 역사가 기록한 이 최초의 염철 국유화 조치는[44] 중국의 경제사에 있어서 매우 큰 영향을 미친 사건이며 향후 왕조들은 그들의 경제 정책 수립에 있어서 관중의 케이스를 항상 벤치마킹하고자 했다.

소금과 철의 정부 독점은 그 운영 방식에서 다소 차이가 있긴 하다. 소금의 생산은 여전히 민간에게 맡겼고 정부는 그것을 전량 수매한 후 수량과 가격을 통제했다. 철광업은 철저한 국영화를 하였다. 철광석이 발견되면 무조건 국가에 신고하게 되어 있었고 만에 하나 민간이 철광석 채굴에 손을 대면 엄벌에 처했다. 다시 말하면 제나라 정부는 재정 수입을 세금과 전략제품에 대한 전매 수익으로 양원화시켰고 이로써 세금을 경감시켜 시장을 활성화하면서도 정부 재정을 건실하게 하는 두 마리 토끼를 잡을 수 있었다.

44) 국인폭동으로 쫓겨난 주려왕의 산천 국유화 조치에 금속과 철이 포함되어 있으나 주려왕의 국유화 조치는 염철에 한한 것이 아니라 모든 산천에 해당되었고 사료의 기재도 구체적이지 못하므로 최초의 염철 국유화 개혁은 관중의 개혁 때 행해진 것으로 봐야겠다.

시장과 가격, 그리고 정부 역할

관중은 빈부격차의 해소가 국가의 안녕에 밀접한 연관이 있다고 믿고 있었다. 그의 본심에 백성을 사랑하는 마음이 있었느냐 없었느냐는 알 수 없는 일이지만 그의 정책에서는 '백성이 부유해져야 한다'는 일관된 기본 철학을 엿볼 수 있다.

관중은 미시 경제적으로는 자유시장주의자였지만 거시적으로는 정부의 적극적인 조정과 감시 역할을 강조하였다. 가장 대표적인 것이 정부가 추곡 수매에 나서서 풍년와 흉년에 따라 시장가격이 요동치는 것을 완화한 것이다. 필자가 아는 바로는 이것이 중국 역사가 기록하는 최초의 '정부 추곡수매' 정책이다. 그의 아이디어와 정책들은 거의가 중국 역사상 '최초'의 타이틀이 붙었고 1,000년이 넘도록 후세에 영향을 주었다. 또한 풍작과 흉작의 정도에 따라 3등급으로 나눠 차등 세율을 적용하였고 흉년에는 세금을 거두지 않았다. 또한 토지의 비옥한 정도에 따라 등급을 나눠 차등 세율을 적용하였다. 오늘날의 시각으로서는 지극히 당연해 보이지만 2,700년 전에는 아무도 생각해내지 못했던 아이디어였다. 이는 책상머리에서 정책을 짜낸 것이 아니라 사업가 출신인 그가 민중들의 실제 경제 생활에 대해 그만큼 잘 이해하고 있었다는 걸 의미한다. 또한 흉년에 자본가나 귀족에 의한 농민의 토지 병탄을 금지하였다.

관중의 경제 정책의 선진성은 문제를 시장과 가격을 통해 해결하려는 마인드에 있다. 일 예를 들자면 한 번은 제환공이 나무, 가축, 사람 수에 따라 세금을 물리자는 제안을 하였으나 관중이 반대하였다. 관중은 세금은 보이지 않는 것에 물려야지 보이는 것에 부과를 하면 민중의 노여움을 산다고 했다. 그는 '모든 세금은 가격에 녹아들어 있어야 한다'는 이론을 폈다. 세금이 가격 안에 숨어있어서 납세자들이 인지를 못하고 느끼지도 못하여야 한다는 것이었다. 철광업을 국가가 독점하였다고 하지만 철을 제련한 후 쟁기나 바늘을 만드는 가공업은 민간에게 개방하였다. 단지 최종 제품을 정부가 전량 수매하여 가격을 통제하였다. 이렇게 하면 제련 업자는 안정적으로 큰 이익을 얻게 되는데 그들로 하여금 부가가치의 30%를 정부에 세금으로 내도록 했다. 산업을 정부가 독점하면서도 민간의 참여를 끌어들였고 세금이 가격에 녹아들어 가게끔 하는 오늘날의 부가가치세와 유사한 개념의 과세 방법을 2,700년 전에 고안해내었다는 것은 놀라운 일이다.

이상지전(以商止戰)

관중의 국가경영 이념 중에는 '이상지전(以商止戰)'이라는 핵심 사상이 있다. 이는 직역하면 '상업(商)으로 전쟁(戰)을 멈추게(止) 한다'는 뜻으로서 '활발한 교역과 부유함이 곧 평화를 가져다 준다'라는 사상이다. 많은 사상가들이 평화와 안정을 가져다 주는 방법으로 저마다의 방식을 주장했다. 묵가와 도가는 묵묵히 농사를 지으면 평화로워진다는 '이농지전(以農止戰)'을 주장했고, 법가 사상가들은 무력만이 평화를 유시할 수 있다는 '이전지전(以戰止戰)', 유가 사상가들은 어진 마음을 먹으면 서로 싸울 일이 없다는 '이인지전(以仁止戰)'을 주장하였다. 명·청 시대에는 국가의 빗장을 걸어 잠금으로써 평화와 안정을 추구했다.[45] 관중의 '이상지전(以商止戰)'에 있어서 '지전止戰(전쟁을 멈추다)'의 의미는 '국내 정치의 안정'과 '평화로운 대외 관계'라는 두 가지 측면을 말하며 이것의 핵심은 '부(富)'이다. 사실 '부(富)'는 그의 사상을 관통하는 핵심 가치이다. 나라이건 백성이건 부유해야 하며 위정자는 우선적으로 백성들을 가난에서 빠져나오게 해야한다는 것이다. 백성들이 부유해지면 마음이 넉넉해져 사회가 너그로워지고 서로 간에 예를 차리게 되며 국가에 대한 불만이 없으니 반역이 일어날 일도 없다는 것이다. 국제 관계의 측면에서 본 '이상지전'은 전쟁을 억지할 수 있는 군사력의 균형만 이룬다면 활발한 대외 무역을 통해서 국가 간의 평화와 번영을 누릴 수 있다는 사상이다. 실제로 관중과 제환공 재위 기간에 담(潭)국과 수(遂)국 두 작은 나라를 멸망시킨 일 말고는 제나라는 무력을 거의 사용하지 않았다.

제환공은 패주의 지위로서 아홉 차례나 제후국 회의를 주최하면서 자유무역에 대한 제안을 여러 차례 하였다. 기원전 689년(제환공 7년) 그는 제후국 회의에서 시장 교역세를 2%로 낮출 것과 각국의 관세를 일률적으로 1%로 할 것을 제안하여 통과시켰다. 이듬해 다시 제후국 회의를 개최하여 물류 활성화를 위해 각국이 도로를 건설할 것을 제안하였고 보다 활발한 교역을 위하여 도량형을 통일할 것을 제안하여 통과시켰다. 2,700년 전에 진행한 자유 무역 지대 또는 관세 동맹이 오늘날의 것과 본질적으로 크게 다르지 않았다.

경제 전문가, 시업가 출신답게 관중은 주변국과 외교적 마찰이 발생했을 때 군사적 행동보다는 경제 보복을 선호하였다. 《관중·경중수

45) 《历代经济改革得失·管仲变法》 Chinese National Energy 2014.8. 82p.

(轻重戊)》에 무역 전쟁의 예가 생생하게 기재되어 있다. 제나라가 산업에서 비교 우위에 있는 분야가 어업, 염업, 제철 그리고 양잠업, 즉 비단이었다. 한 번은 인접국 노나라와 외교적 마찰이 발생하였는데 관중은 노나라를 손보기 위한 방법으로 비단을 이용하였다. 이 이야기를 하기 전에 우선 제와 노의 경제 규모의 차이를 알아둬야 한다. 한 국가가 다른 국가에 경제 제제나 경제 보복을 가하려면 경제나 교역 규모의 절대 우위에 있어야 가능하다. 당시 각국의 경제 규모를 수치로 알 길은 없지만 영토로 봤을 때 제나라가 노나라의 약 세 배에 달했고 인구도 제나라가 300만에 달한 반면 노나라는 100만이 채 안 되었다. 이로써 이들 간의 경제 규모에 상당한 차이가 났으리란 걸 짐작할 수 있다. 당시 깁(绨)이라는 고부가 비단 제품이 있었는데 관중은 제환공으로 하여금 잘 짜인 비단으로 멋있게 옷을 입고 거리를 누비게 하였고 이러한 홍보활동으로 깁으로 만든 옷은 금세 제나라의 유행이 되었다. 물론 관중의 분위기 조성이 있었을 것이다. 그리하여 제나라에서 깁 비단의 수요가 급상승했으나 관중은 비단 제조업자들에게 생산을 금지시키고 필요량을 노나라에서 전부 수입하도록 하였다. 노나라의 비단 산업은 난리가 났다. 비단 수출국인 제나라에서 수입을 할 정도면 깁이라는 비단의 수요가 엄청날 거라 생각을 했고 이들은 너나없이 비단을 만들어 제나라에 내다 팔았다. 관중은 노나라 비단 공급상들을 소집하여 우리가 다 사줄 테니 마음껏 생산하라고 독려했다. 노나라 정부도 걸려들었다. 비단에 고율의 관세를 부과하고 있었는데 자국의 비단 생산이 늘어나니 정부의 세수가 늘어났고 눈앞의 수익에 급급한 노나라 정부는 자국민들에게 깁의 생산을 독려하였

다. 이러하다 보니 곡물 농사를 지어야 할 사람들까지 너도나도 깁의 생산 농장에 고용되었고 노나라의 농지는 개간되지 않고 버려진 채 모든 인력이 깁의 생산에 매달렸다. 이렇게 1년이 지나니 노나라에는 비싼 깁만 대량 생산되었고 정작 먹어야 할 주식의 생산은 급격히 감소했다. 농업 자원이 전부 비단의 생산에만 투입되었기 때문이다. 이때 관중은 갑자기 교역의 문을 닫아버렸다. 비단을 한 필도 수입하지 않고 곡식을 수출하지도 않았다. 결과는 어떻겠는가? 노나라는 곡물 가격이 급상승하였고 사치품인 비단만 넘쳐나서 똥값이 되었다. 먹고 살기가 어려워진 노나라의 농민들이 국경을 넘어 제나라로 들어왔고 관중은 이들에게 농지를 개간하도록 하였다. 점점 더 많은 노나라 백성들이 제나라로 들어와 제나라 국민이 되길 원했다. 노나라는 경제가 엉망이 되었고 정치 불안의 위기에까지 몰리게 되었다. 결국은 노나라의 군주가 화해의 선물을 싸들고 직접 제환공을 방문하였다. 백기를 든 것이다.

관중의 개혁의 성과에 대해서는 굳이 설명이 필요 없을 것 같다. 제환공이 춘추시대 초대 패주가 되어 아홉 차례나 국제 회의를 주관했다는 사실이 당시 제나라의 위상을 충분히 설명하기 때문이다. 보통 고대 국가의 경제적 성과로는 인구 수(호구 수)의 증가를 보는데 아쉽게도 인구의 증감을 비교할 만한 자료가 없다. 그러나 앞서 소개한 수도 임치의 번화한 모습에 대한 사서의 묘사로 미루어 보아 제나라는 관중의 임기 동안에 공전의 발전을 이루었고 백성들은 넉넉한 삶을 누렸을 거라는 걸 의심하는 사람은 없다. 그래서인지 산동성 치박(淄

博)에 있는 관중의 무덤은 재상의 무덤이라기보다는 황제릉에 가까운 규모와 위엄을 보인다. 이곳 관중 기념관의 입구를 지나서 조금 걷다 보면 커다란 누각의 아래를 지나게 되는데 그 누곽의 위에 '일광천하(一匡天下)'라는 거대한 현판이 걸려있는 것이 보인다. 이는 《사기(史记)》에서 "아홉 차례나 제후 회의를 주관하며 혼란한 천하를 평정하였다(九合诸侯, 一匡天下)"라며 제환공의 위업을 설명한 것에서 인용한 글이다.

관중 개혁의 한계

모든 정책과 사상에는 양면성이 존재한다. 관중의 사상과 개혁도 마찬가지이다. 현대적인 관점에서 봤을 때 관중의 치국 사상은 인본주의가 결여되어 있고 군주의 민중에 대한 착취라는 비판을 면키 어렵다. 그의 저서 《관자·칠법(管子·七法)》에 의하면 "사람을 다스리는 것은 웅덩이에 고인 빗물을 다스리는 것과 같고, 인재를 양성하는 것은 육축(소, 말, 돼지, 개와 같은 동물)을 기르는 것과 같고, 사람을 쓰는 것은 풀과 나무를 쓰는 것과 같다"라고 했듯이 그의 사상이나 세상을 보는 태도에서 인간성에 대한 존중이나 인간의 주체성에 대한 고려가 결여되어 있고 민중을 단지 동물이나 도구와 같이 간주하였다는 것을 엿볼 수 있다.

시스템적인 인재 양성과 임용을 그렇게 강조한 관중은 정작 자신을 이을 재상을 양성하지 않았다. 제환공보다 나이가 훨씬 많았던 관중은 먼저 세상을 떴는데 임종을 얼마 안 남긴 어느 날 환공이 병상의 그를 찾아가 후임을 논의하였다. 만일 관중이 그의 후임을 양성하였다면 죽을 날이 얼마 안 남은 그를 환공이 군이 찾아가 뒤늦게 상의하는 일은 없었을 것이다. 당시 세 명의 후보자가 있었는데 관중은 그나마 괜찮은 대신을 찍어주었고 다른 두 명을 경계하라는 말을 남기고 죽었다. 그러나 제환공은 다른 대신의 감언이설에 속아 관중의 말을 듣지 않았고 결국은 반란이 일어나 2년 후 제환공도 비참한 최후를 맞이한다.

관중의 국가 관리는 능력과 실전 경험에 너무 치중한 나머지 지도자의 도덕심과 품행에 대한 강조가 부족했다는 비판을 받기도 한다. 또한 군사력에 대한 중요성을 너무 가볍게 봤다. 그래서 환공 재위 기간에는 가급적 군사 행동을 자제하였고 그로 인하여 전쟁이 적긴 했으나 당시는 분명 전시 상황이 아니었던가? 위의 두 가지 문제는 사업가와 정치 리더가 같지 않고 직원과 백성은 다르며 비즈니스와 국가경영이 다르다는 것을 분명히 말해 주고 있다. 아무리 고대 사회에서라도 정치 지도자는 민중들의 감정을 어루만져주고 그들과 공감하려는 최소한의 제스처를 보여줘야 한다. 그것이 인(仁)과 의(義)라고 불리는 정치 지도자의 덕목이다. 이것이 바탕이 되지 않고서는 아무리 시스템을 구축한들 사상누각에 불과할 수 있다. 가장 완벽한 시스템을 갖춘 진제국이 그렇게 순식간에 무너지지 않았던가?

6장
진국(晋)의 흥망

다음 장인 기원전 4세기, 즉 전국시대로 넘어가기 전에 기원전 6세기와 5세기가 어떻게 흘러갔는지 대략적인 감을 잡았으면 좋겠다. 역사의 흐름과 배경을 알아야 특정 시기의 개혁에 대해 공감할 수 있기 때문이다. 이 시기 200년의 주연은 단연 진국(晋)[46]과 초(楚)이다. 기원전 5세기로 오면서 남방의 신흥국 오(吳)와 월(越)이 잠깐 비중 있는 조연 역할을 하나 여전히 춘추를 지배하는 두 강대국은 진국과 초였다. 그러다가 기원전 453년 화북의 대장국가 진국(晋)이 세 개의 나라로 분열되면서 새로운 국면이 열리게 되는데 이때를 전국시대의 시작으로 본다.

46) 진(晋, jin)과 진(秦, qin)은 한국어의 한자 독음이 같으므로 이 둘의 구별을 위해 진(晋)을 '진국(晋国)'으로 부르고자 한다.

華夏文明看春秋, 春秋大義看晉國

'화하(중국)문명을 보려면 춘추를 알아야 하고 춘추의 대의를 보려면 진국(晋国)을 알아야 한다'는 뜻이다. 결국 진국(晋)을 모르고는 춘추시대를 안다고 말하지 말라는 뜻으로 춘추시대 역사에 있어서 진국(晋)의 지위를 잘 보여주는 말이다.

황하연맹의 대장국이었던 진국(晋)은 춘추시대 역사에서의 그 지위와 영향력에 비하여 우리들에게는 인지도가 낮은 국가이다. 우리는 전국을 통일한 진(秦), 오자서의 고향 초(楚), 공자의 나라 노(鲁), 와신상담의 배경국인 오(吴)와 월(越)에 대해서는 익히 들었으면서도 정작 가장 영향력이 컸던 진국(晋)에 대해서는 별로 아는 바가 없다. 이는 진국(晋)이 우리의 기억에 남을 만한 재미있는 에피소드나 스타성 있는 인물을 배출하지 않았기 때문일 것이다. 그러나 역사의 관점에 들여다보면 이 나라만큼이나 드라마틱한 내부 정치투쟁과 활발한 외부 정복 활동을 펼쳤던 나라가 없다.

앞서 춘추오패에 대해 설명하면서 '주요국이 번갈아 가면서 패주를 했다'고 말하긴 했지만 패주가 된 것이 반드시 가장 강한 국가가 된 것을 의미하진 않는다. 기원전 7세기 후반부터는 춘추시대 판도 내에서 진국(晋)의 국력을 능가해 본 국가는 단 한 곳도 없었다. 전성기 진국(晋)은 동으로는 산동 서부, 북으로는 내몽고 남부, 서로는 섬서성, 남으로는 하남성에 걸치는 방대한 영토를 경영하고 있었으며, 인구는 500만으로 제후국들 중에 가장 많았고 당시 중국 전체 인구의 30%에

육박하고 있었다[47]. 고대 역사에서 인구는 곧 생산력과 군사력을 의미하는 것이므로 당시 중국에서 이들의 압도적인 국력을 가히 짐작할 수 있다. 초(楚)만이 간신히 이 나라에 맞장을 뜨고 있을 뿐이었고 제(齐), 진(秦) 등 다른 오패 국가들은 대부분의 시기에서 진국(晋)과의 충돌을 피하거나 비위를 맞추고 있었다. 만약에 이 나라가 분열되지 않았더라면 진(秦)은 영원히 동진할 수 없었을 것이고 역사는 완전히 다시 쓰였을 것이다. 우리는 춘추시대를 논하면서 진국이 강해졌던 이유와 해체의 원인을 짚어보지 않을 수 없다.

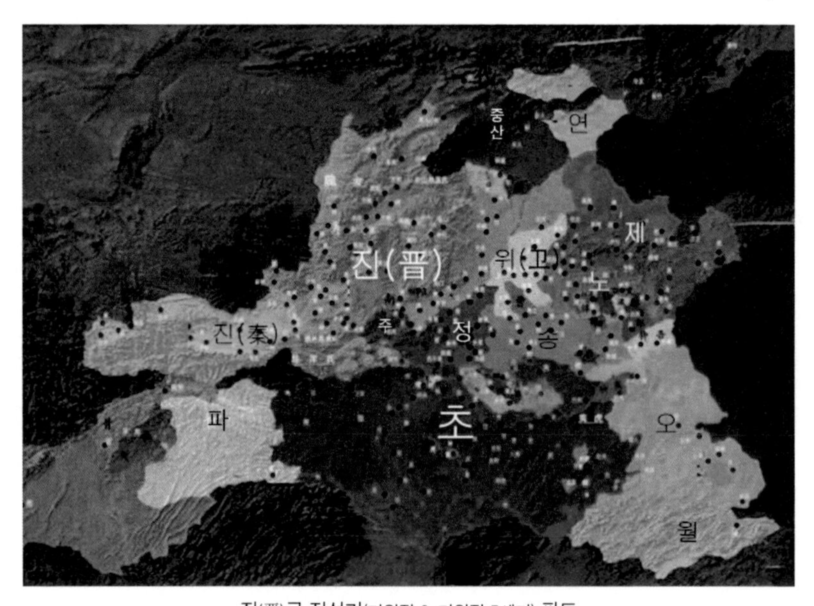

진(晋)국 전성기(기원전 6~기원전 5세기) 판도

---

47) 서진(西晋) 시기에 만들어진 《제왕세기》에 의하면 기원전 1060년의 인구가 1,372만 명, 기원전 682년에 1,885만 명이라고 기재되어 있다. 생산력의 증대로 춘추시대 후반에 가서 2,500만 명으로 늘었고 진이 통일을 했을 즈음의 인구가 3,000만 명으로 추산된다. 이로써 진국의 전성기인 기원전 6~7세기의 총 인구를 1,800~2,000만 명 정도로 보는 게 논리적으로 타당할 것으로 생각된다.

주의 동천과 진국의 남진: 운성평야를 품다

진국이 초기에 받은 당(唐)이라는 봉지는 지금의 한 개 현(县)도 안 되는 아주 작은 영토에 불과했다. 이런 진국이 거대 국가가 될 수 있었던 요인은 무엇이었을까? 국가의 흥망에는 항상 몇 개의 중요한 계기가 있다. 우리는 역사를 봄에 있어서 항상 정권의 흥망 계기에 주목해야 한다. 첫 번째 계기를 만든 인물은 진국의 11대 군주 진문후(晋文候 기원전 780~기원전 746 재위)이다. 그의 재위 기간을 보면 두 가지를 떠올리게 된다. 하나는 그가 35년이라는 긴 시간 동안 자리에 앉았다는 것과 또 다른 한 가지는 그의 재위 기간 중에 당시 세계로서는 매우 큰 사건인 '771년 서주의 멸망과 동천'이 행해졌다는 것이다.

앞선 4장에서 서쪽 변방의 진(秦)이 제후국으로서 자리를 잡게 된 계기를 이야기하면서 '서주의 멸망과 주의 동천'을 언급하였다. 기원전 771년 서주의 멸망과 주의 동천이 역사에 주는 의미는 매우 크다. 우리가 알고 있는 포사라는 여인, 장난봉화 사건, 호경함락 그리고 동천으로 이어지는 일련의 표면적인 사건의 이면에는 복잡한 제후국들 간의 이해득실이 숨어있었고 결과적으로 당시 세계를 재편하게 만든 아주 중요한 일대 사건이었다. 진국(晋)의 성장을 설명하기 위해선 서주의 멸망과 동천에 대한 이야기를 다시 한번 꺼내야겠다.

서주의 마지막 왕인 주유왕(周幽王)에게는 정실인 신왕후(申后)와 그들 사이에서 나온 태자 의구(宜臼)가 있었다. 신왕후(申后)는 이름에서도 알 수 있듯이 신국(申国)의 공주 출신이다. 그녀의 아버지가 신국의 군주 신후(申候)이다. 주나라의 서쪽에서 견융족들과 인접한 신국(申国)에 대해서는 제3장에서 잠깐 설명을 하였다. 포사를 사랑하게 된 이 염치없는 주유왕은 그녀를 왕후로 세우기 위해 자신의 원래 부인 신왕후와 태자 의구(宜臼)를 폐위시켰다. 고대사에서 황후(왕비)의 폐위 또는 태자를 폐위하는 행위는 국왕이 누구를 더 사랑하고 아니고의 문제라기보다는 실은 그 뒤에 항상 대신들 간의 세력 다툼이 숨겨져 있는 정치적 사건이라는 걸 염두에 두고 있어야 한다. 주나라의 순혈주의 보수 세력은 이민족 왕비와 이민족 피가 섞인 태자를 인정하지 못하겠다고 나섰고 포국(褒国) 출신의 포사와 순혈인 그의 아들을 지지하였다. 그리고 물론 다른 한쪽에는 신후와 의구를 지지하는 신세력이 있었고 이들 간의 투쟁이 결국은 전쟁의 도화선이 되었다.

자신의 딸과 외손자가 평민으로 강등되어 신국으로 돌아온 걸 본 아버지가 어떤 심정이었을까? 그녀의 아버지이자 주유왕의 장인이었던 신후(申候)는 절치부심하여 힘을 길렀고 5년 후 견융과 연합하여 주의 수도 호경을 침공한다. 이때 주유왕, 포사, 포사의 아들이 전부 피살되었으며 수도 호경은 견융족들에게 약탈되고 심하게 유린되었다. 그러나 신후는 견융을 끌어들인 걸 곧 후회하였다. 왜냐하면 견융족들이 통제가 되지 않았고 이들의 약탈과 유린이 도를 넘어섰기 때문이었다. 결국은 주변의 제후국들에게 파병을 요청하고서야 간신히 견융족들을 몰아낼 수 있었는데 이때 도움을 준 나라에 진(秦)이 있었다고 앞선 장에서 설명하였다. 전란이 평정되자 신후는 주(周)나라 조정 내 지지자들을 규합하여 자신의 손자 의구(宜臼)를 옹립하였고 그가 바로 동주의 초대 천자 주평왕(周平王)이다. 그러나 견융족에 의해 국토 유린을 뼈저리게 경험한 주나라 귀족들과 민심은 이들에게 등을 돌렸고 자신들을 공격한 이민족 출신들을 받아들이지 않는다. 그리고 이들 귀족들은 죽은 주유왕의 동생을 옹립하였는데 그가 주휴왕(周携王)이다. 우리가 배우는 세계사 교과서에는 나오지 않지만 기원전 771년 호경 함락 후 약 10여 년간 주나라에는 두 명의 천자가 병립하는 시기가 있었다. 주나라의 보수파 귀족들은 평왕(의구)을 적국이 세운 괴뢰군주라 여기고 있었고 휴왕을 주의 정통으로 간주하고 있었다.

그리고 얼마 후 주평왕은 동천을 결심하였다. 수차례 침략으로 폐허가 된 호경은 더 이상 수도로서 역할을 할 수가 없었다는 게 표면적 이유였지만 주평왕 입장에서 구세력에서 벗어나고 싶은 마음이 분명히 있었을 것이다. 그래서 주의 동천은 사실 '주평왕의 동천'이라 부르는 게 더 정확한 말일 수도 있다. 주나라 왕실이 두 개로 갈라짐에 따라 주 연방의 제후국들도 평왕파, 중립파, 휴왕파로 나뉘어졌다. 이때 평왕을 지지한 제후국 중 대표적인 나라가 진국(晋), 진(秦) 그리고 정(郑)이었다. 그러나 쇠약해진 주왕실은 천도를 수행할 자원이 부족했다. 바로 이때 이들 세 국가가 주평왕의 동천에 호송부대와 의장부대를 보내는 등 동천을 도와준다. 이에 대한 보답으로 진(秦)은 꿈에 그리던 제후국의 지위를 얻고 기산(岐山) 서쪽 땅을 마음대로 가져도 된다는 승락을 받는 수혜를 입었다는 걸 앞서서 설명한 바 있다. 그럼 주평왕에 대한 지지와 동천 호송으로 진국(晋)은 어떤 수혜를 입었을까? 이를 설명하기에 앞서 진국(晋)이 왜 평왕 지원국이 되었는지를 이야기 해야겠다. 진국은 당시만 해도 국제적인 지위가 높지 않은 나라였다. 그것은 당시 제(齐), 송(宋), 심지어 막 제후국이 된 진(秦)조차 공작(公爵)의 작위였지만 여전히 후작(侯爵)이었던 진국 군주의 작위명에서도 엿볼 수 있다. 그래서 진국의 군주들은 기원전 8세기 말까지 ㅇㅇ후(侯)로 불렸고 기원전 7세기, 600년대로 들어서면서 비로소 ㅇㅇ공(公)으로 승격된다[48]. 진국 입장에선 주의 구세력을 지지한다고 해서 자신들의 지위가 크게 올라갈 요인은 없다고 판단했을 것이다. 그보다는 국제사회가 새 판이 짜여지는 것이 자신들의 국가 미래에 훨씬 이득이었다. 자신들이 조종하기 쉬운 꼭두각시 왕을 세우기 위해선 기존 귀족들의 지지 기반이 약한 평왕이 천자가 되는 게 유리했다. 이러한 전략적 판단하에 진국의 군주 진문후(晋文候)는 주평왕의 동천을 지원하였고 그로부터 10년 후인 기원전 760년에는 군대를 이끌고 주휴왕 세력을 기습하여 주휴왕을 죽인다. 역사는 '두 천자가 병립하는 주나라의 혼돈의 시기를 진문후(晋文候)가 평정했다'고 서술하지만 결국 이는 진국이 자국의 장기적 이익을 위해 주나라의 왕위 계승에 깊숙히 관여한 사건이다.

이 일로 진국이 얻은 혜택은 어마어마했다. 주나라가 아직까지는 명목상의 천자의 나라이므로 그 안에서의 지분 상승은 당연히 진국의 국제적 지위 상승으로 이어졌다. 그리고 결정적으로 '하동(河东)' 땅을 진국이 점령해도 된다는 암묵적 동의를 받는다. 하동(河东)은 '황하의 동쪽'이란 뜻인데 오늘날 산시성 운성(运城)평야를 말한다. 진

48) 군주의 작위가 국가의 국력과 반드시 비례하는 건 아니다. 공국(公国) 중에도 매우 작은 나라가 있었는가 하면 국력이 컸음에도 하위 작위에 머물렀던 나라도 있었다. 주의 동천 후 진(秦)의 군주는 ㅇㅇ공(公)으로 불렸는데 반해 진국(晋)의 군주는 여전히 ㅇㅇ후(侯)로 불렸다. 그렇지만 진국의 실질적인 지위와 국력은 진에 비해 훨씬 높았다.

국이라는 이 조그만 나라는 이로써 남진하여 넓은 평야지대를 얻게 된다. 산시성은 대부분이 산지라 작물이 많이 나는 곳은 아니지만 산시성 남서쪽에 자리 잡은 운성현(运城县)은 유일한 곡창지대로서 지금도 산시성의 대부분 곡물이 이곳에서 생산된다. 운성평야는 드넓은 중국 영토 안에서는 평야로서 명암을 내밀지 못하지만 그렇다고 아주 작게만 봐서는 안 된다. 우리나라에서 가장 넓은 호남평야의 약 세 배에 달하는 크기이다.

공족 대부제 폐지: 약인가 독인가?

진국은 기원전 745년에서 기원전 679년의 67년간 두 개 세력으로 나눠지는 분열시기를 겪는다. 진문후의 아들 진소후(晋昭侯)는 자신의 숙부에게 곡오(曲沃)[49]라는 지역을 봉지로 주었는데 이것이 진국으로서는 불행의 시작이었다. 숙부는 곡오(曲沃)를 봉지로 받은 후 아예 씨(氏)를 곡오로 바꾸었다[50]. 그가 죽은 후 시호를 '환(桓)'이라고 했고 그의 항열이 숙부(叔)였기에 후세 사가들은 그를 '곡오환숙(曲沃桓叔)'이라 불렀다. 곡오성(曲沃城)은 당시 진국의 도읍인 기성(冀城)보다도 큰 곳이었다. 크고 좋은 곳에 둥지를 틀은 곡오계열의 패밀리는 세력을 점점 넓혔고 결국 군주와 대립하게 된다. 즉, 진국의 패밀리가 종가

49) 당시 도읍인 계성(冀城)과 곡오성(曲沃城)의 오늘날 명칭도 역시 계현(冀县)과 곡오현(曲沃县)으로 동일하다. 산시성의 남서쪽 평야 지대에 있는 이 두 현은 서로 인접해 있으므로 계성과 곡오성의 거리는 그리 멀리 떨어져 있지 않았음을 알 수 있다.

50) 당시 제후들의 성은 대부분 희(姬)성 이었고 자신의 국가 명을 씨(氏)로 했다.

계통의 계성(冀城)과 방계의 곡오성(曲沃城)으로 분열되어 싸운 것이다. 결국 67년 후인 기원전 679년에 곡오환숙의 손자 곡오무공(曲沃武公)이 계성을 근거지로 하는 종가 세력을 제압하고 통일한다. 곡오무공은 수도를 곡오에서 계성(冀城)으로 옮기면서 계성의 보물들을 전부 주나라 천자에게 바쳤고 그 대가로 주왕실로부터 진국의 정통을 잇는 군주로 승인받고 작위도 공(公)으로 승격되었다. 그래서 통일 후 그의 시호는 진무공(晋武公)으로 바뀐다.

역사는 이를 '곡오대계曲沃代冀(곡오가 계를 대신하다)'라고 명명한다. 문제는 이 과정에서 계성에 거주했던 종가 계열의 공족들이 엄청 희생되었고 일부는 외국으로 망명을 갈 수밖에 없었다는 것이다. 그런데 방계 공족의 신분으로서 종가를 멸하고 새로 정권을 잡은 진무공(晋武公)과 그의 뒤를 이은 진헌공(晋献公)은 자신들도 똑같이 당할 수 있다는 필요 이상의 우려를 가지고 있었다. 그리고 이들 사이에는 수십 년에 걸친 공족 간의 싸움이 다시는 일어나서는 안 된다는 절대 양보할 수 없는 대원칙 같은 것이 형성되었다. 그리하여 이 두 군주는 재위 기간 내내 후환을 없애기 위해 종가 계열 공족들을 모조리 제거 또는 축출하였다. 그 결과 진헌공이 죽을 때에 와서는 진국에 공족들이 거의 씨가 마르게 된다. 이것이 진국(晋)이 다른 제후국들과 다른 결정적인 차이이고 이로써 진국에서는 군주의 세력이 너무 약했으며 언젠가는 분열이 될 수밖에 없는 조건이 만들어진 셈이었다.

이때를 기점으로 진국은 '공족대부제도'를 폐지하고 이성(異性) 인재들을 경·대부로 기용하기 시작한다. 공족대부란 원래 경·대부들의 아들을 관리하는 자리였으나 사실상 고위 관직들을 공족들이 점하도록 하는 기능을 하였다. 진국이 공족대부제를 폐지할 수밖에 없었던 건 공족들이 얼마 남지 않았기 때문이지만 이유야 어찌 되었건 이는 당시 다른 제후국의 인사제도에서는 볼 수 없었던 변혁이었다. 다른 나라들은 공족이 정부 요직을 거의 장악하고 있었고 능력이 아닌 핏줄이 가까운지 여부가 관리 기용의 기준이었던 반면, 진국은 본의 아니게 공족이라는 제한을 철폐함으로써 귀족들로부터의 광범위한 인재 영입이 가능해졌다. 기업이나 국가의 흥망에서 인재 유치와 이들의 적절한 기용이 가지는 중요성은 굳이 설명할 필요가 없다. 춘추전국시대 각국의 역사를 들여다보자면 그 나라가 인재 유치에 얼마만큼 적극적이고 개방적이었는지가 흥망의 핵심 요인이었음을 알게 된다. 진헌공 재위시기(기원전 676~기원전 651) 진국의 영토는 세 배로 늘어난다.

그렇지만 진헌공의 영토확장은 지금의 산시성 내에 국한되었고 아직은 진국의 진정한 확장이라고 보긴 어렵다. 주목해야 할 사람은 진헌공의 다다음 군주인 진문공(晋文公)이다. 이때부터 진국은 황하 건너편과 황하 중하류 지역으로 확장해나갔고 초(楚), 제(齐), 진(秦) 등 강국들과 큰 전투를 벌이기 시작한다.

파병의 성공

진문공(晋文公) 중이(重耳)는 기원전 632년에 제환공의 뒤를 잇는 두 번째 패주가 되는데 그 후로 진국은 100년이 넘도록 춘추의 패주 자리에 앉게 된다. 진국의 역사를 논함에 있어서 이 사람을 빼놓을 수는 없고 사실상 이번 장은 진문공(晋文公)을 이야기하기 위해 여지껏의 이야기를 했다고 해도 과언이 아니다.

기원전 636년, 주왕국에서 서자가 정변을 일으켰고 이듬해에 진문공은 군사를 이끌고 주나라로 가서 정변을 진압해 주었다. 주상왕은 이에 대한 보답으로 하내(河内, 허난성 쩡저우 북쪽)와 양번(阳樊)을 진에게 준다. 기원전 633년 초나라 연합군이 송나라를 포위하는 일이 벌어졌다. 진문공은 송나라의 구원요청에 응하여 파병을 하는데 송나라를 사이에 두고 남방의 거대 국가인 초(楚)와 맞붙은 이 전투는 진국을 패주의 자리에 올려놓는 결정적인 계기가 되었다. 그리고 진국은 송나라 원조를 빌미로 인접국인 위(卫)와 조(曹)를 점령하였다. 역시 고금을 막론하고 성공적인 파병은 그 나라에 경제적 이득을 가져올 뿐 아니라 국제적 위상을 획기적으로 올려놓는다. 이듬해인 기원전 632년에 신군(신상군, 신하군) 2개 군(軍)을 추가 설립하여 5군 10경으로 군병력이 증강되었다.

번영과 분열을 낳은 '3군 6경'의 정치 개혁

진국이 춘추시대의 다른 나라들과 다른 가장 결정적인 차이점이자 맹점은 신권(臣权), 즉 대신들의 세력이 비정상적으로 컸다는 데에 있다. 진국에서 대신들의 세력이 커지게 되는 데에는 앞서 설명했듯이 공족들 간의 살육으로 이들이 씨가 말랐기 때문도 있지만 신(臣)권으로 하여금 진정으로 군(君)권과 맞설 수 있게 한 것은 진문공이 만든

'3군(軍) 6경(卿)' 제도이다. 진문공 중이(重耳)는 '려희의 난(驪姬之乱)'을 피해서 19년 동안 자신을 따르고 보좌하던 측근들과 외국으로 유랑을 하다가 복귀해서 군주가 된 사람이다. 그런데 돌아와 보니 공족들이 씨가 말라있는 것이다. 공족이 너무 많으면 민간으로부터의 인재 기용을 가로막고 공족 간에 권력 쟁탈을 하게 되는 폐단이 있긴 하다. 하지만 그 반대로 군주의 지지기반인 공족이 너무 적으면 군주의 권한이 약화되어 정책 추진이 어렵고 경·대부들 간의 싸움으로 국가의 자원이 분열된다. 진문공은 즉위 후 후자의 문제에 직면하였다. 진국은 이미 열 개가 넘는 쟁쟁한 가문들이 장악하고 있었던 것이다. 그는 19년의 유랑기간 동안 자신을 보좌해온 공신들에 대한 보답도 해야 했고 동시에 자신의 패업 달성을 위해 이들의 단합되고 통합된 능력이 필요했다. 그리하여 기원전 633년에 단행한 게 '3군 6경' 제도이다.

진문공 이전에 진국의 군권(軍權)은 군주에게 있었다. 진문공은 우선 2군을 3군으로 증편한 후 '3군 6경'이란 제도를 만들었다. 3군 6경 제도하에서 군대는 중군, 상군, 하군의 3군으로 편제되었고 각 군에 장(将)과 좌(佐)를 두어 총 6개 자리가 만들어졌다. 이 제도의 특이점은 정부 조직을 군 조직화했다는 것과 군권을 유력 대신들에게 나눠줬다는 점이다. 3군 6경 제도하에서는 정부의 최상위 단위를 군(軍)이라는 군조직으로 묶어놨는데 이는 진국만이 가진 특이한 군(軍) 지향의 정부 조직이라 할 수 있다. 당시는 전시이고 전시에 군권을 나눠준다는 건 국가의 지분을 나누는 것과 같다. 공족 기반이 미약했기에 어차피 경·대부 위주의 국가운영을 할 수밖에 없는 상황하에서 진문공은 아싸리 국가의 지분을 오픈하는 큰 베팅을 한 것이다. 모두들 군주권 강화의 길을 걷고자 할 때 진국은 분권화의 길을 택한 것이었다. 이리하여 여섯 개의 가문이 3군의 여섯 요직을 장악하였는데 여기서 중요한 것은 이 6경이라는 게 세습되었다는 것이다. 오늘날로 따지자면 진국은 나라를 가족기업에서 주식회사로 전환한 것이고 여섯 경대부(卿大夫)가 대주주가 된 셈이다. 확장으로 인한 국가의 이익이 대주주들에게 돌아가게 되자 이들 대주주들의 적극성이 놀랍도록 높아졌고 군권(君權)과 신권(臣權)[51]은 서로 조화를 이루었으며 따라서 이들이 가진 자원과 역량이 최대치로 끌어올려졌다. 자연히 국가의 경쟁력은 획기적으로 제고되었고 이것이 진문공 정치 개혁의 핵심이었다.

당연히 진문공은 바보가 아니었다. 6경(卿) 중에 군(軍)의 최고 수장은 중군장 극곡(郤縠)으로 하고, 정(政)의 최고 수장은 상군좌 호언(狐偃)으로 하여 군과 정을 분리하고 서로 견제하는 체제를 만들었다. 또한 6경이 세습되긴 하였으나 한 가문 내에서 세습되는 것이 아니라 11개 가문 중에서 돌아가면서 맡도록 하였다. 이렇게 하여 권력과 이익을 위하여 이들은 서로 경쟁하도록 되어 있었다. 굉장히 특이한 정치 체제가 형성된 것이다. 어찌 보면 대통령제에서 의원내각제로 전환했다고 비유할 만도 하다. 진문공 중이의 재위 시기에 진국은 국토를 획기적으로 늘렸고 그는 제환공의 뒤를 잇는 두 번째 패주 자리에 올랐다.

그러나, 이 제도는 군주의 리더십이 강할 때는 경·대부들 간의 균형과 견제가 유지되면서 국가 발전을 이끌지만 군주의 리더십이 약하거

---

51) 이해의 편의를 위해서 신권이라고 했으나 춘추시대의 경대부는 군주에게 절대 충성하는 신하와는 개념이 약간 다르다는 점을 염두에 두어야 한다. 당시는 아직 절대 군주제가 형성되기 전이었으므로 군주의 권한이 그렇게 강하지 않았다.

나 경·대부 간의 균형이 깨져 어느 한 가문, 또는 일부 가문들이 장악하게 되면 경·대부의 세력이 군주를 위협하는 크나큰 위험성을 지니고 있었다.

시간이 지나면서 진문공을 보좌하던 공신들도 하나둘씩 세상을 떴다. 그리고 진문공이 죽고 진상공이 즉위하였는데 그는 6경의 판을 새로 짜는 데 있어서 진문공이 세운 규정을 어긴다. 자신을 군주로 세우는 데 큰 공을 세운 조씨 가문의 조순(赵盾)을 군(軍)과 정(政)의 일인자로 만든 것이다. 이때부터 6경 간의 균형이 깨지고 경대부가 진국을 좌지우지하는 국면이 시작되었다. 진상공이 죽고 어린 군주 진령공이 들어서자 조순(赵盾)이 실세가 되어 정책을 좌지우지 하였고, 자기 마음대로 태자를 세우고 군주를 폐하였으며(진령공 시해), 6경을 다시 조직하고 심지어 제후국 회의에 군주 대신 참석하여 군주 행세를 하기에 이르렀다. 이때의 조순은 마치 입헌군주제의 총리와 같았고 진령공은 그저 명목상의 군주에 불과했다.

진령공은 조씨 패밀리에 의해 시해되고 숙부인 진성공이 군주로 옹립되었다. 이때 진국은 '공족대부제'를 다시 도입하였는데 이것이 진의 군주 권한에 또 한번 심각한 타격을 입힌다. 부활된 공족대부제는 진헌공에 의해 폐지된 이전의 공족대부제가 아니었다. 원래 '공족대부'란 직책은 공족만 맡을 수 있었는데 새로운 공족대부제하에서는 6경의 가문들도 할 수가 있게 되었다. 즉, 예전에는 군주 패밀리만 누릴 수 있었던 공족이란 지위를 여섯 경대부 가문이 누릴 수 있도록 제도적으로 길을 터준 것이다. 이로써 경대부가 군주권을 심각하게 갉아먹고 군주는 경대부에 의해 둘러싸인 껍데기일 뿐인 존재가 되어버린다.

삼진(三晉)으로의 분열

이렇게 하여 진국은 실질적으로 11개 가문에 의해 장악되었고 시간이 흐르면서 이들 간의 권력 쟁탈이 이어져 이들 11개 가문은 범(范), 중행(中行), 지(智), 한(韩), 조(赵), 위(魏)씨의 6개 가문으로 압축된다. 그리고 다시 조(赵), 위(魏), 한(韩) 세 가문이 연합하여 나머지 세 개 가문을 공격하였고 결국은 기원전 453년에 조(赵), 위(魏), 한(韩) 세 개 가문으로 정리되었다. 이들은 진국을 세 개의 영토로 갈랐고 당연히 자신들의 군대도 보유하고 있었다. 진국은 기원전 453년에 실질적으로 분열이 된 것이나 마찬가지이다[52]. 그리고, 기원전 403년에 그간 존재조차도 잊혀져 있었던 주(周)나라 국왕으로부터 이 세 개의 가문이 각각 제후로 봉해진다. 주왕은 이들로부터 뇌물을 받았고 주왕의 책봉으로 이들에게는 독립을 할 명분이 주어졌다. 이로써 진국(晋)은 조(赵), 위(魏), 한(韩) 세 나라로 공식적으로 찢어진다. 그리고 그로부터 27년 후인 기원전 376년에 진국(晋)의 마지막 군주 정공(静公)이 궁궐에서 쫓겨나서 평민 신분으로 강등되면서 진국은 역사 속에서 사라진다.

52) 필자는 이 책에서는 이때를 기점으로 전국시대로 보기로 했다. 그러나 전국시대의 시작이 언제인가는 큰 의미가 없다.

법가
개혁의
시대

7장 전국시대(戰國時代)와 변법(變法)

제후국들 간의 수많은 전쟁과 쇠망, 병합을 거치면서 기원전 5세기(기원전 400년대)에 와서는 연(燕), 제(齐), 조(赵), 위(魏), 한(韩), 진(秦), 초(楚)의 7개 국으로 정리되는데 이를 전국칠웅(战国七雄)이라 부른다. 앞서 말했듯이 춘추시대와 전국시대를 굳이 나눈자면 그 기점을 진국(晋)이 실질적으로 삼분되는 기원전 453년으로 본다. 전국 칠웅 중에서 조(赵), 위(魏), 한(韩) 이 세 나라는 진국(晋)에서 분리되어 나온 중원 삼진 국가들이다. 가장 북쪽에 자리 잡은 연(燕)은 변방에서 존재감 없이 지내왔지만 중원의 혼전에서 멀리 떨어져 있었던 덕에 전국시대 마지막까지 남게 되는 행운을 누렸다. 초(楚), 제(齐), 진(秦)은 우리에게 익숙한 나라이니 굳이 설명이 필요없을 것이다. 위의 일곱 나라 말고도 이제는 아무 의미 없는 주(周)라든가 송(宋)과 같은 몇몇 작은 나라들이 존재하긴 했으나 이들은 굳이 거론 안 해도 될 듯하다. 이 세기까지 남방의 월(越)이 존재하긴 하나 다음 세기 초에 곧 멸망하게 된다.

전국시대(戰國時代)의 특징

전국시기에 일곱 국가를 둘러싸고 무수히 많은 일이 일어났지만 그걸 일일이 다 설명할 순 없을 것 같다. 그렇지만 아무런 설명 없이 지나가자니 발걸음이 떨어지지 않는다. 뒤에 있을 진(秦)의 개혁과 이들의 통일을 이야기하기 위해선 전국시대의 일곱 국가와 당시 상황에 대한 기본적인 이해가 뒷받침되어야 하기 때문이다.

먼저, 전국시대라고 불리는 기원전 4~3세기, 즉 기원전 300년대와 기원전 200년대가 앞선 춘추시기와 다른 점을 생각해 보자. 첫째로 가장 눈에 띄는 것은 진국(晋)이라는 큰 나라가 사라지고 조, 위, 한이 생성되었다는 것이다. 진(秦)이 천하를 통일할 수 있었던 이유를 내재적인 이유에서 찾으면 '변법'에 성공했기 때문이지만 당시 국제 사회의 지정학적 판도의 측면에서 본다면 진국(晋)의 분열이 가장 큰 이유이다. 그렇지만 갈라져 나온 이들 삼진도 무시할 수준이 아니었다. 특히, 진국의 정통을 이었다고 할 수 있는 위(魏)는 기원전 4세기 중반까지만 해도 7국을 통일할 가능성이 가장 높아 보였던 강국이었다.

둘째, 전국시대 후기에 와서 7개 제후국들은 하나둘씩 제후국이라는 명칭을 버리고 '왕국'을 선포한다. 형식상으로나마 걸쳐 있던 주(周) 왕조의 낡은 옷조차도 벗어던져 버리고 싶었던 것이다. 이제는 제후국이 아니라 독립된 '왕국'의 신분으로 우뚝 섰으며 군주들의 칭호도 공(公)에서 전부 왕(王)으로 바뀌었다. 이 시기에 들어서는 진짜로 약육강식의 시대가 되었다. 춘추시대에는 그래도 명분과 옛 질서에 대한 약간의 존중이란 게 있었으나 이제는 네가 죽지 않으면 내가 죽는 것이고 승리를 위해서는 수단과 방법을 가릴 겨를이 없었다. 일곱 개 국가가 자기한테 유리하기만 하면 연맹과 배신을 밥먹듯이 하였으며 갖은 속임수와 비열한 행위를 전혀 거리낌 없이 하였다. 마치 선거 초기에는 저마다 페어플레이 하자고 웃는 얼굴을 하다가도 선거가 막판으로 치달으면 상대방에 대한 비방과 갖은 비열한 방법이 동원되며 진흙탕 싸움으로 가는 것과 같다.

셋째, 이 시기의 주요국들은 정도의 차이가 있긴 하지만 저마다 '변법'이라고 하는 강병을 위한 개혁을 실시하였고 그 기반이 되는 이념은 법가사상이었다. 이제는 변하지 않으면 잡아먹히는 상황이 되었고 개혁은 필수였다. 즉, 사회를 뒤흔드는 개혁의 물결이 이 시기를 뒤덮었고 개혁이 얼마나 철저하고 지속적이냐가 그 국가의 성패를 좌우하였다.

개혁의 담당 계층

전국시대에는 귀족과 평민 사이에 사인(士人)이라는 특수 계층이 형성되었다. 이들은 성공에의 열망이 강했으나 신분적으로는 평민이었으므로 귀족과 같은 특권이나 재력이 없었다. 그래서 이들은 학술과 문화에 몰두하였다. 그래야 실력을 갖추고 혼란의 시기에 군주의 눈에 띄어 관직을 얻을 수 있었기 때문이다. 당시에는 정식 학교가 없었으므로 이들이 지식을 쌓는 길이란 유명한 스승을 찾아다니는 방법밖에 없었고 그래서 이들은 고국을 떠나 객지를 떠도는 사람들이었다.

춘추시대까지 관리 선발은 대부분 귀족들의 세습에 의했고 일부는 군공(軍功)에 의하여 행해지기도 했다. 그런데 전국시대로 오면서 '양사(養士)'라는 특이한 제도가 두드러지기 시작한다. '양사(養士)'란 말 그대로 사인(士)[53]을 양성하는(養) 제도이다. 즉, 유력 대신(귀족)이 자칭 또는 타칭 브레인이라 불리는 사인(士人)들을 초대하여 자기 집 또는 관사에 식객으로 두는 소위 '싱크탱크' 제도이다. 이들 식객 중에는 스카웃되어 온 사람, 추천을 받아 온 사람, 제 발로 온 사람 등 여러 부류가 있었다. 이들은 정식 관직을 받은 건 아니었지만 능력이 인정되면 국가 정책에 참여를 하면서 실질적으로 중앙 관리와 비슷한 역할을 하였다. 전쟁 국면의 격화는 수백 년 동안 지속되어 온 귀족들의 관직 독점에 약간의 틈을 주고 있었던 것이다.

전국시대에 들어와서 귀족들은 큰 싱크탱크를 운영하는 것을 자신의 능력으로 간주하였고 이를 과시하기 위해 경쟁적으로 식객을 두었다. 제나라를 실질적으로 지배했던 전문(田文)이라는 귀족은 문하에 3,000명의 식객이 있었다고 한다. 상상을 해 보자면 이렇다. 이들 식객들은 평소에는 공부를 하고 서로 시사토론을 하며 시간을 보냈을 것이다. 그러다가 어떤 사안이 있을 때 양사를 운영하는 귀족 대신은 자기 집의 식객들을 불러모아 의견을 구한다. 여러 사람들이 각자의 의견을 내고 반박하는 과정을 그 대신은 지켜보았고 그중 눈에 띄는 사람이 있었을 것이다. 그러면 그 사람은 중용되어 주군(귀족)의 책사가 되었고 더 잘되면 그의 소개로 조정으로 들어가서 최고 통치자를 위해 능력을 발휘하였다. 이렇게 다른 나라에서 와서 고위 대신이 되

53) 여기서의 사(士)는 군사가 아니라 문인, 지식인을 뜻한다.

는 경우를 객경(客卿)이라고 불렀다. 직역하자면 '외부에서 온 고관'이라는 뜻이다. 사인들로서는 객경이 되는 게 최종 목표였다고 말할 수 있겠다.

이들 사인들 중에서는 어중이 떠중이도 있었지만 출중한 안목과 지략을 가진 자들도 있었다. 전국시대의 유명한 개혁가들 중에는 이런 식객에서 시작한 사람들이 대다수였다. 변법의 선구자 이괴(李悝), 초나라의 개혁을 추진한 오기(吳起), 그리고 진(秦)을 강대국으로 탈바꿈시킨 상앙(商鞅), 범저(范雎) 모두 이러한 사인 계층이었다. 이렇게 형성된 사인들이 전국시기에 개혁을 담당한 주된 계층이었고 점차로 귀족의 자리를 대체하였다. 아이러니한 것은 이들은 대다수 귀족의 식객에서 시작을 하였지만 국왕에게 중용되어 개혁의 칼이 주어진 후에는 귀족의 지위와 특권을 해체하려 했고 기득권인 귀족들은 당연히 이에 강력하게 반발하였다. 전국시대의 변법은 사실 국왕의 지원을 받는 사인과 귀족들 간의 투쟁이었고 귀족 중심의 사회를 얼마나 개혁하느냐에 그 성공의 여부가 달려 있었다.

그러나 이들은 외지를 떠돌며 자신의 지략을 파는 사람들이었으므로 특정 국가나 주군에 대한 충성심이 없었다. 그래서 자신의 능력이 인정받지 못한다고 생각되면 가차없이 그곳을 떠나 적국으로 가서 다시 일자리를 구했다. 이들 사인 계층의 또 한 가지 특징은 성공 지상주의, 출세 지상주의 사상으로 무장되어 있었기에 대의나 의리, 충절, 신의, 애민 같은 가치는 완전히 무시되었다. 유명한 군사 전략가이자 개혁가인 오기(吳起)는 자신의 어머니가 돌아가셨다는 소식을 듣고도 자신은 유가의 법칙에 따라 오랫동안 상복을 입을 수 없다며 고향으로 돌아가지 않았으며 자신의 앞날에 해가 된다고 하여 자신의 아내를 죽이기도 했다. 상앙(商鞅)은 민중의 고충은 안중에도 없는 가혹한 법률과 기계적인 법 집행으로 사회를 공포로 몰아넣었고 진 소양왕을 도와 통일의 기틀을 다진 범저(范雎)는 다른 나라와 한 약속을 눈 하나 깜짝 안하고 뒤집어 뒤통수를 치는 전략을 서슴치 않고 사용했다.

개혁을 이끈 사상

진(秦)을 이야기하기에 앞서 이 시기에 와서 법가사상이 가져온 가공할 만한 위력에 대해 언급하지 않을 수 없다. 다른 사상과 달리 법가사상은 창시자가 없다. 이들은 인간 내면에서의 깨달음이나 조화, 인, 의 이런 것들을 추구하지는 않았다. 그래서 사상이라기보다는 다음 단계의 국가체제를 위한 운영철학 또는 운영이념으로 작용했다고 보는 게 나을 것 같다. 이 시기 국가 발전에 지대한 공헌을 한 사상가는 전부 법가사상의 대가들이었고 이들 법가 사상가들이 국가의 개혁을 이끌었다. 이들을 기용한 리더는 철저한 개혁을 진행하여 국가를 이전과는 완전히 다른 수준으로 변모시켰고 국가 경쟁력은 획기적으로 제고되었다. 반면 이들을 기용하지 못하거나 귀족들의 반발에 굴복하여 개혁을 일관되게 추진하지 못한 국가는 결국에는 이를 받아들인 국가의 적수가 되지 못하였다.

오늘날 법조계에 대한 일반적인 이미지는 '변화'나 '개혁'보다는 '보수'나 '기득권'의 이미지가 강하다. 그러나, '법가사상'을 법률에 한정된 개념으로 보면 안 된다. 법가사상은 국가경영에 있어서 법치와 제도, 즉, 시스템과 조직화, 통제를 키워드로 한 치국의 이념이었지 법률을 논하는 사상이 아니다. 무엇보다도 법가 사상가들은 당시로써는 진취적 성향과 개혁적 마인드를 가지고 있는 진보주의자들이었다. 당시 법가적 사상에 기반한 개혁가들이 민중을 위한 개혁을 했다거나 이들에게 애민 정신이 자리 잡고 있었던 건 절대 아니다. 오히려 유가 사상가들이 인, 의, 애민 이런 가치관을 입으로 부르짖긴 했다. 그러나 고대 유가 사상은 사회질서를 건드리는 것에 알레르기 반응을 보였고 결과적으로 애민이 아니라 당대 기득권층을 보호하는 꼴이 되었다. 당시 기득권층은 인민의 착취를 기반으로 하고 있었고 오히려 애민을 중시한다고 하는 유가 사상은 사회질서를 개혁하는 것을 허락하지 않았으니 아이러니하게도 유가 사상은 기득권층이 지지하는 사상이 되었고 인민을 탄압하는 사상이 되어버린 것이다. 반면 법가에 기반을 둔 개혁파들은 국가 경쟁력과 공리를 위하여 사회질서를 뒤흔드는 조치들을 서슴지 않게 내세웠다. 그래서 당시 기득권층(귀족)으로부터 엄청난 견제를 받았고 이들 법가 개혁파들 중 많은 이들의 말로가 비극으로 끝났다.

이들 법가 사상의 거두들은 대부분 위(魏)나라에서 배출되었다. 사인들의 스승들이 위나라에 가장 많았고 위나라 초기 군주 위문후가 사인집단 양성을 적극적으로 지원했기 때문이다. 이걸 보면 역시 부자가 망해도 삼대는 간다고 했듯이 중원은 여전히 세상의 중심이자 '큰물'이었고 인재들과 진보 인사들은 전부 큰물에서 자신의 뜻을 펼치기를 원했다. 그러나 뜻밖에도 정작 법가 사상의 진가가 발휘된 곳은 가장 척박하고 낙후된 서쪽의 나라 진(秦)이었다.

앞서서 춘추오패의 지리적 위치를 설명하면서 진(秦)의 지리적 특성에 대해 이야기한 적이 있다. 동으로는 황하, 남으로는 험준한 진령산맥으로 둘러싸여 있는 요새와 같은 지형으로서 수세기 동안 중심에 끼지 못한 변방국이었다. 이런 진(秦)이 전국시대 중기에 들어와서 '변법'이라는 개혁을 받아들이고 개혁을 지속할 수 있었던 요인은 무엇이었을까? 사실 법가사상에 기반한 변법이 가장 활발하게 진행되었던 나라는 위(魏)였고 초(楚)에서도 행하여졌으며 거의 모든 나라에서 저마다의 변법이 실시되었다. 그런데 그것이 진(秦)에서 꽃을 피우고 결실을 거두게 된 이유가 무엇일까?

첫째, 변법이 성공하여 강대국이 될 수 있었던 후보국에는 위(魏), 초(楚), 진(秦)이 있었다. 삼진(三晋)의 중심국가인 위나라는 법가 사상가와 개혁가를 가장 많이 배출한 나라이고 정치·사상·경제·사회 모든 면에서 가장 앞서가는 사회였다. 당시 세계에서 '중원'이라 함은 위(魏)를 말하는 것이었고 큰 물에서 뜻을 펼쳐보겠다고 하던 정치인 지망생들은 전부 위(魏)로 갔다. 전국시대를 통틀어 가장 걸출한 법가 개혁가 두 명을 꼽으라면 오기(吴起)와 상앙(商鞅)이다. 오기는 노(鲁)에서 위(魏)로, 상앙은 위(卫)에서 위(魏)로 망명하여 모두 위나라에서 뜻을 펼치려고 했던 정치가들이었다. 그런데 위나라는 항상 배출만 하고 이들을 최대한 활용하지 못하였다. 오기와 상앙의 공력이 가장 전성기에 이르렀을 때 이들로 하여금 실망하게 하고 위나라를 떠나도록 했다. 그래서 오기는 기원전 386년에 남쪽의 초로 갔고 상앙은 기원전 361년에 서쪽의 진으로 갔다. 이는 무엇을 뜻할까? 위나라는 이들 이국땅에서 온 정치인들을 품기에는 텃세가 심했다는 말이 아닐까? 또한 개혁 인재에 대한 수요가 그리 절실하지 않았다고도 해석할 수도 있다. 위나라는 자기들이 중원 국가라는 자부심이 있었을 것이고 5세기 후반에서 4세기 중반까지는 이들이 전성기를 구가하고 있었다. 실제로 적수가 없어 보였고 동·서·남으로 주변국을 압박하고 있었다. 스타 정치가를 너무 많이 배출하였기에 진짜 붙잡아야 할 개혁가를 알아보지 못한 것이다. 또한 잘 나가는 조직이나 전통강호는 그 안에서의 텃세가 심하기 마련이다. 특히 위나라와 같은 나라는 귀족들의 기득권이 훨씬 강했을 것이다. 이것이 위나라가 진정한 개혁을 이루지 못한 이유이다.

그러면 초나라는 어땠는가? 초(楚)는 기원전 506년 재상 오자서와 손자병법의 저자 손무를 컬래버레이션으로 한 오(吳)와의 전쟁에서 패한 후 내상을 입고 기원전 5세기 내내 찌그러져 지내는 신세를 보내다가 기원전 4세기 들어 오기(吳起)라는 엄청난 내공의 전략가를 받아들여 중흥을 맛보게 된다. 당시 초의 국왕은 초도왕(楚悼王) 웅의(熊疑)라는 사람이었는데 웅의가 즉위했을 시는 전성기를 맞은 위나라의 압박에 초나라가 매우 어려운 상황에 처해 있을 때였다. 웅의는 야심이 있던 사람이라 국면을 전환시키고 패업을 이루고 싶었지만 자신 주변의 귀족들은 전부 백성들의 고혈만 짜낼 줄 알았지, 자기를 도와 개혁을 추진할 만한 사람이 없었다. 그러던 중 위나라에서 오기가 망명의사를 타진하자 두말하지 않고 백지수표를 주며 그를 스카웃한다. 그리고 1년 만에 그를 최고 관직으로 승진시켰다. 오기는 정치가이기도 하지만 탁월한 군사 전략가였다. 그는 초나라의 썩어빠진 관료들을 개혁하고 법질서를 바로잡으며 군대를 개혁하는 등 5년 만에 초를 군사강국으로 탈바꿈시켰다. 물론 많은 군사적 성과를 이루었음은 말할 것도 없다. 오기의 능력은 상앙과 비교 시 절대 뒤지지 않는다고 본다. 오기는 상앙의 롤모델 중 하나이며 스승과 같은 존재였다. 그런데 초는 왜 진(秦)과 같은 개혁을 이루지 못했을까?

초의 문제는 귀족들의 세력이 너무 강했다는 데에 있었다. 이렇게 된 데에는 춘추시대 초기로 거슬러 올라간다. 초가 일방적으로 왕국을 선포한 후 초는 무려 40개의 주변 소국을 병합하며 빠르게 장강 세력을 구축하였다. 그런데 이들은 무력으로 복속시키든 자진해서 들어오든 병합된 모든 소국들에게 자치를 주었다. 아마 빠르게 세력을 늘리기 위한 방법이었을 것이다. 이들 소국들의 군주들이 그대로 초왕국의 귀족들이 되었고 이들은 대대손손 지역의 영주로서 군림하였으니 다른 나라에 비해 초의 귀족들은 그 수도 많았고 더욱 큰 독립성과 권력을 가지고 있었다.

또 한 가지 이유는 오기의 개혁은 너무 짧았다. 그는 기원전 386년에 초로 와서 기원전 381년에 죽었다. 실질적으로 단 4년밖에 개혁을 추진하지 못한 것이다. 이 4년 동안에 한 일들은 내부 기강을 잡고 법률을 바로 세우는 등 상앙이 진에서 변법 초기에 했던 조치들에 불과했다. 개혁의 본론으로 들어가기도 전에 죽음을 맞이했던 것이다. 기원전 381년에 개혁의 후원자 초도왕이 죽자 변법에 자기들의 이권을 강탈당하다시피 했던 귀족들은 가만있지 않았다. 이들은 반역의 죄를 뒤집어씌워 오기를 활로 쏴 죽였다. 개혁은 중단되었고 초는 더 이상 앞으로 나아가지 못했다.

반면 진과 같은 변방 국가에서는 보통 귀족이나 관료 세력의 힘이 상대적으로 작다. 귀족 세력이란 역사와 전통을 가진 사회에서 발달하는 것이 보통인데 진은 사실 춘추시대까지만 해도 거의 반이민족 취급받던 서쪽의 변방국가였기 때문이다. 상앙의 변법이 귀족들의 강한 저항을 받지 않았느냐 하면 그건 아니다. 결국 그도 후원자인 진효공이 죽자 귀족들의 모함에 빠져 반역자가 되어 사형당하는 운명에 처해지긴 한다. 그렇지만 중요한 차이는 진에서는 상앙의 사후에도 개혁 정책이 지속되었다는 점이다. 《한비자·정법(定法)》에 의하면 "효공과 상앙이 죽었고 혜왕이 즉위하였지만 진의 신법은 폐기되지 않았다(及孝公、商君死, 惠王即位, 秦法未败也)"라고 말하고 있다. 귀족들의 반발이 매우 거셌으면 후대 왕이 그렇게 할 수 있었을까? 아마도 위나 초, 제나라 같았으면 불가능했을 거라 생각한다.

둘째로, 진은 유가(儒家)의 영향을 비교적 덜 받은 나라라는 점을 든다. 유가는 가장 동쪽에 있는 노국(鲁, 산동성)에서 나와서 서쪽으로 전파된 사상이다. 인과 의를 바탕으로 한 유가 사상은 인간 사회의 비물질적인 가치를 일깨워주고 군주의 도리, 백성의 도리를 말하며, 인, 의, 예에 의한 사회질서를 만들어 주었다. 하지만 역기능도 있었다. 정신적인 것만 강조하고, 종법에 집착하고, 과거를 숭배하고, 명분과 이론에 집착하고, 변화를 싫어하는 유가사상은 한 국가가 앞으로 나아가는 데 있어서 여러 가지로 발목을 잡았다. 특히 전시의 국가들에게 유가사상은 국가의 전쟁 수행 능력에 있어서 절대로 플러스 요인으로 작용할 수가 없었다.

공자의 유가사상이 천하로 널리 전파되긴 했지만 태행산맥을 넘고

산으로 뒤덮인 산시성을 지나 황하를 건너서 진(秦)까지 가는 데는 아무래도 힘이 빠졌을 것이다. 진(秦)이라는 국가성향의 형성에 있어서 유가사상의 침투가 다른 제후국에 비해 상대적으로 약했을 거라 짐작할 수 있다. 이런 이유로 나는 진(秦)이란 나라가 다른 제후국과 본질적으로 다른 국가성향을 가지고 있었을 거라 본다.

한 나라가, 한 나라의 국민들이, 어떤 성향을 가지고 있느냐는 정말로 중요한 문제이다. 많은 역사학자들이 진(秦)의 국가성향을 '공리주의'라고 말하는데 공리주의적 성향은 법가사상의 영향을 받은 것이다. 이러한 진(秦)의 국가성향은 후에(기원전 4세기 중반) 가서 법가사상에 근거한 전면적인 개혁을 받아들이게 하고, 개혁의 성공은 진(秦)이 중국을 통일하게 하는 원동력이 되었다. 고금을 막론하고 국가의 개혁은 한두 명의 개혁 추진자에 의해 실현될 수 있는 게 아니라 사회가 수용을 해야 하는 것이다. 2,400년 전이라고 해도 사회가 수용하지 않으면 그 개혁은 반대파의 저항에 부딪쳐 좌절하거나 설령 당대에는 성공하더라도 리더가 바뀌거나 정권이 바뀌면 바로 원래로 돌아가기 마련이다. 그러면 지속성이 끊기고 결국은 성공적인 개혁이라 할 수 없다. 역사는 한 사람의 주인공에게 모든 포커스가 맞춰서 쓰이게 되어 있지만 뒤에 나오는 진(秦)의 변법의 성공이 단지 상앙이라는 한 명의 개혁가에 의해 실현된 것은 아니라는 걸 알아둬야 할 것이다.

8장

철혈재상 상앙(商鞅)의 국가 대개조

기원전 4세기 초반까지만 하더라도 진(秦)은 서쪽 변방의 나라였다. 전국시대 초기 진(秦)은 오늘날의 섬서성 중남부와 감숙성 동쪽 끝자락과 사천성 북부 일부를 영토로 하였는데 이 지역은 관중분지를 제외하곤 중원지역 국가들에 비해 척박하고 산지가 많아 농경지가 부족하다. 당연히 인구 밀도도 낮고 따라서 농업 생산량이 부족하다. 다시 말하면, 경제력이 열등한 국가이다. 경제력이 열등하고 인구가 적은 나라가[54] 강국이 될 수는 없다.

이런 진(秦)이 어떻게 천하통일의 주인공이 되었을까? 왜 진이었어야 했나?

우리는 기원전 221년 진시황이 전국을 통일하고 제국을 수립했던 역사적 사실에 대해선 잘 알고 있지만 진(秦)의 통일을 가능케 한 동력이

54) 전국시대 각국의 인구 수에 대해서는 사료의 기재가 부족하지만 사료에서 말하는 이들의 출정 규모 등에 의해 그 순위 정도는 가늠해 볼 수 있다. 진국(晋)이 3국으로 갈라졌으나 그 중심국인 위(魏)는 여전히 가장 많은 인구를 가지고 있었을 것으로 보인다. 그 뒤로 제(齐)와 초(楚)가 비슷했을 것이고 그 아래로 진(秦)이었을 것이다. 조(赵), 한(韩), 연(燕)은 2선 국가로서 인구가 많지 않았을 것이다.

이미 그보다 130년 전에 조성되었다는 걸 아는 사람은 많지 않다.

개혁군주 효공(孝公)과 구현령(求賢令)

이야기의 주인공은 진(秦)의 25번째 군주 효공(영거량嬴渠梁)이다. 그는 기원전 381년에 태어났는데 이해는 위나라 출신의 대표적인 개혁가이자 군사가인 오기(吴起)가 초나라에서 죽음을 맞이한 해이다. 한 사람의 탄생과 또한 사람의 죽음을 이야기하는 데에는 그 둘이 담고 있는 상징성 때문이다.

효공이 태어나기 전, 진(秦)은 몇 대에 걸친 정쟁으로 인하여 국력이 쇠약해질 대로 쇠약해졌다. 소위 '사대난정(四代乱政)'이라는 4대에 걸친 귀족들의 전횡과 그로 인한 정치 불안은 진(秦)을 창립 이래 최대 암흑기로 몰아넣었다. 이 위기의 시기를 기원전 443년에서 기원전 385년으로 보는데 기원전 4세기 초는 인접국인 위(魏)나라에서 법가 개혁이 한창 추진되면서 그들의 국력이 전성기에 달했을 시기이다. 이 말인 즉슨 이 기간 동안에 진은 위(魏)로부터 압박을 심하게 받았다는 걸 뜻한다.

위(魏)의 개혁 군주 위문후(魏文侯)는 기원전 403년에 즉위하여 기원전 387년에 위무후(魏武侯)에게 왕위를 물려주었다. 이 시기 법가의 유명한 인물이란 인물은 죄다 위문후 밑에서 일을 했다고 봐도 무방하다. 이회(李悝), 오기(吴起), 서문표(西门豹) 등 법가의 거성들이 모두 기용되었다. 이들을 하나하나 이야기하자면 이 책을 다 할애해도 모자랄 정도로 실로 어마어마한 법가 군단을 보유하고 있었다. 그의 아들 위무후(魏武侯)는 오기(吳起)를 총사령관으로 승진시켜 군사력을 크게 증강시켰다. 오기는 전국시대의 유명한 군사가로서 오합지졸들도 그의 손에 들어가면 몇 달 만에 정예부대로 변했다고 한다. 이 두 군주가 재위했던 기원전 403년에서 369년의 약 30여 년간은 위국의 빛나는 황금기였다. 위(魏)는 이 기세를 몰아 황하를 건너 하서(河西) 지역[55]을 점령했고 이는 진(秦)에게는 뼈아픈 상실이었다.

효공이 즉위하기 전까지 진(秦)은 국경을 접하고 있는 위와 초, 두 나라의 위세에 눌려 존재감 없이 찌그러져 있던 신세였고, 심지어는 중원의 제후국 연맹 회의에(지금으로 말하면 G7 회의) 초대받지도 못하였다. 그러나 기원전 386년 개혁가 오기가 위(魏)를 떠나 초(楚)로 망명하였고 그로부터 5년 후에 진(秦)에서 효공이 태어난 것은 위에게는 전성기가 끝났음을 알리는 신호였고 동시에 진에게는 암흑과 같은 터널을 빠져나와서 이제는 이 나라에서 제대로 된 개혁의 드라마가 쓰여질 것을 암시하는 것이었다.

기원전 361년 21세의 나이로 즉위한 효공(孝公)은 야심이 있는 지도자였다. 야심이라……. 역사 속에서 지도자의 야심이란 어떤 의미인가? 야심이 나쁜 건 아니다. 세계사를 보면 통일과 국가 개혁은 모두 지도자의 야심에서 출발하였다. 국가뿐 아니라 모든 조직이 다 마찬가지이다. 웅대한 꿈을 가진 자들이 먼 미래를 보고 일을 도모하기 때

55) 이 시기의 하서(河西) 지역은 황하가 내몽고에서 수직으로 내려오는 구간을 기점으로 서쪽지역, 즉 지금의 섬서성(陝西) 지역을 말한다. 전국시대에는 진(秦)과 위(魏)가 여기를 두고 싸우다가 후에 진의 영토로 굳어졌다. 그러나 서한 이후의 하서는 지금의 깐수성 지역을 말한다.

문이다. 그러나 야심이 큰 지도자를 가진 민중들은 당대에는 그리 행복하진 않았다. 원래 개혁이란 고통스러운 것이고 다음 세대를 위한 일이기 때문이다. 이는 앞으로 전개되는 이야기들에 의해 여러 번 입증될 것이다. 다시 효공의 이야기로 돌아와서, 효공은 이렇게 초라한 상태를 벗어나지 못하면 진에게는 미래가 없다고 생각하였고 강해지기 위해선 변화해야 한다는 걸 알고 있었다. 그리고 이를 위해선 인재 유치가 핵심이라고 믿고 있었다. 자신 주변의 귀족들로는 도저히 가망이 없어 보였기 때문이다. 이에 그는 전국에 신분 고하를 가리지 않고 나라를 부강하게 만드는 아이디어를 가지고 있는 현자를 모은다는 '구현령(求賢令)'을 선포한다.

상앙(商鞅)

성씨: 희(姬)성, 상(商)[56]씨, 공손(公孙)씨, 위(卫)씨

본명: 공손앙(公孙鞅), 위앙(卫鞅)

생몰: 기원전 395~기원전 338(58세)

국적: 위(卫) → 위(魏) → 진(秦)

전공: 형벌학, 제왕학

직업: 정치가, 개혁가, 사상가

공적: 전면적인 국가 개혁을 통하여 진(秦)을 군사 강국으로 변모시켰다.

56) 위국(卫)의 공족이었으므로 위국(卫) 내에선 공손씨로 불렸고 국외에선 위(卫)씨로 불리다가 후에 진(秦)의 효공이 변법의 공으로 상(商)씨를 하사하면서 그 후 상앙으로 불렸다.

주변 인물: 진효공(군주), 이회李悝(스승), 오기吴起(스승)

무덤: 섬서성 허양현의 친이산(秦驿山) 기슭에 있었으나 항일 전쟁 때 인민 해방군이 이곳에 주둔하면서 평지로 만들면서 소실되었다.

상앙(商鞅)은 오기(吴起)와 마찬가지로 조그만 제3국 태생이나 위(魏)에서 공부를 하고 거기서 뜻을 펼치려 했던 사람이다. 그는 젊어서부터 법가사상과 형벌학에 심취했으며 이회(李悝)[57]와 오기(吴起)의 영향을 많이 받았다. 그는 조그만 위(卫)국은 자기의 뜻을 펼칠 수 있는 무대가 아니라 생각하여 위(魏)나라로 왔다. 앞서서 잠깐 언급했지만 위(魏)나라는 이회, 서문표, 오기 이 세 명의 법가 대가를 보유했던 나라인데 여기에다가 상앙까지 오게 되는 걸로 봐서 이 나라는 전국시기 법가 개혁가들의 본산이며 법가들의 사관학교라고 해도 과언이 아닐 듯하다. 중원의 중심국인 위(魏)는 국가경영의 포부를 가진 인재들에게는 '큰 뜻을 펼칠 수 있는 큰 물'이었던 것이다.

위나라에서 상앙은 재상 공숙좌 밑에 있었는데 늙고 병든 공숙좌는 위혜왕(魏惠王)[58]에게 자기 후임으로 상앙을 추천했다. 공숙좌는 20년 전 자기 자리를 치고 들어오는 오기(吴起)를 함정에 빠트려 그로 하여금 초(楚)국으로 망명가게 한 사람이다. 공숙좌가 와병 중에 있을 때 위혜왕이 병문안을 왔고 이때 공숙좌는 이렇게 말한다. "공손앙은 젊고 능력이 어마어마한 인물입니다. 분명히 우리 위나라를 위해 큰

57) 기원전 455~기원전 395, 법가의 대표적 인물로서 오기, 상앙보다 앞서서 변법을 주창했으며 후배 개혁가들에게 지대한 영향을 주었음. 위문후 때 재상을 지냈으며 위나라를 전성기로 올려놓았다.

58) 위혜왕(기원전 369~기원전 319 재위)은 위무후 다음의 군주인데 이때부터 위나라는 공작 지위를 버리고 왕국을 선포하였다.

일을 할 것입니다. 그를 재상으로 임명하여 치국을 맡기셔도 됩니다" 그러고 나서 한편으로는 "만약 그가 다른 나라로 가게 되면 분명 우리 위나라를 위험에 빠트릴 것이니 만약 그를 기용하지 않으시려거든 반드시 그를 죽이십시오."라고 했다.

이 말을 들은 위혜왕의 반응은 이랬다. "공손앙……? 그게 누구더라……."

공숙좌는 철저하게 자신만을 드러내고 자기 자리를 사수하기 위해 평생 잔머리를 굴렸던 사람이었다. 사회 생활을 하다 보면 이런 사람을 꼭 한두 명씩은 만나게 된다. 이런 사람은 조직의 발전을 저해하는 암적인 존재이지만 왕왕 윗사람들의 인정을 받는다. 그래서 그는 상앙의 능력이 출중한 걸 알고 있으면서도 그가 무대에 나서는 기회를 막아왔었다. 그러니 위왕은 공손앙에 대해 알 리가 없었고 공숙좌가 재상의 자리로 처음 들어보는 신인을 거론하는 게 뜬금없다고 여겼다. 또한 기용하라고 했다가 또 죽이라고 하는 말을 듣고는 공숙좌가 늙고 병이 들어 횡설수설한다고 생각했다. 결국 재상에 기용되지 못한 상앙은 공숙좌가 죽은 후 진효공(秦孝公)의 구인광고 '구현령'을 접하고는 짐을 싸서 진(秦)국으로 떠난다.

상앙은 진(秦)효공 앞으로 불려갔고 오늘날로 따지면 3일에 걸쳐서 사장 면접을 하게 된다. 공손앙은 처음에는 '왕도(王道)'에 대해 이야기했다. 이를 듣고 있던 효공은 꾸벅꾸벅 졸다가 상앙을 데려온 신하에게 '뭐 저 정도를 데리고 와서 나보고 면접을 보라는 거야?'라는 식으로 말했다. 다음 날 상앙은 '패도의 기술'에 대해 설명했고 효공은 이를 듣더니 자세를 고쳐 앉았다. 그렇지만 아직은 그를 기용할 생각이 없었다. 삼 일째 되는날 상앙은 '부국강병 정책'에 대해 거침없이 쏟아부었고 효공은 너무나도 기쁜 나머지 그와 며칠 밤낮을 토론했다고 한다.

고대의 개혁은 개혁군주와 개혁재상의 합이 맞아야 성공할 수가 있었다. 그렇지 않으면 기득권의 반발을 누를 수가 없기 때문이다. 진효공의 상앙에 대한 신뢰와 지지는 거의 브로맨스 수준으로 제환공과 관중, 유비와 제갈량, 부견과 왕맹에 절대 뒤지지 않았다. 서한의 사서인 《전국책(战国策)》에는 '와병 중에 있던 효공이 상앙에게 군주의 자리를 물려주려 했으나 상앙이 사양하며 받지 않았다'라는 놀라운 이야기가 있다. 혹자는 이것이 효공이 상앙의 충성심을 떠보기 위해 던진 말이라고 하기도 하는데 어찌 되었건 이 둘 간의 관계가 그 누구보다 가까웠음은 의심의 여지가 없다.

개혁의 시작

그러나 어떠한 조직이든 변화를 한다고 하면 기존 구성원들은 일단 자동 반사적으로 반발을 하게 되어 있다. 하물며 수백 년 동안 기득권을 이어온 이들 귀족들이 이를 가만히 보고만 있을 리가 없다. 이에 효공은 회의를 소집하여 변법에 대해 토론하게 하였다. 이것이 유명한 상앙과 수구파 대신들 간의 '설전(舌戰)'이다. 격렬한 토론이 있었고 상앙은 '법은 시대에 맞게 만들어져야 하고, 새로운 세상에 맞게 사회규범이 제정되어야 한다'고 주장했다. 당시 주류였던 역사관은 '순환 역사관'이었는데 상앙은 '역사는 진보한다'라는 진보주의 역사관으로 수구파 귀족들의 복고주의 주장을 반박하고 격파하였다. 게다가 군주인 효공이 그를 지지하면서 억지로나마 내부 반대 세력의 반발을 눌렀고 변법은 명분이 만들어졌다. 일종의 청문회를 통과한 것이었고 효공은 그에게 대량조(大良造)라는 비귀족으로서 할 수 있는 가장 높은 직책을 주었다.

기원전 359년에 상앙은 '간초령(墾草令)'을 반포하는데 이것이 전면적인 국가개혁의 서막이었다. '간(墾)'은 '간척하다', '개간하다'라는 뜻이다. 즉, '황무지를 개간하라'라는 법령인데 황무지를 간척하면 부역면제나 세금면제 같은 인센티브를 주었다.

진(秦)의 변법(개혁)은 1, 2차에 의해 진행되었다. 만약 타임머신을 타고 그 당시로 돌아가서 상앙에게 "당신이 만들고자 하는 국가의 모습은 뭔가요?"라고 묻는다면 그는 이렇게 대답할 것이다.

- 강한 법질서와 시스템에 의한 중앙집권적 통제사회
- 농업 생산력이 풍부한 나라
- 강한 군대를 보유한 나라

그중에서도 핵심은 '압도적인 군사력'을 보유하는 것이었고 이것이 그의 변법의 궁극적인 목표였다. 이 목표를 향하여 모든 자원을 올인하는 그의 변법이 이제 시작된다.

그의 변법은 1, 2차에 걸쳐서 진행되었다. 1차는 기원전 359년에 시작되었고 그 내용은 다음과 같았다.

- 위나라에서 가져온《법경(法經)》에 연좌제를 추가하여 실행을 반포했다.
- '세경세록제'를 폐지하고 군공에 의해 결정되는 "20개 작위제"를 반포하였다.
- 중농억상(重農抑商)정책 발표. 농업과 직물 생산량이 많은 자는 부역과 세금을 면제해 주었고 반면 상업은 그 범위를 제한하였으며 세금도 인상하였다.
- 유교경전을 불태우고 고향을 떠나 타지에서 일을 하는 것을 금했다.
- 소가구 제도를 강제적으로 실시하였다. 집안에 남자가 두 명 이상 있으면 반드시 분가하도록 규정하였다.

1차 변법은 법의 존엄을 세우고 강한 법률을 통해 백성을 통제하는 체제를 구축하고 농업과 군사 역량을 증대하기 위한 기초를 세우는 데 중점을 두었다. 상앙 변법의 궁극적인 목적은 군사력이 압도적으로 강한 나라를 만드는 것이었고 이를 이루는 방법은 귀족이든 평민이든 신분에 관계 없이 모두 평시에는 농업에 종사하고 전시에는 전사가 되는 것이었다. 이를 위해선 법이 강한 통제력을 발휘해야 하고 귀족의 특권을 해체해야 했다. 법의 존엄을 세우기 위해선 법 앞에 모두가 똑같아야 했다. 그래서 귀족이 법을 어기면 서민과 똑같이 처벌하였다. 상앙이 반포한《법경(法經)》이란 상앙의 스승이자 롤모델이었던 위나라 재상 이괴가 저술한 것이다. 위문후 때 이괴의 주도로 실시된 변법의 핵심이 되었던 법전인데 상앙이 진으로 올 때 이를 어깨에 통째로 짊어지고 왔다. 국가의 핵심 기밀이 유출된 셈인데 이걸 보면 공국좌의 말이 틀리진 않았다. 상앙은 여기에 연좌제를 추가하여 더욱 강력하고 가혹한 버전으로 만들어 반포하였다. 신법하에서는 작은 잘못도 무겁게 처벌하였고 신법에 의문을 달거나 저항하는 사람은 가차 없이 처벌하였다. 백성들은 이동의 자유가 제한되었다. 법에 의한 공포 정치가 시작되었고 모든 것에 법 조항을 만들어 기계처럼 적용하였다.

2차 변법은 그로부터 10년 후인 기원전 349년에 함양으로 천도를 하면서 시작되었다.

- 정전제 폐지, 토지 사유제 실시
- 분봉제 폐지, 군현제 실시
- 함양으로 천도, 신궁전 축조
- 도량형 통일
- 다섯 가구와 열 가구 단위의 호구 편제
- 융적(서쪽 이민족)의 잔존 풍습을 없애고, 부자 형제 간의 동거를 금지. 한 집에 호적 연령 이상의 남자가 두 명 이상 있을 시 호구세를 두 배로 징수함.

20개 작위제

이것은 변화나 변혁 같은 말로는 도저히 그 급진성을 표현할 수가 없다. 상앙은 귀족들에게 세습되던 작위를 전부 없애고 엄격히 전장에서의 공로에 따라 주어지는 20개 작위 제도를 반포했다. 이 당시 어떻게 이런 급진적인 생각을 했는지 믿겨지질 않는다. 진을 포함한 대부분의 나라들은 주나라의 5개 작위 제도를 이어받아 사용하고 있었는데 공(公), 후(侯), 백(伯), 자(子), 남(男)의 5개 작위는 모두 귀족에게 부여되고 세습되어 오던 것이었다. 상앙은 이를 폐지하고 새로 20개 작위를 만들어서 신분에 상관없이 오직 전공(전장의 공로)에 의해 부여되도록 하였다. 전장의 공로는 무엇으로 평가하는가? 적군의 머리이다. 베어온 적군의 머리 개수에 따라, 머리를 벤 적군의 직급에 따라 공로를 기록하였고 이에 의해 몇 등급 작위를 줄 것인지를 결정하였다. 예를 들면 적군의 장교급 머리를 베어 온 사람에게는 20등급 중 가장 낮은 공사(公士)라는 작위와 함께 농지 1경(頃)[59], 택지 9무(畝) 그리고 노비 한 명을 붙여주었다. 그래서 진의 병사들은 전투가 끝나면 자신이 확보한 머리를 들고 집결하였고 군관은 이를 하나하나 기록하였다.

이는 2,000년 동안 내려오던 세습, 즉 혈연 관계의 권력분배 메커니즘을 완전히 무시하고 개인의 능력과 업적에 의해 결정되는 세로운 메커니즘을 도입한 것이다. 인류란 혈연적으로 가까운 사람끼리 모여 부락을 이루고 생산활동을 하면서 사회를 형성해 왔기에 모든 것에 있어서 혈연 관계가 기초가 되었다. 새로운 인간 관계를 형성할 때에도 '우리 할아버지는 누구이고 우리 아버지는 누구이고' 이런 식이었고 세습되는 사회적 지위는 개인의 정치적 지위와 경제적 지위를 규정지었다. 이런 것이 제도화된 것이 바로 작위인 것이다. 상앙은 혈연관계로 내려오는 이런 모든 것을 무시하고 오직 자신이 이룬 업적으로만 평가하여 사회적 지위와 권력을 배분하도록 하였고 그 지위와 권력은 세습되지 않도록 하였다.

59) 진한시대 1경은 50무, 즉 3만3천 제곱미터.

이 조치가 가져오는 파괴력은 엄청났다. 이는 진의 군사력을 획기적으로 끌어올려 6국을 진의 군대 앞에서 벌벌 떨게 만들었고 진의 통일을 가능케 한 핵심요인이 되었다. 무기 체계에 있어서 별 차이가 없었던 당시에 한 국가의 군사력의 강하고 약함은 두 가지 요소에 의해 결정되었다. 하나는 병사들의 전투의지이고 또 하나는 병력의 수이다. 이제는 평민들도 작위를 받아 사회적, 경제적 지위상승의 기회를 가지게 되었고 그에 있어서 결정적인 것이 바로 전투에서의 공로였으니 전투에 나간 병사들은 모두 굶주린 늑대와 같았다. 사료에 의하면 '진국의 병사들은 적의 수급을 들고, 오른쪽에는 생포한 포로를 겨드랑이에 끼고 계속 전진을 하였는데 그 모습은 정말로 호랑이와 늑대의 기세였다'고 한다. 진군의 호전성의 이면에는 병사 개인의 가정경제 상황의 개선, 사회적 지위 상승에 대한 열망이 있었고 그로 인하여 진의 군대는 상대를 경악하게 만드는 전투력을 발휘하곤 했다.

상앙은 능력과 업적에 따른 계층 이동 또는 경제적인 보상을 통하여 사회의 에너지를 최대치로 끌어올리려 하였다. 그럼 국가의 에너지가 쏟아져야 할 방향은 어디인가? 그것은 오직 '농업과 전쟁'이었다. 당시에는 산업이라고 하면 거의 농업이 전부였으므로 이를 '산업과 군사'라고 말할 수도 있겠다. 상앙의 변법에 있어서 가장 많이 등장하는 단어로 '장려경전(獎勵耕戰)'이란 말이 있다. 이 말을 직역하자면 경작(耕)과 전쟁(戰)을 장려한다는 것이다. 농업이나 전쟁에 관련해서는 공을 세운 사람에게는 반드시 상이나 혜택을 주었다. 다시 말하면 농업이나 전쟁에서 공을 세우지 못한 사람은 신분을 막론하고 차별을 받았으며 아무리 귀족이라 해도 관직을 맡을 수 없었다.

농업에서 공을 세운다는 건 황무지를 개간 한다던가 수학량을 늘린다던가, 옷감을 많이 짜던가 하는 경우이다. 이제 진(秦)은 온 국민이 농업에 종사하여 열심히 일을 하던가 아니면 전장에서 죽기를 각오하고 싸워 공을 세우던가 해야지만이 사람 대접을 받고 살 수 있는 나라가 되었다. 여기에는 귀족도 평민도 없었다. 귀족들도 똑같이 공을 세우지 않으면 작위를 받지 못하였고 관직을 맡지 못하였다. 이를 보고 귀족들이 가만히 있었겠는가? 그래서 변법 초기 상앙은 수많은 귀족들을 잡아들여 처형하였고 개혁에의 전권을 쥐고 있는 그 앞에 귀족들은 무릎을 꿇지 않을 수 없었다. 상앙을 좋게만 이야기하는 역사책에는 잘 나오지 않지만 상앙의 변법 초기에 수많은 귀족, 상인, 지식인 그리고 개혁에 토를 다는 사람들이 잡혀들어가 처형을 당하거나 잔인한 형벌을 받았다. 그렇다고 귀족의 아들들이 갑자기 농사를 지을 수가 있겠는가? 그래서 이들은 군공을 세우는 데 올인하였다.

당시는 거의 농업에 의존하는 경제인데 경작지가 적고 인구가 적은 진(秦)에게 있어서 농업생산력 증대는 매우 절실한 과제였다. 지금이야 1차 산업인 농업에 종사하는 인구가 얼마 안 되지만 2,400년 전에 '농업 생산력을 늘리자'는 것은 지금으로 말하자면 '제조업 강국이 되자'와 마찬가지의 말이다. 그리고 농업 생산력을 늘리는 것도 궁극적으로는 군사력을 뒷받침하기 위해서였다.

상앙은 인구증가, 좀 더 정확히는 '농업인구증가'를 집착스러울 정도로 중요시 하였고 그의 정책 면면에는 인구를 늘리기 위한 목적이 보인다. 예를 들어 대대적인 인구조사와 호구조사를 하여 각 가정과 국민 하나하나의 정보를 관리하였는데 이것은 사회 통제의 목적도 있지만 인구를 늘리기 위한 데에 주목적이 있었다. 집안에 남자가 두 명 이상 있으면 반드시 혼인하여 분가토록 하였는데 이는 생산 단위를 세분화하여 유휴 노동력을 없애는 목적도 있었지만 인구를 늘리는 데 궁극적 목적이 있었다.

단기간에 인구를 늘리는 방법으로는 '이민장려정책'을 폈다. 외국에서 들어오는 농민들에게 각종 인센티브를 제공하였고 이로 인하여 실질적으로 인구가 늘어나는 효과를 보았다. 인구는 곧 국력이다. 특히 2,400년 전 전국시대 나라들에게는 특히 그렇다. 남방의 신흥국 월(越)의 패망 원인 중의 하나가 이 나라의 인구 부족에 있었다. 이 시대에 인구는 한 국가의 경제력과 군사력 두 가지에 모두 직접적인 연관이 있다. 왜냐하면 당시의 백성들은 오늘은 곡괭이를 들다 나라에서 부르면 내일은 창을 드는 그런 식이었기 때문이다. 그러니 상앙이 왜 그렇게나 농업인구의 증가에 집착했는지도 이해할 만하다.

토지 사유제

둘째로, 무슨 일이든지 장려하는 것만으로 성과를 낼 수는 없다. 적극적으로 농업에 종사할 수 있도록 제도를 만들어줘야 한다. 이를 위해 실시한 것이 '폐정전, 개천맥봉강(废井田, 开阡陌封疆)'이다. 주(周)왕조 시절부터 내려오던 '정전제(井田)를 폐지(废)하고, 천맥제(阡陌)를 실시하여(开) 경계를 삼는다(封疆)'라는 뜻인데 이게 어떤 의미를 갖는 조치인지 알면 깜짝 놀랄 것이다.

정전제(井田制)는 우물정(井) 모양으로 경지를 구획해서 주위 8개 경지에서 나오는 수확물은 개인이 갖고 가운데 경지에서 나오는 수학물을 국가에 바치는 이론적으로는 나름 괜찮은 제도이다. 그런데 원칙적으로 정전제에서 토지는 모두 국가 소유이다. 경작자에게는 이 땅의 사용권이 있을 뿐이다. 그런 점에서 오늘날 중국의 부동산 제도와 유사하다. 그럼 이 토지에서 8개 농민 가족이 농사를 지으며(사용권을 가지고) 잘 살았느냐 하면 그런 게 아니다. 원래 정전(井田)은 제후나 귀족들에게 주어졌던 경작지이다. 그러므로 정전제에서 토지의 사용권은 귀족(경·대부에서 군장교까지)에게 있었고 거기서 농사일을 하는 사람은 그저 농노들이었을 뿐이다. 평민들은 사용권을 행사하는 귀족들의 농사 도구나 노예와 같은 존재가 되었다. 당연히 이들이 경작한 만큼 가져가는 일은 있을 수 없다. 그래서 정전제를 '노예제에 기반한 토지국유제'라고 규정하기도 한다. 이런 제도하에서는 농업활동의 적극성이나 황무지 개간 같은 일은 생각할 수도 없다. 이러한 상황은 전국시대 모든 나라에서 마찬가지였다.

또 한 가지 정전제의 문제였던 것이 정전(井田) 밖의 범위는 국가의 관리를 벗어나 있었다. 농노를 거느리고 있는 지주(지방귀족)가 정전 밖의 땅을 개간해서(물론 농노를 부려서) 자기 땅이라고 하면 그 땅은 지주의 소유가 되었다. 그리고 거기서 나온 수확물에 국가는 어떠한 세금도 징수하지 않았다. 후에 가서는 정전(井田)보다 귀족 소유의 땅이 더 많아졌고 여기서 나오는 귀족들의 소득이 오히려 국가의 소득보다도 더 많아졌다. 결국은 지주의 세력이 커지고 중앙의 권한과 재정이 악화되는 상태가 된다.

정전제의 폐지는 기존의 토지 질서를 완전히 갈아 엎고 그 위에다가 새로운 질서를 세우는 조치였다. 상앙의 개혁하에서 평민들은 새로운 경작지를 개간했을 경우 그 소유권이 주어졌다. 천맥(阡陌)이라고 함은 정전 밖의 토지에 있어서 가로세로 구획을 나눈 밭고랑을 말하는데 '천맥(阡陌)으로 경계를 봉한다'고 했으니 "당신들이 경작하여 만든 땅은 천맥(阡陌)을 기준으로 당신들의 땅이오"라는 뜻이다. 그리고 여기서 나온 수확물에 따라 세금을 징수했다. 물론 기존에 지주가 가지고 있던 정전 외의 땅에도 세금을 징수하였다. 이로써 평민이 자신의 토지를 소유하는 방법에는 전쟁에서 적의 머리를 베어오는 것과 정전 밖의 땅을 개간해서 신고하는 방법이 생겼고 이렇게 하여 이들은 점점 자신들의 토지를 가진 자영농이 되어갔다.

상앙의 토지개혁은 평민들에게 '토지사유제'를 실시하여 적극적으로 농지를 개간하고자 하는 적극성을 부여할 뿐 아니라 지주(지방귀족)들의 땅에도 세금을 징수하는 일석이조의 목적이 있었고, 나아가서 지주들의 이권을 뺏어와 세력을 약화시키는 효과도 있었다.

분봉제 폐지

셋째로, 지방 행정 제도를 바꾸었다. 무릇 철저한 개혁을 하려고 하거나 새로 들이온 정부(왕조)는 동서고금을 마론하고 공통적으로 기존의 지방 행정 제도를 재정비한다. 이건 아주 큰 의미가 있는데 모든 이권이나 세력은 땅과 떼려야 뗄 수가 없기 때문이다. 구 세력의 힘을 빼고 새 정부의 힘을 강화하는 데는 기존 행정 관리 단위를 흔들어놓고 새 판을 짜는 것만큼 효과적인 게 없다.

상앙은 분봉제(分封制)를 폐지하고 현(县)제를 실시하였다. 분봉제는 귀족에게 땅을 봉하면서 그 지역을 다스릴 권한까지 주고 그것이 대대로 세습되는 제도인데 이걸 폐지하고 전국을 31개 현(县)으로 나눠서 중앙에서 파견된 현령으로 하여금 현을 관리토록 하였다. 이는 귀족들이 누리던 옛 질서가 하루아침에 붕괴되는 엄청난 조치였다. 분봉제 폐지는 정전제 폐지와 더불어 귀족들에게 경제적으로 예속되어 있던 노예를 해방시켜 이들로 하여금 자유경작을 할 수 있게 하는 혁명적인 조치였다. 중국의 기원전 역사에서 실시된 개혁 중 가장 혁명적이며 영향력이 큰 조치가 바로 이 분봉제를 뒤엎고 중앙 파견 체제를 구축한 것이라 할 수도 있다. 중앙과 지방의 권력을 하루아침에 뒤바꿔 놓는 이 행정제도는 지금의 눈으로 봤을 땐 당연한 제도같아 보이지만 당시로는 700년 동안 해오던 이 행정제도를 뒤바꾼다는 건 그야말로 하늘이 정한 틀을 흔드는 일이었다. 상앙의 '현제'는 뒤에 진시황에 의해 '군현제'로 업그레이드되어 전중국에 적용되는데 그 후 중국의 지방 행정제도는 2,200년 동안 큰 틀에서 변함없이 유지된다.

위의 세 가지 핵심 조치들을 보니 모두 귀족들에 예속되어 있던 인민들을 해방시켜 이들을 원동력으로 국가 경제력의 상승과 국방력의 증강을 도모한 것이다. 물론 오해하면 안 될 것이 상앙이 인민을 위해서 이런 개혁정책을 펼쳤느냐 하면 그건 절대 아니다. 그의 개혁은 하나서부터 열까지 '강병국가 건설'을 목적으로 하고 있다. 하지만 결과적으로 그의 개혁은 거의 노예상태에 있던 인민들에게 '사유경작'이라는 통로를 터주어 경제적 해방을 이끌었다. 그리고, 신분과 상관없이 공적과 실적에 의거하여 상승할 수 있는 사회적 통로를 열어 놓았다.

이를 보고 가만 있을 귀족들이 있었겠는가? 그렇지만 효공을 등에 업은 상앙의 개혁 드라이브와 철권정치에 귀족들은 더 이상 대놓고 반발을 하지 못했다. 그렇지만 이러한 일련의 귀족특권 없애기 정책으로 그는 귀족들과 철천지 원수지간이 된다. 이 밖에도 많은 개혁 조치들이 있는데 몇 개만 봐도 귀족들의 팔다리를 전부 잘라놓는 조치들이다. 그래서 상앙 자신도 나중에 귀족들에 의해 팔다리가 잘리는 거열형을 당한 것일까?

변법의 공(功)과 과(過)

모든 역사상의 개혁가들이 마찬가지지만 상앙만큼 어느 쪽에 서서 이야기하느냐에 따라 긍정과 부정이 극과 극을 달리는 경우는 흔치 않다. 그래서 나 또한 개인의 의견을 달기가 참으로 조심스러워진다. 시대에 따라서도 그에 대한 평가의 주류가 달라졌던 것 같다. 옛날에는 물론 유가 학파들에 의해 그는 진시황과 같은 부류로 묶여 좋은 평가를 받았을 리 없다. 그러나 20세기에 들어와서는 그의 혁신성과 개혁성 그리고 변법이 이룬 거대한 성과에 대해 경외의 눈으로 보았고 상앙은 '위대한 개혁가'로 중국인들의 가슴속에 자리 잡았다. 그런데 최근에는 그의 개혁이 '과연 누구를 위한 개혁이었나?'에 대해 의문을 품고 비판적인 시각으로 보는 글들이 많이 보인다.

개혁의 공(功)

상앙의 변법으로 진(秦)은 새로운 국가로 거듭났고 이들의 국력은 도약성 성장을 한다. 얼마 지나지 않아 진(秦)은 위(魏)와 전쟁을 벌여 과거 그들에게 빼앗긴 하서(河西)지역을 다시 빼앗아 왔고, 위(魏)는 진(秦)의 동진 위협에 눌려 수도를 옮기게 된다. 이 전쟁은 후에 다시 언급이 되지만 위(魏)를 쇠퇴의 길로 접어들게 한 결정적인 전쟁이었다. 진효공은 이러한 공을 높이 사서 그에게 상(商)이라는 지역을 상으로 주었는데 그 후로 사람들은 그를 상앙(商鞅)이라고 불렀다.

또한, 2차 변법 중에 진(秦)은 함양에 제(齐)와 노(鲁)의 수도와 동일한 크기의 성을 건설하도록 한 후 그곳으로 천도하였다. 효공의 아버지 시절에 위(魏)로부터 하서 지역을 빼앗기고 수도를 서쪽의 보잘것없는 곳으로 옮겼는데 이제는 관중평야 한가운데에 버젓하게 도읍을 만듦으로써 국가의 위엄을 세웠다. 그 후로 진은 더 이상의 천도 없이 멸망하는 날까지 함양을 수도로 한다.

상앙은 하·상·주, 춘추시대에 걸쳐 전해 내려오던 사회의 구 질서를 해체하였고 귀족의 특권을 부정하였다. 물론 그 목적과 취지는 국가 경쟁력 강화에 있었지만 결과적으로는 새로운 시대를 열었다. 상앙의 변법 중 후세 역사에 가장 큰 의미를 남긴 조치는 뭐니 뭐니 해도 토지의 사유화이다. 토지의 사유화로 자영농이 생겼고 토지의 매매가 가능해졌다.

진(秦)의 변법은 단지 군사력과 경제력에 걸친 개혁이 아니라 사회의 가치관과 질서를 다시 세운 전반적인 사회개혁이었다. 우리는 기원전 221년 중국을 최초로 통일한 시황제(영정)만 기억하고 있지만 사실 진

(秦)의 통일의 과업은 그보다 훨씬 전인 기원전 4세기 중반에 효공과 상앙에 의해 기반이 만들어졌다. 그리고 진시황이 통일을 한 후 전중국으로 실시한 정책들은 대부분이 상앙에 의해 진나라에서 이미 실시되고 있던 것들이었다. 다시 말하면 상앙이 없었으면 진의 통일은 실현되지 않았을 것이며 진의 통일이 없었다면 중국 역사는 완전히 다른 방향으로 흘러갔을 것이고 오늘날의 중국도 지금과는 완전히 다른 모습을 하고 있을 것이다. 이 점 때문에 중국인들은 아무리 상앙을 비난하더라도 결국에는 그의 공으로 과를 덮어줄 수밖에 없다.

개혁의 과(過)

상앙은 국가를 거대한 전투 조직화하였고 전 인민의 전사(戰士)화를 추구하였다. 그리고 이를 위하여 철혈정치와 공포정치를 펼쳤다. 그는 국가를 무슨 군대나 회사로 생각하였다. 사회의 다양성과 백성들의 행복추구는 완전히 무시되었고 모든 것을 전투력 증강에 다 쏟아부었다. 그에게 있어서 인민의 직업은 농민과 군인 두 부류밖에 없었고 나머지는 국가 경쟁력을 해치는 분야로 철저히 탄압하였다. 국가 경영과 기업 경영은 다르다. 기업은 이윤이라는 하나의 목표를 이루기 위해 존재하지만 국가는 목적을 이루기 위해 모인 집단이 아니다. 기업은 비슷한 학벌, 비슷한 경제력의 사람들이 모인 집단이지만 국가는 그렇지 않다. 상앙은 국가를 목표를 달성하는 조직으로 만들고자 했고 그에게 있어서 인민들은 기계의 부속품이었다. 그의 의도대로 되긴 했지만 이를 실현하기 위해서 그는 과도하다시피 한 신상필벌의 법질서를 추구해야 했다. 전공(戰功)을 세우면 상을 주지만 그리

중하지 않은 사안도 법을 어기면 목을 치고 허리를 자르는 공포스런 형벌을 적용했다. 그는 거열형(몸의 다섯 부분을 소나 말에 묶어 찢는 형벌)이라는 잔인한 형벌을 고안해 냈는데 이는 형벌을 받는 사람에게 고통을 주기 위함이 아니라 광장에 모여든 인민들에게 보여주기 위함이었다. 공포정치의 대표적인 방식이다.

한번은 개혁 초기에 태자(효공의 아들)가 법을 어겼다. 상앙은 '태자가 법을 어긴 건 그를 가르친 스승에 문제가 있다'고 하여 스승에게는 코를 베는 형벌을 내리고 교관에게는 얼굴에 인두로 낙인을 찍는 형벌을 내려 법에는 지위고하가 없다는 걸 온 나라에 보였다.

또한, '연좌제'라는 당시로는 듣도보도 못한 제도를 시행하였는데, 이는 열 개 집을 하나로 묶어 한 집에서 위법행위가 발견되면 나머지 아홉 집에서 이를 고발하거나 체포할 수 있고 만약 알고도 묵인하면 아홉 집에게 연좌로 죄를 묻는 무섭고도 비인간적인 제도였다. 물론 그 벌은 신체의 어디를 자른다든가 목을 친다든가 하는 무서운 형벌이었다. 상앙의 변법하에서는 웬만해선 전부 중벌을 받게 되어 있었다. 위의 예와 연좌제 실행은 상앙이 법 질서와 사회통제에 얼마나 큰 중요성을 두었는지를 알 수 있게 해 주는 한 단면이다. 당장은 무서운 형벌과 통제로 고효율 행정체계를 실현하긴 했지만 상앙의 이러한 형벌지상주의, 국가통제주의의 취약성과 부작용은 후에 이를 계승한 통일 제국 진(秦)이 15년 만에 붕괴되는 원인이 되기도 했다.

둘째로 상앙의 산업 정책은 농업에만 치중한 나머지 상공업은 철저히 배척했다. 상앙은 왜 굳이 상공업자들을 배척하고 탄압했을까? 그것은 농업과 군대에 과도하게 편향된 그의 사상 때문이다. 그는 상공업자들은 별 노동을 하지도 않으면서 이윤을 챙기는 집단이며 열심히 일하는 농민들과 군인들의 근무 의욕을 해치는 사회의 악이라 생각했다. 그래서 그는 상공업자들에게 여러 가지 제약을 가하였다. 상업을 멸시했으니 화폐 경제가 퇴보했고 진(秦)은 다시 물물교환 경제로 돌아갔다. 상앙은 또한 인민들의 이동의 자유를 제약하였는데 사람의 이동이 위축되니 상업이 활성화 될 리가 없었다. 고로 상앙의 변법은 진의 상품 경제에 큰 퇴보를 가져왔다. 상공업자를 핍박하는 정책은 후에 진시황 시기로 이어졌고 더 후에 한무제에게로 이어져 중국은 당왕조가 세워지기 전까지는 대체적으로 상공업이 억제되는 사회가 유지된다.

셋째로, 상앙의 변법하에서는 상공업자들만 탄압받은 게 아니었다. 그는 자신도 사인(士人) 출신이었지만 글만 읽고 말만 많은 지식인 그룹, 특히 유가의 지식인들을 싫어했다. 이들 또한 일터와 군영으로 내보내어졌고 그에 응하지 않으면 가차없이 잡아들였다. 앞서 소개한 1차 변법의 항목에 '유교 경전을 불태운다'가 있듯이 진시황의 '분서갱유'보다 150년 앞서서 '분서'가 행해졌다. 또한 오락과 문화 산업을 금지하여 진은 문화적으로 퇴보했고 아무런 사람 사는 맛이 안 나는 나라가 되어버렸다. 장예모 감독의 '영웅'이라는 영화는 통일 전 진왕 영정의 암살 에피소드를 소재로 하였는데 그 영상미를 높이 평가 받았다. '영웅'과 같이 진을 배경으로 하는 영화나 다큐멘터리를 보면 진 사회를 거의 예외 없이 마치 흑백 필름처럼 거무틱틱한 색채로 구현하는데 이는 다 위에 설명한 그런 이유 때문이다.

앞서서 전공의 보상에 대한 열망으로 진의 군인들은 기꺼이 전장에서 죽기를 각오하고 싸웠다고 했다. 그러나 전장의 성과제가 도가 지나친 경우도 있었다. 상앙은 소위 '자살 특공대'를 운영하였다. 자살 특공대로 선발 또는 자원한 자에게는 그의 가족에게 훨씬 더 큰 경제적·신분적 혜택이 주어졌고 가족이 작위가 세습되는 파격 대우를 해주었다. 그 대신 자살 특공대는 적진 한가운데로 파고들어가 5명 이상을 죽여야 하고 자신은 반드시 죽어야 했다. 살아 돌아오는 자는 참형당했다. 태평양 전쟁 때 일본의 가미카제가 이미 이때 실행되고 있었는데 이는 상앙이 얼마나 인간에 대한 존엄성을 하찮게 보고 그저 기계의 부속품이나 전투 기계로 보았는지를 보여주는 일면이다.

상앙의 변법은 지금 생각해 보면 '그 시대에 어떻게 그게 가능했을까?'라고 할 정도로 파격적이고 전면적이다. 필자 개인적인 관점으로는 중국 역사를 통틀어 10대(大) 사건을 꼽으라고 하면 진(秦)의 변법이 진행되던 약 20년간의 시기는 무조건 톱5 안에 들어간다. 어떻게 보면 시황제 영정의 천하통일보다 더 중요한 사건일 수 있다.

상앙은 진(秦)에서 20여 년 동안 열정을 바쳐 자신의 사상, 이념과 신념을 실현시켰고, 진효공은 국가 대개혁이라는 자신의 웅대한 정치적 목표를 이루었다. 상앙은 자신의 사상과 이론을 실현시킬 무대가 필요했고, 효공은 무대를 제공하는 대신 정치적, 역사적으로 길이 남을 과업을 달성하고자 하였다. 이를 위해서 정파에 휘둘리지 않고 남의 눈치를 보지 않으며 타협하지 않고 밀어붙일 수 있는 '이방인'이 필요했을 수 있다.

이방인의 최후

효공이 죽자 개혁을 사무치게 증오하던 귀족들이 바로 들고 일어났다. 그간은 효공이라는 강력한 개혁군주가 뒤를 봐주고 있었으니 어쩌지 못했지만 효공이 죽자 이들은 상앙을 역모죄로 몰아 체포하고자 했다. 개혁가가 정적들에 의해 역모죄로 체포되어 죽는 건 역사 속에서 숱하게 있어왔던 일이다.

그럼에도 불구하고 20년이나 전권을 위임받아 무소불위의 개혁 권력을 휘둘렀던 재상을 제거하는 건 쉬운 일은 아니었을 것이다. 이는 당시 국왕 혜문왕[60](효공의 아들)의 뜻과 사회의 분위기가 어느정도 받쳐주었기에 가능했던 일이다. 상앙의 변법만큼이나 그의 죽음도 시사하는 바가 크다. 혜문왕은 왜 귀족들의 주청을 받아들여 상앙을 죽였을까? 혜문왕이 아버지와 달리 반개혁적 인물이었냐 하면 그건 아니었다. 그는 아버지의 개혁 정신을 이어받아 상앙이 세팅해 놓은 정책들을 대부분 지속시켰다.

효공이 죽자 상앙이 하루아침에 역모죄를 쓰고 도망가는 신세가 된 이유와 배경은 이렇다. 당시 진나라 내에는 철혈 정치가 상왕의 인지도가 너무 컸다. 진나라 백성들에게는 '상왕의 법', '상왕의 말'만 있었지 국왕의 존재감이 드러나지 않았던 것이다. 이는 상앙이 저지른 매우 큰 잘못이자 그의 정치적 두뇌의 한계가 아닐 수 없다. 어찌 되었건 그는 피고용인이었다. 의도되었건 의도가 아니건 간에 피고용인이

---

60) 상앙의 변법으로 국력과 국가의 위상이 급속도로 성장하였고 효공의 아들 때부터 왕국을 선포한다.

고용인보다 위에 서는 순간 그 말로는 항상 동일하다. 더구나 타국 출신의 이방인이 아니었던가? 상앙은 자기 편을 만들면서 내부의 입지를 잘 다졌어야 했는데 이에 대해 소홀했던 것 같다. 또 하나는 상왕의 개혁에 인간적인 측면이 너무 없었던 것에도 그 이유를 찾을 수 있다. 그의 개혁은 20년 동안 엄격한 통제사회를 만들면서 민중들의 삶에서 '정(情)'이나 '인의(仁义)' 같은 가치를 빼앗아 갔다. 서로 통제하고 고발하는 사회로 만들었는데 이러한 일방적인 강요식 개혁에 대한 불만은 분명히 있었을 것이다. 민중들이 상앙을 자기들의 진정한 해방자로 생각하였을지는 한번 생각해 볼 만한 문제이다.

귀족들은 모반의 이유를 들어 혜문왕의 재가를 얻었고 상앙은 도망을 갈 수밖에 없었다. 상앙은 변경 근처까지 도망쳤고 근처의 한 여관에서 하루를 묵고자 했다. 그가 상앙인지 알 리가 없는 여관 주인은 그가 신분증을 지참하지 않은 것을 알고 관아에 고발한다. 그러면서 여관 주인은 상앙에게 "상앙의 법에 의하면 신분증을 지참하지 않은 사람을 여관에 묵게 하면 연좌의 죄를 묻게 되어있다"고 상앙의 법을 설명하였다고 한다. 이에 상앙은 "내가 제정한 법이 이렇게 나를 해하는구나!"라며 한탄했다고 한다. 상앙은 성내로 끌려와서 사지가 찢겨지는 거열형을 당했다. 이것도 상앙이 고안한 형벌이다. 실은 변경에서 저항하다가 죽었고 그 시신을 가져와서 거열형을 했다는 설도 있고 산 채로 거열형을 했다는 설도 있다. 때는 기원전 338년이었다.

상앙은 강한 법질서만으로 국가를 운영할 수 있다고 믿었던 것 같다. 아니, 강한 법질서만이 국가를 돌아가게 하는 유일한 시스템이라고 믿었던 것 같다. 다른 나라와 전쟁을 하는 전국시기에는 이 신념이 맞는 것 같아 보였다. 그러나 130년 후 전국시기가 끝나고 평화의 시대가 찾아오자 상앙이 심어놓은 치국의 원리는 너무나도 빨리 그 취약성을 드러내고 급속도로 무너져 내리게 된다.

9장

망명재상 범저(范雎)와 정복군주 소양왕

이제 기원전 3세기로 넘어와서 7국의 전쟁 국면이 어떻게 흘러갔는지 이야기해 보겠다. 전통 강호 위(魏)는 지난 세기 후반에 벌어진 제와 진과의 전투[61]에서의 패배를 계기로 내리막길을 걸어 이번 세기로 들어와서는 이미 더 이상 재기불능 상태까지 갔고 이제 강대국 중 남은 건 진(秦)을 제외하고는 초(楚)와 제(齐) 둘 뿐이다. 그래서 본 장에서는 이번 세기, 기원전 200년대 전반(前半)부에 걸쳐 초(楚)와 제(齐)가 진(秦)의 군사역량 앞에서 속된 말로 어떻게 '맛이 가는지'를 보게 될 것이다. 그리고 그 안에는 진(秦)의 또 한 명의 걸출한 국왕 소양왕(昭襄王)이 있었다는 걸 알게 될 것이다. 쉽게 말하자면 소양왕(昭襄王)이 반세기가 넘도록 제위하면서 전국시대의 모든 국가들을 그로기 상태로 만들어 놓았다. 사실 진의 천하통일에는 소양왕의 지분

61) 위나라는 기원전 344년 손빈(孙膑)이 이끄는 제나라 군대와 산동성 마릉(马陵)이라는 곳에서 붙었다가(마릉전투) 패한 후 이듬해에 진과의 전투에서도 패했는데, 이 두 전투를 계기로 국력이 급격히 쇠하기 시작한다. 마릉전투는 전국시대의 판도를 바꾸는 계기가 되는 전투이자 적이 공격했을 때 오히려 본진을 역공격하는 방식을 최초로 사용한 병법사에서도 매우 큰 의의를 가진 전투이다.

이 가장 크고 그의 증손자인 시황제(영정)는 마침표를 찍은 것이라 할 수 있다. 어떤 정책이나 과업은 그것이 결실을 맺거나 꽃이 핀 시기의 리더만 부각되는 경향이 있는데 사실은 세상의 모든 일이 앞선 세대가 이루어 놓은 것에 기반한다는 사실을 잊으면 안된다. 효공 때 추진한 변법의 주요한 축인 토지 사유제와 같은 것도 효공의 아버지 진헌공 때 추진했었다가 반발로 좌절되었던 정책이다.

소양왕(昭襄王)

진나라가 이룩한 통일의 과업은 크게 봤을 때 세 쌍의 걸출한 군주와 위대한 재상의 조합이 있었기에 가능했다. 전면적인 국가 개혁으로 국력을 획기적으로 증대시킨 진효공과 상앙(商鞅), 쉴 새 없는 전투와 외교전으로 6국을 그로기 상태로 만들어 놓은 진소양왕과 범저(范雎), 그리고 분열에 마침표를 찍고 제국의 기틀을 세운 진시황제와 이사(李斯)가 그 주인공들이다. 시간이 흐름에 따라 진의 국가 지위는 제후국, 왕국, 제국으로 상승하였는데 공교롭게도 이들 세 명 군주의 호칭은 공(公), 왕(王), 황제(皇帝)의 순으로서 진의 국가 지위의 변화를 보여주고 있다.

진은 앞서 언급된 '사대난정(四代乱政)'이라는 암흑시기를 종식하고 신효공의 아버지 진헌공(기원전 384 즉위) 때부터 진시황 즉위(기원전 246) 전까지 6명의 군주를[62] 거쳤는데 이 140년 동안 이들은 정치적

62) 즉위 3일 만에 죽은 진시황이 할아버지 진효문왕(秦孝文王)은 제외하였다.

안정을 유지하며 제법 괜찮은 자질의 군주들을 배출했다. 이는 진으로 하여금 상앙 사후에도 일관된 개혁을 지속할 수 있게 했으며 궁극적으로는 진이 통일의 과업을 달성할 수 있었던 가장 중요한 이유 중의 하나라고 볼 수 있다. 물론 중간중간에 왕위계승 문제가 있긴 했으나 정치적 혼란으로까지 번지지 않고 잘 마무리가 되었다. 무려 여섯 명의 걸출한 군주가 잇달아서 배출되는 건 세계사에서도 좀처럼 찾아보기 힘든 케이스이며 이 정도 되면 국운이 날개를 달고 하늘로 오르지 않을 수 없다. 팍스 로마나를 이루었던 로마의 오제, 당의 황금기를 이끌었던 당고조에서 당현종까지의 다섯 황제가 그런 케이스이다. 진이라는 나라를 이야기 함에 있어서 16년 짜리 통일 진제국에만 초점을 맞추는 경향이 있는데 사실 진은 춘추시대부터 수 백년을 존재해 왔던 나라이다. 이들은 성립 이래 끊임없이 팽창해 왔으며 기원전 4세기와 3세기에 걸친 개혁과 전성기를 거치면서 국력이 최고조에 이르게 된다. 그러므로 진이라는 나라를 연속성 있게 보는 것이 필요하다.

소양왕(昭襄王) 영직(嬴稷)은 반세기가 넘도록 제위하면서 전국시대의 모든 국가들을 그로기 상태로 만들어 놓은 사람이다. 그는 개혁군주 진효공의 손자이며 진혜문왕(惠文王)의 아들(서자)인데 어렸을 적에 연(燕)국에 인질로 보내져 청소년기를 타국에서 보냈다. 당시에는 전쟁에서 패배했을 시 화친의 표시로 왕의 아들을 인질로 보내는 경우가 많았는데 그렇다고 감옥에 갇혀 있거나 연금상태에 있었던 건 아니다. 남의 나라에 보내진 게 서러울 뿐이지 왕자로서의 예우와 대우는 해 주었다. 후에 나오는 진시황의 아버지도 조나라에 인질로 가 있던 왕자였다.

그러나 남의 나라에 인질로 보내는데 자기가 아끼거나 왕위를 이을 가능성 있는 아들을 보내진 않았을 것이다. 영직은 아버지의 첩실이 낳은 서자인 데다가 다른 나라에 인질 신세로 있고, 그가 열네 살 때 이미 이복 형이 왕위를 이었으니 자신은 아무런 가망이 없는 상태였다. 그런데 그에게 뜻하지 않은 행운이 찾아온다. 혜문왕의 뒤를 이은 이복 형 무왕(武王)이 황당한 일로 요절하는 일이 벌어진다. 아마 중국 역사상 가장 황당한 죽음을 맞이한 군주일 것이다. 그는 주(周)왕실에서 개최하는 용문적정(龙文赤鼎) 들기 대회에 참가해서 용문적정을 들다가 척추가 부러져 죽는다.

정(鼎)

정(鼎) 이란 건 하·상·주 시대에 제사를 지낼 때 쓰이던 청동으로 만든 제기이다. 여기에 향을 꽂고 절을 하는 것이다. 청동기 시대에는 청동이 거의 금과 같이 귀한 데다가 국가에 하나 있는 왕실의 물품이므로 정(鼎)은 국가의 최고 보배였다. 물론 무게 또한 엄청나다.

하(夏)왕조 초대 군주 우왕(禹王)은 중국을 9개 주(州)로 나눴다는 걸 기억하실 것이다. 각 주의 장을 주목(周牧)이라 불렀는데 우왕은 아홉 명의 주목으로 하여금 각 지역의 산천이 조각된 정(鼎)을 만들어서 하(夏)왕실로 바치도록 했다고 한다. 용문적정(龙文赤鼎)은 그중 하나인데 용이 새겨져 있고 붉은색이 도는 정(鼎)이란 뜻이다. 이 아홉 개의 정(九鼎)은 후에 소실되어 역사속으로 묻혔고 그저 전설이 되었다. 만약 그중 하나만 발견되더라도 중국 사학계가 발칵 뒤집힐 것이다.

현재까지 발견된 가장 크고 오래된 정은 하남성 안양에서 발견된 상왕조의 '후모무정(后母戊鼎)'인데 높이 133센티미터, 길이 110센티미터, 너비 79센티미터에 무게가 832.8킬로그램에 달한다. 지금은 베이징의 국가박물관에 진품이 전시되어 있다.

언제부터 시작한 건지는 모르겠으나 후에 주(周)나라 수도에서 이 용문적정(龙文赤鼎)을 맨 손으로 드는 대회가 정기적으로 열렸다. 그런데 이 주책없는 무왕(영직의 이복형)이 힘 자랑하러 참가했다가 정(鼎)이 손에서 미끄러지는 바람에 척추를 다쳐 다음 날 죽는 황당한 일이 벌어진다. 왕위 4년째인 스물세 살이었다.

그 뒤 복잡한 왕위 계승 내분과 암투 끝에 혜문왕의 첩실이자 영직의 친모 세력이 승기를 잡았고 진 조정은 연(燕)국에 인질로 가있는 19살 영직을 불러 국왕 자리를 잇게 하는 결정을 내린다. 이로써 영직의 어머니는 태후(선태후)가 되었고 무왕의 친모는 몇 년 후 죽임을 당했다. 그러므로 영직이 왕위에 오르게 되는 데는 그의 어머니 선태후(宣太后)와 그녀의 의붓 남동생, 즉 영직의 외숙부(위염魏冉)의 지분이 매우 컸다고 할 수 있다. 그래서 영직이 소양왕으로 등극 후에도 상당 기간 이들은 실질적인 권력을 손에 쥐고 있게 된다. 선태후의 본명은 미팔자(芈八子)이다. 또는 미월(芈月)이라고도 불렸다. 미(芈)성, 앞선 초왕국 탄생 스토리에서 들었던 초왕국의 왕실의 성이다. 그녀는 초왕국의 공주였으나 진으로 시집와 후비가 되었다. 이 선태후라는 여인은 중국 역사에서 조정에 치마 바람을 휘날린 최초의 정치적 여인이다. 중국에서 태후라는 호칭을 최초로 사용한 여인이다. 이전 역사에서 여인들의 활약이란 뒤에서 남자들을 유혹하여 조종하거나 영향을 가하는 정도였다면 진의 선태후는 실권을 장악하며 정치 전면에 나섰다. 그러므로 선태후와 위염 등 그녀의 친인척들의 집권은 이 책이 소개하는 최초의 외척 정치인 셈이다.

소양왕(昭襄王)은 기원전 306년에서 기원전 251년까지 무려 55년을 재위했다. 중국의 군주 중 긴 재위 기간으로 손꼽히는 사람이다. 군주가 확확 바뀌는 전국시대에 반세기가 넘는 재위 기간은 그 나라의 정치적 안정이 그만큼 장기간 유지되었으며 고로 왕권이 그만큼 강했고 또한 정책을 일관되게 추진할 수 있었다는 것을 뜻한다. 소양왕의 55년간의 재위 기간 동안 무려 서른 번의 출병이 있었고 출병한 전투는 모두 승리했다. 그는 전국시대의 각국을 벌벌 떨게 만들었으며 그의 재위 말엽에 가서는 이미 모든 국가들의 군대가 거의 궤멸된 상태였고 각 국가는 인공호흡기에 의존하여 생명을 부지하고 있는 중환자나 다름없는 상태에 이른다.

망명 재상 범저(范雎)와 원교근공(远交近攻) 전략

기원전 270년 어느 날, 진 소양왕 앞으로 위국에서 도망쳐온 범저(范雎)라는 사람이 소개된다. 범저(范雎)의 재능을 알아본 소양왕은 그를 객경(客卿)으로 기용한다. 수많은 전략가와 장수들이 내부의 암투와 모략에 휩싸여 어쩔 수 없이 고국을 등지고 자신을 알아주는 타국에서 뜻을 펼치는 경우가 많았기 때문에 객경은 춘추전국시대 모든 나라에서 보편화된 제도였다. 상앙(공손앙)도 객경에서 시작해서 재상까지 갔다. 이렇게 아주 자연스럽게 국가의 경계를 초월하여 인재를 기용하는 것만 봐도 춘추전국시대의 국가 개념은 현재와는 달리 매우 느슨하였다는 걸 알 수 있다. 당시 국가의 경계란 지배층의 개념일 뿐 민중들에게는 큰 의미가 없었을 것이다. 그렇지만 농민들은 웬만해선 이동을 하진 않는다. 진나라처럼 이동의 자유가 주어지지 않는 경우도 있었고 설령 이동이 가능하다고 해도 생산의 터전을 뜨고 이전하는 일은 동란이 발생하거나 큰 자연재해가 아니면 좀처럼 발생하지 않았다. 이런 관점에서 국경을 넘나들며 활약했던 사인 계층들은 전국시기 역사에서 아주 중요한 역할을 담당했다고 할 수 있다.

다시 범저의 이야기로 돌아와서, 그는 위국의 관리였는데 누명을 쓰고 죽을만치 고문을 당한 후 구사일생으로 빠져나와 진으로 도망온 사람이다. 앞서서 위국 출신의 객경들이 많이 소개되었는데 대표적인 인물이 오기와 상앙이다. 위국이 자기 나라에 있던 인재들만 잘 기용했어도 전국시대의 역사가 뒤바뀌었을 것이다.

소양왕이 범저를 기용한 건 재위 36년째였다. 그 후 4년 뒤 재위 40

년째 되던 해에(기원전 266년) 범저를 재상으로 임명한다. 범저가 진 정부를 위해 했던 가장 잘한 일은 소양왕으로 하여금 마음을 독하게 먹고 어머니를 비롯한 외척 세력을 축출하도록 간언한 일이다. 소양왕은 즉위 후 40년 동안이나 선태후와 외숙부 위염(魏冉)과의 불편한 동거를 이어왔는데 이때에 와서 어머니 선태후를 폐위시키고 위염을 재상에서 해임하였다. 외척세력을 완전히 몰아낸 것인데 여기에 범저의 조언이 주요하게 작용했다. 위염이 전장에서 종횡무진하면서 혁혁한 공을 세우긴 했지만 후기에 와서 그의 위세와 지분이 너무 커졌고 범저의 눈에 이는 퍼져가는 암과 같이 보였기 때문이다. 그래서 그는 이를 뒤바꾸지 못하면 진에게 미래가 없음을 소양왕에게 설파하였다.

또한, 위염은 범저와 대외 정책적으로도 부딪히게 되는데, 위염은 위와 한을 건너뛰어 저 멀리 있는 제나라를 공격하려고 했고 범저는 멀리 있는 제나 초와는 되도록 충돌을 피하고 진과 국경을 접하고 있는 나라들, 위, 조, 한은 무력으로 제압해야 한다고 주장했다. 그게 우리의 귀에도 익숙한 '원교근공(远交近攻)' 정책이다. 범저가 재상이 되자 원교근공이 대외 정책으로 받아들여지게 되고 이로써 위, 조, 한 삼진(三晋) 국가들에게는 악몽의 시간이 펼쳐진다.

장평전투(长平之战)

기원전 260년, 진의 대규모 병력이 조(赵)국의 상당(上党)이란 곳을 침공한다. 조나라도 전군을 투입해 방어를 하였고 염파(廉颇)라는 베태랑 노장으로 하여금 방어군을 이끌게 하였다. 염파는 장평관(长平关 오늘날 산시성 고평현高平县)에서 방어선을 치고는 공격하지 않고 지구전으로 갔다. 진군은 경험 많은 염파의 방어선을 뚫지 못하고 대치 상황이 3년 가까이 벌어졌고 시간이 흐를수록 먼 길을 달려온 진군에게 불리해졌다.

여기서 전세를 바꾼 건 범저의 유언비어 작전이었다. 범저는 첩자들을 두둑한 공작비와 함께 조나라 수도 한단으로 보냈고 이들은 '진군이 무서워하는 건 염파가 아니라 조괄이다'라는 유언비어를 퍼뜨렸다. 염파가 공격하지 않고 장기전을 펴는 것이 불만이었던 조나라 국왕은 이 유언비어를 듣고 흔들렸고 결국은 전투 중 장수를 교체하는 악수를 두게 된다. 염파를 불러들이고 조괄이라는 젊은 장수를 보낸 것이다. 고대 전투사를 보면 유언비어 전술이 먹히는 경우가 왕왕 있는데 실제로는 유언비어가 결정적인 이유는 아니었을 거라 생각한다. 뭔가 다른 사연이 있었을 뿐 아무리 옛날이라도 전장에서 한참 싸우고 있는 장수를 소문만으로 교체할 정도로 엉터리는 아니었을 것이다. 사실 조나라는 식량 보급 상황이 좋지 않았다. 장평전투 시기에 조나라에 대지진이 있었고 이의 영향으로 국가의 식량 생산에 타격을 입었다. 사료에 따르면 이 시기 조나라는 초와 제에 식량 원조를 구할 정도였다고 하니 조나라의 군대가 장평에서 3년을 끄는 지구전을 버티기는 어려웠을 것이다. 반면, 진의 군대는 먼길을 달려오긴 했으나 계속적인 식량 보급이 이루어졌다. 전투를 빨리 끝내고 싶어하는 조나라 국왕의 입장도 이해가 갈 뿐더러 장수를 교체하여 공격으로 전술을 바꾼 건 조나라의 어쩔 수 없는 선택이었을 수도 있다.

진군의 의도대로 조괄이 대장으로 부임했으니 조괄이라는 자는 능력이 없는 자가 분명하다. 조군의 대장이 조괄로 바뀌었다는 소식을 접한 진은 백전노장 백기를 사령관으로 급파한다. 여기서 끝장을 보자는 셈이었다. '내 사전에 방어란 없다'라는 식의 전투철학을 가지고 있던 조괄은 수성 작전을 버리고 적진으로 뚫고 들어가서 타격하는 전술을 썼다. 그러나 오히려 진군에 의해 보급로가 끊기고 포위되어 40여 일간 버티다가 항복하였다. 그리고 진군에 의한 무시무시한 살육이 자행된다. 진군은 조국의 포로 45만 명을 장평관 부근의 계곡으로 몰아넣고 계곡 위에서 돌을 굴려 이들을 산 채로 매장시켰다. 이때 단 240명만이 살아서 조나라로 돌아갔다고 한다(《사기·백기양전열전》).

돌을 굴려 45만 명을 생매장했다는 건 물론 과장된 얘기일 것이다. 또《사기·조세가(赵世家)》에 의하면 진군은 조군 포로들을 전부 참수하여 구덩이에 매장했다고 한다. 어찌 되었건 장평전투의 패배로 인하여 조(赵)국은 나라의 젊은이들을 전부 잃은 셈이 되었다. 국가가 무장 해제된 거나 다름없는 상태였고 더 이상 재기할 희망이 없어 보였다. 장평전투는 진으로 하여금 다른 여섯 나라에 압도적인 군사 우위를 점하고 향후 통일의 기반을 구축하게 한 전환점이 된 전투였다. 그로부터 60년 후 진시황에 의해 여섯 개 나라가 모두 멸망하였다.

1995년 4월, 산시성 까오핑현 링루촌(山西省高平县永录村)의 한 농부가 밭을 갈던 중 수많은 사람 뼈를 발견하였다. 그의 괭이에 걸린 물선에는 인골 뿐 아니라 다수의 도전(刀錢, 춘추전국 시기 사용되었던 칼 모양의 화폐)과 동으로 만들어진 화살촉도 있었다. 리씨는 곧장 까오핑시 문화국에 이를 신고하였고 그해 10월에서 12월 사이 전문가들이 파견되어 1차 발굴이 진행되었다. 이곳은 '장평전투 1호 인골갱'이라 불리는 곳인데 발굴을 해 보니 그곳은 남북으로 길게 난 800미터의 골짜기가 있던 자리였고 1호 인골갱은 그 남단에 위치해 있었다. 여기서 다수의 다양한 연령의 남성 인골과(30대가 다수) 화살촉, 청동 버클, 칼 등이 발견되었고 고증 결과 2,200년 전 장평전투에서 희생된 조나라 군사들임이 밝혀졌다. 어떤 인골은 머리가 없었고 어떤 인골은 흉부에 화살촉이 박혀 있었고 어떤 인골은 상반신만 있고 하반신이 없는 걸로 봐서 이들은 전해지는 이야기와는 달리 대부분 죽은 후에 묻혔던 걸로 판명되었다. 까오핑현에서는 이런 크고 작은 인골갱들이 더 발굴되었고 2020년 7월에도 옥수수밭에서 또 하나 발굴이 되어 보도가 되었다.

장평전투 유적지 1호 인골갱

2년 뒤 진은 조나라의 수도 한단(하북성 한단)을 공격하였다. 조나라는 필사적으로 항전하면서 위와 초에 원군을 요청했다. 당시는 이미 진이 너무 커져버렸고 진을 제외한 여섯 개 나라들은 진을 견제하기 위해 이리저리 합종연횡을 하던 때이다. 위와 초가 이에 응해 원군을 보냈으나 이를 알게 된 진이 위의 국왕에게 사신을 보내어 '어느 나라든 원군을 보내면 바로 병력을 그곳으로 돌리겠다'라는 경고문을 보냈다. 그러자, 위왕은 진격하던 지원군의 행군을 멈추게 하고 중간에 주둔시키는 결정을 내렸고 이렇게 조나라는 멸망의 위기에 놓이게 되었다. 그런데 이때 위 국왕의 이복동생 신릉군(信陵君)이 군을 탈취하는 사건이 벌어졌고 그는 한단으로 진격하여 조를 도와 진군을 무찔렀다. 이로써 조는 수명을 조금 연장하게 되었고 위는 물론 이에 대한 대가를 치르게 된다. 진은 이 전투의 패배로 소양왕의 손자 중 하나인 영이인(嬴异人)을 인질로 조(赵)국으로 보냈는데 이 사람의 아들이 후에 통일 진제국의 시황제가 되는 영정(嬴政)이다.

10장
황제의 탄생: 영정(嬴政)

소양왕(昭襄王)은 기원전 251년에 일흔네 살의 나이로 세상을 떴다. 그리고 4년 뒤인 기원전 247년에 영정(嬴政, 후에 진시황이 됨)이 왕위를 잇는다. 맘 같아선 이제 춘추전국이란 긴 전쟁시기를 빨리 끝내고 통일 제국의 이야기로 바로 가고 싶지만 나는 4년이라는 이 짧은 시간을 이야기하기 위해 또 한 장(章)을 할애할 수밖에 없다.

우리가 이야기하는 역사의 길이에 비해 4년이라는 시간은 마치 먼지와도 같아서 무시해도 전혀 이상할 게 없는 시간이지만 지금부터 이야기하고자 하는 4년은 그렇지 않다. 그것은 중국 역사에 가장 큰 영향을 미친 한 황제의 탄생에 얽힌 이야기이기 때문이다.

킹메이커

소양왕은 장수한 왕이다. 2,270년 전에 일흔네 살이면 오늘날 백 살

가까이 산 셈이다. 그래서 태자 영주(嬴柱)는 중년이 되었고 심지어는 손자까지 있었지만 늦도록 왕이 되지 못했다. 그뿐 아니라 아버지 소양왕이 장수한 덕분에 자신은 단 3일밖에 보좌에 오르지 못하고 죽는 아주 운이 없는 왕이었다. 나이든 태자 영주(진효문왕)에게는 아들이 20명이 넘게 있었다. 즉, 부인이 여럿이었다는 뜻이다. 왕이 되지 못한 답답함을 여려 명의 부인으로 보상받으려 했던 모양이다. 그중 가장 총애받지 못하던 후궁(妃)에게서 낳은 아들이 영이인(嬴异人), 즉 영정(嬴政)의 아버지이다. 영정이 기원전 259년에 태어났으니 그가 여덟 살이 될 때까지 증조할아버지 소양왕이 왕좌에 있었던 것이다.

소양왕 다음으로 아들, 손자, 증손자 이렇게나 왕이 될 대기자들이 많은데 소양왕 사후 4년 만에 아들과 손자 시대를 압축하고 증손자 영정이 왕이 되었다? 뭔가가 상당히 비정상적이고 특수한 정황이 있을 것 같은 냄새가 난다. 3일 동안 왕을 하다가 저세상으로 간 효문왕(영주)의 뒤를 이은 사람은 20명이 넘는 아들 중에 가장 보잘것없이 조(赵)국에 인질로 보내져 있던 서출 영이인이었다. 결과만 놓고 보면 이해할 수 없는 왕위 계승이었는데 이 모든 것의 배후에는 여불위(吕不韦)라는 역사상 최고의 킹메이커가 있었다.

영정의 아버지 영이인은 어떤 사람이었을까? 근데 영이인을 얘기하기 전에 영정의 할아버지인 영주를 먼저 이야기해야겠다. 영주는 소양왕의 둘째 아들이었지만 첫째 아들이 전사하면서 그가 태자가 되었다. 영주의 많은 후궁 중 그의 총애를 받는 여인이 있었는데 후에 정실부인이 되면서 그녀에게 '화양부인(华阳夫人)' 이라는 칭호가 주어졌다. 그런데 화양부인에게는 자식이 없었다. 한편 후궁 중에는 전혀 총애받지 못하고 존재감 없이 지내는 하희(夏姬)와 같은 이도 있었다. 비록 그녀는 아들을 하나 낳긴 했지만 영주(嬴柱)에게는 아들이 20명도 넘었는지라 총애받지 못하는 후궁에게서 나온 아들 영이인은 전혀 안중에도 없었다. 급기야 영이인은 조(赵)의 수도 한단에 인질로 보내진다. 당시는 조(赵)가 진(秦)의 집중포화를 맞고 있던 시기였으므로 조나라 정부의 영이인에 대한 대접이 좋았을 리가 없다. 더군다나 소양왕의 서출 손자가 아닌가. 이렇게 남의 나라에서 궁핍하고 처량한 생활을 하고 있는 영이인에게 여불위가 나타난다.

여불위는 위(卫)국 출신의 사업가이다. 각지를 돌며 돈이 될 만한 사업 아이템을 찾아다니고 괜찮은 게 눈에 띄면 투자를 하여 나중에 이익을 남기는 그런 일을 하는 사람이었다. 사업차 조(赵)국의 수도 한단(오늘날 허베이성 한단시)으로 온 여불위는 낮에는 사업 아이템을 물색하고 밤에는 청루에서 사업 파트너들과 술을 마셨다. 이때 그는 영이인이 인질로 와 있다는 소식을 접하였고 이 사업가의 눈에 영이인의 '어마어마한 투자 가치'가 들어왔다. 그는 자신의 정보망을 가동시켜 영이인의 가족관계, 궁내 입지와 진나라의 정치 상황 등을 면밀히 조사하였다. 그리고 영이인에게 접근하였다. 말과 마차의 유지비 등 귀족으로서 최소한의 생활을 영위할 비용조차 끊긴 영이인에게 여불위의 등장은 뜻하지 않은 행운이었다. 여불위는 영이인의 경제적인 후원자가 되면서 이 둘은 친해졌고 그는 영이인에게 아낌없는 투자를 하였다. 심지어 여불위는 자기의 애첩 조희(赵姬)를 영이인에게 주었다[63]. 조희는 영이인의 아들(실은 여불위의 아들)을 임신하고 기원전 259년에 출산하였는데 이 아이가 훗날 전국을 통일하는 시황제 영정이다. 그러던 어느 날 여불위는 영이인에게 자신의 킹메이킹 플랜을 털어놓는다.

여불위는 왕이 될 가능성이 하나도 없어 보이는 영이인의 무슨 가치와 어떤 가능성을 본 것이었을까? 이 사람의 머릿속에는 어떤 그림이 그려져 있었을까? 핵심은 화양부인에게는 자식이 없다는 것과 영이인의 모친 하희(夏姬)가 궁내에서 영향력도 세력도 야망도 없는 후궁이라는 점이다. 화양부인이 자식이 없으니 어찌 되었건 누군가는 태자로 지명되고 왕이 될 텐데 그렇게 되면 새로운 왕의 친모와 분명히 부딪힐 것이다. 만약 남편이라도 죽고 떠나는 날에는 화양부인과 그 외척 세력들은 전부 패가망신하게 되어 있었다. 실제로 영주는 지병이 있어서 그리 오래 살 것 같아 보이지 않았다(결국은 즉위 3일 만에 사망). 여불위는 화양부인 세력에게는 이러한 우환이 있다는 점을 그 가능성으로 보았다.

그리하여 여불위의 전방위적 로비가 진행된다. 먼저 화양부인의 동생들에게 접근하여 이러한 문제점을 이야기하였다. 이들은 미처 생각지 못했던 자신들의 미래에 눈이 번쩍 뜨이게 되었고 여불위에게 의지하게 된다. 이때 여불위는 사업가로서 쌓아놓은 인맥과 자금력을 아낌없이 풀어 이들을 자기편으로 끌어들였다. 결국 동생들의 주선으로

63) 조희는 여불위와 한단에서 동거를 하던 사이였는데 여불위의 아이를 임신하게 되었고 임신 사실을 여불위에게 알린다. 임신 사실을 알게 된 후 얼마 안 되어 영이인과의 술자리에서 그가 조희에게 마음이 있는 걸 알아차린 여불위는 조희를 영이인에게 준다. 그러니 배 속에 있던 아이(영정)는 실은 여불위의 아들이었던 것이다.

화양부인과 여불위 간에 밀담이 이루어졌고 화양부인이 여불위의 플랜에 동의하였다. 당시 진 왕실의 관례상 태자 지명에 있어 왕후(당시 그녀는 태자비였다)에게도 상당한 영향력이 주어졌다. 화양부인은 적극적으로 남편 영주를 설득하여 가장 영향력 없고 야심도 없는 하희(夏姬)의 아들을 태자로 민다.

이렇게 해서 영이인이 태자로 내정되었고 여불위는 자신의 자금과 인맥을 총동원하여 영이인을 조(赵)국에서 탈출시키는 데 성공한다. 자, 이제 영이인이 왕이 되는 데 있어서 여불위가 얼마나 큰 지분을 가지고 있는지 모두들 아셨으리라 생각된다. 이때는 아직 안국군(安国君, 영주가 왕이 되기 전 칭호)이 왕위에 오르기 전이다. 안국군은 건강이 좋지 않았고 그래서 그가 아직 즉위하기도 전에 그 다음 태자를 책봉하고 있었던 것이다.

기원전 251년에 드디어 진소양왕이 죽고 아들 영주가 즉위하여 진효문왕(孝文王)이 되었다. 그런데 효문왕이 아버지의 1년 상을 끝내고 정식으로 즉위한 지 3일 만에 죽는 일이 벌어진다. 그래서 태자로 내정되어 있던 영이인이 바로 즉위하여 진장양왕(庄襄王)이 되었고 여불위는 승상에 임명되어 중앙정치의 무대로 화려하게 등장한다(기원전 249). 그에게는 문신후(文信侯)라는 작위가 주어졌고 낙양의 10만 호가[64] 그의 식읍으로 봉해졌다. 모든 게 그의 플랜대로 진행되고 있었다.

더 이상한 일은 장양왕도 즉위 3년 만에 세상을 뜬 것이다. 당시 나이 35살이었는데 그의 죽음에 여불위가 관여되어 있었을 거라는 합

64) 기원전 249년에 주왕국이 진에 의해 멸망한다.

리적 의심이 가능하다. 그리하여 기원전 247년 열세 살의 소년 영정(嬴政)이 국왕에 즉위한다. 여불위는 상국(相国)이라는 일인지하 만인지상의 거대 권신이 되었고 어린 영정의 중부(仲父, 숙부와 같은 개념) 자격으로서 섭정을 하였다. 이렇게 진(秦) 조정은 여불위의 수중에 들어갔다.

또 한 명의 사업가 출신 재상

'여불위'는 우리들에게 어떤 이미지로 남아있을까? 대부분의 사람들에게 여불위는 돈과 인맥, 계략을 이용하여 정치 무대로 들어온 후 영이인, 영정과의 특수한 관계에 기대어 홀로 조정 대권을 주물렀던 상인 출신의 '간상(奸相)'으로 알려져 있다. 여기에 더하여 자신의 옛 여인이자 영정의 모친인 조희와 계속 사통을 하였던 사실, 자신의 재산을 엄청나게 불렸던 사실도 알고 있다. 그러니 이 사람에 대한 이미지가 중국의 역사를 조금이라도 알고 있는 대다수의 사람들에게(한국인 중국인 모두에게) 좋을 리가 없다.

여불위는 과연 간상(奸相)일까? 여불위는 중국 역사상 관중의 뒤를 이은 두 번째 사업가 출신 재상이다. 관중이 성공한 이유는 일을 정치적으로 접근하지 않고 있는 그대로 분석하고 사업적으로 접근했기 때문이다. 여불위는 관중처럼 전면적인 개혁을 추진하진 않았지만 그는 지금 이 나라에 필요한 게 무엇이고 앞으로 필요한 게 무엇인지를 정확하게 내다보았고 그에 대한 준비와 투자를 아끼지 않았던 사람이다.

인재 공급

여불위가 재상이 되기 전 각국은 이미 경쟁적으로 양사, 즉 싱크탱크를 양성하고 있었다. 각지의 지식인들은 자신이 투신할 나라를 선택할 때 무얼 보겠는가? 이들은 그 나라 양사 집단의 리더를 보았다. '사공자'라고 불리던 진보적 성향의 네 왕자들, 즉 위국의 신릉군(信陵君), 초국의 춘신군(春申君), 조국의 평원군(平原君), 제국의 맹상군(孟嘗君)의 높은 인지도와 명성에 끌려 수많은 현자들이 몰려들었고 이들 네 나라는 거대 싱크탱크 집단을 운영하고 있었다. 여불위가 재상이 되고 보니 진은 군사력은 강대하지만 지식인층이 빈약했다. 그도 그럴 것이 상앙의 변법 이후 사인(士人)들이 탄압받아 진에서는 더 이상 젊은 지식인들이 모여들지 않았기 때문이다. 여불위는 지식인을 진으로 끌어들이지 않으면 미래가 없다고 생각했다. 그는 다른 나라보다 훨씬 후한 대우를 제공함으로써 각지의 문인과 학사들을 적극적으로 유치하였다. 그의 인재 유치 방식 역시 사업가스러웠다. 고상한 방법은 아닐 수 있으나 높은 보수와 처우를 제공하는 것만큼 현실적이고 효과적인 게 어디 있겠는가? 그리고 상인 출신답게 그는 능력 외의 다른 것들을 따지지 않는 실리주의적 입장을 견지하였다. 그리하여 오래지 않아 그의 문하에 식객이 3,000명에 달했다. 여불위가 진(秦)에 기여한 일 중 첫 번째는 국가에 많은 인재를 공급했다는 것이다. 후에 나오는 진시황을 도와 통일 제국을 건설하는 데 핵심 역할을 한 이사(李斯)도 그가 식객 중에서 발탁하여 영정에게 천거한 인물이다.

동주(东周)의 멸망

천도 후 500년이 넘게 지난 주왕국의 천자는 실질적으로는 아무 힘도 없고 의미도 없었지만 쉽게 쳐들어가 멸망시킬 수 없는 존재였다. 왜냐하면 그래도 아직은 상징적 의미가 있었고 자칫 잘못하면 가뜩이나 호의적이지 않은 천하의 여론이 진에게 더욱 불리해 질 수 있기 때문이다. 고로 주(周)는 진이 6국과의 전쟁을 하기 전에 넘어야 할 산이자 껄끄러운 존재였는데 이를 해결한 이가 바로 여불위였다.

기원전 249년 주의 천자는 제후국들을 부추겨서 서로 연맹하도록 한 후 진을 공격하고자 했다. 그러나 이들의 플랜은 누설되었고 여불위는 드디어 주를 칠 수 있는 좋은 기회가 왔다고 생각하고 낙양을 향해 군대를 출병시킨다. 가만히 있었으면 그래도 몇십 년을 더 존속했을 텐데 괜한 짓을 하여 수명을 앞당겼다. 진의 군대는 가뿐하게 주을 점령하였다. 그러나 여불위는 주의 영토만 점령했을 뿐 천자와 종묘 사직을 건들지 않고 이들의 작위도 그대로 놔두었다. 이 사실이 전 중국에 퍼지면서 각 지의 여론이 진(秦)에게 우호적으로 변했고 제후들도 '설령 자신들이 점령당하더라도 자신을 해하지는 않을 수도 있겠구나'라는 생각을 품게 되었다.

여불위는 주왕국 점령 후에도 많은 군사적인 성과를 거두었다. 그의 재위 시기 위(魏)의 신릉군이 이끄는 5국 연합군에게 한 번 패한 것을 제외하고는 모든 전투에서 승리하였다. 당시 위나라 신릉군의 명성은 대단하였고 나머지 나라들이 그를 중심으로 연합하는 형세였다. 여불위는 신릉군을 제거하지 않으면 어렵다고 판단하고 위나라 내부 정치 분열을 유도하여 결국 신릉군을 제거하는 데 성공한다.

여씨춘추(呂氏春秋)

여불위가 역사에 남긴 유산 중 하이라이트는 뭐니 뭐니 해도 《여씨춘추(呂氏春秋)》이다. 사실 이 이야기를 하려고 여지껏 설을 풀었다고 해도 과언이 아니다. 《여씨춘추(呂氏春秋)》라……. 어디서 들어보긴 했지만 무슨 책인지, 언제 지어진 건지, 여씨가 누구를 말하는 건지를 아는 분이 많지는 않을 거라 생각된다. 여불위는 상앙이나 범저와는 결을 상당히 달리했던 재상이었다. 앞선 이들은 법가를 신봉했던 재상들이다. 반면 여불위는 사업가 출신이다. 비즈니스를 하는 사람은 어떤 사상이나 이념, 신앙에 구애받지 않는다. 여불위는 목적을 달성하기 위해선 실리적이고 유연하며 포용적인 자세를 견지하였다.

《여씨춘추》는 여불위가 자신이 운영하는 식객들을 동원하여 만든 잡학 사상서이다. 진은 상앙의 변법 이래로 완전한 법가사상 기반의 나라가 되었고 그것이 이어져 내려왔다. 그런데 여불위가 야심차게 편찬한 《여씨춘추》는 뜻밖에도 도가를 중심 사상으로 하고 있다. 총 26권, 160편, 20여 만자에 해당하는 이 거작은 도가를 중심 사상으로 하고 유가, 법가, 묵가, 병가, 음양설 등 세상의 모든 사상에서 좋은 점만 취하여 만든 차세대 치국 이념서였다. 그래서 이를 잡가 사상서라고도 한다. 그는 먼저 자신의 식객들에게 주제와 형식에 구애받지 말고 모든 사상의 핵심을 정리해 보라고 했다. 역시나 그렇게 하여 나온 결과물은 중구난방이었다. 이를 다시 엄선된 인재들을 시켜 재정리하고 형식을 통일시켜 탄생한 것이 《여씨춘추》이다.

여불위가 10년에 걸쳐서 만든 《여씨춘추》는 두 가지 측면에서 공격과 폄하를 받을 가능성이 있어보인다. 하나는 이 잡가 사상서 프로젝트를 추진한 목적의 순수성이 의심받을 수 있다. 상인 출신의 여불위는 자신이 직접 뭔가를 저술할 만한 지식은 없었지만 후세에 자신의 이름을 남기고 싶은 욕심은 있었을 것이다. 그는 자신의 재력과 권력을 이용하여 모은 지식인 그룹으로 하여금 역사에 길이 남을 작품을 편찬하도록 함으로써 자신의 이름을 후세에 남기겠다고 생각했을 수 있다. 그래서 자신의 성씨를 제목에 드러낸 것이다. 또 한 가지는 자신의 독특한 사상이 아니라 여러 사상 중 좋은 점만 취하여 정리한 잡학사전 식의 저서라는 점 때문에 박한 점수를 받을 것 같기도 하다.

그러나 한편으로는 여불위가 통일 후 진나라가 진짜로 필요한 게 무엇인가를 내다보았고 이를 위해 세상의 모든 진리를 종합하고 융합한 치국의 가이드를 만들고자 했었다는 시각도 있다. 여불위 재위 시기는 진이 천하통일을 눈앞에 두고 있던 시기였다. 여불위는 의외로 사람들의 인문학적 재능을 중요시하는 사람이었다. 그의 눈에 진에게 필요한 건 용감한 장군도 아니고 영민한 모략가도 아니었다. 군사력도 아니고 경제력도 아니었다. 혹시 그는 법가사상 일변도의 국가 운영이 통일 후에는 벽에 부딪힐 거라는 것을 예견했던 것일까? 당시의 20여만 자 분량이면 실로 엄청난 지식과 정보가 그 안에 들어있는 것이다. 우리가 잘 아는 '각주구검'의 고사도 《여씨춘추》에서 나온 이야기이다. 그는 서문에서 이렇게 말했다.

이 12기(記)는 안정과 혼란, 존재와 멸망을 기록하였고 장수와 요절, 길함과 흉함을 기록하였다. 위로는 하늘의 도리에 부합하는지를 따져보았고 아래로는 땅의 원리를 깨달았으며 가운데로는 사람의 마음을 연구하였다(사람에게 적용하는 데 있어서 효과가 있을지를 따져보았다). 그리하여 이것이 맞는 건지, 실행할 수 있는 건지에 대해 매우 명확해졌다.

여불위는 이 책이 천지만물, 고금과 미래의 일들을 모두 포함했다고 믿고 있었다. 《여씨춘추》가 완성되고 여불위는 이의 필사본을 만들어 도성 성문에 걸어놓게 한 후 '여기에 한 글자라도 첨언을 하거나 수정을 하는 자에게는 황금 10냥을 주겠다'고 공고를 붙였다. 각지의 사람들이 구름 떼같이 몰려들었고 지식 좀 있다고 하는 사람들은 저마다 수정과 첨언을 하려고 시도하였는데 실제로 상을 받은 사람이 있었는지는 모르겠다. 사실 이는 《여씨춘추》를 홍보하기 위한 여불위의 기가 막힌 '노이즈 마케팅'이었다. 《여씨춘추》 편찬 목적의 순수성에 상관없이 결과적으로 그는 문화 사업상으로 분명히 큰일을 하였다. 여불위는 물론 양심, 고결함 같은 가치와는 거리가 먼 사람이다. 그러나 정치인 여불위로서의 평가는 달라질 수 있다. 그가 한 일들을 보면 그가 재상으로서의 직무에 충실하지 않았다고 볼 수 없다. 오히려 실리적인 마인드와 긴 안목을 갖춘 정치인이라 평할 만하며 진시황의 통일에도 분명 일정 부분 공헌한 바가 있다.

영정(嬴政: 기원전 259~기원전 210)

여불위는 투자 수익률 무한대의 베팅에 성공을 했다. 2,200년도 더 전에 이런 안목, 정치적 두뇌와 섭외 능력을 가지고 있는 사람이 있었다는 게 믿겨지지 않는다. 그러나 그는 영이인의 아들(실은 자신의 아들)이 어떠한 사람일지까지는 알 수가 없었다.

영이인이 조나라에 있을 때 여불위는 자기의 애첩 조희(赵姬)를 그에게 주었지만 조희는 이미 여불위의 아이를 임신하고 있었고 이 아이가 영정이라는 설은 이제 거의 정설로 간주되고 있다. 여불위의 사업가로서의 감각과 냉정함, 정치적 두뇌의 DNA는 고스란히 영정에게 전해졌다.

수단과 방법을 가리지 않는 전방위적 로비 결과로 그는 정치권의 최고 자리까지 올랐고 그와 한편이 되어 일을 도모했던 이들은 전부 권력과 부를 누리게 되었다. 그러나, 이는 곧 조정 내에 문란한 막장드라마 식의 정치투쟁를 불러일으켰다. 재상 여불위는 진왕 영정의 아버지이자 스승 역할을 하며 국정을 농단하고 있었고 동시에 태후 조희와 사통했다. 그런데 영정이 이를 몰랐을 리가 없다. 단지 평생 모른 척하고 있었을 뿐 자신이 여불위의 아들이라는 것도 알고 있었을 거라고 한다. 영정은 영리한 소년이었다. 야심을 드러내지 않고 자신의 실력을 쌓으며 언젠가는 국정 농단자들을 처단하고 왕권을 바로잡겠다는 결심을 하였다.

태후 조희와 사통하던 여불위는 영정이 점점 성장하면서 조희를 멀리하기 시작하였다. 자기와 조희와의 관계를 영정이 알게 되면 좋지 않을 것이기 때문이다. 그리고 조희의 생리적 욕구를 만족시켜주기 위해 로애(嫪毐)라는 식객으로 하여금 가짜로 환관 의식을 치르게 한 후 수염과 눈썹을 밀어서 조희를 시중드는 환관으로 보냈다. 이런 걸 보면 여불위가 얼마나 냉정하고 치밀한 사람인지를 알 수 있다. 이리하여 조희는 로애와 관계를 맺게 되었고 두 명의 사생아(私生儿)까지 낳았다. 태후를 등에 업고 갑자기 권력이 생긴 로애는 여기저기 뇌물을 받고 이권을 착복하여 그 재산과 세력이 진나라에서 여불위 다음으로 커지게 되었다. 그는 자기가 태후의 남편이나 다름없으니 영정의 아버지라고 떠들고 다니기도 했다고 했다.

이와 같은 진 조정의 막장드라마 상황은 여불위의 킹메이킹 프로젝트로 인한 필연적인 부작용이라 할 수 있겠다. 자기를 도와 일을 도모한 사람들을 꽂다 보니 왕실과 조정이 한마디로 '개판'이 돼 가고 있었던 것이다. 청소년기를 지나 청년으로 되어가고 있는 영정은 이런 상황에 치를 떨고 있었으며 이들을 뼈저리게 증오했다. 물론 때를 기다려야 했다.

기원전 238년, 영정이 21세 되는 해에 용정이라는 진의 옛 도읍에서 진왕 영정의 성년 대관식이 거행되었다. 그 성년식은 그간 품고 있었던 여불위 세력과의 전쟁 선포식과 같았다. 그 후 얼마 지나지 않아 영정은 로애(嫪毐), 조희(赵姬), 여불위(吕不韦)를 모두 처단한다. 이들 모두 영정을 너무 과소평가 했다. 로애는 왕과 태후의 옥새를 훔친 후 자기의 사군을 동원하여 반란을 시도했다. 그러나 그것은 영정이 파놓은 함정이었다. 로애의 병사가 들이닥치는 곳마다 군대가 매복하고 있었고 결국 반란군은 모두 체포되었다. 로애는 진나라의 법에 따라 사지가 찢겨지는 거열형을 당했다. 조희의 두 사생아는 바닥에 내동댕이쳐져서 죽음을 맞이하였고 어머니 조희는 용정성 밖의 공양궁이라는 곳에서 죽을 때까지 연금되었다.

여불위는 해임되어 저 멀리 파촉(쓰촨성)으로 귀양을 떠났다. 여불위는 순수하거나 정의로운 것과는 거리가 멀지만 정황을 냉철하게 파악할 줄 아는 사람이었다. 그는 자신이 이미 회복 불가능하다는 것을 깨닫고는 독을 마셔 자결한다.

이렇게 해서 21세의 진왕 영정은 여불위의 지분을 모두 청산하고 이사(李斯)와 같은 새로운 인물들로 조정을 싸그리 갈아엎는다. 이사(李斯)는 지금으로 말하자면 '제왕학'을 전공한 정치가이다. 영정은 제왕학의 권위자들을 초청하여 이들의 사상을 받아들였고, 새롭게 구성된 각료들과 전국통일의 대업을 진행하였다.

기원전 230년에서 기원전 221년 사이에 6국은 진(秦)에게 전부 항복하였다. 기원전 221년, 진의 영정이 39세 되던 해에 통일의 대업이 완성되었고 길고 긴 춘추전국 시대는 막을 내렸다.

영정의 여인들

시황제(始皇帝)란 '시작하다(始)'와 '황제(皇帝)'가 합쳐진 단어로 '최초의 황제'란 뜻이다. 영정은 통일된 중국을 '제국'이라 칭하며 군주의 명칭을 왕에서 '황제'로 바꾸었다. 그러므로 그가 중국 역사상 최초의 황제임에는 반론의 여지가 없다. 그러면 그의 정실 부인은 중국 역사상의 최초의 황후일까? 이치적으로는 그렇게 되는 게 마땅하나 실은 그렇지 않다. 진시황제 영정은 황후를 책봉하지 않았다. 더 이상한 것은 진2세 영호해도 황후를 책봉하지 않았다는 것이다. 중국의 초대 통일 제국에 황후가 없었으니 공식적인 '최초의 황후' 타이틀은 서한의 개국 황제 유방의 아내인 여치(여태후)에게로 갔다. 그렇다고 영정이 아내가 없었던 것은 아니다. 그는 슬하에 22명의 자식이 있었으니 그의 아내는 한두 명이 아니었을 것이다. 사마천이라는 위대한 역사가는 기전체라는 인물과 사건 위주의 역사 서술 방식을 고안해냄으로써 인물에 대한 아주 세세한 정보까지 담아내었다. 그러므로 중국의 제왕이나 유명 인물들은 직계 가족은 물론이고 사돈의 팔촌까지 다 나와 있다. 제왕의 여자들에 대해선 본명이 나와 있지 않은 경우가 있긴 하나 '○○황후', '○○비', '○○소의'와 같은 봉호(封号)는 항상 밝히고 있고 이들에 대한 출신과 행적도 기재되어 내려온다. 진시황제는 중국 역사의 400여 명의 제왕들 중 다섯 손가락 안에 항상 드는 주요 인물이다. 그런데 진시황 영정의 여자에 대해 들어본 적 있는가? 그의 아내의 이름은?

진시황은 자신의 아내를 황후로 올리는 것을 하지 않았을 뿐 아니라 자신의 재위 기간의 모든 기록에서 자신 주변의 여자들에 대한 기록을 전부 지우도록 명령하였다. 그래서 역사가 기록하는 그의 행적에서는 여자들이 등장하지 않는다. 당연히 그의 부인들에 대한 어떠한 정보도 없다. 우리가 진시황을 떠올릴 때 그에 대한 이미지는 항상 베일에 싸여있는 듯한 느낌과 마치 로봇과 같이 인간미 없는 거리감이 느껴지는데 이는 그의 행적이나 그에 대한 프로파일에서 여인들이 나오지 않는 것과 무관치 않다.

그러면 영정은 왜 이렇게 했을까? 이에 대해서는 추측을 할 뿐인데 많은 학자들은 그의 성장 과정에서 어머니 조희(赵姬)에 대한 혐오가 그의 성격 형성에 크게 작용했을 거라 말한다. 자신이 어머니와 여불위 사이에서 나온 아들이라는 것과, 그녀가 왕후가 된 후에도, 태후가 된 후에도 계속 여불위와 내연의 관계를 유지하며 쾌락을 즐겼다는 것을 영정이 몰랐을 리 없다. 조희는 급기야 로애라는 젊은 남자를 들여 사통하였고 그는 태후와의 관계를 이용해 재물을 모았으며 결정적으로 이들은 서로 작당하여 모반을 꾀하였다. 영정은 자신이 이 막장 드라마 주인공들의 피붙이라는 것을 한없이 수치스럽게 생각하고 증오했다. 영정은 증조 할아버지 소양왕 때를 거울삼아 외척에 대한 경계심을 가지고 있었을 것이다. 거기에 더하여 자신의 어머니에 대한 수치심과 증오, 그녀 내연남들의 도를 넘는 행위들은 영정으로 하여금 '언젠가는 이들을 싸그리 죽여버리고야 말겠다'고 결심하도록 만들었고, 그날이 오기까지는 그리 오랜 시간이 걸리지 않았다. 이들은 영정을 너무 과소평가했다. 그 후 영정은 아예 부인과 주변 인물이 정치에 접근하는 것을 원천적으로 막았으며 자신 주변의 여자들에 대한 기록조차 하지 못하게 했다.

2부

제1제국 시대 (진·한)

진릉2호 동마차(통일 진秦)

제국의
탄생

11장
진시황과 이사(李斯)

진제국은 얼마 동안 유지되었는가? 불과 16년이다. 영정은 황제가 되고 11년 만에 죽었다. 그리고 망나니 아들이 황제가 되자마자 기다렸다는 듯이 여기저기서 난이 일어났고 5년이 채 안 되어 제국은 붕괴되었다. 진시황제가 제국을 위해 열일한 시기는 불과 11년밖에 안 되는데 그 11년 동안에 이룩한 많은 일들은 후세에 지대한 영향을 미쳤고 그중 어떤 것들은 그 후 2,000년이 넘도록 지속되었다.

이사(李斯)

진시황의 업적이나 과오로 우리가 알고 있는 대부분의 일들은 이사(李斯)라는 재상의 머리에서 나온 것이라 보면 된다. 이사는 원래 초나라의 하급 관리로서 부유하진 않았지만 예쁜 아내와 귀여운 아들을 데리고 모자람 없이 나름 행복한 생활을 하고 있었다. 그러나 그는 자신의 삶에서 항상 뭔가가 결핍된 것 같은 느낌을 가지고 있었다. 그러던 어느 날 변소에서 볼일을 보고 있었는데 변소 근처의 똥을 먹고 있는 쥐들이 눈에 들어왔다. 가만 보니 이들 똥을 먹는 쥐들은 사람이나 개가 오는 기척이 조금이라도 들리면 화들짝 놀라며 재빨리 도망갔다. 이를 본 그는 얼마 전 곳간에서 본 쥐들이 생각났다. 곳간에 사는 쥐들은 전부 포동포동 살이 쪘고 사람이나 개의 기척이 있어도 아무런 걱정 없이 유유자적하면서 놀고 있었다. "변소 근처에 사는 쥐들은 그깟 똥을 먹으면서도 오히려 저렇게 긴장을 하며 살고 있는데 곳간에 사는 쥐들은 곡식을 먹으면서도 아무 걱정이 없구나!", "저들의 차이가 뭘까?", "그래! 사람은 본디 능력은 다 비슷해. 부귀해지고 빈천해지는 건 내가 어떤 환경에 놓여있느냐에 달려있어!" 이사는 자신이 변소에 사는 쥐라고 생각했고 이 촌구석에서 소박한 삶에 만족하며 사는 건 평생 똥만 먹다 죽는 거라 여겼다. 그는 큰 무대에서 직장생활을 해야겠다고 결심했다. 그러기 위해선 우선 지식을 쌓아야 했고 지식을 쌓기 위해선 스승을 찾아야 했다. 사인(士人)의 길을 걷고자 한 것이다. 그리하여 그는 아내와 아들에게 작별인사를 하고 고향을 떠나 제나라로 갔다. 그의 스승은 우리에게도 이름이 익숙한 순자(荀子)이다. 순자를 공자, 맹자와 같은 유가 사상가로 알고 있는 사람들이 많은데 순자는 오히려 법가사상에 가까운 제왕학의 권위자이다. 당시의 제왕학이란 지금으로 말하자면 정치외교학이다.

학업을 마치고 취직을 위해 그는 당시 대세 국가 진(秦)으로 향했고 당시 진은 여불위가 상방으로서 전권을 쥐고 있을 때였다. 그는 여불위의 식객이 되어 사인으로서 데뷔했고 여불위는 그의 재능을 알아보았다. 결국 여불위에 의해 영정에게 소개되었고 진 조정에서 책사로서 능력을 발휘하였다. 그는 영정에게 중용되어 객경이 되었다.

통일제국의 완성

영정이 진왕으로 즉위했을 때에 진은 이미 다른 여섯 나라에 비해 압도적인 군사력을 가지고 있었고 야심 많은 영정도 통일에 대한 생각을 가지고 있었다. 그렇지만 여섯 나라를 상대로 전쟁을 벌이는 것은 부담이 매우 큰 결정이 아닐 수 없었다. 만에 하나 이들이 모두 반진(反秦) 연합전선을 형성하여 죽기살기로 덤비면 아무리 강성한 진이라도 위기에 처할 수 있기 때문이다. 6국을 상대로 통일 전쟁을 하자는 결정을 내릴 수 있었던 건 진왕 영정과 이사라는 두 야심가가 죽이 맞았기에 가능했다. 영정이 그 시기와 방법에 대해 확신을 가지지 못하고 있을 때 '시기가 왔으며 이를 놓치지 말라'는 통일의 제안과 '돈을 풀어 6국의 신하들을 매수한다'는 연합 방지책이 이사로부터 나왔고 영정은 고심 끝에 이를 받아들였다. 당시 진의 통일 전쟁은 '큰 나라부터 칠 것인가 작은 나라부터 칠 것인가'의 문제와 '6국이 연합하는 것을 어떻게 막을 것인가'라는 두 가지 큰 문제가 있었다. 이사는 가장 약한 한(韓)을 먼저 철저하게 짓밟아 다른 나라에 공포심을 주어야 한다는 주장을 하였다. 그리고 30만금에 달하는 돈을 풀어 각국의 대신들을 매수하여 국왕과 대신들 사이를 이간질하면 여섯 개 나라가 쉽게 연합하지 못할 거라는 플랜을 제시했다.

이사라는 사람의 인생 궤적을 보면 그가 성취욕과 입신양명에 대한 갈망이 굉장히 많은 사람이었다는 걸 알 수 있다. 조직에서 이런 사람은 공격적인 업무 스타일을 보이며 실패를 두려워하지 않고 일을 벌여나가려는 성향이 강하다. 자기 대에서 뭔가를 벌여야 업적이 생기고 업적이 생겨야 자신이 위로 올라가기 때문이다. '통일의 대업'이라는 거대 프로젝트를 두고 이사가 진시황에게 "신중하게 하시죠"라고 했을까? 그보다는 용기와 확신을 북돋는 말을 했을 것이다. 물론 이사의 성공욕 때문에 희생당한 사람들도 있다. 그는 큰물에서 뜻을 펼치겠다고 아내와 아들을 버리고 고향을 떠났고, 자신보다 능력이 한 수 위인 동창 한비자(韓非子)를 모함하여 죽음에 이르게 했다. 그렇게 하여 그는 진시황에게 중용되어 '일인지하 만인지상'의 자리인 승상에 올랐다. 그러나 진시황 사후 그의 출세에 대한 욕심은 약점이 되어 간신 조고에 의해 공략되었고 결국 그는 조고가 내미는 유혹의 손을 뿌리치지 못하고 태자 영부소를 죽이는 일에 가담하게 된다. 이렇게 그는 역사에 반역자라는 큰 오명을 남겼고 후에 자기 자신도 조고에 의해 배신당해 참형을 당하는 비극적인 결말을 맞이한다. 하여간 진이 통일 후에도 동시다발적으로 많은 일을 벌였던 것에는 이사라는 재상의 왕성한 성취욕과 공명(功名)을 좇는 그의 성향이 크게 작용했다는 것을 알아둬야 할 것이다.

진의 통일은 실로 엄청난 사건이다. 춘추전국시대의 제후들은 주나라 성립시 주왕실의 핏줄 또는 사돈 관계로 맺어진 사람들이긴 하나 7~800년의 세월이 흐르면서 핏줄에 의한 유대감은 완전히 사라져 버렀다. 또한 핏줄과 종법으로 얽혀 있는 일말의 유대감이란 것도 다 지배 계급의 이야기일 뿐 민중들 입장에선 방언, 풍습이 다 달랐고 고로 유대감이라는 게 있을 수 없다. 이렇게 중국은 유럽처럼 될 수 있었으나 진제국은 이 사람들을 전부 하나의 '국가'로 묶었다. 그리고 한번 묶인 경험이 있는 역사는 다시 분열되어도 언젠가는 또다시 묶였다. 이 점에 있어서 진제국이 가지는 통일의 의의는 그 무엇보다도 앞선다고 할 수 있겠다.

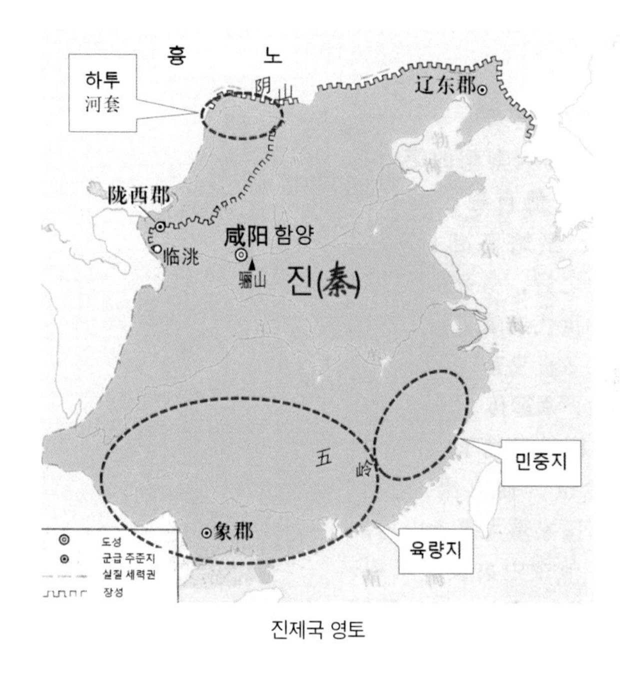

진제국 영토

분봉제 폐지, 군현제 실시

진시황은 통일 후의 행정체계에 대해 대신들과 논의하였다. 이때 이사는 분봉제를 폐지하고 군현제를 전 중국에 도입할 것을 주장하였다. 한편 분봉제를 해야 반란의 소지가 없고 사회가 안정된다고 주장하는 대신들도 있었다. 이들 간의 격렬한 토론 끝에 진시황은 이사의 손을 들어주었고 그리하여 진은 주왕조 이래로 행해오던 분봉제를 폐지하고 중국 전역을 36개 군으로 나눈 군현제를 실시한다. 이는 상앙의 변법 이후 실시해 오던 진의 제도를 전중국으로 적용한 것이다. 군현제 실시를 계기로 이사는 신하로서는 가장 높은 승상의 자리에 오른다.

중국 전역에서 분봉제가 폐지되고 군현제로 바뀌는 것는 역사적으로 아주 큰 의의를 갖는다. 군현제란 지방을 군(郡)과 현(县)이라는 행정 단위로 나누고 행정장관으로 중앙이 임명한 사람을 파견하는 것이다. 물론 중앙이 파견했으니 이 사람이 일을 잘 못하거나 임기가 끝나면 중앙이 다시 불러들일 수도 있다. 분봉제에서 군현제로의 변화는 시대가 변천하고 진보하는 과정에서의 필연적인 변화이다. 이는 귀족, 봉토, 노예들 중심의 왕국에서 이제는 군주가 중심이 된 중앙집권국가로서의 변화를 의미한다. 주왕조가 성립될 당시에는 분봉제를 할 수밖에 없는 시대적 환경과 처지에 놓여 있었다. 주왕조가 상왕조를 뒤엎을 때는 여러 부족들과 연합군을 형성한 것일 뿐 이들에 대한 통제력이 약했으므로 이들에게 땅과 세습 통치권을 나눠 주는 분봉을 할 수밖에 없었고 이로써 유럽연합과 같은 다국가 체제가 만들어질 수밖에 없었다.

군현제는 하루아침에 생긴 게 아니라 춘추전국시대에 들어 조금씩 실시되던 행정제도이다. 전국시대 각 국가들은 일부 군현제를 체택하고 있었으나 이는 새로 득한 영토나 중앙정부의 직할지역에 국한되었고 대부분 지역은 여전히 분봉제에 근거하여 지방 귀족에게 영토의 소유권과 관리권이 있었고 이들의 지위는 대를 이어 세습되었다. 진은 상앙의 변법개혁 때 귀족들의 반발을 무릅쓰고 분봉제를 폐지하였고 전국을 31개 현으로 나누는 전면적인 현제를 실시하였다.

분봉제와 군현제는 중앙정부의 힘에 있어서 근본적인 차이를 보인다. 분봉제는 지방 귀족이 해당지역에 대해 영주와 같은 지위를 가지므로 중앙의 명령이나 통제에 한계가 있다. 이에 반해 군현제는 중앙에서 파견한 관리에 의해 통제·관리되는 것이니 군대의 징집이나 체계적이고 조직적인 훈련에 있어서 이 둘의 경쟁력에는 확연한 차이가 날 수밖에 없다. 이것이 진국이 천하를 통일할 수 있었던 결정적인 이유였다. 물론 분봉제의 장점도 있긴 하다.

진시황이 이사의 건의를 받아들여 전면적인 군현제를 실시한 건 옳은 결정이었을까? 만약 진이 통일 후 지방 행정제도로 분봉제를 택했다면 어떻게 되었을까? 당시 진시황에게 분봉제를 제안했던 사람들의(당시 승상이었던 왕관王绾도 분봉제 지지파였다) 말에도 일리가 있었다. 무력으로 이룬 통일 초기에는 반란의 가능성을 막는 것에 가장 우선순위를 둬야 한다는 것이다. 그리고 넓은 지역을 다스리면서 반란의 가능성을 차단하는 방법에는 황제의 아들들, 친척들을 지방에 보내는 것이 가장 확실하다. 진제국은 군현제 실시후 16년 만에 각 지의 반란으로 붕괴되었으니 어찌 보면 왕관(王绾)의 말이 맞았음이 입증된 것이기도 하다.

전면적인 군현제는 조금 성급한 결정이었을까? 한나라처럼 군현제와 분봉제를 믹스해야 했을까? 나는 여기서 진시황이 아주 깊은 고민에 빠졌을 거라 생각한다. 그러나 그는 잠시의 안정보다는 제국 구축의 길을 선택하였다. 과거로 돌아가고 싶지 않았던 것이다. 이때 군현제를 맛보지 못했다면 아마 중국의 군현제 도입은 상당히 뒤로 미뤄졌을 것이고 중앙집권적 국가의 형성 또한 요원한 일이 되었을지도 모른다. 고대 국가에서는 중앙집권을 했을 때 발전과 진보하였고 중앙집권에 실패했을 때 정체 또는 퇴보되었다. 이 점에 있어서 진시황이 오히려 리스크가 큰 군현제를 전면 실시한 것은 자기 자신에게는 독이 되는 결정이었을지 모르나 역사에는 큰 공헌을 한 셈이다. 국가 지도자의 역사의 물줄기를 바꾸는 순간이란 이런 데에 있는 것이다. 결국 군현제는 다음 왕조, 다다음 왕조에도 계속 이어져 2,000년 동안 지속되었으니 긴긴 역사적 관점으로는 진시황과 이사의 결정이 옳았음이 증명된 셈이다.

3공9경의 중앙 관제 개편

시황제 영정은 이사의 건의에 따라 중앙정부의 최고위 조직을 개편하여 황제 권력을 강화하였다. 이전에는 상방(相邦) 밑으로 좌승상, 우승상이 보좌하는 체제였다. 전국시기를 이야기하면서 재상을 여러 번 언급했고 이는 현재의 총리에 해당한다고 말하곤 했지만 진(秦) 후기로 가면서 상방이라는 자리는 현재의 총리 이상의 권한을 가지고 있었다. 상방에 정치와 군사 모든 권한이 집중되어 있었기 때문이다.

'일인지하 만인지상(一人之下, 万人之上)'이었던 여불위의 직위가 상방이었다는 걸 보면 감이 올 것이다. 시황제 영정은 상방(相邦)을 없애고 승상(丞相), 태위(太尉), 어사대부(御史大夫)를 동일 선상으로 두어 정치(승상), 군사(태위), 감찰(어사대부)의 삼권으로 분립하여 권력 집중을 막고 황제권을 강화하는 관제개편을 시행하였다. 그리고 이들의 밑으로 9개 부처를 두는 소위 '3공9경' 체제가 이때 만들졌다. 9경이란 봉상(奉常, 종묘제례), 랑중령(郎中令, 수도경비), 위위(卫尉, 경호), 태복(太傅, 황제의 마차와 말 관리), 정위(廷尉, 사법), 전객(典客, 외교, 민족), 종정(宗正, 황족과 황실 사무), 치례내사(治粟内史, 조세, 재정), 소부(少府, 황실의 재산 및 개인생활 관리)이다. 9경에서 올라오는 사안에 대해서는 삼공이 머리를 맞대고 결정하였다.

승상은 오늘날의 국무총리와 비슷하고 태위는 군사를 책임지고 있었으니 이 둘에 대해서는 업무 범위와 직능이 비교적 명확하다. 그러나 어사대부에 대해서는 설명이 조금 필요할 듯하다. 어사대부를 한국의 책들은 보통 감찰이라고 말하고 있으니 이를 오늘날의 검찰총장 정도로 이해하기 쉬운데 검찰총장 정도로 삼공에 들어갈 리는 없다. 어사대부는 황제의 눈과 귀, 입이 되는 역할을 하는 직책이다. 다시 말하자면 신하들의 주청과 상소가 모두 이 사람을 통해 황제에게 전달되었고, 황제의 조서(명령)가 어사대부를 통해 발표되었다. 물론 대신들에 대한 감찰도 어사대부의 업무 중 하나였다. 오늘날로 보자면 대통령 비서실장과 청와대 대변인 그리고 검찰총장을 합쳐놓은 직책이라 할 수 있겠다.

진의 3공9경 제도는 선진(先秦) 시기의 관제에 비하면 군주의 권한

이 대폭 강화된 셈이다. 왜냐하면 재상의 권한을 세 개로 분리해 놓았고 정무를 책임지는 승상이 군사를 관여할 수 없도록 해 놓았기 때문이다. 그렇지만 후에 한나라를 거치면서 점점 절대군주제에 맛을 들인 황제들은 이 3공9경 제도조차도 황권보다는 신권이 강하게 디자인되어 있다고 느끼게 되고 이에 계속적인 수정을 가한다. 왜냐하면 삼권이 분리되어 있긴 했어도 삼공 중에서도 서열이 높은 승상과 협의하여 결정하도록 되어 있었고 특히 어사대부의 경우 어떤 측면에서는 승상을 보좌하는 부승상 같은 역할이었기 때문이다. 그리하여 서한의 황제들은 어떻게 하면 삼공의 권한을 약화시킬 수 있을까를 고민하였고 결국 동한의 설립자 광무제는 삼공을 거의 유명무실하게 만들어 놓았다.

고대사를 읽음에 있어서 중앙 관제의 변천도 하나의 재미있는 관전 포인트이다. 중앙 관제는 황권과 신권의 대결의 결과이기 때문에 황권이 강했을 때나 왕조 설립 초기에는 늘 황권을 강화하는 방향으로 중앙 관제가 다시 짜였고 당연히 황제 직속의 부서가 비대해졌다. 반면에 황권이 약했을 때나 왕조 말기 조조와 같은 거물 대신이 출현했을 때에는 승상이나 상방과 같은 과거의 직책이 소환되기도 했다. 그러나 대체적으로는 서로 간에 견제와 균형을 맞추는 방향으로 발전해 갔다.

교통, 군사 인프라 건설

진시황은 6국의 영토만 접수한 게 아니라 오늘날의 광동, 광시성에 해당하는 육량지와 푸젠성에 해당하는 민중지도 영토로 포함시켰다. 화남 지역은 이때 처음으로 중국의 영토로 편입되었다. 그러나 진 멸망 후 혼란기에 이곳 민족들이 다시 독립하여 서한 초기까지 중국 영토가 아니었다가 한무제 때 다시 중국으로 편입된다. 이렇게 방대한 영토를 관리하기 위해선 우선 무엇이 필요할까? 무엇보다도 전국을 교통망으로 묶어야 한다. 곳곳으로 교통 운송망이 확보되어야 군대가 주둔하고 원활한 물자 수송이 되며 교역도 활성화되기 때문이다. 당시에는 민중들의 근거지 이동이 그리 자유롭지 않은 시대이므로 이 시기 교통 인프라 건설은 대부분 군사적 목적이었다.

진제국은 수도 함양을 중심으로 한 방사형 직선 도로망을 구축하였다. 도로 폭은 60보에 달했고 10미터마다 소나무와 측백나무를 심었다. 중국의 운송 인프라 중에서 강을 이용한 조운을 빼놓을 수 없다. 중국은 황하, 회하, 장강, 주강의 거대 강을 따라 크고 작은 지류들이 거미줄처럼 나 있으므로 이들을 잘만 이용하면 아주 효율적인 물자 수송 인프라가 될 수 있기 때문이다. 진제국은 홍구(鸿沟)[65]와 영거(灵渠) 두 개의 운하를 개통하였다. 홍구는 황하와 회하를 연결한 운하이고 영거는 광시성의 리강(漓江)과 상강(湘江)을 동서로 연결한 운하인데 이 리강은 가장 남쪽에 있는 주강(珠江)의 지류이고 상강은 장강(长江)의 지류이므로 이 둘의 연결은 곧 장강과 주강을 연결한 것이다.

---

65) 홍구는 전국시대 위나라 때 착공해서 진시황 때 완공하였다. 허난성 형양(荥阳, 쩡저우 근처)의 황하 강안에서 시작하여 카이펑(开封), 타이캉(太康), 화이양(淮阳)을 거쳐 회하의 지류인 영하(颍河)와 연결되는 총 길이 약 200킬로미터의 운하이다.

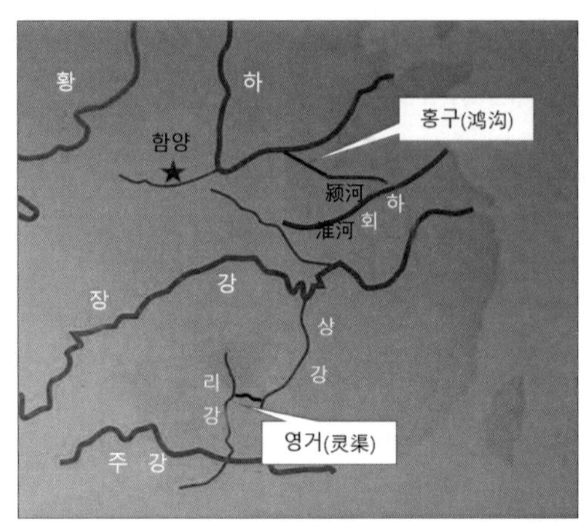

홍구와 영거 운하 위치

장성(长城)이라는 군사 인프라를 이야기하지 않을 수 없다. 진시황의 대표작처럼 인식되어 있는 만리장성에 대해서는 두 가지 오해를 일단 풀어야 한다. 첫째 진제국의 장성은 춘추전국시대 연, 조, 위, 진 등 북쪽 이민족들과 국경을 접하고 있던 나라들이 쌓았던 성을 진시황이 통일 후 잇거나 보수한 것이다. 물론 그 연결 공사만 하더라도 당시 인구와 오랜 전쟁기를 막 끝낸 백성들의 피로함을 고려할 때 매우 힘들고 거대한 토목 공사였다. 또 한 가지는 장성의 축조는 진제국에서만 행해진 사업이 아니라 중국의 거의 모든 중원 왕조에서 행해졌던 방어벽 프로젝트였다는 것이다. 북방의 이민족을 막기 위한 군사시설이니 북방 이민족이 중원으로 침입하여 세운 왕조인 원(元)과 청(青)에서는 당연히 장성을 만들 필요가 없었다. 중원 왕조 중 유일하게 당왕조에서만 장성을 축조하지 않았고 모든 한족 정권은 북쪽에 장성을 보수하거나 새로 만들었다. 왕조마다 북쪽의 경계선이 달랐으므로 시대별 장성의 위치는 조금씩 다르다. 장성 축조에 가장 열을 올렸던 왕조는 명왕조이며 오늘날 우리가 관광지에서 보는 장성들과 성벽들은 거의가 명나라 때 만들어지고 청나라 때 보수된 500~600년짜리이다. 아주 드물게 진·한 시대 장성의 흔적이 남아 있는 곳이 있는데 그런 곳은 지금은 돌무더기거나 아니면 풍화되어 형채만 간신히 남은 토성이거나 아니면 나무와 넝쿨로 뒤덮여 구릉이었는지 성벽이었는지 도저히 구분이 가지 않는 모습이다.

표준화 정책

진(秦)제국은 맹신이나 집착이라 할 정도로 표준화와 시스템화를 추구였다. 필자는 약 10년 전에 서안 역사 박물관에 갔었는데 거기서 본 굉장히 인상적인 물건이 있었다. 전투 장비였던 걸로 기억하는데 오늘날의 소총같이 몇 개의 청동 주조물들로 구성되어 있어서 부품 하나가 망가지면 그 부품만 가져다 끼우면 되게 되어 있었다. 오늘날 군대에서 쓰는 소총이 다 그런 식의 조립식이다. 필자는 하도 신기해서 그 앞에서 한참을 서 있었다.

이런 식으로 진(秦)은 전투 장비와 운송수단 및 그 부품들을 표준화하였는데 이것은 군사력 증강에 있어서 아주 중요한 일이다. 왜냐하면 전투장비는 예나 지금이나 야전에서 험하게 쓰는 물건이다 보니 고장이 잘 나는데 이를 얼마나 신속하게 수리하고 부품을 교체하느냐에 따라서 전투력의 차이가 확 나기 때문이다. 그리고 이들은 주조된 부품 하나하나에 제작자와 관리자의 이름을 새겨 품질 책임제를 실시하였다. 이렇게 하여 진(秦)은 높은 수준의 주조기술을 보유하게 되었고, 부품 표준화와 정교한 주조기술은 진(秦)으로 하여금 6국에 비해 무기의 양과 질적인 측면에서 월등히 앞설 수 있도록 하였다.

통일을 이룬 진제국에서는 여러 방면에서 통일과 표준화 작업이 벌어졌는데 대표적인 게 문자, 화폐, 도량형, 마차폭이다. 전국시대의 한자는 우리가 생각하는 그런 한자가 아니었고 나라마다 생김새가 다 달랐다. 시황제 영정은 표준 문자 제정을 추진하였는데 서법에 능한 재상 이사가 이에 주도적 역할을 했다. 그는 진에서 쓰던 문자를 간단하게 개량한 소전(小篆)이라는 글자를 개발하여 공표하였다. 화폐도 저마다 다 달랐는데 이를 진국의 원형화폐로 통일시켰다. 도량형이란 길이, 부피, 무게를 의미한다. 직접적인 목적은 세금을 효율적으로 걷기 위함이었지만 도량형의 통일은 각 지역의 경제 교류를 촉진시켰다.

마차 바퀴 폭의 통일은 '굳이?' 라며 고개를 갸우뚱할 수도 있다. 오늘날과 같이 아스팔트 도로가 아닌 흙으로 된 옛날 도로에서는 오랜 시간 수많은 마차가 지나다니면 바퀴 자국이 깊게 홈처럼 파여 거의 레일처럼 된다. 우리나라는 언덕이 많고 길이 좁아 마차가 보편적인 교통 수단으로 이용되지 않았기에 그러한 경험이 없지만 청나라 말기 베이징의 도로를 찍은 사진들을 보면 깊게 움푹 파인 바퀴 자국을 볼 수 있는데 그 깊이가 어른 정강이 정도까지 내려갔다. 그러므로 옛날 마차들은 대부분 길에 난 홈을 따라 달렸고 만약 바퀴 폭이 다르다면 제대로 달릴 수가 없었다. 차륜 폭을 통일한 또 한 가지 이유는 차축의 제작과 교환에 있어서 효율적이기 때문이다.

혹자는 바퀴 폭 통일이 당시의 초고속 운송 인프라인 치도(驰道) 때문이라고 하기도 하나 그건 치도와는 관련이 없다. 치도(驰道)란 오늘날의 철로처럼 침목과 나무로 된 레일을 깔았고 마차의 차바퀴가 레일의 홈에 껴져서 아무런 장애물 없이 미끄러지듯이 달리도록 만든 황제 전용 고속도로이다. 진제국은 수도 함양을 중심으로 전국으로 5개의 치도를 건설하였고 이는 만리장성, 운하와 더불어 진제국 11년간 행해진 대규모 토목공사 중 하나였다. 그러나 치도는 황제 외에는 어느 누구도 그곳에서 마차를 몰 수 없는 황제 전용 도로였으므로 치도를 위해 전국의 마차 바퀴 폭을 통일 시킬 필요는 없었다.

교통, 수송망 건설을 통해 하드웨어적 통합을 이룬 후 문자, 도량형 등 커뮤니케이션과 제도적 통합을 하면서 중국은 처음으로 진정한 통일 국가를 이룬다. 진시황이 6국을 멸망시킨 후 세상을 뜨기 전까지의 11년간은 중국인들의 역사에 있어서 동시다발적으로 엄청난 일이 진행되고 있던 시기였으며 대부분의 일들이 통합을 위한 프로젝트였다. 이러한 것들이 바탕이 되어 이 시기를 지난 중국인들은 그 후 수없이 분열되었지만 다시 통일이 되어야 한다는 구심력 같은 것을 가지게 되었다.

분서갱유(焚书坑儒)

분서갱유(책을 태우고 유생을 땅에 묻다)에 대해선 중국 역사계에서 논쟁이 많은 것 같다. 일각에선 진시황의 '분서갱유 사건 자체가 날조된 역사다'라고 주장하기도 하는데 아예 없던 일을 지어내진 않았을 거 같다. 분서와 갱유, 특히 갱유는 진시황이 저지른 최악의 정치적 실수이자, 악수이다. 하지만 분서갱유는 후대에 오면서 유가학파에 의해 과장되고 사건의 본질이 흐려진 면이 분명히 있긴 하다.

분서(焚书)와 갱유(坑儒)는 1년 시차를 두고 발생한 별개의 사건이다. 분서는 유가사상을 탄압하기 위해 저지른 일이지만 갱유는 유가사상을 탄압하기 위한 목적으로 자행된 건 아니었다. 하지만 본질적으로는 연관성이 없진 않다.

춘추전국시대를 지나면서 중국인들은 농경에 철기와 소를 이용하게 된다. 상과 주(商周) 시절에 사용하던 금속은 청동기였다. 그러나 귀한 금속인 청동기는 왕실의 제사용 도구, 악기 그리고 귀족들의 무기로만 사용되었을 뿐이고 일반 백성들은(당시에는 대부분 농민) 거의 석기와 목기, 그리고 자신들의 노동력에 의지하여 농사를 지었다. 이러한 원시 농경사회에서는 귀족을 제외하곤 모든 사람이 해가 뜨면 전부 다 밭에 나가서 하루 종일 일을 하다가 해가 지면 들어와 잠을 잤다.

그러던 것이 춘추전국시대를 거치면서 농기구에 철기를 쓰게 되었고 소가 인간의 노동력을 대체하기 시작한다. 그리고 이것은 효율과 생산성을 크게 확대시켰고 잉여노동력이라는 게 생겨나기 시작했다. 사람들은 다른 일을 할 수가 있었고 상업이란 게 생겨나고 교육이라는 게 생겨나고 사상이라는 게 생겨났다. 그래서 춘추전국시기에는 소위 제자백가(诸子百家)라는 엄청나게 많은 사상가와 이론가들이 출현했고 각국의 경쟁적인 인재유치와 맞물려서 이들과 이들의 제자(사인)들이 나라를 옮겨다니면서 유세를 하고 정부에 기용되기도 했던 것이다. 전국시대 말기에 와서는 유가와 법가 양대 사상이 주류로 남게 되었고 이들은 치국의 원리와 사회의 주류 사상으로서 자리를 잡으려는 헤게모니 싸움과 같은 양상으로 간다.

세상을 보는 시각에 있어서 이 둘의 본질적인 차이는 유가 학파들은 사고비금(师古非今, 옛것을 스승으로 삼아 현재를 부정하다) 또는 시고비금(是古非今, 옛날은 맞고 지금은 틀리다)의 시각으로 모든 것에 접근하였고, 법가 사상가들은 '역사 진보론'에 바탕을 두고 있었다. 두 사상이 공존하면서 사회의 각 구석구석에 두 가지의 가치관이 존재했고 이 둘의 충돌은 언젠가는 발생하고 어떤 형태로든 발현이 될 운명과도 같은 것이었다.

진제국 성립 후 분봉제가 폐지되고 전면적인 군현제가 실시되었는데 이를 결정할 때도 유가적 가치관을 가지고 있는 박사(博士)그룹은 이에 반대하였다. 진제국은 통일후 6국에 있던 지식인들과 특정 분야에 정통한 전문가들(사인들)을 수도 함양으로 데리고 와 박사(博士)라는 관직으로 기용하였다. 이들은 서적을 수집하고 관리하는 일이나 황제에게 사상적인 조언을 하는 궁내 자문그룹이라 할 수 있다. 아방궁에는 최소 70명의 박사그룹이 있었고 이들은 법률박사, 의학박사, 서학박사, 수학박사 이런 식이었고 심지어는 차(茶)박사, 술(酒)박사도 있었다. 각지의 지식과 좋은 걸 모두 흡수한다는 좋은 취지의 조직이다. 그런데 이들은 대부분이 유가적 가치관을 가지고 있는 사람들이었다. 이들은 '전통'과 '기존질서'라는 것을 '미덕'과 동일시했고 분봉제를 폐지하는 것은 이런 전통과 기존질서를 깨는 것이고 곧 아름다운 전통사회를 깨는 것이라 믿었다.

이에 반하여 법가적 가치관을 가지고 있는 대신들은 '역사는 진보하고 과거의 틀로 현재를 씌우려는 건 맞지 않다'고 말하는 진보주의자들이었다. 이들 중의 정점이 승상 이사였다. 당시 박사와 대신들의 관계는 오늘날 대통령이 학계와 문화계에서 초빙하여 임명한 민간 자문단과 총리를 중심으로 하는 정부각료 그룹으로 비유할 수 있겠다.

기원전 213년(진시황이 죽기 4년 전이다) 궁에서 열린 연회에서 순우월(淳于越) 이라는 박사가 시황제에게 진언을 한다. 그는 진시황의 아들들에게 각지를 분봉할 것을 건의하였다. 때를 틈타 분봉제를 부활시키려는 시도를 한 것이다. 재상 이사(李斯)가 가만 있을 리 없다. 그는 시대의 진보가 이루어졌고 천하가 정해지고 이미 법령이 반포되었는데 옛날 제도와 과거 왕조 시절을 들먹이는 것은 민심을 혼란케 하고 진제국에 전혀 도움이 되지 않는다고 일축했다.

이 시기 유가적 가치관을 가지고 있는 사람들은 옛날에 대한 향수를 바탕으로 진제국의 시정을 비판하고 있었고, 노예주(귀족)들은 여전히 옛 제도(분봉제)로의 복귀에 대한 희망을 버리지 않고 있었다. 진시황제과 이사 등 제국의 공신들은 제국의 통일된 가치관을 원했고 특히 유생들이 모여 유가를 논한답시고 옛것을 들먹이며 제국의 시정을 비판하는 것을 참을 수 없었다. 위의 연회 중에 벌어진 순우월과 이사의 설전은 사상적 표용을 할 수 없는 진제국과 아직 진제국의 개혁을 받아들일 수 없는 구세력과의 사상적 충돌이었다.

진시황은 이사의 주장을 받아들였다. 그리고 이사는 사상적 탄압을 하는 몇 가지 조치를 올렸고 진시황은 이를 비준한다. 이 조서에 의하여 진제국의 역사서인 '진기(秦记)'와 의약품 관련 서적, 박사들의 관리하에 있는 서적을 제외한 개인이 소장하고 있는 모든 서적을 불태울 것을 명하였다. 또한, 사립학원(私学)을 금지하고 만일 법학을 배우고 싶은 사람은 관련 관청의 관원을 스승으로 삼을 것을 명한다. 이는 사립학원에서 지식인들이 모여 시정을 비판하는 것을 탄압하기 위함이었다. 이것이 '분서(焚书)' 사건이다.

분서(焚书) 사건은 법가적 이념과 유가적 이념의 충돌이며, 진보적 가치관과 보수적 가치관의 충돌이고, 군현제를 추진하는 제국파와 분봉제를 부활시키려는 수구파의 충돌 과정에서 사상적 통일을 추구하려는 진제국 통치계급이 취한 극단적인 조치였다. 또한 이는 진제국의 한계를 드러내는 한 단면이기도 하다. 이 사건과 더불어 뒤에 나오는 갱유사건으로 인하여 진시황은 두고두고 역사에서 천하의 폭군으로 남는다.

분서가 사상통제와 통합이라는 정치적 목적을 가지고 일어난 일이라고 한다면 갱유(坑儒)는 좀 다르다. 갱유는 진시황을 비방하는 이들을 색출하고 처벌하는 과정에서 벌어진 다소 우발적이며 비이성적인 사건이었다.

아방궁에는 방사(方士)라는 직책이 있었다. 이들은 길흉화복을 점치고 불로장생 연단을 만드는 일에 종사하는 황궁의 주술사 같은 사람들이었다. 이들 중 후생(侯生)과 노생(卢生)이라는 두 명의 방사가 불로장생약을 만들겠다고 한 후 이것이 실패하자 도망가는 일이 벌어진다. 그냥 도망만 갔으면 이렇게까지 일이 커지지 않았을 텐데 이들은 불로장생약을 만들겠다고 받아놓은 예산을 전부 가지고 날랐고, 또 가는 곳마다 '진시황이 포악하고 독단적인 데다 신선이 되는 것에만 정신이 팔려있다'라고 비방하고 다녔다. 돈을 가지고 나른 건 참을 수 있지만 황제를 비방하는 건 참을 수 없었다. 이 소식을 들은 진시황은 대노하였고 이들에 대한 체포와 비방에 가담한 사람들까지 수색과 색출을 명했다.

이리하여 460여 명이 체포되었고 이들 중 대부분은 방사들이었으나 일부 유생들도 포함되었다. 당시 법에 의하면 황제를 비방한 자들에게 내려지는 형벌이 생매장이었다. 그리하여 460여 명에 대한 생매장이 행해졌고 이것이 '갱유(坑儒)사건'이다.

분서갱유 사건은 진시황과 이사가 저지른 최대의 정치적 실수이자 오점이다. 이들은 사상적 통일을 꾀하고자 한 것이지만 이 두 사건은 오히려 민심이 진제국에게 등을 돌리게 하는 결과를 낳았다. 분서갱유로 인해 진제국과 진시황의 모든 업적은 후세에 와서 평가절하되고 유학자들에 의해 두고두고 폭정 제국과 폭군으로 남게 된다.

진시황의 묘호와 시호

상왕조 이래로 중국의 제왕들은 전부 묘호(廟号)나 시호(谥号)를 가졌고 우리나라 왕들도 중국의 묘호와 시호제를 가져와 사용했었다. 묘호는 말 그대로 묘에서 제사를 지낼 때 부르는 이름이고 시호는 황제가 죽은 후 황제의 살아 생전의 업적과 행적, 행실을 종합해서 이름하는 일종의 사후 명예 이름이다. 묘호는 종(宗)으로 끝나고 시호는 후(侯), 공(公), 왕(王), 제(帝)로 끝난다. 지금까지 등장했던 주왕조의 국왕들이나 제환공, 진효공과 같은 춘추전국시대 군왕들의 이름은 전부 시호이다. 상왕조 때는 묘호는 있었으나 시호는 없었고 주왕조는 묘호를 폐지하고 대신 시호라는 걸 만들었다. 그 후 한나라 때부터 묘호와 시호, 둘 다 썼다. 이 두 이름은 군주가 죽은 후에 만들어지는 이름이었으니 살아생전에는 자기가 뭐라 불릴지 알 길이 없었다. 군주가 죽으면 대신들은 바로 머리를 맞대고 죽은 황제에게 어떤 시호를 붙여줄까를 고민했다. 고대 제왕들의 시호는 '무(武)', '문(文)', '현(贤)', '명(明)' 등 하나같이 다 좋은 뜻의 글자만 있는 것 같아 보이지만 꼭 그렇지만은 않다. 수나라를 멸망의 길로 이끈 양광은 수양제(隋炀帝)라는 시호를 받았는데 여기서 '양(炀)'은 '예와 의를 내동댕이치고 민중을 돌보지 않으며 주색에 빠져서 정사를 돌보지 않는'이란 의미를 담고 있다. 죽은 사람을 기리는 뜻에서 최대한 좋은 것을 갖다 붙여줄 것 같으나 시호에는 엄격한 등급과 규정이 있었다. 그리고 그 등급은 죽은 군주의 업적과 행실, 그가 추구한 이상, 과오 등을 종합적으로 평가하여 결정되었으며 폭군과 혼군에게는 가차없는 평가를 하였다. 무와 문은 최고 등급이다. 그러므로 한무제(유철), 위무제(조조), 위문제(조비), 수문제(양견) 이런 사람들은 최고 평가를 받았다고 할 수 있다.

시호에 있어서 특이한 군주가 두 명 있다. 하나는 주왕조를 세운 주무왕(周武王)이다. 놀랍게도 주무왕은 시호가 아니라 자기가 스스로 붙인 이름이었다. 즉, 자기 살아생전에도 주무왕이라고 불렸다는 것이다. 또 한 명은 바로 진의 시황제(始皇帝)이다. 시황제 역시 시호가 아니다. 주무왕은 시호 제도가 생기기 전이었으니 시호가 없는 게 이해되지만 진시황 영정에게는 왜 시호가 없을까? 그 이유는 영정은 통일 제국을 건립한 후 시호제를 폐지하였기 때문이다. 그는 왜 시호제를 폐지하였을까? 사마천은《사기》에서 그 이유에 대해 이렇게 말하고 있다. 시호라는 것은 제왕이 죽은 후 그 계승자에 의해 선대 제왕 생전의 공적과 품행에 따라 정해지는 것이다. 다시 말하자면 자기 자신이 정하는 게 아니므로 좋은 이름이 지어질 수도 있는가 하면 평가 절하될 수도 있는 것이었다. 자신의 업적이 삼황오제를 뛰어넘는다고 자부하며 황제라는 호칭을 만들어낸 영정은 자신의 사후에 후계자들이 자신을 평가하는 것을 참을 수 없었다. 그래서 시호제를 '아들이 아버지를 평가하고 신하가 군주를 평가하는 것과 같다'며 불경스럽다는 이유로 폐지하였다. 그 대신 자신을 '최초의 황제'라는 '시황제'라고 명명하였고 자신의 후계자는 진2세, 진3세, 진4세 이런 식으로 부르도록 정하였다. 그래서 영호해를 진2세라고 부르는 것이다. 진제국이 단명하지 않고 오래 갔더라면 진의 황제들은 아마 프랑스의 루이16세, 18세 처럼 진16세, 진25세 이런 식으로 불렸을 것이다.

12장
제국의 급속한 붕괴

시황제 영정은 기원전 210년 순유(巡游) 도중 오늘날 허베이성 싱타이시(邢台市) 근처 샤치우(沙丘)라는 곳에서 병을 얻어 죽고 만다. 영정이 6국을 통일하고 제국의 시황제가 되고난 지 11년 후이고 그의 나이 49살이었을 때였다. 영정은 시황제가 된 후로 죽는날까지 전국을 시찰하고 다녔다. 이것을 '순유(巡游)' 라고 하는데 그만큼 그는 제국 건설에 과하다시피 한 열정을 가지고 있었다고 할 수 있다. 진시황은 11년 재위 기간 중 총 5번의 순유를 진행했고 매번의 순유는 평균 5~6개월이나 걸리는 장기 출장이었다. 그는 가히 워커홀릭이라고 할 만하다.

불사의 몸이 되길 희망했던 진시황도 이때가 되서는 갈 때가 된 걸 받아들이고 자신의 후사를 결정하였다. 진시황은 변방에 있는 장자 영부소(嬴扶苏)를 불러 제위를 잇도록 조서를 작성하고 죽는다. 부소는 진시황과 정치적 견해에서 부딪히긴 하였지만 진시황은 마음속으로 부소를 인정하고 있었다. 또한 장자 계승의 원칙에도 문제가 없었다. 만약 진시황의 유지대로 부소가 황제가 되었다면 역사는 완전히 달라졌을 것이다. 영부소는 진시황과 다른 철학을 가지고 있는 사람이었지만 진제국의 부족한 면을 보충하는 꽤 괜찮은 군주가 되었을 것이다. 그렇지만 하늘이 준 진제국의 명줄이 그것밖에 안 된 걸 어찌하겠는가! 제국의 운명을 두고 정말로 어처구니없는 사기 행각이 그것도 단 두 사람에 의해서 벌어지고 만다.

제국의 붕괴

앞서서 이사의 공과 과를 이야기하였으나 무엇보다도 가장 비판을 받을 부분은 역시 충절을 버리고 자신을 중용한 군주와 나라를 배신했다는 데에 있다. 제국의 설계자와 개혁가로서의 수많은 업적과 명망은 와르르 무너져 버리고 그는 '조고와 모반을 꾀한 배신자'로서 역사에 남는다.

조서는 영호해가 황제가 되는 걸로 위조되었고 재상 이사, 중차부령[66] 조고, 그리고 제국의 계승자가 될 영호해, 이 세 명은 조정을 장악한 후 변방의 야전군대를 지휘하는 몽염 장군을 죽음에 이르게 만든다. 물론 이 과정에서 영호해의 형제 12명과 공주 10명은 대부분 죽

66) 조고(趙高)는 환관으로 시작했다지만 그의 아버지가 죄를 지어 환관이 되었다고 나와있을 뿐 그의 이력에서 환관은 찾아볼 수 없다. 진시황이 죽었을 때 그의 직책은 중차부령(中车府令)이자 영호해의 서법 교사였다. 중차부는 태복(교통부) 산하로서 황제가 타는 마차와 말, 마부 등을 관리하는 기관이다. 그는 진시황의 먼 종친이었고 또한 서법에 능해서 진시황에게 중용되었다. 중차부령은 오늘날로 따지자면 대통령 차량 책임자인데 조고가 진시황의 측근이었음을 감안할 때 순유 중에는 비서실장과도 같은 역할도 한 것으로 보여진다.

임을 당하고 살아남은 형제자매들은 도망을 갔다.

영호해가 진2세가 되는 순간부터 진제국은 멸망의 구렁텅이를 향해 급속도로 돌진하였다. 영호해는 애초부터 국정에는 관심도 없었다. 그저 재위 기간에 최대한의 향락을 누리고자 했다. 황제는 향락에 빠져 있었고 조정 내에서는 조고의 피비린내 나는 숙청이 자행되고 있을 때 드디어 밖에서 제국 붕괴의 신호탄이 쏘아진다.

진시황이 죽은 이듬해인 기원전 209년 7월, 북방의 군사도시 어양군鱼阳郡(베이징시 미윈密云)으로 수비군 교대를 위해 허난성에서 부대가 보내지는데 중간에 큰 비를 만나 길이 끊겨서 부대의 이동이 지연되는 일이 벌어졌다. 이들은 도저히 예정된 날짜에 맞춰 도착할 수가 없게 되었고 이를 알게 된 부대장은 다른 선택을 하게 된다. 천재지변으로 인하여 이동이 지연되는 건 충분히 있을 수 있는 일이지만 진제국의 기계적이고 형벌주의적 시스템의 문제점이 이런 데서 터져나온다. 진제국의 군법상 시간에 못 맞춰서 오면 사형이었다. 부대장 진승과 부부대장 오광은 차라리 반란을 하기로 마음먹었다. 조금 어처구니 없는 반란 이유이다. 공포정치가 만든 반란이라고나 할까.

진승과 오광의 난을 기점으로 기다렸다는 듯이 전국 곳곳에서 반란이 일어났다. 진승과 오광의 난은 진제국의 군대가 일으킨 반란이었지만 뒤이어 일어난 반란은 농민과 유랑자들로 이루어진 반란이었다. 이들 반란군들은 저마다 왕국의 부활을 외치며 일어났고 삽시간에 진제국은 다시 춘추전국시대로 돌아갔다. 중국 역사상 최초의 전국적 봉기가 일어난 것이다. 옛 6국의 왕족이라 자칭하는 사람들이 저마다 봉기하여 초왕, 제왕, 연왕, 한왕, 위왕으로 스스로를 칭하였고 그중 초왕 또는 제왕이라고 칭하는 이들은 한두 명이 아니었다. 이들 중에는 조왕과 연왕과 같이 자신들은 왕족도 아니며 심지어는 그 나라와 아무런 관련도 없는 사람들도 있었다. 이런 식으로 스스로를 왕국이라 칭하는 십여 개의 반란군들이 생겨났다.

이들 중에 주목해야 할 인물이 항우와 유방이다. 공교롭게도 이들 모두 오늘날의 장쑤성(강소성江苏省) 출신이다. 특이한 점은 이들 모두 다른 반란군 우두머리들과는 달리 자신을 왕에 봉하지 않고 초왕국 밑으로 들어간다. 항우의 숙부 항염이 이끄는 반란세력은 자신들이 왕국을 세우는 대신 초나라의 마지막 왕 웅괴의 손자 웅심을 물색하여 그를 초왕으로 옹립하였다. 웅심을 보고 과거 초나라에서 흩어진 유민들이 우후죽순 그 밑으로 모였고 웅심이 바지사장으로 있는 반란군(초왕국)은 가장 큰 세력으로 급속히 커져갔다.

진제국이 초기에 반란군을 진압하였다면 얘기가 달라졌을 수도 있다. 적어도 이렇게 허무하게 무너지진 않았을 것이다. 하지만 망나니 같은 진 2세 영호해는 듣기싫은 보고를 들으려 하지 않았고 반란군에 대해 사실대로 보고하는 신하에게는 오히려 화를 냈다. 그리하여 한동안 반란군에 대한 아무런 정부의 대응이 이루어지지 않았다. 오히려 많은 병력이 아방궁을 짓는 데 동원되었다. 승상 이사가 여러 번 진언을 하고자 하였으나 만나는 것조차 어려웠다. 결국 이사는 조고의 꾐에 빠져 모함을 당하고 허리가 잘리는 참형에 처해지고 만다.

잘 훈련되고 체계적이었던 진제국 군이 전국 곳곳에 있었음에도 반란군이 이렇게까지 전국을 빠르게 장악한 것이 언뜻 이해가지 않을 것이다. 진승과 오광의 반란이 있은 후로 2년 만에 반란군은 함양의 턱밑까지 오게 되는데 이렇게 된 주요 원인은 진군의 투항에 있었다. 사실 농민으로 구성된 반란군은 제대로 된 병기조차 없었다. 진군의 투항이 곳곳에서 있지 않았으면 일찌감치 진압되었을 것이다.

기원전 206년, 유방이 이끄는 초의 군대가 함양을 공격하였고 병력을 모으지 못한 영영[67]은 유방에게 투항하였다. 이로써 웅장했던 진제국이 이렇게 허무하게 종말을 고한다. 제국 성립 후 16년 만이고 진시황이 죽은 지 불과 4년 만이다.

진(秦)제국 멸망의 원인

진(秦)이라는 최초의 통일왕조가 후세에 주는 역사적 의의는 세 가지가 있다. 하나는 진이 전국(戰國)을 통일한 원동력이 무엇이었는지이고, 둘째는 진제국 수립이 중국인들의 역사에 주는 의미가 무엇이냐는 것이다. 이 두 가지에 대해선 앞선 장에서 이야기를 했다. 또 한 가지 측면은 진(秦)제국이 성립 후 16년, 진시황 사후 4년 만에 완전한 멸망으로 가게 된 이유, 즉 '제국의 취약성이 어디에 있었는가?'이다.

이에 대한 나의 생각은 이렇다. 첫째로, 진시황과 개국공신들은 제국 건설에 너무 흥분했고 조급했다. 하고 싶은 건 많은데 모든 것을 빠른 기간에 완성하려고 하니 엄청난 토목공사를 동시다발적으로 진행해야 했다. 자기 재임 기간에 모든 걸 하려 드는 행태는 정치판에서

67) 황위를 찬탈한 진2세 영호해는 기원전 207년 조고에 의해 암살되고 진시황의 장자 영부소의 아들 영영(진시황의 손자)이 왕위에 오른다. 그는 황제가 되지 못하고 국왕으로 격하되었기에 진3세라 불리지 못한다.

뿐만 아니라 우리가 매일 출근하는 회사 내에서도 어렵지 않게 목격된다. 이에 따르는 부작용은 고스란히 민중들과 후대의 몫이라는 걸 학습해 오면서도 이런 일이 계속 벌어지는 걸 보면 인간의 욕망은 역사의 교훈보다 더 본질적이고 강한 모양이다.

오랜 전쟁으로 지친 민중들은 통일제국 수립으로 일상으로 돌아오고 싶었지만 또다시 엄청난 인프라 건설 사업에 징집되어 노예와 같은 생활을 하게 되었다. 제국 초기에 마땅히 내부의 안정과 백성의 휴식을 우선시했어야 하는데 진시황은 제국의 인프라 건설과 영토 확장을 우선시했다. 측근 조고에게 정권을 찬탈당할 정도로 내부의 상황에 눈이 어두웠던 것이고 이는 밖으로의 근심에 너무 초점을 맞춘 오류에서 비롯된다. 그렇지 않으면 21살에 여불위와 정적들을 제거할 만큼의 정치적 예리함과 결단력을 가지고 있던 그가 조고라는 인물이 후환이 될 거라는 걸 감지하지 못했을까?

흉노와의 전투, 남중국 영토의 영입과 같은 일은 또 하나의 전쟁이나 다름없는 일이었다. 변방의 사령관 몽염이 이끄는 진제국의 군대는 이민족들을 굴복시키는 것에 그치지 않고 가는 길마다 도로를 건설하였다. 이렇게 진(秦)은 짧은 시간에 국가의 모든 자원을 쏟아부었고 이는 민중들의 삶을 더욱 피곤하게 만들었다. 결국 진(秦)왕조는 민중의 지지를 얻을 수가 없었다.

둘째로는, 법치에 대한 잘못된 인식, 맹신, 잘못된 적용이다. 상앙의 변법개혁 이래로 강한 법치에 기반을 둔 진(秦)은 갈수록 기계적이고 그저 형벌에 기반한 변태 같은 법치사회로 변해갔다. 법률을 촘촘하게 짜놓고 거기에 따른 형벌을 무겁게 만들어 놓기만 하면 민중들은 기계처럼 법을 지키면서 살 것이라 생각했던 것이다. 과거 진의 개혁을 이끈 여러 법가 개혁가들, 상앙, 범저 등은 법률과 형벌학의 맹신자들이었고 후에 한비자, 이사 등의 제왕학이 더해져서 제국의 통치철학이 형성되었다.

법률에 의한 통치에 더해져서 민중에게 어필할 수 있는 신앙이나 철학이 있었어야 하는데 진제국은 이것을 간과했다. 전쟁 시기에는 규정과 규율에 의존한 군대와 같은 국가운영이 효과를 발휘했지만 전쟁이 끝나고 평화의 시기가 왔으면 포용적인 국가운영을 했어야 했다. 사상적 포용성을 보이지 않고 제도와 탄압으로만 사회를 유지하고자 한 진제국은 결국 분서갱유라는 역사적 오점을 남겼고 민심의 지지를 받을 수 없었다.

13장
최초의 동란: 초(楚)-한(汉) 내전

기원전 209년 진승과 오광의 난을 기점으로 전국에서 우후죽순 봉기가 일어났고 진제국 전역은 내전의 상황으로 빠져든다. 7년간의 내전 끝에 기원전 202년 유방이 이끄는 한(汉)왕국이 승리하여 서한(西汉) 제국이 성립되었다.

유방과 항우의 초한 내전 시기를 이렇게 말하고 간단하게 넘어갈까 했었다. 앞으로 풀어나갈 개혁의 이야기가 많이 남아있는데 '초한지'로 우리에게 잘 알려진 이야기를 굳이 설명할 필요가 없겠다 싶어서다. 그런데 생각이 바뀌었다. 소설이나 만화, 게임 등으로 익숙한 이야기지만 역사적 의미를 한번 살려보고 싶었다.

진제국이 붕괴되고 한(汉)이 세워지기 전까지의 7년간의 혼란기는 중국 역사상 최초의 동란기이자 내전의 시기이다. 동란은 우리의 역사에서는 그리 익숙한 사회 현상은 아니지만 중국은 매우 많은 동란기를 겪어왔다. 왕조가 바뀔 때마다 거의 어김 없이 동란기를 겪었기에 이들의 역사에서 동란이란 매우 중요한 부분이다. 이것이 초-한 내전의 역사를 위해 한 챕터를 할애한 이유이기도 하다. 역사에서 동란기란 무엇을 의미할까? 중국의 동란기는 짧게는 몇 년에서 길게는 몇십 년을 지속하였다. 그리고 그 사이에 수많은 군인들과 백성들이 희생되었고 도읍은 불탔으며 농지는 황폐화되었다. 동란은 그 어떤 자연재해나 대외 전쟁보다 살상력이 컸다. 그렇지만 동란은 앞선 시대의 문제가 무엇이었는지를 확인시켰고 학습하도록 했으며 눈에 안 띄던 비기득권층 인재를 무대로 끌어들였다. 무엇보다도 기득권층의 권력 이동과 퇴출은 동란이 끝난 후 완전히 새로운 도화지에 새로운 그림을 그릴 수 있게 해 주었다. 지난해 겨울 내가 아는 한 중국인 사업가와 식사를 하는 중에 역사 얘기가 나왔고 어쩌다 보니 동란에 대해 얘기하게 되었다. 내가 "동란은 중국 역사 발전의 동력이었다"라고 했더니 그는 뜻밖의 말이라는 듯 잠깐 생각을 하더니 "일리가 있는 말이다"라며 고개를 끄덕였던 게 생각난다.

유방(刘邦), 최초의 비(非)귀족 제왕

필자가 초한지를 처음 접한 건 중학교 1학년 여름이었던 것 같다. 만화방에서 고우영 화백의 만화 《초한지》를 1권부터 끝까지 빌려와서 우리 가족이 전부 만화 《초한지》에 빠져 있었던 게 기억난다. 만화 《초한지》에서 그려진 유방은 우유부단하고 다소 멍청하기까지 한 한량으로 나왔고 결정적으로 외모도 영 우스꽝스럽게 그려졌는데 그 모습이 너무 깊게 박혀 있어서 지금도 '유방' 하면 그러한 덜떨어진 한량 같은 이미지가 떠오른다.

우리나라 사람들이 가지고 있는 유방에 대한 보편적인 인식은 '영웅'의 이미지보다는 내가 가지고 있던 그런 다소 '한심하기까지 한' 이미지에 가까울 것 같다. 그런데 과연 그럴까? 그러면 유방이 항우를 이길 수 있었던 요인은 무엇이었을까? 초한 전쟁은 실제 어떻게 전개되었으며 어떤 역사적 의의를 가지고 있을까?

유방(刘邦, 기원전 256~기원전 195)은 패현(沛县)의 사수(泗水)라는 곳의 정장(亭长)이라는 하급 관리였다. 패현은 오늘날의 장쑤성 쉬저우(徐州)시에 속해 있는 현(县)인데 지금의 이름도 패현(페이시엔)이다. 장쑤성의 북서쪽 끄트머리에 위치한 쉬저우(徐州)는 위로는 산둥성, 아래로 안훼이성과 맞닿아 있으며 서쪽으로 조금만 가면 허난성에 닿는다. 세 개 성이 인접한 교통의 요지이며 중요한 역사의 무대이다.

정장(亭长)은 관할 범위가 10리(4㎞) 이내의 최하급 관리였다. 지금으로 말하면 촌장 정도라고나 할까. 중국의 제왕 중 평민에서 출발하여 동란을 겪으면서 세력을 눈덩이처럼 성장시켜 끝내는 나라를 세운 사람은 유방과 명왕조의 창립자 주원장 단 둘뿐이다. 만약 한 명을 더 넣으라고 하면 마오쩌둥도 포함시킬 수도 있겠다. 하·상·주, 춘추전국시대, 진을 거치면서 제왕들은 전부 귀족 그룹이 담당해 왔는데 유방은 '평민도 제왕이 될 수 있다'는 최초의 사례를 역사에 보여준 사람이다. 촌장에 불과했던 유방이 어떻게 항우와 그 많은 봉기 세력들을 누르고 한왕조를 세우게 되었을까?

유방의 곁에는 사람이 많았다. 그리고 그는 사람을 믿지 않았다. 이 두 가지는 서로 모순되는 말 같기도 한데 이를 교묘히 잘 융합시켜면 조직이 강해지고 구성원들의 능력이 극대화된다. 이 점에서 그는 조조와 아주 유사하다. 조조도 그의 진영에 인재들이 많았지만 한편으로는 자기 아들도 믿지 않을 정도로 의심이 많아 서로 경쟁시키고 견제시켰다. 유방과 조조의 차이점은 조조는 거기에다 능력까지 갖추었다는 것이다. 조조는 자기 자신에 대한 믿음이 컸고 자신이 세상에서 제일 잘났다고 생각하는 사람인 반면 40이 넘도록 시골의 촌장이나 하던 유방은 그런 생각이 없었다. 어쩌면 유방의 성공 요인은 이런 데에 있었을지도 모른다. 유방이 혼란기의 최종 승리자가 될 수 있었던 데에는 여러 책사와 장수들의 공헌이 있었지만 그중에서도 유방을 따라다니며 분신과도 같이 그를 지원하고 끌어주었던 조력자가 있었기에 가능했다.

창업의 숨은 주역 '소하'

소하(蕭何)는 변혁을 추구하는 통상적 의미의 개혁가는 아니다. 오히려 조심스럽고 신중한 성격으로 가능한 이전의 체제를 그대로 답습하고자 했고 새로운 것을 시도하기보다는 최대한 안정을 추구한 정치인이다. 그렇지만 이 사람이 있었기에 유방이 초-한 내전을 승리로 이끌 수 있었고 한왕조 초기의 정치불안을 잘 넘길 수 있었으며 피폐된 국민경제를 회복시킬 수 있었다. 소하는 후방 역할의 중요성과 안정적인 관리자로서의 역할이 얼마나 중요한지를 역사에 보여준 인물이다.

소하는 초-한 내전시기와 한제국 초기에 걸쳐 13년간 재상을 지내면서 걸출한 정치가로서의 면모와 재능 그리고 적절한 처신을 보여주어 후세의 칭송을 받는 인물이다. 소하는 유방과 같은 강소성 패현 출신으로서 젊었을 때부터 유방을 알고 지낸 친구였다. 유방은 젊었을 때부터 여러 방면으로 소하의 도움을 많이 받았는데 소하의 눈에 유방의 리더로서의 자질과 투자가치가 보였던 모양이다. 유방이 거의 동네 건달과 같았던 시절 지방관리였던 소하는 유방이 치고 다니는 크고 작은 사고를 뒤에서 무마해 주기도 했다. 일례로 유방이 죄수 호송 중에 망탕산으로 도망치자 그 죄를 물어 유방의 부인 여치가 투옥되는데 이때 소하가 관리들을 구워삶아 그녀를 보석으로 석방시켰다. 소하의 업적은 아래 다섯 가지로 이야기할 수 있다.

패현 봉기의 숨은 주역

초-한 내전에서 유방의 여정 중 첫 번째 발판이 된 것은 패현의 현장 자리를 접수하고 '패공'으로 불리기 시작한 것이다. 패현 봉기는 패현의 현장이 당시 몇백 명 정도밖에 안 되는 유방 세력을 굳이 끌어들이고자 한 데에서 시작되었는데 현장에게 그렇게 건의를 한 것은 그 밑의 부하였던 소하였다. 즉, 유방으로 하여금 패현을 접수할 수 있도록 밑밥을 깔아 놓은 것이다. 소하와 번쾌는 그 전부터 이미 유방과 친구였다는 걸 기억하자. 후에 유방을 끌어들이는 것의 리스크를 인지한 현장이 마음을 바꿔먹고 성문을 닫은 채 대치 상태에 들어가자 (이때 현장은 소하, 번쾌가 유방과 친한 사이라는 걸 눈치챘을 수도 있다) 소하와 번쾌는 성을 빠져나와 유방 진영으로 정식 합류한다. 아마도 이때 소하는 패현의 주민들에게 현장을 쫓아내고 새로운 리더를 맞이하자고 이미 여론 작업을 해 놓았을 것이다. 안 그러면 유방이 활로 쏘아 넣은 편지 한 통만으로 주민들이 동요하여 반란을 일으켜 현장을 죽이고 성문을 열어주진 않았을 것이다.

진의 서적 확보

전장에서 소하는 특별한 공을 세우진 못하였으나 그의 일류 정치가로서의 능력은 유방의 부대가 항우보다 먼저 진의 함양에 도착했을 때 발휘되었다. 다른 사람들이 진 함양궁의 금은보화와 미녀들에 눈이 멀어 닥치는 대로 강탈하고 있을때 소하는 곧바로 승상부(丞相府)와 어사부(御史府)로 가서 그 안의 지도와 문서, 법률 서적 등을 모두 가져온다. 뒤늦게 도착한 항우도 남은 것들을 가져올 수 있었지만 이 바보는 궁에 불을 질러 전부 없애버렸다. 자연히 그에게 남은 것은 아무것도 없었다. 항우는 유방에게 지도와 서적을 달라고 할 수도 있었지만 그는 이따위 것들엔 관심이 없었다. 이 힘만 세고 두뇌가 없는 사람은 군사력만으로 천하를 통일할 수 있다고 여겼던 것 같다. 유방 진영은 전국의 각 관문과 요새, 백성들의 호구 정보, 약점과 강점, 인민들의 어려움 등 전국의 군사 정보와 인문 지리 정보를 모두 파악할 수 있었고 이는 후에 항우와의 전쟁에서 엄청난 가치를 발휘했다.

진제국이 구축한 방대한 데이터 베이스는 전쟁이 끝나고 한왕조가 세워졌을 때에 국가의 초기 제도를 세팅하는 데에 있어서도 중대한 참고 자료가 되었다. 소하는 새로운 법률인 《구장률(九章律)》이라는 것을 반포하는데 이는 진의 궁전에서 확보한 법령집들을 참고하고 취사선택하여 제정한 것이다. 진 황궁에서 중요 서적들을 확보한 소하의 남다른 안목이 아니었다면 불가능했던 일이다.

관중 경영

유방으로 하여금 항우와 맞장을 뜰 수 있도록 성장하게끔 만들어준 건 그가 한중왕에 봉해지면서이다. 즉, 한중이라는 지리적 기반이 있었기에 오늘날의 쓰촨 지역(파, 촉)을 개발할 수 있었고 항우가 중원에서 이리저리 전투를 하느라 힘을 빼고 있는 와중에 유방은 서남쪽에서 유유히 힘을 키울 수 있었다. 마찬가지로 항우의 운명을 갈라놓은 계기는 진의 수도 함양 점령 후 관중에 주둔하지 않고 다시 강소성으로 돌아온 것이다.

그러나 한중과 파촉 주민들은 처음에는 유방의 군대에 절대 호의적이지 않았다. 진시황의 강압적 통치와 전란으로 살기가 힘들어졌고 민심이 흉흉해졌기 때문이다. 그런데 소하가 누구인가? 관리와 안정화의 달인 아닌가. 소하는 우선 한중의 민심을 얻기 위해 세금을 낮춰주었고 진나라 때의 엄격한 법률을 완화시켰다. 한중에서 민심을 얻고 안정적으로 정착할 수 있게 되자 유방 그룹은 조금 더 남하하여 곡창지대인 파·촉(쓰촨지역)으로 진출할 수 있었고 이곳은 유방 군대의 병참과 보급원 역할을 톡톡히 수행했다. 후에 유방이 항우를 향해 동진할 때 소하를 관중에 남겨두어 후방 지원을 맡겼는데 유방의 군대가 초군의 진투력에 밀려 번번이 패하면서도 계속해서 싸울 수 있었고 결국은 전세를 장악할 수 있었던 것은 소하가 끊임없이 물자와 병력을 보충해 주었기 때문이다.

전쟁이 끝난 후 유방은 개국 공신들의 급수를 정하여 반포하였는데 이때 전장에는 나가보지도 않은 소하를 1등 공신으로 꼽았고 이에 대해 이의를 다는 대신들이 아무도 없었다고 한다.

한신(韩信) 천거

진이 멸망한 후에도 유방의 세력은 아직 항우와 비교할 수가 없었다. 그래서 유방은 근거지를 파촉으로 물리고 장량의 의견을 받아들여 잔도를 불살라서 자신은 야심이 없으며 한중과 사천분지에서 안주할 것임을 항우에게 보여주었다. 당시 파촉의 상황은 엉망이었고 개발 정도가 낮았다. 그리고 막 이 오지에 도착한 유방의 병사들은 풍토에 적응하지 못했고 많은 이들이 외로움을 이기지 못해 하나둘씩 도망가기 시작했다. 이는 유방 그룹에 있어서 아주 큰 위기였다. 왜냐하면 인재를 잡지 못하면 항우를 이길 수 없기 때문이다.

이때 소하가 사장급 인재를 발굴하고 영입하였는데 그가 바로 한신이다. 그러나 유방은 한신을 보고는 시큰둥했고 이에 실망한 한신은 유방의 군영을 탈영하였다. 소하는 밤하늘 아래에서 말을 타고 달려가서 떠나는 한신을 만류하고 그를 다시 데리고 와서 대장군에 기용하도록 유방을 설득하였다. 이렇게 하여 '소하가 달빛 아래에서 한신을 쫓아가다(萧何月下追韩信 소하월하추한신)'라는 고사가 생겨났다. 한신을 대장군으로 기용한 일이 유방 진영의 군사력을, 특히 공격력을 대폭 증강시켰다는 것은 의심의 여지가 없다. 한초삼걸(汉初三杰) 중에서 장량과 소하가 각각 전략과 관리·운영자로서의 역할을 대표한다면 야전군 최고 사령관인 한신은 전투력을 대표했다.

그러나 재미있는 건 통일 후 한신을 제거하는 데 결정적 역할을 한 이도 바로 소하이다. 유방은 한신을 처음부터 별로 신뢰하지 않았다. 능력이 아쉬우니까 중용을 한 것이지 결코 그를 좋아하지 않았다. 그리고 전쟁 중 보였던 한신의 오만한 행태는 그러한 유방의 불신에 확신을 갖게 해주었다.

유방은 빌미를 잡아 한신을 제거하고자 호시탐탐 틈을 보고 있었고 한신 역시 '이럴 거면 반란을 하겠다'라며 쿠데타를 계획하고 있었다. 내전이 끝나고 6년 후인 기원전 196년 유방이 출정으로 궁을 비운 사이에 한신이 쿠데타를 도모했는데 이 계획을 미리 간파한 소하가 여태후에게 한신을 잡을 계략을 알려주었다. 결국 한신의 쿠데타는 여태후가 쳐둔 덫에 걸려 실패로 돌아가고 그는 사형에 처해진다.

소하는 한왕조 설립에 있어서 빼놓을 수 없는 인물이다. 소하가 없었으면 전쟁에서 이기지도 못했을 뿐더러 설령 이겼다고 한들 왕조의 초기의 병목을 통과하지 못하고 금방 붕괴되었을 것이다. 신중국의 초대 총리인 저우언라이(周恩来)는 소하에 대해 이렇게 평하였다.

유방이 하는 전투마다 지면서도 다시 일어서서 싸울 수 있었던 데에는 소하가 그를 위해 재상으로 있어 주었기 때문이다. 그는 근거지인 관중을 경영하면서 사람이 필요하다고 하면 사람을 대주었고, 돈이 필요하다면 돈을 대주었고, 양식이 필요하다고 하면 양식을 대주었다. 반면 항우는 백전백승하였지만 한 번의 패배를 감당할 수 없었고 결국 한 번의 패배로 여지없이 무너져 내렸다. 그 이유는 항우에게는 소하와 같은 재상이 없었기 때문이다.

유방과 한신의 관계

홍구(鸿沟) 휴전협약의 파기와 한신이 산동성에서 남하하여 항우의 숨통을 죄는 양공작전의 실행 과정에 있어서 유방과 한신 간의 관계를 잘 보여주는 사례가 있다. 한군의 동진을 이끈 사령관 한신은 중원의 위(魏), 한(韩), 조(赵)국을 차례로 접수하고 동쪽의 제국(齐, 산동성)까지 평정한다. 산동을 평정한 한신은 유방에게 전갈을 보내 "이 지역의 질서를 유지하는 데 국왕이 필요한 것 같으니 나를 제(齐)국의 대리왕으로 봉해 주시오"라고 한다. 유방은 "이런 XXX 같으니라고! 내가 저 XX 진작에 알아봤어!" 라고 노발대발하다가 냉정을 찾고 장량의 조언을 받아들여 그를 제(齐)국의 국왕으로 봉한다. 거기까진 그렇다 치는데 방금 얘기한 홍구(鸿沟) 휴전협약을 파기하고 항우 군을 습격하는 데 있어서 산동의 한신이 남하하여 협공을 하기로 되어 있었다. 그런데 한신이 명령을 어기고 출병을 하지 않았고 유방의 본진은 항우의 필사의 반격에 당하고 마는 일이 벌어진다. 본대가 위기에 처해 있는 마당에 한신은 자신에게 더 많은 땅을 봉할 것을 요구하고 있었던 것이다. 유방은 부글부글 끓는 화를 누르고 한신에게 봉지(封地)를 추가할 것을 약속하였고 그제서야 한신은 대군을 이끌고 남하하여 강소성 지역의 항우군 근거지를 모두 점령하였다.

이 일은 유방과 한신이 충성스런 군신 관계가 아니란는 걸 잘 보여주는 예이며 오늘날로 보자면 무슨 스타 선수와 구단주 간에 연봉 협상하는 것 같은 모습을 연상시킨다. 당장이 아쉬웠던 유방이 한신의 요구를 들어주는 걸로 끝이 나긴 했지만 이 일로 인해 유방의 마음속 깊은 곳에는 한신에 대한 씻을 수 없는 경계심과 증오심이 자리 잡게 되었다. 이는 그로부터 9년 후 한신이 모반죄로 연행되어 삼족을 멸하는 형벌을 받게 되는 데 결정적인 역할을 한 사건이라 할 수 있다.

제1차
황금시기

14장
초라하게 시작한 한(汉)

시대에는 그 시대의 문제와 시대의 과제라는 게 있다. 개혁이란 시대의 문제를 인식하고 시대의 과제를 수행하는 것이 아닌가 싶다. 동란을 통해 새로 세워진 한나라는 앞으로 나올 다른 왕조들과 달리 설립 초기에 이렇다 할 개혁 조치를 펴지 않았다. 앞으로 보게 되겠지만 중국의 역사는 왕조가 운명을 다할 때쯤이면 동란, 즉 내전이 일어났고 그 동란을 평정하는 새로운 왕조는 앞선 왕조의 폐단을 학습하여 이에 대한 대대적인 개혁을 폈다. 그러므로 동란을 거쳐서 새워진 왕조의 초기 몇십 년은 개혁을 하기에 가장 좋은 시기이다. 왜냐하면 이때는 구 기득권 세력들이 전부 날아갔고 모든 것을 백지에 놓고 그림을 그릴 수 있는 유일한 시기이기 때문이다.

그럼 왜 한왕조는 건립 초기에 제도적 개혁을 거의 하지 않았을까(또는 못했을까)? 필자는 그 이유를 두 가지로 본다. 하나는 진의 제도를 고칠 필요가 없었기 때문이다. 수십 년에 걸쳐서 할 제도적 개혁들을 이미 진시황이 11년 만에 해버렸던 것이다. 그래서 3공 9경의 중앙

관제와 지방행정조직과 같은 제도들은 진의 것들을 그대로 이어받는 걸로 충분했다. 단지 한왕조는 진의 가혹한 통제와 형벌 위주의 방식은 받아들이지 않았다. 또 한 가지 이유는 한왕조 설립 초기에는 개혁을 추진할 만큼 황권이 강하지 않았던 데에 있다. 창립 멤버들은 새 왕조를 둘러싼 녹록지 않은 국내외 환경에 대응하는 것조차 버거웠다. 서한 초기 5~60년은 크게 아래의 세 가지 문제와 과제를 안고 있었다.

- 전후의 피폐된 경제 회복 문제
- 중앙과 제후 왕국들 간의 갈등과 불균형 문제
- 흉노로부터의 위협

하나하나의 문제가 너무나도 심각하고 방대한 자원이 들어가는 문제들이라 도저히 한꺼번에 해결할 수가 있는 성질의 것이 아니었다. 이러한 한 초기 시대적 문제 해결에 있어서 5, 6, 7대 황제들에 주목해야 한다.

첫 번째 과제인 전후의 경제 재건을 위해서는 왕조 설립 때부터 지속적이고 일관된 휴양생식(休养生息), 여민휴식(与民休息) 정책을 펴왔다. 휴양생식, 여민휴식이란 정부의 간섭과 돈과 노동력이 드는 국가 프로젝트를 최소화하고 민간으로 하여금 생산에 전념하도록 하여 피폐된 경제를 살리는 정책이다. 특히 5번째 황제인 한문제(汉文帝) 때에 와서 가장 적극적으로 추진되었고 그 성과도 뚜렷하였다. 전후의 피폐된 경제를 회복하는 문제가 이때 기본적으로 해결이 된 셈이다.

6번째 황제인 한경제(汉景帝)는 지방의 제후 왕국들과의 전쟁을 승리로 이끔으로써 중앙과 제후왕국 간의 불균형 문제를 해결하고 중앙집권을 실현하였다. 두 번째 과제가 이때 해결된 셈이었다. 5번째와 6번째 황제 때에 와서 한의 경제가 최고조에 달했고 민중들의 삶이 풍족해졌기에 이 시기를 '문경의 치(文景之治)'라 칭한다. 이때(기원전 180~기원전 141)는 서한의 '경제적 전성기'라 할 수 있다.

첫 번째와 두 번째 문제가 해결되자 중국은 드디어 흉노에 대한 반격을 개시하고 활발한 대외 확장 정책을 펼치는데 그 주인공이 바로 7번째 황제로 우리에게 잘 알려진 한무제(汉武帝)이다. 56년이라는 긴 재위 기간 동안 흉노와 수많은 전쟁을 하고 동서남북으로 거침없는 확장을 한 끝에 그의 재위 시기에 중국의 영토는 두 배 이상 넓어졌다. 이때가 서한의 '군사·외교적 전성기'였고 중국이 드디어 대외확장으로 눈을 돌리는 시기였다. 그렇지만 넓은 영토와 맞바꾼 것은 한 정부가 그간 이루어 놓은 경제적 풍요로움이었다.

그럼 1, 2, 3, 4대 황제 재위 시기는 어땠는가? 한고조 유방이 7년 동안 재위한 후 2대부터 4대까지 세 명의 재위 시기를 합쳐봐야 15년 밖에 되지 않는다. 그 말인 즉슨 정치 혼란기라는 뜻이다. 중국은 매 왕조마다 왕조 초기의 정치 병목 시기가 있었는데 한왕조도 예외는 아니었다. 기원전 195년에 한고조가 죽고 2대 황제 혜제가 즉위했다. 이때부터 4대 황제까지 15년간은 유방의 아내 여치가 태후가 되어 섭정을 하던 외척정치 시기이다.

제국의 취약성

기원전 202년, 내전을 평정한 유방의 한(汉)왕조는 사실 매우 초라하게 시작하였다. 진시황이 어렵게 영토로 편입한 광활한 중국 남부지역(오늘날 푸지엔성, 광동성, 광시성, 후난성 남부)이 혼란기를 틈타 전부 독립하였고 새로 성립된 한제국은 이들을 다시 편입시킬 힘이 없었다. 그래서 막 성립한 서한의 영토는 진제국 영토의 3분의 2 정도밖에 안 되었다. 그런데 서한이 진제국에 비해 후퇴한 게 이게 다가 아니었다. 서한 왕조는 군현제와 분봉제가 혼합된 행정체제를 가지고 시작하였다. 쉽게 말하면 중앙의 통제를 받는 행정구역이 있는가 하면, 동시에 독립된 왕국이 혼재되어 있었다는 것이다. 어쩔 수 없이 그렇게 시작할 수밖에 없었다. 왜냐하면 세력이 작았던 유방은 항우로부터 봉해진 서초왕국 제후들과의 M&A를 통해 세력을 키워나갔는데 그 과정에서 이들에게 분봉을 약속했기 때문이다. 주가 상을 전복하면서 자신을 도운 친족과 부락장들에게 분봉을 한 것과 같은 이유이다. 이에 더하여 초한 내전 후반에 한신(韩信), 팽월(彭越) 등 몇몇 지역사령관에게 분봉을 하여 이들을 제후국의 왕으로 만들어 놓았기 때문이다. 이는 물론 내키지 않는 일이었지만 이들이 분봉을 요구했고 급박하게 돌아가는 상황에서 용병 장군들에 대한 회유책으로 어쩔 수 없이 내린 결정이었다. 초한 내전 이야기 끝부분에서 이 상황에 대해 설명하였고 그래서 나는 한신을 '용병'이라고 불렀던 것이다. 이들이 유(刘)씨가 아닌 다른 성을 가진 제후라고 해서 후세 사가들은 이들을 '이성제후국(异性诸侯国)'이라고 명명한다. 이렇게 하여 한왕조는 성립과 동시에 일곱 개의 자치 국가가 생겼고 이들은 제국 영토의 절반에 달했다.

서한 성립 직후의 영토(점선 부분은 7개 이성제후왕국)

문제는 이들 제후왕국들의 영토가 전부 비옥한 평야지대이고 정작 한왕조가 직접 통치하는 지역은 산악지대이거나 척박한 땅이었다는 것이다. 생산력에 있어서 노른자 땅을 전부 제후국이 가지고 있었던 것이다. 또한, 제후왕국은 군(郡)보다 상위 개념이었고 이들은 자체 정부와 자체 군대를 보유하고 있었다. 자체적으로 세금을 징수하였으며 심지어는 자체 화폐를 발행하여 유포시키기도 했다. 제후국의 국왕은 황제를 제외한 가장 높은 지위에 있는 존재였고 제후국 안에서 이들은 제왕과 같은 권력을 행사하고 있었다. 이러한 상황은 한왕조의 존엄과 중앙권력을 심각하게 위협하고 있었으며 이들과 중앙의 충돌은 피할 수 없는 운명이었다. 사실상 이들 7개 이성제후국이 제압된 후에야 진정한 통일제국이라 할 수 있었다.

결국 유방은 독한 마음을 먹고 이성제후국(异性诸侯国)을 손보기로 한다. 하지만 한신과 팽월 같은 거물급 개국공신을 제거하는 일은 쉬운 일이 아니었다. 사실 이성제후국을 멸하는 데는 여황후(여치)가 뒤에서 막후 역할을 했다. 이때부터 여황후가 이빨과 발톱을 드러내고 정치 무대로 나서기 시작한다.

기원전 196년, 유방이 천희라는 지방 장관의 반란을 진압하러 친히 출정을 하여 궁을 비운 사이 여황후는 한신과 팽월을 모반의 죄를 물어 급습하여 체포하였고 이들의 삼족을 멸하였다. 한신과 팽월이라는 양대 산맥이 무너지자 나머지 제후들은 두려움에 빠졌고 군대를 소집하여 맞섰으나 이들은 곧 정부군에 의해 제압되었다. 그런데 사실 한신을 잡을 계략을 여황후에게 제공한 사람이 소하였다. 한신은 자신을 영입했던 소하가 자신을 치리라고는 생각지 못했던 것 같다. 그래서 '성공도 소하 때문이고 실패도 소하 때문이다(成也萧何, 败也萧何)'라는 고사가 나왔다. 이로써 소하가 한 정부에 한 공헌에 '이성제후국 진압'이라는 공이 하나 더 추가된다. 이렇게 이성제후(异性诸侯) 소탕 작전은 성공하였고 이들은 모두 제거되었다.

이성제후들이 모두 없어졌으니 이제 중앙이 직접 통치하는 군현제를 전국적으로 실시하였느냐 하면 그게 아니었다. 그 이유는 두 가지였다. 첫째, 당시의 한 정부는 아직까지 동쪽과 남쪽의 넓은 지역을 통치할 만한 힘이 없었다. 둘째, 한고조(유방)의 생각에 주왕조는 분봉 때문에 망했고 진왕조는 분봉을 안 해서 망했다. 진왕조가 주요 지역에 황실의 친인척들로 분봉을 했더라면 그리 쉽게 무너지지는 않았으리라 생각한 것이다. 그래서 나온 방안이 이성제후국들의 자리에 모두 류씨 성의 친인척들을 앉힌 것이다. 이성제후국의 영토와 시스템이 그대로 유지된 채 동성제후국(同性诸侯国)이 만들진 것이다. 이들은 이성제후를 멸할 때 공을 세운 유방의 아들들과 조카들이었다. 이리하여 한왕조의 지방 행정체제는 주나라와 진나라를 반반씩 섞어놓은 것과 같았다. 어찌 보면 맞는 말도 같은데 유방이 예측 못한 게 하나 있었다. 혈연 관계란 게 시간이 오래 흐르면 희석되어 남과 별반 다름없는 사람이 되기 마련이고 어떤 경우에는 남만도 못한 관계가 될 수도 있다는 것이다.

이들은 유방의 가까운 혈족이었기에 한과 유방에 충성하였다. 유방과 이들은 '만약 다른 성을 가진 자가 제후가 되면 천하가 그를 벌할 것이다'라는 맹서를 하기도 했다. 이들과 한 정부 간의 트러블은 한동안 없었고 이대로 순조롭게 나라가 굴러가는 듯했다. 유방이 죽기 전까지는 말이다.

여태후(吕太后)

유방은 기원전 195년에 죽었다. 여치(吕雉)가 난 아들 유영(刘盈)이 뒤를 이어 혜제(惠帝)가 되었고 여치는 태후가 되었다. 이로부터 여치가 죽는 기원전 180년까지 15년간 한왕조는 여태후의 천하가 된다.

중국역사를 통틀어서 천하를 호령한 세 명의 여성 통치자가 존재했다. 지금 나오는 여태후와 당왕조의 무측천, 청말기 자희태후(서태후)가 그들이다. 이 중 무측천만이 실제로 황제로 등극하고 국호를 바꾼 진짜 여황제이고 여태후와 자희태후는 왕조는 그대로 유지한 채 태후의 신분으로서 실권을 움켜쥔 경우이다. 그러나 여태후의 경우 자신이 황제로 등극하지 않았다 뿐이지 그 위세와 장악력은 무측천에게 절대 뒤지지 않는다. 그나마 성인이었던 혜제는 어머니의 위세에 눌리긴 했어도 황제로서의 최소한의 역할은 했다고 할 수 있다. 그렇지만 3대와 4대 황제는 네 살밖에 안 되는 어린 아기들이었기에 여태후가 황제나 마찬가지였다.

여태후는 하마터면 태후가 되지 못할 뻔했다. 한때 유방이 총애한 둘째 부인 '척부인(戚夫人)'의 아들로 태자를 바꾸려고 했었기 때문이다. 여치는 자기 아들의 태자 지위를 사수하려고 갖은 수를 써서 결국은 유방의 의지를 꺾었다. 이 과정에서 소하가 여치에게 결정적인 도움을 주는 등의 스토리가 있긴 하지만 생략하겠다. 여치가 그토록 악독한 정치가로 변한 것은 아마도 이 사건이 계기가 되었을 것 같다. 여치는 유방이 전장을 누비며 대업의 길을 걷고 있을 때 자식들과 노부모를 돌보며 갖은 고생을 한 여자이다. 유방이 망탕산으로 숨어들어 갔을 때 여치는 남편 대신 감옥에 갔고 유방이 항우를 향해 선전포고를 하자 항우는 고향에 남겨져 있는 여치를 인질로 삼았다. 이제 남편 덕을 보려 하니 남편은 젊은 여자들에게 둘러싸여 있는 것이 아닌가! 그것까지는 참을 수 있었는데 아들의 태자 지위까지 흔들려고 하는 건 도저히 참을 수가 없었다. 여치가 무서운 태후가 되어 복수를 하고 조정을 외척으로 전부 발라버린 게 그녀만을 탓할 문제는 아닐 듯하다.

유방이 죽자 태후가 된 여치는 유방의 모든 후처(妃)들을 궁 안에 가둬두고 나가지 못하게 했다. 그리고 척부인은 '인간돼지(人彘)'라는 잔인한 형벌로 죽인다. 척부인은 중국역사에서 가장 잔인하게 죽은 여인 베스트 5 중 항상 1등에 선정되는데 이는 '인간돼지' 형벌이 얼마나 잔인했는지를 짐작할 수 있게 한다.

혜제 유영(刘盈)은 본래 성격이 유약해서 황제가 된 후에도 '센 엄마' 밑에서 기를 펴지 못하고 눈치만 보고 있었는데, 여태후가 그를 데리고 인간돼지가 되어 변소 밑을 기어다니는 척부인을 보게 하자 이에 충격을 받은 그는 그만 우울증에 걸려버린다. 유영은 7년간 재위하고 23세의 젊은 나이에 우울증으로 세상을 뜬다.

이 밖에도 여태후의 피도 눈물도 없는 독한 면을 보여주는 스토리는 여럿 있으나 다 이야기하진 않겠다. 그녀는 자신의 정치적 목적을 달성하기 위해선 개국공신이나 유방의 배다른 아들들은 물론이고 심지어 자신의 피붙이라도 개의치 않고 희생시키는 비인간적이며 무서운 모습을 보였다. 조정의 대신들은 물론이고 봉국의 왕으로 있는 유방의 아들들조차도 여태후에게 납작 엎드리고 그녀의 비위를 맞춰 목숨을 부지하기에 바빴다.

여태후는 조정의 거의 모든 요직을 자신의 오빠, 동생 등 여씨로 도배해 버렸다. 중요 자리를 자기 사람으로 박아 넣는 행태의 갑은 무엇보다도 친아들 유영으로 하여금 조카와 결혼하게 한 일이다. 여치에게는 아들과 딸이 하나씩 있었다. 자기 딸의 딸, 즉 외손녀를 자기 아들과 결혼시킨 것이다. 그렇게 함으로써 향후 후환이 될 수 있는 황후

자리를 자기가 완전히 컨트롤할 수 있는 사람으로 박아 버린 것이다. 황제 유영은 이 일을 계기로 세상을 사는 희망을 잃은 사람처럼 변했고 우울증은 더더욱 깊어졌다.

혜제는 자기 조카와 잠자리를 하지 않았던 모양이다. 아니면 조카가 불임이었던지 이들 사이에 자식이 없었다. 여태후는 황후로 하여금 가짜 임신을 하게 한 후 궁녀로 하여금 아들을 낳게 하여 이를 태자라고 속였다. 물론 그 궁녀는 아들을 낳자마자 죽었다. 그가 3대 황제가 되는 유공(刘恭)인데 혜제가 죽자 네 살밖에 안 된 유공이 황제로 즉위했다(너무 어려서 소제少帝라 불렀다). 이로써 여태후는 실질적인 황제가 된다.[68]

여태후는 조정의 대신뿐만 아니라 이제는 여씨들을 봉국의 왕으로 봉하기 시작하였다. 이로 인하여 한제국의 제후국들은 여씨가 왕으로 있는 제후국들과 원래의 유씨 제후국들이 병존하기 시작했다. 이는 여태후도 선을 넘은 것이었다. 과거 한고조와 맺은 맹약(절대 다른 성을 가진 사람을 제후로 봉하지 않는다)을 위반한 것이었고 이에 제후왕들은 술렁대기 시작한다. 이는 유씨 제후왕국들을 단결하게 만들었고 결국 기원전 180년에 여태후가 죽자 유씨 제후왕국들이 행동을 개시한다. 이들은 군대를 이끌고 여씨 제후국들을 공격하여 점령한 후 조정으로 진격하여 여씨들을 모조리 처형했다. 천하를 손아귀에 쥐고 흔들었던 여씨그룹도 창업자 여태후가 죽자 한순간에 날아갔다.

여씨그룹 섬멸에 성공한 유씨그룹은 여태후에 의해 만들어진 4대

68) 서한왕조의 3, 4대 황제를 여태후라고 하는 사가와 사서들도 있다.

황제 후소제(后少帝)를[69] 인정할 수 없다하여 그를 폐하고 다른 황제를 옹립하였다. 외척세력에 뼈저리게 당한 유씨그룹은 이번에는 종친 중에 외가쪽 세력이 가장 변변치 못하면서도 성격이 유한 사람을 선정하였는데 그가 바로 5대 황제 한문제(文帝) 유홍(刘恒)이다.

서한 초기의 3대(大) 정치 그룹

내전을 평정하고 한왕조의 개국황제가 된 유방에게 진시황과 같은 전제 권력은 없었다. 만약 항우가 승리하여 그가 황제가 되었더라면 조금은 달랐을지 모른다. 그러나 유방은 원래 정치적 자산이 없었고 그가 승리할 수 있었던 이유는 여러 세력들과 M&A를 했기 때문이다. 이러한 내부 권력구조는 내전이 끝난 후 새 왕조가 세워졌을 때 서로의 지분 싸움을 예약해두고 있었다. 그리하여 서한 초기에 세 개의 거대 정치 그룹이 형성되었는데 그들은 공신그룹과 여씨 외척그룹 그리고 유씨 종친그룹이었다.

공신그룹은 두 부류로 나뉜다. 하나는 원래부터 유방의 사람이었던 부류와 유방과 아무 상관이 없는데 전쟁 중에 손을 잡은 부류이다. 전자는 소하, 조참, 주발, 번쾌 같은 사람들이고 후자는 한신, 팽월 같은 용병들과 자신의 군대를 가지고 있던 봉기세력의 수장들이었다. 당연히 유

69) 기원전 188년에 궁녀에게서 나온 네 살짜리 유공(刘恭)이 3대 황제 소제(少帝)가 되나 재위 4년 만에(여덟 살에) 여태후에 의해 암살당한다. 이후 여태후는 자기가 통제할 수 있는 유씨 친족 유홍(刘弘)을 데리고 와서 4대 황제로 만들었고 그를 후소제(后少帝)라고 했다.

방에게는 후자 부류가 부담스러운 존재였고 이들에게는 왕(王)의 작위를 주었다. 그리고 전자 부류의 공신들에게는 후(侯)의 작위와 조정 대신 자리를 주었다.

그러나 이들 7명의 공신제후왕들은 곧 여태후를 중심으로 한 외척 그룹에 의해 타도된다. 일곱 제후왕 중 가장 힘이 없는 한 명을 제외하고 여섯 명이 모두 잡혀서 사형에 처해졌고 그 후 조정은 여씨 외척에 의해 장악되었다. 여태후에게는 오빠가 두 명 있었는데 그들과 그들의 아들들(여태후의 조카)이 초한 전쟁에서 혁혁한 공을 세웠고 한이 세워진 후에 이들은 군의 요직을 맡고 있었다. 유방의 고향 후배인 번쾌는 여치의 여동생과 결혼하였기에 공신이자 외척 그룹이었다.

이성제후왕을 제거하는 과정에서 유씨 종친들도 활약했고 유방은 이들을 제후왕으로 책봉하여 황권강화의 한 축으로 삼으려 했다. 그래서 유방 사후에는 '안에서는 외척, 바깥에서는 종친', 이렇게 두 그룹이 균형을 이뤘으나 얼마 후 종친들에 의한 공격이 이루어진다. 이들은 군대를 가지고 있지 않았기에 군을 지휘하는 조정 세력과 손을 잡아야 했는데 유씨 종친왕들과 손잡은 조정 세력이 바로 진평, 주발과 같은 원래 공신 원로들이었다.

경제를 회복하자! 휴양생식, 무위정책

오랜 전란을 끝내고 한왕조가 세워지긴 했으나 당시 중국은 그야말로 '개털'이었다. 내전은 나라의 경제를 그 무엇보다도 심하게 황폐화시키고 인구를 급속도로 감소시키는 최대 재앙이다. 내전 시기에는 사회의 질서유지와 치안 기능이 전혀 작용하지 않았기에 민중들은 생산활동에서 손을 놓고 봉기 세력에 들어가거나 봉기군을 피해 유랑을 가야 했기 때문이다. 오히려 장기간에 걸친 국가 간 무력 대치 상황인 춘추전국시대에 인민들은 자기 주거지에서 일상의 생산활동을 할 수 있었고 춘추전국시대에 걸쳐 중국의 인구는 꾸준히 증가하였다. 통일 진제국 성립 후 11년째인 기원전 210년의 인구 조사에 의하면 중국의 인구가 3,000만 명으로 올라섰고 세계 인구의 15%에 달했다. 그랬던 것이 내전이 끝난 기원전 202년에는 1,650만으로 거의 반 토막이 났고 세계 인구의 8.66%밖에 안 되었다.[70] 내전이 국민 경제에 가져다 주는 파괴력은 후에 서한이 망하고 동한이 세워지기까지의 혼란기에서도 여실히 드러난다. 인구가 그렇게 줄어들었으니 경제력은 당연히 최저점이었으며 인민들의 삶은 피폐해졌고 피로는 극에 달했다. 한왕조의 급선무는 제국의 경제력과 인구 수를 회복하여 국가의 원기를 되찾는 일이었다. 그리고 그렇게 하기 위해선 민중들로 하여금 일상으로 돌아와 생산에 참여하도록 해야 했다.

소위 '여민휴식(与民休息)' 또는 '휴양생식(休养生息)'이라 불리는 이 정책은 세금부담과 노동력 차출을 줄여서 인민들로 하여금 농업 생산에 전념하도록 하고 인민의 부담을 최소화하기 위해 정부의 간섭과 정부사업을 최소화하는 것이다. '정부는 아무것도 하지 말고 민간이 알아서 하도록 내버려두자'라는 도가의 '무위(無爲)사상'이 한왕조 초기 50년

70) 葛剑雄, 『中国人口史』, 复旦大学出版社, 2002.

을 지배했다. 정부 사업이 없으니 부역에 징집되지 않고 농업에 전념할 수 있었고, 세금이 줄어들었으니 민중들의 의욕이 고취되었다. 오늘날의 경제 재건 활동이라 하면 정부가 인프라 건설 사업을 발주하여 고용을 늘리고 건설 경기를 활성화하는 방법들이지만 옛날에는 건설 사업에 투입되는 인력은 전부 무임금 노동력 제공인 '부역'이었다. 부역이란 노동력으로 내는 세금의 일종이다. 그러므로 정부가 건설 사업을 많이 하는 것은 민중들에게 세금을 많이 걷는 것과 다름이 없었다. 또한 당시의 경제 재건의 핵심은 '농업 생산력 확대'에 있었고 이를 위해선 부역에 차출되는 인력을 최소화해야 했다. 그렇기 때문에 당시 정부는 궁궐의 부숴진 기왓장을 올리는 데에도 조심스러워 해야 했다.

또한 잔인한 형벌을 없애고 민중의 생활을 제한하는 법을 간소화하여 민중들에게 좀 더 자유를 주었고 진왕조의 분서 사건 이래로 실시해 온 '개인의 서적 보유를 금지하는 법'을 폐지하였다. 오늘날로 따지자면 경제를 부흥시키기 위해 영업활동을 제한하는 규제를 대폭 완화하고 출판물이나 사상의 자유를 넓혀주는 정책과 같다.

'여씨의 난'을 종식시키고 제후 왕들에 의해 선출된 문제(文帝) 유항(刘恒)은 유방의 네 번째 아들이다. 그는 오늘날 산시성 타이위엔(太远)의 대(代)라는 왕국을 봉지로 받아 거기서 튀지 않는 행보를 해오던 사람이다. 조심스럽고 신중하며 부드러운 성격을 가진 그는 황제가 되자 경제회복과 민생에 부담 요인을 완화하는 데 모든 것을 쏟았다. 텅빈 국가 곳간으로 시작한 한은 문제와 경제 시대에 와서 곳간에 식량이 넘쳤고 돈이 넘쳐났다고 한다. 그래서 문제와 그의 아들 경제 두 황제 제위시기를 가리켜 '문경의 치(文景之治, 기원전 180~기원전 141)'

라고 부른다.

한문제와 한경제 시기의 경제적 풍요로움에 대해 《한서》에서는 이렇게 묘사한다.

문제와 경제 2대를 거친 축적으로 수재나 한재 같은 것이 아니라면 백성들은 모두 자급자족할 수 있었고 빈곤한 지역이 존재하지 않았다. 당시 사람들의 생활에서의 행복은 양식과 돈 이 두 가지로 가늠할 수 있는데 이 둘을 들어 설명할 수 있다. 도성과 각 봉지(제후국)의 식량 창고가 전부 꽉 차서 식량을 쌓아 놓을 데가 없었고 바깥에다 쌓아 둬서 부패하였다. 원조를 요하는 어떠한 지방도 없었기에 어쩔 수가 없었다. 장안의 돈도 마찬가지였다. 수백 만의 돈이 축적되어 돈 꾸러미가 흐물흐물해져서 떨어져 흩어지는 돈을 셀 수가 없었는데 대략적으로 백만 전(钱) 정도라고 할 수 있다.

7국의 난

'7국의 난'은 건국 초기 행해진 한신, 팽월 등 일곱 명의 이성제후들을 제압한 사건과 이름은 비슷하지만 이보다 40여 년 후의 일이다. 그렇지만 그 본질은 크게 다르지 않았다. 앞서 설명했듯이 서한이 가지고 있넌 고질직인 문제는 지방 행정 체제에 있어서 본의 아니게 진의 군현제와 주의 분봉제를 혼합한 행정 체제를 가지고 있었다는 데 있다. 더 큰 문제는 제후 왕국과 중앙 직할 군과의 불균형이었다. 십여 개의 제후 왕국들은 영토와 인구 면에서 중앙 직할 지역을 훨씬 능가하였고 이들은 자체적으로 화폐를 주조하고 철과 소금을 생산하는 등 중앙의 통제에서 완전히 벗어나 있었다. 당시 서한은 전국을 54개 군(郡)으로 나눴는데 이 중 중앙 직할은 15개 군밖에 없었고 39개 군이 제후국들의 소유였다. 그중 제(齐), 초(楚), 오(吴) 세 제후 왕국의 영토가 서한 영토의 3분의 1에 달했다. 또한 서한 초기 인구 1,300만 명[71] 중 중앙 직할 군의 인구는 450만 명밖에 안되었고 나머지 850만 명이 제후국의 영토에 있었다고 한다.[72] 한제국은 무늬만 제국일 뿐 실제로는 전혀 제국이 아니었다.

여태후가 죽는 기원전 180년에 제후국 왕들이 여씨 조정을 뒤엎어 외척 정치를 끝냈고 그들 중 하나였던 유항(刘恒)을 옹립하여 그가 5대 황제 문제(文帝)가 되었다. 그러면 이후의 수순은 어느 정도 예측이 가능하다. 제후 왕들의 세력이 엄청나게 세지는 것이다. 기세 등등한 이들 제후국들은 한고조 시절 이성제후국이 보였던 행태를 넘어서서 중앙을 우습게 보고 자신들의 왕국을 구축하였다. 게다가 몇 대 황제를 거치면서 황제와 이들 간의 혈연적 거리도 점점 멀어져 갔기에 이들의 중앙에 대한 충성심은 희석될 수밖에 없었다. 이제 이들과 중앙정부와의 충돌은 불가피한 수순이었다.

문제(文帝)는 성격도 유했을 뿐더러 제후들이 옹립해서 즉위한 황제이므로 이들에게 강경한 입장을 취하기 어려웠을 것이다. 그러나 아들 유계가 황제(경제 景帝)가 되자 상황은 달라진다. 경제 때는 경제력

71) 당시 서한의 영토에서 독립한 화남 지역 인구는 제외했다.
72) 刘国石,『七国之乱, 八王之乱, 安史之乱之比较』北华大学 古籍研究所, 2000.6.

이 상당 수준 회복을 하였고 황권도 안정이 되었을 때라 한(汉) 중앙 정부가 예전과 같이 호락호락하지 않았다. 보위에 오른 경제는 안하무인 격인 동쪽의 제후왕들을 손봐주지 않으면 안 되겠다는 생각을 하고 있었는데 이때 이 두 세력 간 충돌의 도화선이 된 일이 발생한다. 어사대부 조착(晁错)에 의해 '삭번책(削藩策)'이 발표된 것이다. '번(藩)'이란 제후의 영토나 변방 지역을 뜻하므로 삭번책은 제후왕들이 영토를 삭감하는 정책이다. 이때까지만 해도 황제는 이 정책이 이렇게나 큰 반발을 불러일으킬지 예상 못하고 있었다. 삭번책은 황제의 재가를 얻어 실행되었고 이에 따라 중앙정부는 이런 저런 이유를 들어 각 제후 왕국들의 봉지(封地)를 삭감하기 시작했다.

삭번책에 반발한 7개의 제후국이 반란을 일으킨 게 '7국의 난'이다. 이리하여 제후국과 정부군 간의 내전이 다시 일어났고 이들은 봉국 내 모든 성인 남자들과 흉노(匈奴), 민월(闽越) 등 이민족까지 끌여들인 병력을 이끌고 조착(晁错)을 참할 것을 요구하며 서진하였다. 그런데로 잘 유지해오던 한왕조는 다시 한번 큰 위기를 맞는다.

처음에는 경제(景帝)도 회유책으로 이들을 잠재우려 했다. 그래서 삭번책을 제안한 재상 조착(晁错)을 참하였다. 물론 그 전에 조착이 경제의 눈밖에 나는 일이 있기도 했지만 무엇보다도 삼촌, 사촌뻘 되는 제후들과 피를 보고 싶지는 않았기 때문이다. 그러나 조착을 죽였는데도 불구하고 제후왕국 연합군은 진군을 멈추지 않았다. 제후 왕들은 조착을 원한 게 아니라 반란을 하고자 한 것이다. 그래서 이들은 자기들을 동제(东帝)로 칭하고 한왕조와 대등한 지위가 될 것을 요구했다. 나라를 둘로 나누자는 것이었다.

일곱 제후들은 자신들의 군사력을 과신하고 한의 중앙정부를 너무 얕잡아봤던 것 같다. 그러나 경제(景帝) 때의 한(汉)정부은 예전의 한(汉)정부가 아니었다. 경제는 드디어 무력 진압을 결정한다. 제후 연합군은 겉으로는 대단해 보였지만 핵심인 초(楚)와 오(吴)를 제외하면 모두 급조된 아마추어 군대였고 반면 잘 조직된 정부군은 생각보다 강했다. 정부군은 제후 연합군을 3개월 만에 모두 제압하였다(기원전 154년).

7국의 반란을 완벽하게 진압한 것은 한왕조에 있어서 매우 큰 전환점이 되었다. 반란을 도모한 일곱 제후들은 당연히 모두 죽었고 그들을 따르던 세력들은 다시는 일어설 수 없는 타격을 입었다. 한왕조는 제후국을 완전히 없애는 대신 그 자리에 다시금 황가의 친인척들을 제후로 보냈는데 이번에는 사정이 완전히 달랐다. 제후국의 영토는 대폭 삭감되었고, 제후국의 왕들에게 행정권, 인사권, 세금 징수권을 주지 않았다. 통치권은 '국상(国相)'이라는 총독와 같은 존재에게 주어졌는데 각 제후국의 국상은 중앙정부에서 파견했다. 이제 봉국의 왕은 오늘날 입헌군주제 국가의 국왕과 비슷한 처지가 되었다. 이들에게는 중앙정부에서 정한 액수만큼 조세를 걷게 하여 그걸로 녹봉을 대체하도록 하였다. 이로써 한왕조는 진정한 중앙집권체제를 구축하게 된다.

중앙집권체제를 공고히 한 한왕조의 국력은 한층 강대해졌고 정치, 경제적으로 안정적인 상태에 이른다. 다음 타자인 7번째 황제 한무제(武帝)는 오늘날로 말하자면 '강한중국'이라는 캐치프레이즈를 내걸고 거침없는 대외 확장정책을 펼친다. 이로써 서한은 전성기를 누리게 되는데 이 모든 것이 '7국의 반란'을 진압하여 내환을 없앤 것이 기반이 되었다.

15장

한무제(汉武帝)

중국인들에게 역사를 통틀어서 '가장 위대한 군주'를 꼽으라면 누구를 가장 많이 꼽을까? 아마 열 명에게 물으면 서로 각각의 이름이 나올지 싶다. 400여 명의 제왕들 중에 '위대한'이라는 모호한 개념으로 최고를 뽑는 것은 매우 주관적인 문제이기 때문이다.

그렇지만 '중국을 가장 강성하게(powerful) 만들었던 군주가 누구냐?'고 다시 묻는다면 의견이 서너 명의 황제로 좁혀지리라 생각된다. 그리고 다시 한번 '가장 호전적이었던 군주가 누구였던가?'를 물으면 이 사람을 지명할 가능성이 크다. 그가 바로 한무제(汉武帝)이다. 이것은 나의 가설이므로 꼭 그렇다는 건 아니다. 그렇지만 '호전적'이라는 단어만큼 한무제를 표현하는 데 어울리는 말이 또 있을까?

중국 역사에서 한무제가 가지는 의미

한무제를 위해 한 장(章)을 할애해야 할지 고민이 많았다. 그가 개혁적 인물인지 아닌지에 대해 확신이 서지 않았기 때문이다. 하지만 한무제를 건너뛰고 서한 역사를 말한다는 것은 아무리 생각해도 어불성설이다. 서한의 7번째[73] 황제 한무제는 기원전 141년에 즉위하여 기원전 87년까지 무려 54년을 재위했다. 그의 재위 기간은 서한 역사의 4분의 1에 해당한다. 중국 역사에서 50년을 넘게 재위한 황제는 손에 꼽을 정도로 적다. 우선 병이 없이 장수해야 하고(한무제는 70살까지 살았다), 또 하나는 정치가 안정되어 있어야 한다. 안그러면 칼을 맞아 죽을 수도 있기 때문이다.

자 이제 한무제가 보좌에 앉아 있었던 반세기 동안에 무슨 일이 있었고 이는 중국 역사에서 어떤 의미를 가지는지 이야기해 보도록 하자. 다음은 한무제(汉武帝) 재위 시기의 역사적 키워드를 뽑아본 것이다.

'중앙권력강화', '유가사상 국교화', '지방인재 선발제도 도입(찰거제)', '국립대학 태학 설립', '사방으로 영토확장', '흉노에 대한 북벌', '고조선 점령', '서역개척(장건)', '사마천 사기 편찬', '화폐 개혁', '무고의 화(巫蛊之祸)' 등등.

긴 재위 기간만큼이나 그는 많은 일들을 추진하였다[74]. 한무제를

73) 2대 한혜제(惠帝)의 뒤를 이은 3대(소제)와 4대(후소제)를 인정하지 않고 한문제(文帝)를 3대 황제로 간주하는 사서도 있다. 이 경우 한무제는 5번째 황제가 된다.
74) 위에 열거된 사건들 중 '사기 편찬'은 한무제 때의 일이지만 그가 추진한 사업은 아니다.

시작으로 한은 왕조 초기의 회복과 안정화 시기를 끝내고 왕조 중기로 접어든다. 한무제 이전까지 서한의 정책 기저를 이룬 사상은 도가의 '무위(無爲)'였다. 도가 사상[75]이 어떻게 정책에 반영된다는 건지 감이 안 잡힐 수도 있지만 도가의 무위 사상이 정책에 반영되면 그것은 곧 '규제 완화', '자유 방임', '작은 정부', '방어적 대외 정책' 등을 뜻한다고 보면 된다. 그러나 한무제에게 있어서 국가가 아무것도 안 하고 줄곧 수동적인 입장을 취하는 것은 있을 수 없는 일이었다. 개국 후 60년간 지속되었던 '무위(無爲)' 정책은 한무제 때에 와서 '유위(有爲)'로 전환되었고 위에 열거한 수많은 일들이 반세기 동안 전개되었다.

한무제에 대한 평가는 양면적이다. 앞서 말했듯이 한 시대에는 그 시대의 과제가 있다. 건국 초기 서한이 직면한 시대과제 중 이제 하나 남은 것이 '흉노를 어떻게 할 것인가'인데 한무제는 이 과제를 자신의 방식대로 아주 잘(?) 해결한 사람이다. 한무제가 중국 역사에 주는 의미는 매우 컸다. 진의 시황제가 중국 역사에서 '통일'의 시대를 열었다면 한무제는 '원정'이라는 첫 테이프를 끊었다. 여지껏 안에서 싸우기 바빴고 지키는 것도 버거웠던 중국은 이제 눈을 바깥으로 돌리고 '영토 확장'과 '패권'이라는 새로운 시대를 열게 된다.

그렇지만 앞선 황제들이 축적해온 경제적 치적을 계승하지 못하고 경제적 상승곡선을 하강곡선으로 만들었으며 급기야 국가 경제를 매우 어려운 지경으로 몰아넣기도 하였다. '문경의 치(文景之治)'로 이룩한 경제적 풍요로움과 축적이 한무제 시기의 끊임없는 전쟁으로 전부

75) 도가 사상과 신선을 믿고 신선이 되고자 하는 민간 종교인 도교를 동일시하면 안 된다.

탕진되었다. 선대에서 아껴쓰고 모아둔 돈을 아들이 사업을 크게 벌여 다 써버리고 집안 식구들 생활이 다시 궁핍해진 것이다. 그렇지만 방대한 영토를 얻었으니 후대를 위해 얻은 게 적지 않다. 아니 매우 크다고 해야겠다. 한무제의 극단적 확장정책은 강력한 황제권력, 막대한 정부 재정지출 그리고 황제권력을 받쳐주는 이데올리기가 뒷받침이 되어야 했다. 이를 위하여 다소 무리한 조치들이 행해졌고 서한은 후기에 와서 사회, 경제적으로 여러 가지 대가를 치러야 했다.

중앙권력 강화

자신의 어머니 왕씨부인이 죽자 한무제는 자기의 색깔을 드러내며 황권강화 작업에 착수한다. 아무래도 자신이 황제가 된 데에는 어머니와 고모 두 여인들의 지분이 컸기 때문에 이들이 생존해 있을 시에는 이들의 영향력을 무시할 수 없었을 것이다.

그러나 한무제는 강한 제국에의 열망이 있었고 야심과 카리스마를 갖춘 인물이었다. 강한 제국을 만들기 위해선 우선 강력한 황제의 권력이 있어야 한다고 생각했을 것이다. 중앙권력을 강화하는 방법은 크게 두 가지이다. 지방의 주요 자원들을 중앙으로 귀속시키는 것과 지방에 대한 감찰기능을 강화하는 것이다. 그는 제염, 제련, 양조 사업을 국가관리로 두었고, 제후국들의 화폐주조권은 완전 금지되었다. 이로써 지방의 자치 경제를 약화시키고 중앙에 의존토록 하였다. 또한 중국 역사상 처음으로 자사(刺史)라는 지방 감찰관을 전국 각 군

(郡)에 파견하여 지방을 감시하게 하였다. 그리고 일정량의 인재를 선발해 중앙으로 보내게 하는 등의 조치를 실시하였다.

내조(内朝)와 외조(外朝)

한무제 때에 와서 황제 직속의 비서실 그룹이 비대해지면서 내조와 외조라는 구분이 생겼다. 본래 진의 관제를 계승한 한 정부는 승상을 정점으로 한 3공 9경으로 구성되어 있었고 황제는 이들과 국사를 논하면 그만이었다. 황제의 비서 그룹은 그야말로 황제의 의식주를 관리하고 기껏해야 태자의 궁정교사, 그리고 황제의 독서에 관한 관리를 해 주는 정도였다. 그러므로 승상은 명실상부한 '일인지하 만인지상'의 존재였고 승상 중에는 더러 목숨을 걸고 황제의 뜻에 반하는 건의를 하는 경우도 있었기에 승상을 포함한 삼공은 어느 정도 황제의 독단을 막아주는 기능도 하였다.

한무제와 같은 파쇼 황제에게 승상은 왕왕 꼴도 보기 싫은 존재였을 것이다. 그래서 그는 황권을 강화하기 위해 상서(尚书), 상시(常侍)와 같은 가신 그룹을 두어 궁내 정책 결정에 참여토록 하였는데 이들은 내조 또는 중조라 불렸다. 내조는 외조와 상대적인 개념으로써 시중(侍中), 상시(常侍), 급사중(给事中) 등으로 구성되었고 황제의 정책 자문을 하였다. 그리고 승상 이하로부터 녹봉 6백 석까지의 행정 관원들은 외조를 이루었다. 이리하여 한무제 때부터 조정은 내조(중조)와 외조로 나뉘어졌다. 승상을 정점으로 하는 행정기구인 '외조'는 집무실이 궁 밖에 위치했고 정식 조서가 여기서 반포되었다. 황제의 가신으로 구성된 내조는 황제의 근거리에서 황제의 의중을 받들어서 처리를 하거나 외조와 협의하여 정책에 반영시켰고 이들은 궁 안에서 집무를 보는 궁내 관원계에 속했다. 오늘날 청와대 비서실 산하의 수석진, 참모진과 같다. 내조 관원들은 궁의 출입에 있어서 비교적 자유로웠으나 외조 관원들은 그러한 특권이 없었다. 내조 관원들은 왕왕 황제의 권위를 빌어 승상 등 대신들을 견제했는데 동한 말에는 환관들이 내조의 대권을 장악하여 외조를 억압하였다.

찰거제(察擧制)

인류의 개혁사는 여러 측면에서 이야기할 수 있다. 정치개혁, 종교개혁, 노동개혁, 경제개혁, 교육개혁, 군제개혁 등등의 각 방면에서 인류는 진보를 위한 힘겨운 노력과 시도, 투쟁을 통하여 오늘날에 왔고 그 노력들은 여전히 현재 진행형이다. 나의 '중국 개혁사' 이야기가 딱히 어떤 분야에 포커스를 맞추고 시작하진 않았으나 이야기를 써 가다 보니 우리가 주목해야 할 두 가지 커다란 축 같은 것이 있음을 발견하였다. 그것은 '토지 제도'와 '관리 임용 제도'이다. 전자는 중국과 한국, 일본과 같은 동북아 농경 국가들에게 있어서 가장 근본이자 민감한 분야이고 후자는 계층의 이동과 국가의 미래를 운명 짓는 분야이다. 토지 자원과 권력 자원, 이 두 거대한 사회적 자원을 어떻게 운영하고 개혁하느냐가 왕조의 운명과 민족의 미래를 좌우하였다. 생각해 보시라. 옛날에는 대부분의 사람들이 농업에 종사하였고 공부를 하여 출세하는 길은 공무원이 되는 길밖에 없었으니 국가 공무원은 국가를 운영하는 유일하면서도 거대한 집단이자 권력의 세계였다. 관리 임용 제도는 곧 사회의 권력 분배의 문제였기에 이 분야에서의 변화와 개혁은 커다란 정치적·사회적 함의를 담고 있다.

역사를 보면 이 거대한 두 분야에서 우리는 과거에는 새로운 시대의 요구에 부흥하여 형성되었던 개혁 제도가 시간이 흐르면서 역시 심각한 폐단을 보이고 다시 개혁의 대상이 되어버리는 것을 왕왕 목도하게 된다. 그러므로 개혁의 내용 뿐 아니라 그 흐름과 변천에 관심을 갖는 것은 흥미로운 일일 뿐더러 역사를 이해하는 데 있어서 놓쳐서는 안 될 부분일 것이다.

하·상·주 시대의 관리 임용제도는 '세관제(世官制)', 또는 '세경세록제(世卿世綠制)'라고 불리는 세습제였다. 당시는 노예제에 의한 엄격한 신분사회였으니 당연히 작위와 직책은 큰 잘못이 없는 한 대대손손 세습되었고 일반인들이 관리가 될 가능성은 전혀 없었다. 춘추전국 시대에는 '군공(軍功) 작위제도'가 출현했고 또한 '양사(養士)'의 풍토가 일었다. 오랜 전쟁의 시기는 1,000년이 넘도록 당연시 되어왔던 전통에 변화를 가하였다. 재능있고 언변이 좋은 인재를 끌어모았고 출신에 상관없이 군주를 위하여 일할 사람을 양성하였다. 이들 중에는 초청된 사람들도 있었고 스스로 브레인이라 생각하여 제 발로 찾아온 사람들도 있었다. 적게는 수십 명 많게는 몇백 명의 식객 싱크탱크 그룹이 있었고 이들 중에 능력을 인정받아 중앙 관원이 된 사람들도 많았다.

진(秦)대에 와서는 '개간실적'과 '군공'을 관리 선발의 기준으로 삼았다. 상앙의 변법 이후로 형성된 진의 실적 지상주의 정책이 관리 선발 제도에서도 그대로 반영되었다. 그러나 사람을 무슨 기계처럼 생각하는 이들의 접근 방식도 온전한 방법은 아니었고 게다가 통일 진제국은 너무 짧았다.

찰거제(察擧制)는 서한과 동한 양한 400년을 지속해온 관리 임용 제도이다. 글자 그대로 해석하자면 '잘 관찰하고 고찰해서(察) 천거(擧)하는' 방식이다. 지방관리들이 관할 지역의 인재를 관찰하고 심사하여 중앙에 추천하면 중앙정부의 고위 관리들이 이들을 다시 검증하였다. 검증을 거쳐서 통과된 사람은 관리에 임명되었다. 당연해 보이고 간단해 보이는 이 방식은 앞선 시대의 관리 임용 방식에 비해 혁신적인 차이가 있는데 그것은 찰거제가 최초로 '버텀업(Bottom up)' 방식을 도입했다는 것이다. 세관제는 말할 것도 없고 양사 제도도 중앙의 고위 관리가 운영하는 싱크탱크 그룹이었으니 이 역시 윗선에서 다 결정되는 방식이었다. 찰거제로 인하여 진정한 버텀업 방식의 인재 등용 방식이 도입된 것이다.

찰거제는 특정 시기에 어느 누군가에 의해서 고안된 제도가 아니라 서한의 건국 초기부터 조금씩 시도되어 오다가 한무제 때에 방식과 규정이 완성되고 제도로서 반포되고 정착된 것이다. 한무제의 찰거제 실시로 중앙의 권력이 강화된 효과가 분명이 있긴 했을 것이다. 지방의 인적 자원을 빼오는 것도 분명히 중앙의 권력을 강화하는 방법 중의 하나이기 때문이다. 그렇지만 철거제 실시의 주된 목적을 중앙 권력 상화라고 하는 것은 본질을 호도한 해석같아 보인다. 버텀업 방식의 관리 임용 방식은 이미 한고조 유방 때부터 시도되어 온 시대의 흐름이고 한무제는 이를 발전시키고 제도화한 것이다. 한무제 때의 찰거제는 상설 과목과 특별 과목으로 나눠져 있고 상설 과목은 다시 네 가지 항목으로 나눠져 있었다. 그렇지만 간단히 말하면 한나라의 찰거제는 '효렴(孝廉)'을 주요 평가항목으로 하였다. 효렴이란 효도와 정직함을 의미한다.

한나라는 '효(孝)'와 '농(農)'을 기본으로 하는 사회였다. 양한[76]의 29명 황제들 중 한고조 유방과 동한의 개국황제 광무제 유수를 제외하곤 시호가 전부 '효(孝)'로 시작한다. 예를 들어 5, 6, 7대 황제의 시호는 효문제, 효경제, 효무제인데 편의상 '효'를 생략하고 부르는 것이다. 그리하여 왕조 초기부터 부모에게 효도하고 농업에 힘쓰는 사람을 천거하여 표창하는 전통이 있었고 이러한 사회적 가치관은 인재 선발에도 가장 중요한 요소로서 반영되었다. 그래서 한무제 때에 '효렴(효도와 정직함)'이 선발의 주요 평가요소로 공식 지정되었다.

지방이 인재를 선발하여 천거하는 건 해도 되고 안 해도 되는 게 아니라 지방 장관의 의무사항이었다. 천거하는 명 수는 주민 20만 명 이상 지역은 1년에 다섯 명, 10만 명에서 20만 명 지역은 1년에 세 명, 10만 명 이하 지역은 한 명, 5만 이하 지역은 2년에 한 명 이런 식으로 지역의 인구에 비례하여 규정하였다.

그런데 지방의 관리가 그 많은 관할 지역의 주민들 중 누가 인재인지 어떻게 알겠는가? 그러면 방법은 하나다. 사람들에게 물어보는 것이다. 주변 사람에게 물어볼 수도 있고 시찰을 나가 주민들에게 물어볼 수도 있을 것이다. 주변 사람들과 주민들은 어떻게 알겠는가? 그

76) 서한과 동한을 통틀어 양한(兩漢)이라 부른다.

사람들도 마찬가지로 "듣기에 ○○ 아무개가 아주 똑똑하고 효심이 깊다고 하던데?"라고 할 것이다. 그러면 지방 장관은 그에 대해 조사를 하여 신분이 맞으면 그를 후보자로 정하고 그에게 '몇 날 몇 시에 어디로 면접을 오라'라는 면접 초청서를 보낸다. 그렇게 하여 수십 명의 천거 후보자가 지방관리 앞으로 온다. 그런데 '효'와 '정직'을 무슨 수로 평가할 것인가? 면접을 하겠지만 누구나 다 자신의 미담을 늘어놓으며 자신을 포장할 것이므로 도저히 객관적 평가와 비교가 불가능하다. 그래서 한대의 찰거제하에서는 그 사람에 대한 '평판'이 실질적으로 가장 중요한 평가요소가 되었다. 즉, 찰거제는 지방관리가 '효렴과 재능'에 대한 '평판'을 바탕으로 선발하여 중앙에 천거하고 중앙이 이들을 다시 검증하여 채용하는 시스템이라 하겠다.

한대의 찰거제는 후에 위진 시대의 구품중정제와 더 후에 나오는 과거제도로 변천하는 중국의 관리 임용 제도의 역사에 있어서 매우 중요한 시작이자 기초였다. 찰거제는 지방의 숨겨진 인재를 끌어내고 중앙 권력을 강화하는 좋은 의도와 긍정적인 효과가 분명히 있었지만 그 폐단도 적지 않았다. 가장 주된 문제는 선발 기준이 모호했다는 점이다. '현명하고 선량하며 품행이 방정하다', '부모에 효도하며 농업에 힘쓴다'와 같은 도덕성에 대한 판단을 할 객관적 근거가 약했다. 그러므로 능력이 있는데 천거되지 못한 사람들이 여전히 많았고 뽑혀서 중앙으로 간 사람들 중에는 많은 이들이 합격하지 못하고 떨어졌는데 이 또한 국가적으로 큰 낭비였다. 또한 지방관리의 주관적 판단에 의한 선발은 뇌물을 바쳐서 자신을 천거하도록 만드는 폐단을 일으켰다. 또한 천거에 있어서 능력보다는 '덕을 갖추었는지'가 우선시 되면서 사람들이 군자인 척 가식적으로 꾸며대는 풍토가 한나라 때에 보편적으로 일어났다. 또한 소위 '청의(淸議)'라고 하는 논평하는 풍토가 유행했다. 앞서 설명했듯이 천거를 받는 데에 있어서 중요한 요소가 '평판'이었으므로 관리가 되고자 사람들은 평판이나 명성을 만드는 게 중요한 일이 되어버렸다. 그런데 평판은 어떻게 만들어지는가? 평판은 마을 사람들에 의하여 형성되는 것이고 자신에 대한 평판이 형성되는 데 있어서 마을의 유력자에게 절대적인 발언권과 영향력이 있었다. 그리하여 이들 소위 '명사'라고 하는 마을의 유력자들은 인물을 평가하는 데 열을 올렸고 관직에 뜻이 있는 사람들은 이들 명사들을 중심으로 모일 수밖에 없었다. 그리하여 공무원 취준생들은 그 그룹을 자신의 평판을 만들어내는 여론 형성장으로 이용하였으며 그 그룹의 운영자인 명사는 절대적인 발언권을 이용하여 권력과 이익을 추구하였다.

유가 사상의 부활

한무제 전까지 서한의 사상적 기반은 도가 사상이었다. 도가의 무위사상과 휴양생식 정책이 결합되어 민중들을 경제적, 사상적, 법률적으로 풀어주고 최대한의 자유를 주어 농업 생산력 확대를 추구하였다.

이러한 사상적 기조가 한무제 때에 와서 큰 변화를 맞이하면서 중국의 정치 사상사에 큰 전환이 일게 된다. 할아버지와 아버지 대의 경제부흥(문경의 치)으로 내부의 정치가 안정되고 먹고사는 문제가 해결되자 한의 황제는 강한 제국건설을 향해 방향타를 돌린다. 강한 제국건설을 위해선 황제의 존엄을 극대화하고 사회에 사상적 통일과 질서를 제공하는 이데올로기가 있어야 했는데 이를 위해 유가사상과 유학자들이 그 역할을 맞았다. 따라서 조정의 많은 대신들이 유생들로 대체되기 시작하였는데 이는 중국의 정치사에 있어서 매우 큰 전환점이었다.

유가 사상과 유생들은 진시황의 탄압으로 정계로 발을 들여놓지 못하고 사회에서 존재감을 잃었다가 새 왕조가 들어서면서 서서히 정치무대에 등장하기 시작였는데 그 근원을 따지고 가자면 한고조 유방이 초한 내전을 벌이면서 종파를 망라한 지지자들을 끌어모았던 것에 있다. 그렇지만 한 사상이 정치이념으로 자리 잡고 새로운 통치 집단의 사상적 지지 기반이 되는 데에는 당시의 정치·사회적 요구가 있었기에 가능한 것이다. 앞선 왕조에서 형벌에 의존한 법가사회의 실패를 뼈저리게 맛본 중국 민족은 다른 사회가치를 원하고 있었다. 이때 '인(仁)'을 핵심 가치로 한 유가사상이 새로운 사상으로서 대체를 예고하고 있었다.

한무제는 황제의 권력을 강화하기 위해 승상의 권력을 약화시켰다. 선대 황제 시기에 승상들은 한고조를 도와 초-한 내전을 승리로 이끈 혁명원로들이었고 이들은 그에 따른 대우와 존중을 받았으며 이들의 한마디는 황제라도 무시할 수 없었다. 그러나 한무제 때에 와서는 이들 개국공신들이 이미 늙거나 죽어서 없었고 승상과 잦은 마찰을 빚은 그는 어떻게든 구실을 만들어 이들의 힘을 약화시키고자 했다. 한무제 제위 기간 중 총 13명의 승상이 있었는데 그중 3명은 자결했고 3명은 사형당했다. 이리하여 조정의 대신들이 승상을 맞지 않으려는 현상까지 발생하였고 한무제는 이 기회를 이용하여 유생들로 하여금 원로들을 대체하도록 하였다. 한무제 이전 중국의 정치가들은 실용주의적 마인드를 지녔고 이들은 격식과 예법을 그리 중시하지 않았으며 황제와 신하와의 거리도 그리 멀지 않았다. 그러나 권위를 추구하는 황제에게 이러한 대신들의 태도는 꼴보기 싫었을 것이다. 점점 자신을 받드는 유생들을 정치권으로 끌어들이면서 조정은 과거의 자유롭고 실용주의적 분위기가 사라지고 점차 경직되어 갔다.

유가사상은 통치자에의 순응을 요구하고 기존 사회질서에 변화가 가해지는 것을 용납하지 않는다. 이들은 '군주의 권한은 하늘로부터 부여된다(군권신수 君权神授)'라거나 '세상의 대통합을 이뤄야 한다는(춘추대일통 春秋大一统)' 등의 유가논리를 이용하여 황제의 통치에 이론적 근거를 제공하였고 이는 한왕조의 중앙집권을 강화하는 데 매우 큰 도움을 주었다. 또 하나는, 새로 건국된 왕조는 황제의 존엄을 세우기 위해 황궁 내의 예법이나 규칙들이 필요했는데 정부 내의 유학자들이 이 방면에 있어서 큰 공헌을 했다. 의전이나 의식에 필요한 복잡한 규정을 만들어내는 건 이들 유학자들의 전문분야였다. 예를 들면 황제가 궁에 등장하면 양옆으로 수많은 문무대관들이 서열대로 늘어서서 고개를 숙이고 있는 것과 같은 우리가 알고 있는 웅장하고 엄숙하고 복잡한 황궁의 의례 장면들이 이때 비로소 유학자들에 의해서 세팅이 된다. 군주와 신하의 거리는 한없이 멀어지고 서로 마주 보고 격없이 국사를 논하던 과거의 장면은 역사의 기억 속으로 사라지게 된 것이다.

이로써 유가 사상이 한왕조의 통치철학이자 사회가치로 자리 잡게 되었고 중국 민족은 이 사상에 의해 1,800년 동안 지배받게 되며 명(明)왕조 시기에 그 절정을 이룬다. 다행히 이민족인 청(淸)왕조는 유가사상 따위에는 그다지 집착하지 않았다. 그리고 20세기 전반에 공산혁명에 의하여 세상이 뒤집어졌던 중국은 적어도 유가의 형식주의와 권위주의의 구속에서 해방되었다. 반면 한반도는 조선이 세워진 이래로 유교의 경직된 사고에 심하게 절임을 당하여 500년 동안 앞을 보지 않고 관념과 형식에만 빠져있다가 개혁이 필요한 시기에 개혁을 하지 못하였고 국가는 경쟁력을 잃어갔다. 지금에도 유가의 영향이 사회의 곳곳에 남아있으며 자타가 공인하는 '아시아에서 가장 유교적인 나라'가 된 점은 한번 생각해 볼 문제이다.

흉노를 향한 반격: 하서주랑 점령

'강한 중국'을 마음속에 품고 있던 한무제는 선황들이 축적해온 경제적 성과를 모두 쏟아부어 사방으로 주변국 제압과 영토확장에 나선다. 한무제 군사 원정의 주된 대상은 무엇보다도 그들을 오랫동안 괴롭혀왔던 북쪽의 흉노였고 이들과의 전쟁을 '북벌'이라고 부른다. 그래서 많은 중국인들에게 '한무제' 하면 '북벌'이나 '흉노'라는 단어가 떠오를 것이다. 한은 흉노와 60년간의 치욕적인 화친을 끝내고 드디어 무력에 의한 반격을 시작한다.

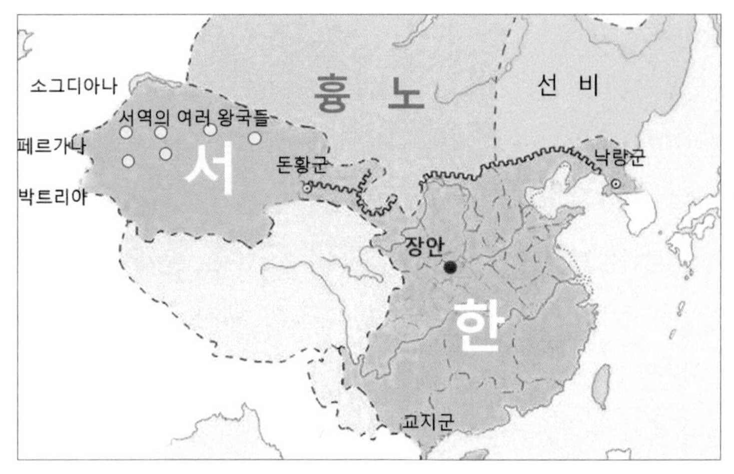

전성기 서한의 영토

백등산[77] 전투에서 흉노에게 군대가 거의 전멸당한 한고조 유방은 그 이후로 흉노와의 무력대응을 접는다. 그 후 이들이 택한 방식은 매년 여자를 갖다 바치는 것이었다. 바쳐지는 여자는 황실의 공주를 비롯해 귀족도 있었고 수많은 일반인 여인들이 그 뒤를 따랐다. 이렇게 하는 것이 가장 돈과 희생이 적게 드는 방법이었다. 물자를 갖다 바쳐 이들을 달래기에는 서한 정부가 가진 게 없었다. 안 그러면 전쟁을 하거나 약탈을 당하거나 하는 것이었는데 두 경우 다 손해가 막심할 것이기 때문이다. 이것이 서한 초기 흉노와의 외교정책인 '화친'이다. 한 조정 입장에서는 야만인들에게 자신들의 딸을 시집보내는 굴욕적인 방법이었지만 어쩔 수가 없었다. 서한 초기의 빠른 경제회복에는 반세

77) 기원전 200년 한고조 유방이 친히 대군을 이끌고 흉노 토벌에 참가하였다가 되려 흉노에게 포위당해 대군을 잃고 거의 생포당할 뻔한 치욕적인 전투가 있다. 오늘날 산시성(山西省) 따통(大同)의 백등산(白登山)에서 7일간 포위되었기에 이 사건을 '백등산의 포위(白登之围)'라 부르기도 한다.

기가 넘도록 이렇다 할 군사 충돌 없이 대외적 안정을 유지할 수 있었던 것도 한몫 하였는데 그에는 안보의 값을 치른 수많은 여인들의 희생이 있었기 때문이다.

한무제 즉위 12년째인 기원전 127년에 흉노에 대한 최초의 공격이 행해진다. 언젠가는 누군가에 의해 행해졌어야 할 일이었다. 그 후로 거의 매년 대규모의 원정이 행해졌다. 흉노는 점점 북으로 밀려났고 계속된 전쟁으로 그들의 위세도 예전과 같지 않았다.

기원전 121년에 서한은 하서주랑(河西走廊)을 점령하였다. 하서주랑은 오늘날의 깐수성 중북부 지역으로 기련산맥을 따라 동서로 비스듬히 길게 뻗은 지역을 말한다. 깐수성(甘肅省)은 중국의 여러 성 중에서 모양이 매우 특이하게 생긴 성인데 이에는 역사적 이유가 있다. 이 기린의 목처럼 길게 뻗은 지역을 당시는 하서 지방이라고 불렀고 주랑(走廊)은 통로라는 뜻이다. 당시 중원에서 서역으로 가려면 왼편의 험준한 기련산맥을 따라 북서쪽으로 갈 수밖에 없었다. 오른편으로는 광대한 사막과 초원이 펼쳐져 있지만 흉노의 땅이므로 위험지대였다. 후에 한은 기련산맥을 따라 오른쪽으로 흉노를 막는 장성을 쌓았고 그렇게 하여 이곳은 진짜로 통로처럼 되었다. 하서주랑은 '서역과 중원을 연결해 주는 좁은 통로'였던 것이다. 서한의 하서주랑 점령은 중국의 영토사에 있어서 획을 긋는 일대 사건이었다. 흉노에게는 허리가 끊긴 것이고 서한에게는 서역을 접수하기 위한 다리를 확보한 셈이었기 때문이다.

오늘날 깐수성의 위치

기원전 119년의 전투는 흉노에게 결정적인 피해를 입혔다. 이후 흉노는 근거지를 고비사막 이북으로 물렸고 서한과 흉노는 고비사막이라는 큰 경계를 두게 되었다.[78] 이렇게 10년간의 전쟁은 서한의 심판 전원 판정승과 같았다. 한무제 정부의 집요한 공격으로 세력을 크게 잃은 흉노제국은 정점을 찍고 내리막길로 접어들기 시작한다. 이 10년에 걸친 한무제의 북벌은 '중국 vs 유목민족'의 투쟁의 역사에서 매우 중요한 전환점이 되었다.

물론 이걸로 서한과 흉노와의 무력 충돌이 끝난 건 아니었다. 흉노

78) 흉노의 근거지는 그들과 한의 세력의 정도에 따라 고비사막을 두고 왔다갔다 했다. 역사에서는 고비사막 이북을 막북(漠北) 또는 새북(塞北)이라 불렀는데 이 지역은 오늘날 몽골공화국 영토이다. 한편 고비사막 이남을 막남(漠南) 또는 새남(塞南)이라 불렀는데 이 지역은 오늘날 중국 영토인 네이멍구자치구이다. 그러므로 흉노가 강성했을 때는 네이멍구자치구 지역까지 남하했고 한이 강성했을 때는 몽골공화국 지역으로 밀려났던 것이다.

와의 전투는 한무제가 죽고 다음 대까지도 이어졌다. 그리고 60년이 흐른 기원전 58년에 흉노에서 내부 권력 다툼이 일어나면서 서한과의 전쟁 국면이 끝이나고 기원전 51년에 이들은 북흉노와 남흉노로 분열되기에 이른다.

기원전 51년에 동아시아 국제 사회를 깜짝 놀라게 한 대사건이 벌어졌다. 북흉노에게 대항하는 게 버거웠던 남흉노가 서한에 동맹을 제안한 것이다. 자신들이 남하하여 당시 서한이 점령하고 있던 하투[79] 지역에 거주하는 조건으로 남흉노의 선우(흉노 연맹의 지도자)가 서한의 선제(宣帝)를 알현[80]하면서 이 두 나라 간의 동맹이 형성되었다. 이로써 남흉노는 서한의 군사 원조하에 하투에 정착할 수 있었고, 서한으로서는 호전적인 북흉노를 제 일선에서 막아주는 북쪽의 방어막이 생겼으니 이보다 더 좋을 순 없었다. 한은 대흉노 전략의 하나로 흉노를 분열시키고 친중 정권을 세워 자신들의 방패막이로 사용한다는 전략을 추구하였는데 이것이 성공한 것이었다. 이러한 원원 관계는 다음 세기 초 왕망의 신왕조가 들어서서 양국 간의 관계가 틀어지기까지 약 70년 동안 지속되었다.

흉노와 싸움의 과정에서 한도 군사적·경제적으로 잃은 것이 적지 않았다. 그러나 하서주랑, 하투가 중국 영토화되었고 오늘날 신장위구

79) 하투(河套)는 오늘날 네이멍구 어얼뚜어스(鄂尔多斯) 일대를 말한다. 황하 중류 '几' 자의 위쪽 머리 부분으로서 당시에는 남흉노와 서한의 군사 분계선 정도로 이해해도 무방할 듯하다. 원래는 흉노의 세력권이었는데 무제 때 한이 점령하였다.

80) 신하로서 예를 갖추어 황제에게 인사드리는 것을 '알현'이라고 한다. 중국의 역사서에는 거의가 투항이라고 설명하고 있으나 서한 정부도 이들에 대한 회유책으로 수시로 황실의 여자들을 바쳤던 걸로 봐서 항복하여 복속된 관계라고 보기보다는 형제 관계의 군사동맹 정도로 보는 게 더 맞을 것 같다.

르 자치구인 서역이 처음으로 중국의 세력권에 들어왔다는 건 이들의 영토사에서 진시황의 통일 다음으로 어마어마한 일이라고도 할 수 있다. 그 전까지의 역사에서 이들이 말하는 '천하'란 강수량 400밀리미터 라인의 안쪽, 즉 농경지대였지 그 밖은 자기들과 전혀 관계 없는 지역이라 생각하였다. 그러나 한무제가 흉노에게 반격을 가하는 과정에서 깐수성과 신장, 그리고 하투평원을 점령하였고 이는 중국인들의 시야가 400밀리미터 라인을 넘어 서쪽 유목민의 땅으로 넓혀지는 계기가 되었다. 이후로 하서주랑(깐수성)과 서역(신장)은 역사를 거치면서 유목민족 정권과 중원 정권 간에 서로 뺐고 빼앗기기를 반복하였다. 특히 중원이 분열되거나 왕조 교체의 혼란기에는 몇백 년간이나 중국의 손에서 떨어져 나가 있었던 적도 있었다. 하지만 한 번 점령했던 경험이 있고 시야가 넓어진 중국은 이곳에 대한 집착을 놓지 않았고 결국은 오늘날과 같은 영토가 만들어지기에 이르렀다. 이렇듯 중국의 역사에서 하서주랑과 서역이 판도에 들어오고 후에 실크로드가 개발되어 서방과의 교역의 길을 열어준 건 한무제가 중국 민족에게 남긴 가장 큰 업적이라 할 수 있겠다.

흉노

흉노가 중국사에서 흉노란 이름으로 등장한 것은 춘추전국시대이다. 흉노(匈奴)란 이름은 중국 민족이 이민족을 비하하는 의미에서 지은 이름이고 원래 이들은 후니(Huni)라는 이름을 가지고 있었다고 한다. 전국시대에 연(燕), 조(赵), 진(秦)과 국경을 맞대고 있던 흉노는 종종 이들 지역으로 내려와 약탈을 일삼았고 이들 세 나라는 흉노의 침입을 막고자 북쪽에 성을 쌓았다. 후에 통일 진(秦)이 이들 성벽을 이어 만리장성을 만들었다.

흉노의 근원과 종말에 대해서는 세계사적으로 의견이 분분하다. 스키타이인(Scythian)은 기원전 8세기에 카스피해 연안에서(카자흐스탄 서부) 형성되어 기원전 4세기 무렵까지 활발하게 활동하던 초원의 기마 민족이다. 이란·터키계 종족인 스키타이 민족은 민첩하고 기마술이 뛰어났으며 용맹하여 페르시아 제국이 출현하기 전까지는 유라시아 초원지대를 주름잡았던 것은 물론 소아시아(터키)와 오리엔탈(중동) 지역까지 침공했었다. 특히 금 세공기술이 발달했고 철기를 일찍 도입한 걸로 알려져있다.

이 하얀 피부의 유목민족이 무슨 연유에서인지 동쪽으로 이동한다. 때는 아마도 중국의 춘추시대 정도이지 싶다. 이들은 현재의 몽골공화국 초원 지역을 새로운 유목지로 삼고 주변의 유목민족들을 흡수하기 시작했다. 결국 흉노의 구성은 중심축(지배층)인 이란·터키계 민족에다가 몽골지역의 원주민인 몽골리안들, 그리고 우리와 비슷하게 생긴 동쪽의 만주족들과 러시아 계통 민족들이 혼합되어 있었을 거로 추정된다. 다시 한번 말하지만 흉노는 민족의 이름이 아니다. 여러 유목민족의 연합체 또는 연맹체[81]이다. 그러므로 흉노의 생김새를 한마디로 말하는 건 불가능하다.

춘추전국시기에는 중원의 국가들이 자기들끼리의 싸움에 바빠서 북

81) 흉노 연맹체의 장을 선우(单于)라고 불렀다.

쪽 변경에 힘을 쓸 겨를이 없었다. 이를 틈타 남하한 흉노의 남쪽 세력권은 오늘날 내몽고자치구를 지나서 섬서성과 산시성 일부에 이르렀다. 중원국가들의 코앞까지 와 있었던 것이다.

기원전 215년, 최초의 통일 왕조인 진(秦)은 몽염 장군의 리더십과 강력한 군사력을 바탕으로 흉노를 하투지역(내몽고 어얼뚜어스) 바깥으로 몰아내는 데 성공하였다. 황하의 几 부분 바깥으로 몰아낸 것이다. 하투지역은 역대로 중국이 흉노와 뺏고 뺏기기를 반복하였던 무대이다. 한대에 들어서 서역(신장 위구르 자치구)이 또 그러한 고지 개념의 전략지역화되었는데 서역과 하투, 이 두 지역은 중국이 힘이 있을 시에는 중국의 세력권이었고 중국이 힘이 약할 때에는 이민족의 세력권이었다. 얼마 후에 고구려와 인접한 요동이 그러한 전략 지역으로 추가된다.

정확한 연도는 모르겠지만 진시황의 통일에 즈음하여 흉노 역시 터우만(头曼)이라는 자가 여러 유목민족들을 복속시키고 1대 선우(单于)로 등극하여 명실공히 흉노제국이 성립된다. 막 성립된 진제국과 흉노제국간의 충돌은 진의 승리로 끝이 난 셈이다. 진시황과 터우만은 나이도 비슷했을 듯 싶다. 공교롭게도 두 초대 황제 모두 비슷한 시기에 죽었다. 진시황은 기원전 210년에, 터우만은 이듬해인 기원전 209년에 생을 마감했다. 불행히도 중국은 초-한 내전을 겪으면서 밖으로 눈을 돌릴 겨를이 없었고 그 틈을 타서 흉노연맹은 엄청난 성장을 하여 중국 북부의 광할한 초원지역을 전부 접수하는 대제국을 형성하였다. 난타전을 끝내고 누너기가 된 채 세워진 서한은 정신을 차리고 보니 북쪽에 어마어마한 세력이 자신들을 누르고 있음을 알게 되었다. 그들은 도저히 흉노에 대항할 힘이 없었다.

중국 남부를 다시 영토화하다

오늘날 저장성(浙江省), 푸젠성(福建省), 광동성(广东省)이 위치한 중국 남부는 진시황 때 영토로 편입되어 4개의 군이 편성되었다. 그러나 진제국이 멸망하고 중국이 혼란에 빠지자 이들 지역에 다시 동해(东海), 민월(闽越), 남월(南越) 3개의 독립 왕국이 생겼다. 진제국 붕괴로부터 서한의 6대 황제 경제 재위 시기까지 중국 남부는 다른 나라였던 것이다. 그러나 기원전 138년부터 기원전 110년의 28년에 걸쳐 한은 이들 나라를 모두 멸망시키고 베트남 북부까지 한의 영토로 편입시킨다. 이들은 서남쪽으로 현재의 윈난성(云南省), 꾸이저우성(贵州省)과 같이 당시로서는 하나도 쓸모 없는 고산지대와 밀림지대조차 영토로 편입시켰다.

국가 재정 위기와 경제 개혁

고금을 막론하고 전쟁은 막대한 자금을 필요로 하는 일이다. 역사상 전쟁으로 인한 재정지출로 망국에 이른 왕조가 적지 않다. 주나라도 잦은 전쟁이 멸망의 원인 중 하나였고 한때 반짝했던 수나라는 장기 전쟁의 늪에 빠져 망국에 이르렀다.

한나라는 성립 직후 소하의 건의로 농지세를 1/15로 인하하였고 문제 때 이를 또다시 그 절반인 1/30로 인하하였다. 그러나 한무제 때에 와서 연이은 북벌로 선대에서 축적한 재원이 바닥나기 시작했으며 한

나라의 낮은 세율 체계로는 북벌에 필요한 막대한 전쟁비용을 충당하기에 턱없이 부족했다. 그리하여 한무제 정부는 재위 중반으로 가면서 심각한 정부 재정난에 직면하게 된다. 그러면 당시 이들은 어떻게 이 막대한 전비를 충당했을까? 연이은 전쟁, 막대한 재정지출, 정부 재정난으로 이어지는 이 악순환을 타계하기 위해 한무제 정부는 여러 가지 경제 정책을 출시하였다. 그것들에는 단지 정부 재정 수입을 늘리기 위한 어이없는 정책들이 다수이긴 했지만 어떤 건 몇 번의 수정을 거쳐서 제법 괜찮은 경제 개혁조치가 된 것도 있다.

- 매관매작
- 산민고민(算緡告緡)
- 화폐 개혁
- 제염, 제철업 국유화

위의 네 가지가 모두 국가 재정 위기를 타계하기 위한 정책들이지만 이들은 비단 국고를 늘리려는 목적뿐 아니라 당시 서한이 직면하고 있던 경제, 사회 문제들과 두루 연관이 있었다. 먼저 서한이 가지고 있던 경제 문제를 이해할 필요가 있다. 60~70년간의 일관된 황로무위와 휴양생식 정책으로 생산량과 인구가 크게 늘었으나 이는 또 다른 부작용을 잉태하고 있었다. 앞선 장에서 인용한 《한서》의 묘사와 같이 '돈이 넘쳐나서 엽전을 끼워놓은 꾸러미가 썩었다'고 할 정도로 돈이 넘쳐났다는 건 그만큼 인플레이션이 심했다는 것을 뜻한다. 한무제가 즉위하자마자 직면한 문제는 고도의 인플레이션이었고 후에 들어서는 정부 재정 위기였다. 이에 더하여 이 시기부터 슬그머니 눈에 띄기 시작한 문제로 토지 겸병의 문제가 있었다. 경제가 활성화됨에 따라 거상들이 나타났고 이들이 대지주와 결탁하여 토지를 겸병하는 현상이 나타나기 시작한 것이다.

역사를 보면 물자가 풍부하게 유입되거나 생산력이 급격히 늘어날 때 거상들과 대지주들의 토지 겸병이 일어났고 이러한 '토지 겸병을 통한 장원화(庄园)'는 세계사의 곳곳에서 공통적으로 볼 수 있는 왕조말 현상이다. 비슷한 시기(기원전 1세기) 로마 공화정 말기에도 포에니 전쟁 후 식민지로부터 값싼 곡물이 쏟아져 들어오고 자본가가 출현하자 자본가들에 의한 토지 겸병이 일어났고 자작농 계급이 몰락하는 과정이 연출되었다. 그리고 이는 로마의 공화정을 무너뜨리고 제정으로 가는 촉매역할을 하였다. 이와 같은 토지 겸병 현상은 사회와 경제에 심각한 불안을 야기한다. 땅이 없어진 자작농들은 지주의 소작농 신분으로 들어가게 되거나 아니면 농노의 처지가 되기 때문이다.

매관매작(賣官賣爵)

고가에 관직이나 작위를 파는 매관매작은 통치계급이 부패했을때 공공연히 있어왔던 행태이다. 일례로 동한 말 조조의 부친은 돈과 십상시의 백으로 오늘날의 국방부장관에 해당하는 태위 자리에 올랐다. 그렇지만 정부가 나서서 관직 장사를 한 건 한무제가 처음이 아닐까 싶다. 관직은 매우 고가에 판매되었지만 거상들에게는 이런 돈쯤은 문제가 되지 않았다. 진짜 문제는 관직을 구매한 이들 상인층은 본능적으로 투자 대비 수익을 좇는 사람들이라는 것이다. 이들은 기회가 있을 때마다 직위를 이용해서 돈을 긁어모으려고 했고 이 과정에서 일반 민중들에 대한 착취가 행해졌다. 무엇보다도 자본과 관직이 결합되면서 토지 겸병 같은 병패가 더욱 심해졌고 이는 서한 후기의 사회불안 요인이 되었다.

한무제의 돈벌이 사업은 매관매작에 그치지 않았다. 기원전 101년 한 정부는 50만 전을 내면 사형을 면해 주는 정책을 발표하였다. 서한 시기 1전(錢)이 오늘날 화폐로 얼마인지는 정확하게 고증되진 않았으나 여러 가지 주장들을 종합한 바로는 곡식 1석(石, 60킬로그램)이 대략 100전이었을 거라고 한다. 여기서 곡식이란 무얼 말하는지는 알려진 바가 없다. 쌀이 아니라 좁쌀이나 기장이었을 가능성이 더 크다. 하여간 한무제 정부가 새로 출시한 사면 정책에 의하면 사형을 면제 받으려면 곡식 5,000석을 내야 했다.

《사기(史记)》의 탄생

한무제 정부가 새로 출시한 사면 정책의 대상이 될 뻔했던 사람이 바로 사마천(司马迁)이다. 그는 이 정책이 발표되고 3년 후인 기원전 98년에 흉노에 투항한 이릉(李陵)라는 장수를 변호하다가 한무제를 화나게 하여 허위사실공표죄로 사형 선고를 받는다. 사마천의 당시 직책은 황궁의 도서와 역사서를 관리하는 태사령(太史令)이었는데 이 태사령의 1년 녹봉이 600석이었다. 사면을 받으려면 8년 연봉의 돈을 내야 했는데 그만큼의 돈이 없었던 것 같다. 그렇게 사마천은 사면 신청을 하지 못하고 대신 자신의 생식기를 잘라내는 궁형을 자처하여 목숨을 부지할 수밖에 없었다. 그가 목숨을 부지한 이유는 죽는 게 두려워서가 아니라 아버지의 유업이자 그의 평생의 숙원 사업인《사기》를 완성시켜야 했기 때문이다.

그런데 사마천이 궁형을 받을 수밖에 없었던 사정에 대해서 조금 다른 설이 있다. 사마천이 이릉을 변호하다가 한무제의 눈 밖에 날 수는 있어도 그걸로 사형을 받는다는 건 아무리 전제군주시대라 하더라도 과하다. 여기서 일부 사학자가 하나의 단서로 주목하는 것이 동한 시대 위굉(卫宏)이라는 문인이 쓴《한서구의주(汉书旧仪注)》이다.《한서구의주》에 의하면 한무제는《사기·경제본기》에 쓰여진 자신에 대한 직설적 서술과 비판을 보고서는 거의 뒷목을 잡고 쓰러질 뻔한다.[82] 대노한 무제는 아직 미완성의 사기를 전부 불태워버리라고 명한다. 이것이 사마천이 이릉을 변호하기 조금 전의 사건이다. 이 말이 맞다면 이릉을 변호한 것은 그저 명목상의 죄일 뿐 실제는 사마천은 황제 모독죄로 잡혀들어간 것이다. 그것도 가장 호전적이고 파쇼적인 한무제 정권에서 말이다. 아무리 정부가 돈이 궁한들 천자를 모독한 자를 보석으로 풀어주었을까? 사마천의 집안이 부자는 아니더라도 그래도 대대로 관리를 해온 집안인데 가산을 끌어모으고 친척들로부터 돈을 빌리든가 하면 8년치 연봉을 변통 못했을까? 그게 아니라 실은 돈을 아무리 갖다준들 사면이 불가능한 상황이었을 수도 있다.

사마천이 보여준 건지 우연찮게 황제의 눈에 띄어 보게 된 건지 모르지만 어쨌든 이 사건으로《사기》는 소각되었고 그렇게 세상의 빛을 못

82) 《한서구의주》의 내용은 원본이 전해져 있는 게 아니고 남조 시대의 역사가 배류(裴骃)에 의해 쓰여진《사기집해(史记集解)》에 인용된 내용이다. 范振国,『关于司马迁的结局问题』, 史学月刊, 1985年 6月.

볼 뻔했다. 그러나 천만다행으로 사마천은 자신의 집에 카피본을 숨겨두고 있었다. 물론 당시는 종이가 나오기 전이니 제2의 죽간《사기》가 있었다는 말이다. 사마천은 궁형을 받고 1년을 복역하고 기원전 97년에 출옥한다. 그리고 자신의 숙원 사업《사기》를 계속해서 써나갔다. 기원전 91년에 드디어 52만 자, 130편으로 이루어진 역작, 최초의 기전체 사서인《사기》가 완성된다.

물론 사기의 탄생은 비밀이었고 무제 때는 물론이고 그 다음, 다다음 황제 때에도 세상에 나오지 못하고 사마천의 딸에게 전수되었다. 사마천의 딸은 양창(杨敞)이라는 대신에게 시집을 갔으니《사기》는 양창의 집에 보관되어 있었던 것이다. 양창에게는 두 명의 아들이 있었는데 사마천의 딸은 총명한 둘째 아들 양운(杨恽)에게 외할아버지의 역작《사기》를 꺼내어 그에게 읽도록 했고 어린 양운은 그것을 읽고는 충격과 감동을 받아 눈물을 흘렸고 읽고 또 읽었다고 한다. 그렇게《사기》는 양씨 집에 숨겨져 있다가 서한의 제10대 황제인 한선제(汉宣帝) 때 와서 한무제의 잔재가 전부 청산되고 양운이 중용되어 평통후에 봉해지자 그는 이제 외할아버지의 역작을 조정에 공개할 때가 되었다고 생각하고 집안에 소장되어 있던《사기》를 꺼내 조정에 바쳤다. 그 후《사기》는 조정의 도서관에 깊숙이 보관되어 열람이 엄격히 제한되었고 양한을 거치면서 황제의 지시에 의해 여러 번 수정이 가해졌다. 이로 미루어봐서 원작《사기》는 대단히 직설적이고 비판적 서술이 많았던 것으로 보인다. 물론 원본 사기는 전해지지 않는다. 사기는 한때 실전(失傳)되었으나 후대에 사람들이 조각 조각의 기록과 기억에 의존하여 다시 복원하였고 그것이 오늘날 우리들이 보는《사기》이다.

산민고민(算緡告緡)

매관매작이 정부가 상인층에게 뭔가를 팔아서 돈을 벌려고 한 것이라면 '산민고민(算緡告緡)'은 한마디로 정부가 상인들에게 삥을 뜯은 것이다. '민(緡)'이란 '돈'이나 '재산'을 뜻한다. 즉, '재산(緡)을 계산(算)하다'라는 뜻의 '산민(算緡)' 정책은 상인과 수공업자들에게 부과한 '재산세'였다. 이는 중국 역사상 최초의 재산세라 할 수도 있다. 그렇지만 악의성 재산세였다. 현금자산뿐 아니라 밭, 집, 하인, 마차와 같은 고정자산에도 세금을 부과하였다.

그렇지만 상인들은 재산을 적게 신고하거나 감추려고 할 것이다. 그에 대한 대책으로 '재산(緡)을 고발(告)하다'라는 뜻의 '고민(告緡)'법을 발효하였다. 이는 재산을 숨기는 상인을 고발하여 재산 은닉이 확인되면 고발자에게 절반을 주는 정책이다.

서한은 진(秦)의 중농주의와 상공업 억제 정책을 계승하였다. '상공업을 굳이 억제할 필요까지 있을까'라고 생각을 할 수 있으나 당시 사람들의 입장에서 보면 그렇지 않다. 농업 경제의 기반하에 세워진 고대 국가에서는 농업이 흔들리는 건 국가의 근간이 흔들리는 것이나 마찬가지였다. 당시 통치자들의 눈에 상인들은 항상 경계의 대상이었다. 이들 상인들이 거대 자본화되면 늘 토지 겸병으로 이어지고 그에 따른 자작농 계급의 몰락은 민란과 같은 엄청난 사회문제로 발전하기 때문이다. 또한 상인 자본들은 항상 지방 호족이나 제후 세력과 결탁하게 되어 있었기에 이들의 성장은 중앙권력으로서는 도전으로 여겨질 수밖에 없었다. 산민(算緡)과 고민(告緡) 정책은 정부의 재정 수입 증대 수단이기도 하였지만 한왕조가 견지해 온 상공업자 탄압 정책의 강력한 버전이기도 했다.

그러나 이 정책이 일시적인 효과를 거두었을지는 모르나 장기적으로는 부작용이 더 컸다. 정부에 대한 반감이 더욱 높아진 상인계층은 결집하였고 이들로 하여금 자신들의 자본과 인맥을 이용하여 지주 또는 관료층과 결탁하도록 하는 결과를 낳았기 때문이다. 관료층의 후원을 받은 상인 자본은 더욱 활발한 토지 겸병과 착취로 이어졌고 자작농 계급의 몰락은 서한 후기에 와서 민란과 같은 사회 혼란을 야기했다.

화폐 개혁

산민고민(算緡告緡)이 상인들로부터 돈을 뜯어내는 수단이었다면 '백록피폐(白鹿皮幣)'는 종친들의 돈을 뜯어내는 방법이었다. 옥벽(玉璧)[83]이란 당시 황실의 종친이나 제후들이 황제를 알현하거나 제사를 지낼 때 지니도록 예법으로 규정되어 있던 물건인데 이 옥벽은 반드시 흰사슴 가죽으로 싸거나 받치도록 되어 있었다. 한 정부는 가로세로 한 자 크기의 흰사슴 가죽에 꽃무늬가 그려진 백록피폐(白鹿皮幣)라는 것을 발행하여 엄청난 고가에 판매하였다. 화폐를 의미하는 '폐(幣)'라는 글자가 붙어 있긴 하지만 이것은 돈이라기보다는 종친들의 기부를 의미하는 징표와 같은 존재였다. 한마디로 기념주화 같은 걸 발행하여 고위 공무원들에게 고가에 강매했다고 보면 된다. 당시 옥

83) 중국의 고대부터 내려오던 옥으로 만든 둥그렇고 납작하며 가운데가 뚫려 있는 제사 용품이자 신성한 물건이다. 장례 시 부장품으로서 넣기도 하였고, 제사나 굿 같은 중요한 의식에 쓰이기도 하였다. 또한 그 자체가 부와 높은 신분의 상징이었다.

벽의 가격이 몇 천 전이었는데 그것을 바치는 백록피폐가 40만 전이었다고 한다. 종친들은 울며 겨자 먹기로 거액을 주고 그것을 살 수밖에 없었다. 앞에서 설명한 매관매작, 산민고민과 지금 설명한 백노피폐는 당시 한 정부의 재정 위기가 얼마나 급했는지를 짐작하게 해 주는 정책이라 할 수 있다.

한무제 정부는 화폐 개혁을 추진하였는데 그 역시 전적으로 국가 수입 증대를 목적으로 하였다. 그러므로 시종일관 변칙적인 방법이 쓰여졌고 이는 오히려 시장에 부정적인 영향을 가져왔다. 이들이 택한 방법이라는 것이 현재 유통되는 것보다 성분이 낮은 저원가 돈을 만들어 두 가지의 돈을 같은 가치로 설정하는 식이었다. 본래 금이나 은, 동으로 만들어지는 돈은 그 제조 원가와 가치가 동일해야 한다.

서한의 화폐정책의 실상은 매우 혼란스러웠다. 건국 초기에는 규제 완화, 자유방임 정책의 일환으로 화폐 주조권이 지방 제후왕국들에게도 주어졌다. 돈을 찍어내는 권한이 있다는 건 엄청난 일이다. 서한 초기 제후왕국이 누리던 이권 중 가장 큰 세 가지가 '화폐', '소금', '철'이었다. 후에 한경제(汉景帝)가 화폐를 중앙으로 귀속시키고자 하는 시도를 하였는데 이것이 '7국의 난' 발발과 무관하다고 할 수 없다. 한무제 즉위 후 전과 달리 중앙의 힘이 세지긴 했지만 화폐 정책은 여전히 통제가 어려운 영역이었고 지방은 여전히 화폐를 주조해 발행하고 있었다.

다시 한무제 정부의 화폐 개혁으로 돌아와서, 당시 유통되던 돈은 사수전(四铢钱)[84]이란 돈이었는데 정부가 함량을 줄인 삼수전(三铢钱)

84) '수(铢)'는 고대에 중량을 나타내는 단위이다.

이란 저원가 돈을 출시하여 사수전과 등가로 설정한 것이다. 정부가 대놓고 근량을 속이는 짓을 한 것이니 결과는 불 보듯 뻔하다. 화폐 사용자들은 당연히 실제 가치가 낮은 삼수전 사용을 기피하였고 화폐 생산자들은 원가가 낮은 삼수전의 위폐를 만들어댔다. 삼수전은 몇 년 후 폐지되었으나 이와 유사한 방식의 화폐 개혁은 계속 시도되었다. 문제는 화폐 개혁의 주 목적이 국가가 이익을 취하겠다는 것이었고 그 방식 또한 너무 급진적었으니 시장의 혼란만 초래할 뿐이었다. 이러한 황당한 방식의 화폐 개혁은 우리 역사에도 있었다. 19세기 후반 경복궁 중건을 위해 홍선 대원군 정부는 당백전이라는 돈을 발행하여 상평통보보다 100배 높게 설정하였으나 이 돈의 실제 가치는 상평통보의 5배에 불과했다. 물론 시장의 혼란만 일으키자 곧 폐지되었다.

몇 번의 시행착오와 위폐 제조자를 향한 강력한 법적조치 끝에 한무제 정부는 결국 비교적 안정된 화폐 개혁을 이루어내긴 한다. 우여곡절 끝에 만들어낸 오수전(五铢钱)은 기존의 다섯 배의 가치를 가졌고 무엇보다도 중요했던 것이 강한 행정력으로 지방의 화폐 제조권을 전부 몰수하여 국유화에 성공한 일이다. 이로써 한무제 정부는 통화팽창과 위폐제조라는 문제를 해결하였고 서한의 통화정책은 안정화에 이르게 된다. 엽전 모양의 오수전은 그 중량이 적절하였고 당시로써는 위폐 방지 기술이라고 할 수 있는 테두리 등의 정교함까지 갖췄다. 오수전은 중국의 화폐 역사에서 아주 중요한 위치를 차지하며 무엇보다도 화폐 제조권을 완전히 국유화했다는 데 큰 의미가 있다. 오수전은 그 후 서한, 동한, 삼국시대, 진(晋), 북위, 수, 당 시대까지 장장 700여 년간 사용되었다.

제염, 제철업 국유화

제염, 제철업 국유화는 한무제의 국가 재정 충당을 위한 조치 중 가장 효과적이면서도 지방 세력을 약화시키는 일거양득의 효과를 가져온 개혁다운 개혁이었다. 중조(내조)의 대신인 상홍양(桑弘羊)의 주도로 추진된 제염·제철 국유화 정책은 춘추시대 제나라 개혁가 관중의 정책을 벤치마킹했다. 제나라도 심각한 재정 문제에 직면해 있었는데 이에 결정적인 솔루션이 된 것이 바로 제염·제철 국유화 정책이었기 때문이다.

고대 국가에서 소금과 철이라는 두 필수품 산업은 어마어마한 산업이었다. 이 주요 산업이 민영화된 것도 역시 서한 초기 풀어주기와 자유방임 기조하에 이루어진 것이었다. 서한을 개국한 사람들은 진제국의 통제와 국유화와 같은 치국의 방식이 망국으로 몰았다고 믿고 있었기에 이들은 또 그 반대로 너무 무분별하게 민간에 풀어준 면도 없지 않아 있었다.

상홍양(桑弘羊)은 한무제의 재가를 얻어 이를 추진하였는데 이는 세 가지의 효과를 보는 일이었다. 우선 한 정부는 제염·제철 국유화로 엄청난 이익을 국고로 회수하였고 이는 군비 충당에 매우 큰 도움이 되었다. 한무제는 그간 자신들이 여러 방식으로 돈을 벌려고 발악했던 것이 알고 보니 코 묻은 돈이었다는 것을 알게 된다. 둘째로 염철 전매로 인하여 노예노동에 의존한 상공업자들의 거대 이익을 국가로 귀속시켰고 이는 상공업자들과 노예주들의 세력을 약화시켰다. 세 번째는 제후의 세력을 약화시켰다는 것이다. 한무제 때에 와서는 이미 제후세력이 약화될 대로 약화되어 있었지만 염철 전매 조치로 쐐기를 박는다.

제염과 제철의 국영 방식에는 다소 차이가 있었는데 이 역시 600년 전 관중이 했던 것과 거의 동일했다. 제염은 민간의 OEM 참여를 허용하였다. 제염에 필요한 땅과 장비들도 정부에서 대여를 해 주고 민간은 정부로부터 가공비를 받았다. 그러나 제철은 처음부터 끝까지 철저한 국가관리를 하였다. 상홍양(桑弘羊)은 염철 전매 조치의 공으로 5년 뒤 경제정책을 총괄하는 재상급으로 승격된다.

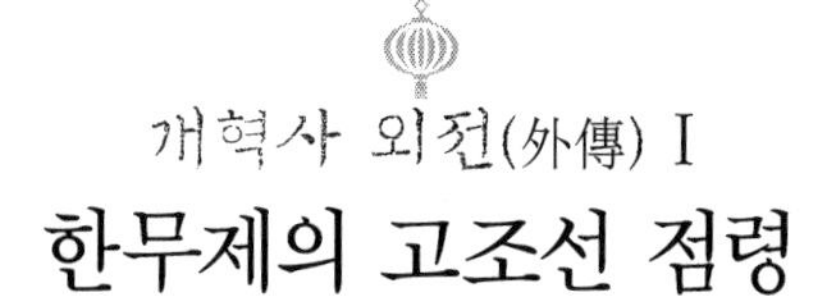

개혁사 외전(外傳) I

한무제의 고조선 점령

한(汉)과 고조선과의 전쟁은 기원전 109~108년의 일이다. 우리 역사에서 중국과 관계된 최초의 사건이며 중국과 벌인 최초의 전쟁이다. 우리나라 중·고등학교 국사 교과서에서 중국이 최초로 언급되는 시기가 아마 이때일 것이다.

우리와 중국이 보는 고조선은 기원과 조상이 완전히 틀리다. 고조선은 기원전 2333년 한민족의 시조인 단군이 세운 나라이다. 그런데 《사기》에는 상왕조가 주왕조에게 멸망하면서 상왕조 마지막 왕의 숙부인 기자(箕子, 본명 자서여 子胥余)란 자가 사람들을 이끌고 동쪽으로 가서 기원전 1122년에 만든 나라라고 쓰여있다. 고조선과 기자조선의 관계는 여전히 학계의 민감한 논쟁으로 남아있다.

통치 계층이 바뀐 고조선

위만(卫满)은 전국시대 말기 연왕국, 진제국, 서한 초기의 3개 왕조에 걸쳐 활동했던 사람이다. 후에 고조선의 왕이 되었으니 무려 4개 왕조를 거치며 행정장관, 사령관 그리고 군주로 있었던 파란만장한 이력을 갖춘 사람이다. 중국 사료에 의하면 전국시대의 연나라는 한반도 북부의 고조선과 진번에까지 세력을 뻗쳤고 이때 위만이 한반도에 들어왔다고 한다. 아마 그는 연나라의 극동지역 사령관으로서 한반도 북부의 중소 정권들과 빈번한 교류를 하였던 걸로 보여진다. 그러다 진이 통일을 하면서 연나라의 영토가 요동군이 되었고 위만도 요동군 소속의 장수나 행정장관이 되었을 것이다. 서한 성립 후 요동군이 다시 연왕국(7개 이성제후국 중 하나)이 되었고 위만은 연왕국의 왕인 노관(卢绾)의 부하로 있었다. 이때 고조선은 연왕국의 관할하(?)에 있었다고 하는데 그냥 인접국이라고 이해하면 될 듯하다. 하여간 위만은 한반도 북부의 중소 정권들과 오랜 전투경험과 인맥을 가지고 있던 소위 한반도통 요동의 군벌이었다.

노관(卢绾)은 한고조 유방과 같은 날 태어나 동문수학하던 죽마고우였고 유방을 도와 서한을 세운 공로로 연왕국(제14장 지도 참조)의 왕으로 봉해진 사람이다. 그러다가 서한 초기 유방과 여태후가 한신, 팽월 등 이성제후국들을 제압할 때 노관도 모반 혐의로 정부군의 공격을 받았고 이때 그는 북쪽의 흉노에게 도망가서 투항하였다(기원전 196년). 노관의 부하 장수였던 위만도 연국 사람 천여 명을 이끌고 자신이 잘 아는 동쪽으로 가서 고조선에 투항하였다. 이때 그와 그를 따르는 무리들은 머리에 상투를 틀고 고조선 복장을 하고 왔다는 걸로 봐서 한반도의 문화, 언어에 익숙했던 걸로 보여진다.

당시 고조선의 국왕이었던 준왕은 위만을 한과 맞닿은 서쪽 변경지역을 수비하는 자리에 임명하였다. 한조정에 적개심을 품은 위만은 고조선에 충성하였고 준왕은 그를 신임했던 것 같다. 그런데 2년 후인 기원전 194년에 위만이 정변을 일으켜 준왕을 쫓아내고 자기가 왕이 되었다. 이로써 고조선은 통치계층이 한족으로 바뀌었다.

한무제는 왜 고조선과 전쟁을 했을까?

서한은 왜 고조선을 침공했을까? 필자가 국사를 배울 때에는 '고조선이 중계무역으로 큰 이득을 보면서 주변국과 한과의 직접 거래를 막고 있었고 이것이 한무제가 공격한 이유'라고 했다. 아마 지금도 많은 사람들이 이렇게 알고 있을 것이다. 《사기·조선열전》에는 한과 고조선의 관계에서부터 한무제의 침공을 결심하게 만든 사건, 전쟁의 과정 그리고 한사군의 설치에 대해 상세히 설명되어 있다. 그러나 거기에 중계무역 이야기는 나와 있지 않다. 단지 '위우거(위만의 손자)가 이끄는 고조선이 주변국들이 황제를 만나러 가는 것을 막았다'고 나와 있을 뿐이다.

한무제의 고조선 원정은 사마천이 조정 사관으로서 현직에 있었을 때 발생한 사건이므로 그는 후세의 그 어떤 사서의 저자보다도 이 전쟁에 대한 생생한 정보를 가지고 있던 사람이라 생각된다. 그리고 사마천의 집필 스타일로 봤을 때, 특히 한무제에게는 사무치는 원망의 감정이 있었을 거라는 걸 감안할 때 그가 굳이 서한의 편에 서서 편파적인 기술을 했을 것 같지는 않다. 그러므로 《사기·조선열전》이 한의 고조선 원정 사건에 대해 가장 정확하고 객관적으로 쓰여진 기록이라 간주해도 될 듯하다.

한반도를 향한 원정은 거리가 멀고 많은 희생을 각오해야 했기에 한무제로서도 부담히 큰 전쟁이었다. 경제적 이유로 그 먼 곳까지 원정을 간다는 건 언뜻 납득하기 어려운 설명인 것 같다.

긴장의 격화

위만의 손자 위우거(卫右渠) 대에 와서 고조선의 국력이 상승했고 주변 소국들에의 영향력이 커졌다. 세력이 커진 고조선은 점점 더 많은 한족들을 흡수하였고 급기야 위우거는 한무제를 알현하기를 거부한다. 그리고 주변의 소국들이 한무제를 알현하러 한조정으로 가는 것을 막았다. 고조선의 이러한 행태를 단지 상업로 차단과 같은 경제 이슈로만 봐야 할까? 이러한 행태는 외교 관계 단절에 해당하는 조치였다.

한무제는 섭하(涉何)라는 사람을 사신으로 보내어 고조선 국왕 위우거에게 경고의 메세지를 전했지만 자신감에 찬 위우거는 한무제의 경고장에 눈 하나 깜짝하지 않았다. 빈손으로 귀국하게 된 섭하는 압록강을 건넌 후 그를 호송한 비소왕(裨小王, 부국왕에 해당한다) 위장을 살해하였다. 그리고 한무제에게는 자신이 '고조선의 장수를 죽였다'고 거짓 보고를 하였다. 한무제는 응당 그에게 책임을 물고 처벌하였어야 하지만 오히려 그의 용감한 행위를 치하하며 그에게 요동군 도위(군郡이 보유한 군대의 사령관)로 임명했다. 이것은 무엇을 의미할까? 고조선은 당연히 섭하의 처벌을 요구했지만 한무제는 보란듯이 그를 영전시켜 고조선의 바로 코앞에 갖다놨다. 이를 본 고조선이 가만히 있었겠는가? 그들은 군대를 보내어 변경에서 무력 충돌이 일어났고 이때 섭하가 죽었다. 그리고 한무제는 이를 이유로 원정을 선포하였다.

한무제의 서한 vs 위우거의 고조선

위만의 고조선 왕위 찬탈은 중국에서 망명한 외부 세력에 의해 왕위가 찬탈되고 고조선 민족이 피지배층이 되어버린, 우리로서는 기분 나쁜 사건이 아닐 수 없지만 위만 정권 때에 와서 고조선은 크게 강성해졌다. 가장 주요했던 것이 위만이 철기를 가져왔다는 것이다. 철기는 농업 혁명을 일으켜 생산력을 크게 향상시켰고 군사력을 증강시켰다. 고조선의 세력은 날로 커져 한에게 위협이 되는 존재로 부상하기 시작했고 한 정부로서 이는 매우 찝찝한 일이 아닐 수 없었다.

위만의 손자 위우거가 이끄는 고조선은 한반도 남쪽에 있던 진(辰)이나 북쪽의 국가들이 한(汉)과 직접 교류를 하는 것을 막았는데 이는 중계무역으로 더 큰 이득을 얻고자 했다기보다는 교역로 봉쇄를 뜻한다. 위우거가 뭘 믿고 그렇게 세게 나갔는지 모르겠지만 당시 고조선이 했던 일련의 행태들은 한의 보복을 불러일으키기에 충분한 일들이었다. 고조선 원정이 있기 1년 전인 기원전 110년은 한무제의 자신감과 위엄이 최고조에 달했을 때이다. 흉노를 막북으로 몰아냈고 서역을 세력권으로 두었으며 남쪽 중량지와 민중지를 점령하여 영토화하였다. 한무제는 그 해에 태산에서 봉선(封禪)[85]을 거행하였는데 그것이 모든 것을 말해 줄 것 같다.

전쟁의 발발

기원전 109년에 한은 수군 7천과 육군 5만을 이끌고 고조선 원정에 나섰다. 중간에 위우거에 의해 두 번의 항복 의사가 전해졌으나 두 국가 간의 오해와 불신으로 인해 전쟁이 장기화되었고 양국 군의 피해는 더욱 컸다. 고조선은 1년간 버텼지만 결국 한제국 군의 포위공격을 당해내지 못하고 멸망하였고 이로써 우리 민족의 영토였던 만주지역과 한반도의 절반이 한(汉)에게 점령당하였다. 우리 민족 역사상 최초로 외세의 지배를 받는 시기이다. 한은 조선 왕국이 있던 곳에 4개의 군(낙랑군, 임도군, 현토군, 진번군)을 두어 관리하였고 이를 '한사군'이라고 하였다.

전쟁의 재구성

다시 한무제가 고조선을 멸망시키고자 굳게 마음먹게 된 이유로 돌

85) 봉선이란 고대 제왕들이 매우 큰 업적을 이루었거나 태평성대를 이루었을 때 태산 정상에 올라가서 하늘에 제사를 지내는 성대한 행사이다. 봉선은 황제가 하고 싶다고 할 수 있는 게 아니라 타의 추종을 불허하는 업적과 위엄이 갖춰져야 할 수 있었다. 봉선을 했던 제왕은 진시황, 한무제, 당고종, 무측천 등 중국 역사를 통틀어 열 명이 채 되지 않는다.

아와보자. 당시 고조선의 한족 통치 계층이 보인, 무엇에 근거한 자신감인지 모를 정도의, 반한(反漢) 외교 정책의 뒤에는 무엇이 숨어있었을까? 이에 대해선 사료에 의한 정황 단서로 추정을 할 수밖에 없다. 그렇지만 한무제로 빙의해 보면 답을 찾을 수도 있다. 한과 고조선과의 국방력의 차이는 오늘날 미국과 멕시코 정도였을 것이다. 그러한 고조선이 수그리지 않고 자신에게 적대적인 입장을 보인다고 하면 서한의 통치자는 그 뒤에 뭔가가 있다는 걸 의심할 수밖에 없다.

한무제 시기 한의 대외 원정은 흉노에게 집중되어 있었지 사실 한반도에는 관심도 여력도 없었다. 무제는 즉위 초기부터 흉노제국과 싸움을 시작한 데에 반해 고조선 원정은 즉위후 32년이나 지난 재위 후반의 일이다. 이때는 이미 흉노와의 오랜 전쟁으로 피로한 상태였고 서한 입장에서도 군이 한반도까지 가서 전쟁을 벌일 동기가 크게 없었을 거라 보여진다. 동북아의 역사에서 고금을 막론하고 경제적 이유로 전쟁이 벌어지는 경우는 매우 드물 뿐더러 고조선이 취하고 있던 경제적 이권은 한이 원정을 벌일 만큼 크지 않았다. 한의 경제적 이권은 서쪽(서역)에 있었지 동쪽이 아니었다(당시는 아직 국가간 무역이 활발할 때가 아니니 그것조차도 한참 후의 일이다). 오히려 원정에 드는 비용이 더 컸을 것이다. 그렇지만 고조선이 흉노와 군사 동맹을 맺는다면 그것은 이야기가 완전히 달라진다. 흉노라고 하면 알레르기 반응을 보였던 서한 왕조로서는 어떤 정권이 되었든 흉노와의 동맹은 용납할 수 없었다. 고조선이 흉노와 동맹을 맺었다는 기록이나 증거는 없지만 자신과 국경을 맞대고 있는 국가가 세력이 커지면서 자신에게 점점 적대적이 되어가고 있으니 만에 하나 이들이 요동·요서 지역에서 흉노의 동쪽 세력과 연맹을 맺기 전에 선제공격을 해야겠다고 마음 먹었을 수 있다. 섭하를 요동군의 도위로 보낸 것은 고조선의 도발을 유발시킨 한무제의 미끼였다.

한사군

한무제 때 와서 중국은 전국을 13개 주(州)로 나눴고 주 밑에 몇 개의 군(郡)이 있었고 군 밑에는 다시 현(县)을 두었다. 그중 옛 연국(燕国)이 있던 지역, 즉 북경, 천진을 포함해서 발해만을 거쳐 요동 반도까지의 지역을 유주(幽州)라고 했다. 유주(幽州)는 다시 몇 개의 군으로 형성되어 있었는데 한은 고조선 점령으로 인하여 새로 얻은 한반도 북부와 만주 지역을 '한4군'이라는 이름으로 유주(幽州)에 새롭게 편입시켰다.

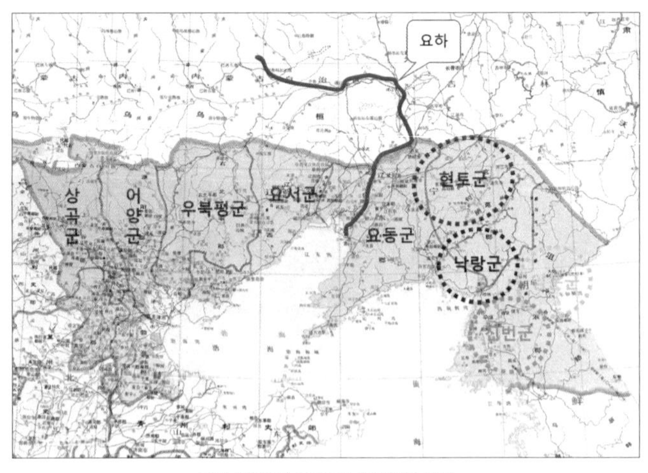

서한 전성기 유주(幽州)와 한사군

무제에 의한 고조선 멸망과 이로 인한 한사군의 설치는 너무 오래전의 일이고 별로 꺼내고 싶지 않은 일이라 역사 교과서도 거의 비껴가는 사건이 되었지만 우리 민족의 역사에 있어서 참으로 안타까운 일이 아닐 수 없다. 이는 한족 통치계층의 어리석은 외교 정책과 아집이 불러일으킨 불필요한 전쟁이었고 그 대가는 피통치 계층이었던 고조선 백성들이 치렀다는 점에서 더욱 아쉬움이 크다. 고구려에 의하여 낙랑군이 접수되는 313년까지 약 400년이라는 어마어마한 시간 동안 한반도의 일부가 명목상으로 중국의 영토가 되어 있었던 것이다.

그러나 한사군의 실질적인 지배는 그리 오래가지 못했다. 한사군은 서기 313년에 고구려에 의해 철폐되었다고 알려져 있으나 사실 그보다 훨씬 전부터 그 본래 모습에서 상당히 줄어들어 낙랑군과 현토군 정도만 관할하는 처지가 되었다.[86] 그마저도 중국이 혼란에 빠졌을 시기에는 거의 유명무실해지기도 했다.

86) 중국은 한사군 철수 연도를 313년으로 공식화하고 있으나 이는 사실 낙랑군의 철수 시점이고 다른 군들은 30여 년만 지속하다가 폐기되었다.

16장

서역이 중국의 판도에 들어오다

한무제 즉위 후 2년 뒤인 기원전 139년, 장건(张骞 기원전 164~기원전 114)과 100여 명의 사절단은 비장한 각오로 황제의 앞에서 출정식을 갖고 성문을 나와 서쪽으로 향했다. 당시 서한의 서쪽 경계인 금성(金城, 깐수성 란저우) 성문을 나서면 바로 흉노의 땅이었다. 이렇게 이들은 아무도 가본 적 없는 이민족의 땅으로 언제 돌아올지 모를 긴 여정을 시작하였다. 이들은 군대가 아닌 사절단이었기에 공격에 무방비 상태였다. 한 정부가 자신들에게 준 외교적 임무를 달성하기 위하여 막연하고 위험한 길을 떠났다.

서역의 전략적 중요성

한무제는 중국의 세력권을 서역(오늘날 신장)으로 뻗친 최초의 황제이다. 여기서 '세력권을 뻗치다'라고 말한 의미를 잘 이해해 주었으면

한다. 서역이 한의 판도에 들어왔다고 할 수 있는 시점은 '서역도호부(西域都护府)'가 설치된 기원전 60년 경이므로 한무제가 죽고 27년이 지난 후의 일이다. 이 지역은 그 후 2,000년 동안 분리와 편입을 거듭하여 청나라 때 완전히 영토화하여 내지인들을 대거로 이주시기키 전까지는 도대체 누구의 땅인지 잘 판단이 안 가는 지역이 되어왔다. 그러나 어쨌든 처음이 있었기에 두 번, 세 번이 있는 것이고 결국은 현재 중국의 영토가 되어 있지 않은가? 그리고 그 시작은 한무제, 아니 더 정확히는 장건이었다.

흉노와의 오랜 전쟁에 있어서 한 정부는 흉노 세력에 타격을 주는 또 다른 전략을 병행하고자 했다. 이는 바로 서쪽에 있는 흉노의 지정학적 동맹관계를 흔들어 놓는 것이었다. 즉, 서역에 한(汉) 동맹국 전선을 구축하고 흉노의 동맹국은 회유하거나 멸망시켜서 흉노의 힘을 간접적으로 빼는 전략이다.

흉노제국의 근거지는 오늘날의 내몽고와 몽골의 초원지역이지만 광범위한 의미에서 서역이라 불리는 오늘날의 신장과 더 서쪽에 있는 중앙아시아 지역도 이들의 세력권이었다. 흉노에게 당하는 게 두려운 신장과 중앙아시아의 여러 왕국들은 거의가 흉노 편에 있었다. 특히 신장은 거의 흉노의 식민지이다시피 했고 이 지역의 여러 오아시스 국가[87]들은 흉노에게 많은 경제적 원조(조공, 약탈)를 제공하고 있었다. 서한 정부는 막강한 흉노제국과 본격적인 전쟁을 하기에 앞서 흉노와 감정이 좋지 않은 주변국들과 동맹전선을 구축하고자 하는 아이디어

---

87) 오늘날 신장위구르 자치구라 불리는 고대 서역에는 20여 개의 작은 오아시스 국가들이 있었다. 대표적인 나라가 누란 왕국, 쿠차 왕국이다.

를 실행에 옮긴다.

서역의 당시 상황

월지(月氏)왕국은 원래 하서주랑 부근에 있던 나라였는데 흉노가 강대해지면서 서쪽으로 이동하였다. 본세기 초반에 흉노의 공격을 받아 국왕의 해골이 선우의 요강으로 쓰였다고 한다. 서한 정부는 흉노에게 치욕을 당한 월지왕국이 흉노를 향해 복수의 칼을 갈고 있을 것이고 자기들과 동맹을 맺어 협공을 할 수 있을 거라 생각했다. 그리하여 장건 사절단의 일차적인 목표는 월지를 찾아내어 동맹을 맺는 것이었다.

그렇지만 서한 정부는 월지가 어떤 이들이고 지금은 어디에 있는지조차 모르고 있었다. 아마 신장 어디쯤 있을 거라 생각했던 것 같다. 그러나 월지(月氏)왕국은 계속 서쪽으로 이동하여 생각보다 훨씬 더 서쪽인 지금의 아프가니스탄 북부에 자리 잡고 있었다. 장안에서 3,000킬로미터도 더 떨어진 곳이었다.

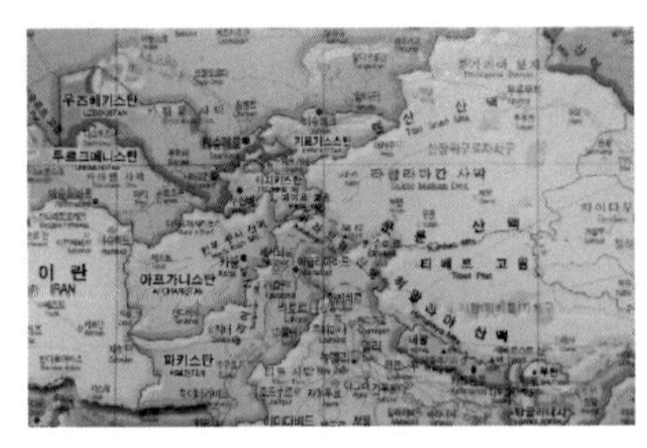

오늘날 신장과 중앙아시아 국가들

기원전 1세기경 서역 국가들

이쯤에서 지도를 한번 들여다봐야겠다. 서역이란 협의의 개념으론 현재의 신장위구르자치구[88]를 말한다. 현재 중국의 영토이지만 여기 사람들은 생김새가 중앙 아시아 사람들과 가까운 터키·이란계 민족이고 종교, 언어, 식습관, 풍습도 한족과는 완전히 다르다. 신장은 북으로 알타이산맥, 서쪽으로 천산산맥, 그리고 남쪽으로 곤륜산맥 이 세 개의 높은 산맥이 몽골, 중앙아시아, 그리고 시장(티베트)과의 경계를 만들어주고 있다. 그리고 그 안쪽으로 타림분지와 중갈분지와 같은 큰 평원이 있어 마치 거대한 요새와 같은 지형이다. 험준한 천산산맥을 넘어 더 서쪽으로 가면 중앙아시아라고 불리우는 지역이다. 즉, 오늘날 우즈베키스탄, 키르기스스탄, 카자흐스탄, 타지키스탄, 아프가니스탄이 있는 곳이다.

서역은 중앙아시아 민족들과 중국 민족이 만나는 지역이다. 당시 인도에서 중국으로 가려면 인도 서북쪽인 펀잡지방에서 출발해서 초원과 고산지대인 중앙아시아 나라들을 거쳐 다시 동쪽을 향해 천산산맥을 넘어 서역으로 들어왔다. 그리고 드넓고 메마른 서역 땅을 거치고 하서주랑을 통과해야 중국 민족이 사는 땅으로 들어올 수 있었다. 이 루트가 바로 실크로드인 것이다. 세계사가 보여주듯이 두 문명이 충돌하는 지역은 번영하기도 하지만 대부분은 불행한 시간을 갖는다. 왜냐하면 이런 곳은 주변 정세에 따라서 주인이 자주 바뀌기도 하고 또한 두 세력 간의 대리전을 위한 전장으로 사용되기 때문이다. 이렇듯 서역의 지정학적 특수성과 민족 구성, 역사적 배경 등을 봤을때 이

88) 신장(新疆 신강)이란 지명은 청나라 때 영토화하며 붙여진 이름으로 '새로운 강역'이란 뜻이다.

지역은 갈등 요소를 다분히 지녀온 지역이라 할 수 있겠다.

그렇지만 고대사에서 언급되는 서역은 넓은 의미로서 신장과 중앙아시아를 통틀은 개념으로 볼 수도 있다. 지금이야 중화인민공화국의 영토가 엄연히 신장까지로 금이 그어져 있고 또 신장으로 많은 한족들이 이주하여 상당부분 한화가 되어 있지만 고대 민족적 관점에서 봤을 때 한족의 터전과 투루크계 터전의 경계, 농경민족과 유목민족과의 경계는 하서주랑, 즉 오늘날의 깐수성으로 봐야 한다. 당시 사람들은 깐수성의 끝자락에 있는 옥문관(玉门关) 서쪽 지역을 전부 서역이라 불렀다. 그러므로 서역이라고 말할 때 광의의 개념인지 오늘날의 신장을 의미하는 협의의 개념인지를 명확히 해두는 게 좋다.[89]

미리 말해두지만 서역을 이야기하면서 나오는 왕국들, 강거(康居), 대완(大宛), 월지(月氏), 대하(大夏), 누란(楼兰) 등의 서역 왕국들은 한족과 외모와 언어가 전혀 다른 민족이다. 이들은 투르크계와 이란계 민족들이고 언어도 투르크계 언어를 썼던 걸로 알려진다. 고대 중국 민족들은 이들에게 자기 나름대로 한자 이름을 만들어 붙였지만 당시 이들에게는 소드디아나(강거), 페르가나(대완), 박트리아(대하)와 같은 그리스식 이름이 있었다. 왜냐하면 중앙아시아 지역은 기원전 4세기에 알렉산더 제국의 동쪽 끝 영토였으며 이때 이 지역에 도시들이 세워졌고 그것이 토대가 되어 왕국이 형성된 것이기 때문이다. 그래서 이들이 그리스식 왕국명을 가지고 있었다.

신장이 중앙아시아 유목문명과 중국 농경문명을 이어주는 완충지대라고 했는데 좀 더 뒤로 물러나서 보자면 광의의 개념으로의 서역

89) 이 책에서는 협의의 개념으로 서역이라 할 때는 괄호 안에 '신장'이라고 명기하였다.

은 서구문명과 아시아 문명의 중간지대이다. 중국과 서구 문명과의 외교적 교류는 당왕조 때에 와서나 이루어졌는데 재미있는 가정으로 만약 알렉산더제국이 조금 늦게 형성되었거나 한제국이 좀 더 일찍 세워졌더라면 이 두 동서 강력한 제국이 중앙아시아에서 조우하는 사건이 벌어졌을 수도 있다.

장건과 서역 사절단

장건과 사절단의 여정은 역시 순탄치 않았다. 하서주랑에 들어서자마자 흉노에게 붙잡혔다. 흉노는 이들을 해치지 않고 회유하였고 이들이 자기들 편에 서기를 바랐다. 장건과 그의 부하들에게 흉노의 여인을 주어 아내로 삼게 하였고 이들은 거기서 자식도 낳았다.

이렇게 10년이 흘렀다. 그러나 장건은 서한 정부가 자기에게 준 임무를 잊을 수가 없었다. 결국 기원전 129년에 그들은 아내와 자식들을 버리고 서쪽으로 도망쳤다. 우여곡절 끝에 도착한 곳은 '페르가나'였다. 한은 이 곳을 '대완(大宛)왕국'이라 불렀고 현재의 우즈베키스탄 남부의 페르가나(Fergana) 분지 지역이다. 중국 민족과 중앙아시아 민족 간 최초의 만남이었다.

장건의 서역 국가 방문

장건 일행은 페르가나(대완) 왕국의 도움을 받아 현재의 카자흐스탄 지역인 소그디아나(강거) 왕국을 거쳐 드디어 월지 왕국(月氏)에 도착했다. 월지는 생각보다 훨씬 서쪽으로 가서 박트리아 왕국을 점령한 후 그곳에서 정착하고 있었다. 이곳은 현재의 아프가니스탄 북부이다. 월지는 나중에 쿠샨왕조라는 불교국가가 되어 인도의 불교가 중국에 전파되는데 중요한 역할을 한다.

그런데, 월지의 국왕은 흉노와 전쟁 후 이미 삼대가 지난 후라 이제는 흉노에 대한 복수심 같은건 다 잊고 없었다. 흉노에 대한 복수를 할라치면 이렇게나 멀리 오지도 않았을 것이다. 장건은 월지에서 1년간 머무르고 빈손으로 귀국길에 오른다. 그리고 귀국길에서 다시 한번 흉노에게 붙잡혔다. 1년 후 장건은 또다시 탈출하여 기원전 126년에 드디어 장안에 도착했다. 출발한 지 12년 만이고 떠날 때 100여 명이었던 사절단이 귀국할 땐 단 두 명뿐이었다.

장건은 출발할 때의 목적을 달성하지 못했지만 더 큰 소득을 안고 돌아왔다. 12년 동안 서역과 중앙아시아 각국을 돌면서 얻은 지리, 문화적 정보는 엄청난 전략적 가치를 지니고 있었고 이는 이어지는 서한의 서역 경영에서 큰 힘을 발휘하였다.

기원전 119년 장건은 또다시 서역길에 올랐다. 이번 미션은 현재의 키르기스스탄 지역인 오손왕국(乌孙)과 동맹을 맺는 것과 중앙아시아 각국에 한을 알리는 두 가지였다. 두 번째 서역행은 달랐다. 이미 서역에 대한 지리 정보를 가지고 있었고, 하서주랑이 한의 영토로 들어오면서 서역까지의 이동에 안전이 보장되었다. 또한 계속되는 한의 공격으로 서역에서의 흉노세력이 약해져서 신변의 위협이 덜했다.

사절단의 규모도 달랐다. 두 번째 사절단은 300여 명의 규모와 금은, 비단, 소와 말 등 물자와 함께한 대규모 홍보사절단이었다. 장건의 부하들은 중앙아시아 각국에 파견되어 서한을 알렸다. 오손왕국(乌孙)은 한의 동맹 제안을 거절했지만 장건의 귀국길에 사신을 딸려보냈다. 다른 왕국들도 속속 사신을 장안으로 보내었고 이런 식으로 한과 서역의 교류가 시작되었다. 이제 실크로드가 열린 것이다.

장건의 서역개척은 콜롬버스의 아메리카 대륙 발견과 비견되기도 한다. 후세에게 어마어마한 경제적 이득을 가져다 주었다는 점, 위험을 감수하고 미지의 세계를 개척하고자 하는 열정을 가지고 시작하였다는 공통점이 있지만 이 두 사건은 그 본질적 성격상 분명한 차이를 가지고 있다. 콜롬버스의 아메리카 대륙 발견이나 대항해 시대를 연 신항로 개척은 유럽과 아시아 간의 무역루트가 이슬람 세력의 오리엔탈 지역(현재의 터키, 이라크 등) 점령에 의해 막혀버림으로써 시작된 상업적 동기였던 반면, 서한의 서역 원정은 흉노의 경제적 근원인 신장지역을 봉쇄하고 주변국들과의 동맹을 구축하고자 하는 군사전략적 목적이었다.

서한 정부는 하서주랑에는 하서사군(河西四郡), 한반도와 만주에는 한사군(汉四郡)을 두어 자국 영토화했지만 서역(신장)에는 군(郡)을 설치하지 않고 '서역도호부(西域都护府)'란 것을 두어 관리토록 했다. 군(郡)으로 행정구역화하지 않고 '도호부'란 기관을 설치했다는 것은 무얼 의미할까? 도호부의 수장인 도호(都护)는 각 군(郡)의 군대·경찰 지휘관인 군위(郡尉)에 해당하는 직책이다. 서한은 각 군(郡)마다 군위를 두어 태수(太守)의 지휘하에 치안과 군사의 일을 담당토록 하였다. 그러므로 도호부는 행정은 현지인들에 의한 자치를 하게 하고 방어와 경찰권만 두는 개념이라 볼 수 있다. 서역을 완전히 자국 영토화하기보다는 이 지역의 흉노 세력화를 막는 정도로 하고 이 지역의 20여 개 중소 왕국들에게는 자치를 주는 느슨한 형태의 식민 자치지역[90]인 셈이다.

90) 이러한 형태의 식민 자치지역을 중국 고대 역사에서는 기미주(羁縻州), 이러한 정책을 기미(羁縻)정책이라고 하는데 이에 대해서는 당왕조의 역사에서 다시 자세한 설명이 나온다.

17장
한무제, 그 후

기원전 87년에 한무제가 죽은 후로 서한 왕조가 망하는 서기 8년까지 이제 94년이 남았다. 서한 200년 역사는 한무제를 기점으로 전반기와 후반기로 나눠진다. 한무제의 뒤를 이은 한소제(汉昭帝)는 여덟 살 때 즉위하여 13년을 재위하였으니 그의 재위 시기 조정은 사실상 실세인 곽광(霍光)[91]에 의해 운영되었다고 해도 과언이 아니다. 곽광은 한무제의 정책들을 보완하여 계승하면서도 완화가 필요한 것은 완화하고 폐지할 것은 폐지하여 민생을 회복시키는 정책을 펼쳤다. 이로써 한왕조는 무제 사후 발생했을 수도 있었던 급속한 국운 쇠락을 잘 수습하고 연착륙할 수 있었다. 하지만 후기로 가면서 그 전에 뿌려졌던 왕조 쇠망의 씨앗들이 자라나는 걸 막을 수는 없었고 드디어 토지겸병, 외척, 환관이라는 봉건 사회의 병폐가 중국 역사에서 처음으로 모

91) 곽광은 한소제의 황후의 외할아버지였다. 그는 한무제 시기 흉노 토벌의 영웅이자 대사마(국방)였던 곽거병의 이복 동생이다. 한무제는 죽기 전 그를 대사마·대장군이라는 군 최고직에 임명하여 어린 소제를 보좌할 것을 부탁하였다. 이로써 군 최고직에 오른 외척 곽광은 한소제 재위 기간 내내 정권의 최고 실세로 군림한다.

습을 드러냈으며 민심이 이반되기 시작하였다. 이는 더 후에 왕망이라는 이상주의 정치가의 탄생과 식자들의 열광적인 지지로 이어졌다.

염철회의(盐铁会议)와 포스트 한무제 시대

기원전 81년 곽광의 주도하에 소위 '염철회의(盐铁会议)'라는 것을 하였는데 이것을 계기로 서한은 한무제의 정책에서 대전환을 하게 된다. 중국은 고대에서 지금에 이르기까지 정책의 큰 방향 전환이나 중요 의사결정을 할 때 당과 정부 리더들이 모여서 집단토론을 하는 것을 역사 곳곳에서 볼 수 있다. 상앙의 변법에 앞서 효공은 대신들과 '설전'을 벌이게 하였고, 진시황은 분봉제를 폐지하고 군현제를 실시함에 앞서 이사와 대신들 간에 난상토론을 하도록 하였다. 덩샤오핑의 '개혁개방'도 1978년 12월에 개최된 제11차 삼중전회에서 문화혁명의 과오를 인정하고 계급투쟁에서 실사구시와 경제개발로 방향을 전환하는 덩샤오핑의 발언으로 시작되었다. 아무리 봉건 국가의 황제라 하더라도 각료들과 고문 그룹 간의 공개토론을 통해 명분을 확보하고 공동인식을 가지는 것이 필요했기 때문이다.

'염철회의(盐铁会议)'란 제염과 제철사업을 국유화한 한무제의 정책을 그대로 유지할 것인가 아니면 폐지하여 민간에 열어줄 것인가를 결정하기 위해 정부 각료들과 각계 인사 60여 명이 모여서 무려 5개월 동안이나 진행된 워크샵(공청회)이다. 그러나 실질적으로는 제염과 제철사업에 국한된 것이 아니라 한무제 54년의 경제, 외교 등 전반적인 정책을 점검하고 평가, 변론하는 자리였다.

이듬해인 기원전 80년 한소제는 염철국유화의 주역인 상홍양(爽弘羊)[92]과 상관걸(上官桀) 등을 반역죄로 죽이고 곽광(霍光)을 재상으로 임명하여 한무제 시기의 제도들에 대한 추가적인 개혁을 진행한다. 굳이 필요치 않은 관직을 폐지하고, 부역과 세금 부담을 경감시키는 등 국내외로 온건한 정책을 펼쳐서 한무제가 물려준 문제와 모순들을 완화하였다. 한무제 54년간 중국은 너무 달려왔고 소진했다. 이룬 것도 많았지만 여러 문제를 낳기도 했다.

역사상의 통치자들은 '국진민퇴(國進民退)'냐 '국퇴민진(國退民進)'이냐의 사이에서 시대의 요구와 부합하는 방향을 선택해야 했다. 하지만 보통 통치자들은 국진민퇴의 유혹을 뿌리치지 못했다. 실제로 국진민퇴 초기에 큰 성과를 내기도 하는데 이는 정부 주도로 국가의 자원과 역량을 집중시키기 때문이다. 그러나 시간이 지나면 점점 그러한 '집중'의 부작용이 여기 저기서 불어지기 시작하고 이것이 어느 임계점을 넘어서게 되면 폭발한다. 그리고 폭발은 곧 분열로 이어진다. 이런 관점에서 한무제 반세기의 국진민퇴(國進民退)를 종식시키고 다시 국퇴민진(國退民進)으로 방향 전환을 일으킨 염철회의는 역사적으로 매우 의미 있는 사건이었다고 할 수 있겠다. 이로써 서한은 한무제 이후로 찾아올 수 있었던 위기를 빗겨가고 연착륙에 성공함으로써 한소제(昭帝), 한선제(宣帝), 한원제(元帝)에 이르기까지 삼대에 걸쳐(기원전 87~기원전 33) 중흥과 번영의 시기를 구가하게 된다.

---

92) 한무제에 의해 재정 대신으로 발탁되어 소금과 철의 국유화를 추진하였다.

서한 후기의 문제들

외척 정치

서한 왕조의 잠재적인 병폐는 외척 세력이었다. 왕조 초기부터 여씨 천하의 악몽을 경험하지 않았던가. 황제를 둘러싼 서한 황실내 세력에는 크게 두 가지가 있다. 하나는 황제의 친척들인 종실이고 하나는 황후의 친척인 외척이다. 이 둘은 서로 번갈아 가며 실세가 되어 황제의 근심거리가 되었다. 여씨의 난을 종식시킨 종친들은 서한 황실을 좌지우지 했을 뿐 아니라 나라의 절반 이상을 장악하였다. 그런데 7국의 난을 계기로 종실들은 더 이상 일어설 수 없는 타격을 입었고 이들이 정계로 진출하는 것이 금기시되었다. 고로 다시 외척이 득세할 수밖에 없었다. 외척 세력의 후환을 경계한 무제는 말년에 자신의 젊고 아름다운 황후를 죽여가면서까지 외척 정치의 싹을 잘라버리려고 했다. 이는 그만큼 서한 왕조에 있어서 외척이라는 것이 트라우마로 남아있었고 외척의 득세가 왕조의 존망에 항상 잠재적 위협이었다는 것을 반증하는 사건이기도 하다.

한무제의 그러한 노력에도 불구하고 서한은 후기에 와서 외척의 득세를 막지 못했다. 사실 서한은 왕조 전반에 걸쳐 외척 정치가 고착화되어 있었다. 서한 정부의 역대 삼공을 자세히 들여다보면 분명 그중 한 명은 황후나 태후의 친척임을 어렵지 않게 발견하게 된다. 그렇지만 강한 황권을 유지하고 있을 때는 외척이 그리 큰 문제가 되진 않는다. 약간의 폐단은 있을 수 있겠지만 외척이 장기간 조정의 보직을 장악하고 농단하는 일만 발생하지 않으면 그들 중 능력있고 충성스러운

자를 조정 대신으로 쓰는 것도 나쁘지 않았다. 한소제 때의 곽광(霍光)이 그런 케이스라 할 수 있다. 또한 외척이란 군주가 바뀌면 그들도 힘을 잃는 것이므로 특정 집단이 오래 가기가 어렵다. 그러므로 외척이 문제시되냐 아니냐의 여부는 전적으로 군주의 위엄, 권위, 리더십, 그리고 건강 상태와 관련이 있었다.

서한의 11번째 황제인 원제는 정치를 잘 한 군주라 할 수는 없으나 앞선 두 황제 시기의 관성에 의해 그의 재위 동안에는 나라가 그런대로 잘 굴러가는 것처럼 보였다. 그러나 사실 알고보면 서한 후기의 정치 불안은 대부분 원제 때 심어 놓은 복병들이 터진 것들이었다.

한원제(元帝)의 황후는 왕정군(王政君)이란 여인이었다. 기원전 33년, 한원제가 죽고 그들 사이의 아들인 유오(刘骜)가 18살에 한성제(成帝)로 즉위하였고 어머니 왕정군이 태후가 된다. 외척은 보통 황후 신분일 때는 큰 힘을 발휘하지 못하나 태후가 되면 얘기가 달라진다. 또한 왕씨 외척의 득세에는 한성제의 정략적인 지원이 적잖이 작용했다. 한성제는 환관세력과 기존의 외척[93] 세력을 견제하기 위해 자신의 외가 친척들을 이용하는 전략을 취했고 이로써 정치 무대에서 왕씨 가문의 지위가 급상승하게 되었다. 그러나 결국은 한성제가 의도한 견제와 균형이 이루어지진 않았고 왕씨가 마지막 승자가 되어 조정을 장악하는 결과를 낳게 되었다.

93) 아버지(원제)가 총애했던 비(妃)인 풍소의(冯昭仪) 가족 세력과 친할머니 허황후의 외척들을 말한다.

대지주, 관료, 거상들에 의한 토지 겸병

한국과 중국만큼 토지에 대한 애착이 큰 나라는 없을 것이다. 특히 중국의 역사에 있어서 토지 정책과 토지를 둘러싼 투쟁은 왕조를 뒤바꾸는 주요 요인이 되기도 하였으며 왕조를 흥하게 하는 성공 요인이 되기도 하였다. 그래서 이들의 역사는 권력과 재력으로 호시탐탐 토지를 겸병하고자 하는 지주계층(귀족, 관료, 거상), 자신의 경제 터전을 지키고 쟁취하려는 농민들, 그리고 이들 사이에서 토지라는 거대한 재산권 배분의 문제를 두고 어떻게 하는 게 자신과 왕조의 미래에 유리한 지를 고민해야 했던 황제 간의 보이지 않는 투쟁의 역사로 볼 수도 있다.

서한 말엽 불거진 또 하나의 큰 문제는 지주계층에 의한 토지의 겸병이 심각했다는 것이다. 이들은 합법적, 비합법적 수단으로 농민들의 약점을 공격하여 야금야금 이들의 토지를 거둬들여 장원을 이루었다. 농민들은 토지를 왜 상실하는가? 농사를 하다 보면 흉년이 들 때도 있고 살다 보면 돈이 필요할 때도 있다. 그러면 어떻게 하겠는가? 고리로 돈을 빌릴 수밖에 없다. 그런데 돈을 제때 못 갚는 경우도 생긴다. 그러면 계약 조건에 의해서 지주는 농민이 보유한 농지를 빼앗는다. 이런 식으로 자작농이 붕괴되는 것이다. 지금이야 노동조합이 있고 언론이 있으며 갑질 거래를 고발하는 여러 제도적 장치들이 있지만 봉건 시대의 농민들은 이들 상류 계층 앞에서 절대적인 약자였다. 지주들의 토지겸병은 중국의 매 왕조마다 있어왔던 고질적이며 사회의 근본을 흔드는 병패 현상임에도 역대 왕조는 이에 제대로 손을 대지 못했다. 마치 오늘날 정권이 바뀔 때마다 수도권 부동산 가격을 잡겠다고 큰소리치면서 각종 부동산 정책을 내놓지만 끄떡도 안하고 오히려 부작용만 생산하는 것에 비유할 수 있겠다. 지주들의 농민 토지 겸병과 오늘날의 수도권 부동산과는 차원이 다른 문제이긴 하지만 그것을 근절하지 못하는 이유는 크게 다르지 않은 것 같다. 왜냐하면 권력과 자본의 결합은 항상 있어왔고 그들은 서로 이익을 공유해 왔기 때문이다. 부를 늘리고자 하는 인간의 본성은 그 무엇보다 강하며 권력계층·자본계층일수록 그 부에 접근할 수 있는 가능성은 크다. 그래서 이들은 어떤 정책이 나오면 항상 그것을 뛰어넘는 대책으로 피해가게 되어 있고 심지어는 그러한 정책의 부작용으로 더 큰 돈을 벌기도 한다.

한왕조 말엽 한애제(汉哀帝) 때의 일이다. 보다 못한 삼공 대신 사단(师丹)이 공광(孔光), 하무(何武) 등 열혈 대신들과 연합하여 토지 겸병과 노비 양성을 제한하는 긴급조치인 '한전한노(限田限奴)' 조치를 황제에게 주청하였다. 말하자면 오늘날의 '서킷 브레이크(주식 매매 긴급 제한조치)'와 같은 것이었다. 그러나 부(傅)태후와 공훈이 있는 귀족 대신들의 격렬한 반대에 부딪히자 우유부단한 황제는 '잠시 보류' 결정을 내린다. 그 일이 있고 얼마 후 사단은 기존 외척과 새로운 외척의 호칭 문제 관련 소신 발언을 했다가 부태후의 노여움을 사서 보복을 받아 강등되었고 이로써 한전한노(限田限奴) 조치는 완전히 백지화되었다.

그러면 파산한 농민들은 어디로 가는가? 이들은 대다수가 지주의 소작농이나 그것도 아니면 노비가 되어 들어갈 수밖에 없었다. 사실 토지는 단순한 재산이나 생산요소의 문제가 아니었다. 이 시기의 토지라는 것은 그 위에서 농사를 짓고 있는 농민들도 포함하여 생각해야 한다. 그러므로 자작농이 많아지는 것은 자유신분의 농민들이 많아진다는 것이고 토지 겸병이 성행하여 장원화가 되는 것은 지주에게 소속된 노비들이 많이 생산된다는 뜻이다. 자유신분의 농민 계층은 중앙 권력을 지탱하는 근본이었고 사노비들은 지주들의 사군대와 같았다. 또한 토지 겸병으로 인한 자작농 감소는 정부의 과세 대상자가 줄어드는 것이고 결국은 중앙정부의 재정 수입 감소로 이어졌다. 즉, 토지가 지방의 호족들에게로 가느냐 농민들에게로 가느냐는 중앙 권력과 지방 권력의 문제였다. 그러므로 토지 정책과 그 현실은 역사의 매 시기마다 뜨거운 감자가 아닐 수 없었고 결국 시대가 요동칠 때마다 항상 그 근원지가 될 수밖에 없는 운명이었다.

18장
왕망(王莽), 이상만으로 개혁이 가능한가?

서한은 기원전 202년부터 기원후 8년까지 211년간 지속하였고, 낙양으로 수도를 옮긴 동한은 기원후 25년부터 220년까지 195년을 지속하였다. 물론 당시의 이름은 그냥 한(汉)이었고 동한과 서한은 후세 사가들이 붙인 이름이다. 그러면 9년부터 25년까지 16년 동안에는 무슨 일이 벌어진 것일까? 서한과 동한, 기원전과 기원후, 이 두 개의 200년 사이에는 왕망(王莽)이라는 정치인이 세운 역사상 또 하나의 단명 왕조, 신(新)왕조와 뒤이은 동란의 시기가 끼어 있다. 필자가 고등학교에서 세계사를 배울 때만 해도 신왕조는 교과서에 나오지도 않았던 것 같다. 아마 역사가 너무 짧고 전체 역사의 흐름에서는 왕망의 신왕조가 미친 영향은 아주 미미하다고 생각했기 때문일 것이다. 그러나 개혁사의 관점에서 그는 아주 흥미로운 인물이며 이 짧은 시기는 우리에게 많은 생각의 여지와 교훈을 남긴다.

왕망, 그가 마흔다섯 살 되던 해에 베들레헴에서 예수가 태어났다. 그리고 9년 후에 그는 한의 황위를 찬탈하고 새로운 왕조를 세웠다.

언젠가 필자의 옛 직원 중 한 명이 '얼마전까지만 해도 자기는 기원전과 기원후의 구분이 왕망의 황위찬탈인 줄 알았다'고 말하는 것을 듣고는 깜짝 놀랐는데 다시 생각해 보니 '뭐 이들에게는 그렇게 보일 수도 있겠구나'라는 생각이 들었다.

왕망은 살아생전에는 유학자들에 의해 군자의 표상으로 숭배되다가 그의 사후 1,900년 동안 반역자와 위선자로 매도되어 왔다. 지금은 그를 보는 시각에 있어서 여러 가지 시각이 공존하며 논쟁의 여지가 아주 많은 역사의 인물이 되었다. 동한의 창건자들은 자기들이 서한을 계승했다는 것을 정권의 정당성으로 삼았기에 왕망을 악마 보듯이 했을 것이다. 그리고 오늘날 전해지는 왕망에 대한 사료는 전부 동한의 사가들에 의해 정리되고 수정된 것들이므로 그에 대해 객관적이고 진실된 서술을 했을 거라 기대하기 어렵다.

세간의 사람들이 왕망에 대해 다른 시각으로 보기 시작한 것은 20세기 초의 사상가, 역사가이자 노벨 문학상 후보로도 올랐던 문학가인 후스(胡适, 1891~1962) 선생이 왕망을 '1,900년 전의 사회주의자'라고 하면서부터이다. 그는 이렇게 말했다.

왕망은 1,900년 동안 억울함 속에 있었고 지금도 아직 공정한 평가가 나오지 않고 있습니다. 그와 한집안 사람인 왕안석(王安石)은 한때 모진 욕을 들어먹긴 했어도 진작에 그의 억울함을 풀어주려는 사람들이 있었지요. 그렇지만 왕망은 어마어마한 정치가입니다. 그의 매력과 수완은 왕안석을 훨씬 능가합니다.

왕망에 대한 담론에는 크게 두 가지 측면이 있다. 하나는 그의 출현에서부터 권력을 잡고 황위를 찬탈하기까지의 과정이다. 왕망이 조야에서 신망받는 정치인으로서 압도적 지지를 얻고 이를 기반으로 정권을 장악하는 과정에 대해서는 후세의 사료에 깔려있는 기본적인 인식이 있는데 그것은 그가 위선과 교활함에 의해, 다시 말하면 속임수와 기만을 통해 권력을 움켜쥐었다는 것이다. 과연 그럴까? 설령 그의 이미지와 권력 장악 과정이 속임수와 기만이라 하더라도 '그럼 왜 그 많은 사람들과 사회가 그에게 속았는지'에 대해서는 한번 생각해 볼 필요가 있다. 그가 식자들의 열광적인 지지를 받으며 정치계의 대안으로 뜨게 된 당시 사회의 심리와 배경이 있을 것이기 때문이다. 또 한 가지는 왕조를 탈환하고 새로운 왕조를 세운 후 그가 펼친 개혁 조치들과 그의 국가 비전, 그리고 그의 개혁이 실패한 이유이다.

왕망은 역사에 매우 특이한 족적을 남겼다. 그는 개혁이라는 게 무엇이며 국가리더가 가져야 할 자질이 무엇인지에 대해 생각하게 만들었다.

성장 과정

왕망이 성공할 수 있었던 첫 번째 조건은 그의 신분이다. 그는 원제(기원전 48년~기원전 33년 재위)와 성제(기원전 33년~기원전 7년 재위) 재위 시기를 주름잡았던 거대 외척인 왕씨이다. 왕망의 조부 왕금(王禁)에게는 8남 4녀가 있었다. 그중 둘째 딸 왕정군은 입궁하여 원제의 황후가 되었고 원제 사후에 황태후로 승격되었다. 그녀는 왕망의 성공 스토리에 없어서는 안 되는 인물이다.

그녀의 아들이 황제(한성제)가 되자 왕씨들은 급속하게 조정내 세력을 확장하게 되었다. 앞서서 설명하였듯이 한성제가 기존 세력을 치기 위해서 어머니 쪽의 세력을 이용하였기 때문이다. 그런데 기존 외척과 환관 세력을 쳐내고 나니 이제는 왕씨들이 통제불능으로 커져버렸다. 한성제 재위 기간에 어머니의 요구로 왕정군의 오빠동생들, 즉 왕망의 삼촌들 일곱 명을 전부 후작에 봉하는 무더기 파격 인사를 했다. 물론 일부 대신들의 반대가 있었으나 그대로 밀어붙였다.

앞서서 왕정군에게는 8명의 남자 형제들이 있었다고 했다. 그런데 후작으로 봉해진 건 일곱 명이다? 후작이 못된 한 명은 왕만(王曼)이란 사람인데 그는 집안이 외척의 혜택을 받기 전에 요절했다. 그가 바로 왕망의 아버지이다. 왕망은 왕씨 집안의 사람이었지만 그 '일곱 제후' 중 한 사람의 아들이 아니었다. 그래서 그는 어릴 적 숙부 집에서 키워졌다. 왕망에게는 형이 하나 있었는데 아내를 얻고 얼마 안 되어 죽었다. 아버지도 없고 작위도 없는 그의 집안은 정치적, 경제적 혜택을 받지 못하면서 가세가 기울었다.

왕망은 왕씨 그룹 번영의 혜택을 누리지 못하고 이들과는 다른 성장 과정을 걸었다. 출신은 분명 금수저이긴 한데 실제 생활은 그렇지 못했다. 이러한 과정에서 가장 중요했던 것은 그가 경학(유교 경전 연구)을 공부한 것이었다. 그는 공부를 해야 했다. 그는 가문의 세력에 의존할 수 없었기에 공부를 통해 자신이 실력으로 인정받고 성공할 수 있는 기초를 만들어야 했다.

왕망을 불쌍히 여긴 고모 왕정군은 그가 스물네 살 되던 해(기원전 22년, 한성제 11년) 궁으로 불러 취직을 시켜주었다. 그는 황제 비서실

산하의 한 기관에서 일을 하였고 거기서 고속 승진한다. 사료에는 능력과 사람됨을 인정받았다고 하는데 황제가 자기의 사촌이므로 웬만해서는 고속 승진이 당연한 일일 게다.

친민, 군자의 행보

성인이 된 왕망에게는 그만의 분명하고 독특한 브랜드 이미지가 있었다. 그는 찬란한 왕씨 가문에서 가장 왕씨 가문 같지 않은 사람이었다. 분명 금수저의 안락한 생활을 누릴 수 있음에도 그렇지 않았다. 그는 혈혈단신으로 모친을 봉양하고 과부 형수와 고아 조카들을 부양했다. 왕씨 가문의 다른 사람들이 벤츠를 타고 다닐 때 그는 낡은 자전거를 타고 다닌 셈이다. 황제 다음의 권력을 가진 외척 가문에서 재물을 탐하지 않고 겸손한 구성원이 있다는 것은 세간의 특별한 주목을 받기에 충분했다.

그는 모친의 탕약을 손수 달였는데 어머니에 대한 효심 때문도 있었지만 그는 집에 노비를 두지 않았기 때문이었다. 이것은 당시에 정말로 희귀한 일이었다. 당시 상류층들은 많은 노비를 사서 두는 게 보통이었는데 왕망의 집에만 노비를 두지 않았다. 노비에 관한 이야기가 하나 더 있다. 당시 노비는 집안의 재산일 뿐 생명도 보장받지 못하던 존재였다. 왕망의 둘째 아들 왕획의 집에 노비가 있었는데 왕획이 그 중 한 명을 죽였다. 이를 알게 된 왕망은 크게 노하였고 왕획을 심하게 질책하고 몰아붙여 그로 하여금 자살하도록 만든 것이다. 이 일은 도저히 믿겨지지 않지만 사료에 나와 있으니 믿을 수밖에 없다. 이 일은 두 가지를 암시한다. 하나는 노비 제도에 대한 그의 정치적 신념이고, 또 하나는 그는 자신의 명성이나 정치적 야망 실현에 걸림돌이 되는 사람은 그가 누구든 가차없이 제거하는 매정한 면을 가지고 있었다는 것이다. 이 두 가지 측면은 이후의 사건들에서 확인되는데 전자는 그가 새로운 왕조를 세운 후 추진하는 정책에서 드러나고 후자는 황위 찬탈의 과정에서 드러난다.

이러한 무수한 미담으로 유학자들은 그를 이 시대의 진정한 군자라 칭송하였고 백성들은 그를 한없는 존경의 눈으로 바라보았다. 실제 그는 작위를 받으면서 하사된 땅을 백성들에게 나눠 주기도 했고, 봉급으로 받은 곡식을 어려운 사람들에게 나눠 주기도 하였다.

서한 후기로 가면서 대지주와 호족들의 토지 겸병이 성행하였고 이로 인해 서한 사회는 본격적인 빈부 격차를 경험하게 된다. 아마도 중국 역사상 통치 계층에 대한 사회의 집단 불만 의식이 형성된 것이 이때가 처음이 아닐까 싶다. 민중들이 권력과 부를 가진 자들을 신뢰하지 못하고 민심 이반이 형성된 이러한 사회 분위기 속에서 왕망은 기존 정치인들과는 완전히 비교되는 진흙 속의 연꽃과 같은 존재였다. 이들이 본 왕망은 '유가의 인의를 몸소 실천하는 군자이자 민중이 기댈수 있는 정치가'였다.

사료에 나와있는 한 가지 예를 더 들어보겠다. 기원후 1년, 그는 딸을 평제(平帝)[94]에게 시집보내 평제의 황후가 되도록 했고 자신은 황

94) 평제(平帝): 한애재 다음이자 마지막에서 두 번째 황제. 기원후 1~6년간 재위했고 당시는 왕망의 권력이 최고조에 달했을 때이다. 사실상의 서한의 마지막 황제라 할 수 있다.

제의 장인이 되면서 안한공(安汉公)에 봉해졌다. 평제는 명을 내려 그에게 2만 8,000호의 땅을 하사했는데 왕망이 이를 고사했다. 그런데 이때 48만 7,000명이 상소를 올려 왕망에게 상을 내릴 것을 요청했다고 한다. 이것이 무엇을 뜻하는지 보자. 당시 서한의 인구를 대략 5,000만 명으로 보고 당시에 문맹률이 95% 이상이었을 거라 가정한다면 당시 전국에 글을 읽고 쓸 줄 아는 사람은 200만 명 미만이었을 것이다. 48만 7,000명이라는 숫자는 장안과 장안 주변의 상소를 올릴 수 있는 식자들을 다 긁어 모은 수가 아닐까. 이쯤되면 만약에 당시에 선거로 황제를 선출했다면 왕망은 압도적인 지지율로 당선되었을 것이다. 그렇지만 개관적 입장을 견지하기 위해 다른 시각을 하나 던지겠다. 평제는 왕망과 왕정군이 기획하여 올린 황제이다. 당시의 왕망은 마치 동한 말 어린 유협(헌제)을 끼고 황제와 다름없는 권력을 움켜쥤던 조조와 같았다. 객관적인 형세로 판단컨대 평제 즉위 후 왕망은 이미 왕조 찬탈의 야심을 노골화하면서 차차 실행에 밟던 중에 있었던 걸로 보여진다. 어린 평제의 팔다리를 다 잘라 놓고 황제의 장인이 된 그에게 그깟 땅 쪼가리가 무슨 의미가 있었겠는가? 얼마 않있어 보좌에 올라 천하를 움켜쥐려고 하고 있던 그에게 말이다. 또한 당시 상소를 올린 48만 명의 구성원은 원래부터 왕망에게 열렬한 지지를 보내던 유생들이었다.

왕망의 이러한 행보와 이로 인해 얻은 명성은 동한의 사료에서는 전부 가식과 거짓으로 그려졌고 사회를 사기쳐서 얻은 기만술로 그려졌다. 왕망은 과연 실제로 이렇게 했을까? 그의 이러한 행보가 진심이였을까? 아니면 후에 큰일을 도모하기 위한 이미지 메이킹이였을까? 이 문제는 오늘날까지도 왕망을 둘러싸고 제기되는 대표적인 의문이자 논쟁거리이다.

유가 사상

동한의 사서들에 의한 왕망과 신왕조에 대한 편견과 공격을 걷어내고 들어가서 우리는 왕망의 정치적 성장에서부터 한왕조를 접수하게 되기까지의 진정한 사회 배경과 원인에 대해 이해하여야 한다.

서한 후기에는 유가사상이 크게 유행하였고 유가의 관념과 유가의 가치가 사람들의 마음 속에 깊이 들어와 있었다. 여기에는 한원제의 역할이 컸다. 유가는 한무제 때 황제권력을 절대화하는 수단으로 국가이념화되었다가 그 후 두 황제의 회복기를 거치면서 유가를 내세우는 것이 자제되었는데 원제 때에 와서 유가를 다시 숭상하기 시작하였다. 그리고 원제의 아들 성제는 자기 자신은 여색에 빠져 살았으면서도 이념적으로는 유가의 신봉자였다. 같은 시기 중앙 정치판은 외척과 환관이 돌아가며 득세하고 있었고 지방에서는 호족들의 토지 겸병과 민중 착취가 바람처럼 일고 있었다. 다시 말하면 사회의 권력층은 유가를 장려하고 입으로는 온갖 바른 소리들을 해대면서 정작 그들이 보여주는 행위는 유가의 가치관과 정면으로 대치되었던 것이다. 이념과 현실 간의 커다란 괴리가 있었던 것이다.

당시 조정의 세력인 외척과 환관을 언급한 김에 환관에 대해 잠시 말하겠다. 중국 역사에서 환관의 정치 세력화는 어느 왕조에나 보였던 왕조말 현상이었다. 그러나 한나라 이전에는 사실 환관이 문제시되지 않았다. 진제국이 조고에 의해 망가지긴 했지만 당시 조고의 직업은 환관이 아니었다. 서한 후기에 등장한 환관의 세력화는 한무제가 황권강화를 추진하면서 묻어놓은 복병이 씨앗을 피운 것이었다. 통치자의 권한과 위엄을 강화하기 위해 비서그룹을 비대하게 키우는 건 고금을 막론하고 마찬가지이다. 그런 행태는 현대 정치에서도 보이는데 참모나 비서그룹이 비대하게 커지고 이들이 점차 정치 전면에 나서게 되는 것을 우리는 왕왕 목도하게 된다. 한무제는 승상의 권력을 의도적으로 약화시켰고 반대로 자신을 보좌하는 고문그룹과 비서그룹의 세력을 강화시켰는데 이때 환관이 중용되면서 입지를 다져가게 되었다. 결국 환관의 정치 세력화는 한무제 황권강화의 산물이라 할 수 있다.

서한 후기 유가는 단순한 학술적인 유행이 아니었다. 유가의 근본 사상인 예와 절제는 신분과 지위를 떠난 공통적이고 절대적인 규범으로서 사람들에게 자신의 욕망과 충동을 억제할 것을 권하고 있었다. 유가 사상이 정치로 들어오면 친민, 애민이 강조되고 통치자는 절제적 행동으로 모범을 보이도록 되어 있었다. 그런데 서한 말엽의 실제 상황은 어떻했는가? 권력이 있는 사람들은 사치를 하고 절제하지 않았으며 이러한 상류층의 모습은 유가의 이상과는 완전 반대의 모습이었다. 그런데 이때 왕망이라는 유학자가 진정한 군자의 모습으로 여론의 스포트라이트를 받기 시작한다. 외척 신분인 왕망은 당연히 이들처럼 생활할 수 있었지만 그는 검소하고 효도하였으며 노비에 대한 학대를 반대하였다. 왕망은 자신의 이익을 포기하면서 유가의 가치를 받아들이고 실천하고 정의를 위해 용감히 나아가는 사람이었다. 최소한 그렇게 보였다. 이렇게 그는 많은 사람들을 감동시켰고 그들은 왕망에게서 진실됨을 보았으며 그가 진정으로 유가의 가치를 믿고 실천한다고 여겼다. 이렇게 하여 왕망은 유생들이라는 열성 지지팬 층을 가지게 되었다. 오늘날의 대중 정치가 성공하려면 열성 지지층 기반이 있어야 하는데 이런 점에서 왕망은 중국 역사에서 최초의 대중 정치[95] 또는 여론 정치에 성공했던 사람이라 할 수 있겠다.

한성제 다음의 황제인 한애재 시기 대사마(국방장관에 상응)를 맡고 있던 왕망은 당시 재상인 공광(孔光)과 함께 전답과 노비를 제한하는 정책을 기안하였다. 당시 허약한 조정 체제에서는 이를 집행할 수가 없었고 형식만 갖춘 유명무실한 정책이 되었으나 이는 왕망의 인기를 더하게 하는 데에는 충분했다.

권력에서 밀려난 후 여론의 지지를 얻다

한성제는 여색을 밝히기로 유명했지만 정작 아들을 낳지 못했다. 그래서 조카인 유흔(刘欣)이 황제가 되었고 그가 동성애자로 알려진 한애재(汉哀帝)이다. 그는 황제가 되자 자신의 어머니 정희(丁姬)와 조모 부태후(傅太后)를 궁으로 불러들였다. 이렇게 되어 정(丁)씨 가문과 부(傅)씨 가문이 새로운 외척이 되었고 이는 필연적으로 구 외척인 왕씨 가문과의 충돌을 불러일으킬 수밖에 없었다. 에제는 즉위 후 맨 처음 하고자 한 일이 정희를 태후로 승격시키고 부태후를 태황태후로 승격

95) 물론 여기서 말하는 '대중'이란 일반 농민들이 아니라 '지식인층'을 말한다.

시키고자 했는데 이 일은 큰 문제를 야기했다. 원래의 태후, 즉 왕망의 고모 왕정군도 당연히 태황태후가 되어야 하기 때문이다. 태황태후가 두 명 있을 수 있는가? 왕망은 즉시 반대 상소를 올려서 자신의 고모 지위를 보호하려고 했다. 그러나 결국 정치투쟁 끝에 그는 중앙에서 쫓겨나서 고향으로 보내졌고 왕씨 세력은 순간 힘을 잃게 되었다. 사단(师丹)의 '토지겸병 긴급 제한령'이 좌절된 것도 이때이다(제17장).

그러나 이 시기는 왕망에게 있어 전화위복이 되었다. 그는 외척의 신분에서 벗어났고 사회의 이목을 받는 그룹은 이제는 더 이상 왕씨 가문이 아니라 정씨와 부씨 가문이 되었기 때문이다. 더군다나 애제가 동현[96]을 총애하면서 동씨 가문도 날로 어지럽고 무너져가는 중앙 정치 무대의 한 켠을 차지하였다. 이렇게 하여 한애제 시기 조정은 정씨, 부씨, 동씨의 새로운 외척에 의해 아주 개판으로 돌아가고 있었고 사회의 지식인들은 작금의 정치를 개탄하면서 상대적으로 나았던 원래의 외척인 왕씨를 그리워하기 시작했다. 신구가 대비되자 사람들은 '이전에 왕씨가 집정했을 시에는 조정이 그렇게나 엉망은 아니었구나'라고 생각하기에 이른다. 동성애에 빠져있는 황제와 행실이 아주 바르고 존경해 마지않는 왕망과는 극명한 대조를 이루었다.

왕망은 유학자들 사이에서 아주 높은 지지를 받았다. 그가 중앙에서 물러나 있던 기간 중(기원전 2년) 일식이 발생했다. 그러자 유학자들이 공동으로 상소를 올려 '이는 하늘이 조정으로 하여금 광범위하게

96) 동현(董贤, 기원전 22~기원전 1): 한애제가 총애하던 신하. 한애제는 동현을 처음 본 순간 그를 마음에 들어했고 그로 하여금 자신을 수행하도록 하였다. 이 둘은 동성애 관계였던 걸로 알려져 있다.

사람을 기용하라는 계시'라고 하면서 재야 인재들을 천거하였는데 그 중 1순위에 있던 사람이 왕망이었다. 이것이 의미하는 바는 무엇인가? 원래 외척 출신이었던 왕망이 이제는 외척의 신분으로서가 아니라 유가 신봉자들의 리더로서 확실하게 자리매김했다는 걸 의미한다. 그는 항상 유교 경전을 신봉하는 태도를 보였고 젊었을 적 유교 경전을 열심히 공부한 경력을 부각시켰다. 그에게 있어서 경학(유교 경전을 연구하는 학문)을 전공한 것은 아주 큰 정치 자산이었다. 왜냐하면 서한 말기 여론을 선도하는 그룹은 바로 유학자들이었기 때문이다. 유가 사상은 황권강화의 도구로 국교화되었지만 시간이 지나면서 천인감응설, 음향오행설, 도참사상 등과 결합하여 하늘을 황제의 권위 위로 올려놓았고 황제는 부득이하게 각종 자연재해와 이상현상 발생 시 절제하고 자제하는 모습을 보여야 했다. 또한 유교의 발전은 황제의 권위를 능가하는 또 다른 권위를 탄생시켰는데 그것은 공자에 대한 신격화였다. 왕망은 경전을 존중했으며 공자를 존경하는 등 사회 신앙을 몸소 실천하는 모습을 보이며 경학과 공자의 권위를 나눠 가졌다. 그래서 그의 권위는 날로 평가절하되는 황제를 점점 능가하게 되었다.

권력 복귀

왕망에게 있어서 또 하나의 행운은 애제의 재위시기가 불과 6년밖에 안 되었다는 것이다. 애제는 아들을 남기지 못하고 죽었다. 그리하여 정(丁)태후, 부(傅)태황태후는 모두 하루아침에 신분을 잃었고 대권은 다시 황족 중 가장 어른인 왕정군에게 돌아갔다. 왕망과 왕씨 세력은 이전보다 훨씬 세져서 돌아왔고 이 시기부터 황제는 있으나 마나한 존재가 되어버린다. 왕정군과 왕망은 상의 끝에 원제의 또 한 명의 손자 유간(刘衎)을 황제로 옹립했으니 그가 서한의 마지막에서 두 번째 황제 평제(平帝)이다. 평제는 즉위 시 불과 아홉 살이었다.

애제 시기에 일어난 조정의 혼란을 학습한 왕망과 왕정군은 평제 즉위 시 한 가지 견제 장치를 달았다. 그것은 평제의 친모(위태후)와 그의 가족들을 중산국(中山国)[97]에 묶어두고 수도 장안으로의 진입을 금지한 것이다. 이렇게 하여 다른 집안이 외척이 되는 걸 철저히 봉쇄하고자 한 것이다. 이렇게 하는 것은 9살 짜리 황제에게 있어서 매우 잔인한 조치였고 이제는 권력을 독점하고자 하는 왕씨들의 야욕을 노골적으로 드러낸 것이었다. 그러나 이제 조정에는 거의 왕망파 당원들로 가득 차 있었고 이들은 왕망이 뭘 어떻게 하든 열렬한 지지를 보냈다. 이 시기의 왕망과 당시 분위기를 잘 보여주는 사건이 있다.

개피 사건(구혈문사 狗血门事)

평제의 친모 위태후와 그의 가족들을 장안으로 들어오지 못하게 하는 문제를 두고 왕망과 그의 장자 왕우(王宇) 간에 의견 차가 발생한다. 왕우는 이렇게 하는 것이 평제에게 너무 혹독한 일이고 향후에 평제가

97) 유간의 부친은 중산왕(中山王)이라는 작호를 가지고 있었고 옛 춘추시대 중산국(오늘날 허베이성 중부)의 땅을 봉지로 가지고 있었다.

성인이 된 후 위씨들의 보복을 초래할 것이라며 반대했으나 왕망은 듣지 않았다. 왕우는 왕망이 진언을 듣지 않는다고 생각하여 외삼촌 여관(吕宽)과 협의하여 미신을 이용한 충격요법을 쓰기로 한다. 개의 피를 왕망의 관저 문앞에 뿌려놓고 상서롭지 못한 현상이라고 하여 왕망의 마음을 돌려놓고자 했던 것이다. 그러나 일을 벌이는 도중 발각되어 그의 수하가 잡히고 만다. 왕망은 대노하여 장자 왕우을 체포하게 한 후 사약을 내려 죽였다. 임신 중인 왕우의 부인(자신의 며느리)은 일단 감옥에 넣어 아이를 낳게 한 후 죽였다. 왕우의 외삼촌(왕망의 처남) 여관은 도망쳤으나 체포되었고 그의 집은 삼대가 목이 잘렸다. 그 뿐 아니라 이 일에 황후 일가가 연류되어 있다고 생각한 왕망은 위태후를 위시한 위씨 일족을 축살하였고 이참에 자신의 정적들을 싸잡아서 이 사건과 연류시켜 제거하였다. 이를 '개피를 문에 뿌리는 사건(구혈문사 狗血门事)'이라고 하는데 이 사건으로 죽은 사람들이 수백 명이었다고 한다.

놀라운 건 이러한 잔인한 사건을 두고 '왕망의 당원'들은 그가 대의를 위해 가족을 희생시켰고 공을 위하여 사적 감정을 버렸다고 칭송하는 상소를 올렸다는 것이다. 이미 당시 지도층과 지식층은 왕망에게 눈이 멀어있었던 것이다.

서기 6년에 평제가 사망한다. 평제의 사인에 대해서는 논쟁의 소지가 있지만 왕망에 의한 독살이라고 보는 시각이 지배적이다. 그도 그럴것이 어린 평제는 재위 내내 어미니와 친척들의 얼굴을 보지도 못한 채 왕망의 무서운 얼굴만 보며 떨면서 살았고 급기야 자신의 가족, 친척들이 전부 죽임을 당하게 되자 우울증 중세에 빠졌기 때문이다.

그리고 그가 점점 성인이 되어가자 왕망은 독이 든 술을 먹여 서서히 죽게 만들었다고 하는데 독살을 하였든 병으로 죽었든 둘 다 왕망이 죽게 한 건 맞는 것 같다.

황위 찬탈과 신(新)왕조

평제 사후 왕망은 두 살짜리 유영(刘婴)을 황제로 옹립하고 자신이 섭정을 한다. 이때는 아예 스스로 가황제(假皇帝) 또는 섭정황제(摄皇帝)를 자칭하였다. 그러다가 2년 후인 서기 9년 1월 15일에 글도 제대로 모르는 어린 황제로 하여금 황제 자리를 '선양'한다는 조서를 읽게 한 후 자신이 황제가 되었다. 중국 역사는 이 사건을 '왕망찬한(王莽篡汉, 왕망이 한을 찬탈함)'이라고 부른다. 왕조가 바뀌는데 피 한방울 흘리지 않은 중국 역사상 보기 드문 비폭력 찬탈이었다.

새로운 나라의 국호는 '신(新)'이었다. 지금 생각해 보면 왕망은 '유가 사상과 복고에 바탕을 둔 유토피아 국가'를 건설하고자 했던 것 같다. 그러나 그의 이상적인 시도는 실제와 너무 괴리가 있었기에 사회의 공감을 얻지 못하였고 신(新)왕조는 결국 건국 15년 만인 서기 23년에 농민 봉기에 의해 망했다. 물론 왕망은 봉기군에 의해 살해된다.

왕망의 복고 개혁: 문제에 대한 인식은 옳았으나 방법은 어리석었다

왕망의 신(新)왕조는 서한과 동한을 잇는, 긴 역사로 보면 아주 티끌과 같은, 짧은 시간이었지만 그가 추구했던 이상과 국가 체제는 상당히 흥미롭다.

왕전제(王田制)

사람들은 성인이 되면 세상을 알게 되고 세상에 대한 나름의 인식에 따라 누구나 정치적 견해라는 게 생기기 마련이다. 그리고 작금의 세상에서 가장 큰 문제가 무엇인지에 대한 나름의 견해가 생기고 시간이 지나면 그것이 신념이 된다. 왕망은 당시 사회의 가장 큰 문제가 '토지 겸병'이라 확신했던 것 같다. 주나라의 정전제하에서는 모든 토지가 국가 소유였으니 토지 매매란 있을 수 없었다. 그러다가 상앙의 변법에 의해 진에서 토지의 사유화가 시작되었고 진이 천하를 통일하면서 중국 전역에서 토지 개인 소유가 허용되었다. 한나라는 진의 제도를 그대로 이어받았으니 역시 토지의 소유와 매매가 허용되었고 매매가 허용되면 자본주의의 본성상 빈익빈 부익부 현상이 벌어지게 되어있었다. 그러므로 자영농이 몰락하여 소작농이 되거나 노비와 같은 신세를 자청하여 지주의 장원으로 들어가는 상황은 당시 중국인들이 처음 경험하는 현상이었다. 다시 말하면 토지 사유화의 사회적 폐단을 처음 맛보고 있었던 것이다. 그리고 이를 지켜보는 왕망의 눈에 '토지 겸병'은 이 세상의 가장 큰 폐악이었고 이는 다 토지 사유화를 하였기 때문이었다. 토지가 전부 국가 소유였던 주나라 때에는 모두가 동일하게 토지를 받아 농사를 지었고 이런 문제가 없이 모두가 공평하고 행복했다고 믿고 있었던 것이다.

왕망이 신왕조의 황제로 등극한 원년인 기원후 9년, "오늘 부로 천하의 모든 토지는 왕전(王田)으로 명칭을 변경한다"라는 경천동지할 조서가 반포되었다. 주나라의 봉건제도를 설명할 때 왕전(王田)이라는 단어가 나왔는데 이는 '국가 소유의 땅'이라는 뜻이다. 상앙이 목숨을 걸고 싸워서 쟁취한 토지 사유제가 300년 후 하루아침에 다시 토지 국유화로 돌아섰다. 그리고 '한쌍의 부부당 100무의 토지' 원칙에 따라 여덟 명의 남자가 있는 집에는 정전(井田) 1개를 주어 900무를 경작하도록 하였다. 만약 한 집이 현재 소유하고 있는 토지가 900무를 넘어서면 초과된 부분을 다른 집에 나눠 주거나 관청에 반납하도록 하였다. 한 집당 정전 1개로 동일하게 재분배하고자 한 것이다. 토지의 매매는 당연히 금지되었다.

생각해 보라. 이미 300년 동안 토지 사유화와 매매가 보편적으로 행해지고 있었는데 하루아침에 다시 1,000년 전 주나라의 정전제로 돌아간다? 이 조치가 제대로 실행될 수 있을까? 지역별로 가용 토지량이 달라서 인구별로 균등하게 돌아갈 수도 없으려니와 무엇보다도 지주들이 자신의 재산을 순순히 반납을 할 리가 만무하다. 당연히 지주들의 거센 반발이 일었고 신하들도 "지금 와서 주나라의 정전제로 돌아가는 것은 현실성이 없습니다"라는 간언을 잇달아서 하였다. 왕망 자신도 이 정책이 현실적으로 실행이 어렵다고 판다하고는 슬그머니 꼬리를 내렸고 결국 왕전제는 반포 3년 만에 폐지되었다.

사속제(私屬制): 노비 매매 금지

둘째로, 토지 제도와 마찬가지로 조서를 반포하여 천하의 모든 노비를 사속(私屬)이라는 이름으로 바꾸고 이들의 매매를 금지하였다. 이것 역시 노비의 완전 해방까지는 아니었더라도 노비의 수를 동결하여 농민의 노예화를 막고자 하는 시도였다. 이러한 조치는 '왕망이 둘째 아들을 죽인 게 꼭 이미지 메이킹을 위한 가식적인 행동만은 아닐 수도 있겠구나'라는 생각을 하게도 한다. 하지만 한편으로는 동서고금을 막론하고 노예 해방은 정치, 경제적인 목적으로 행해져 온 통치자의 단골 수단이라는 점을 알아야 한다. 상앙은 토지 개혁을 통해 결국은 농노들을 해방시켜 이들을 국가 생산력 증대와 병력의 원천으로 삼았고 동시에 귀족 세력에 경제적 타격을 주는 일석삼조의 효과를 보고자 했다. 로마제국의 역사에서도 이와 비슷한 경우가 있었으며 가장 최근 역사로서 링컨의 노예해방도 결국은 정치적 목적이었지 결코 박애주의적 취지에서 시작된 게 아니란 점을 우리는 잘 알고 있다. 서한의 개국 초기 유방에 의해 그리고 한문제에 의해서도 노비 관련 정책이 나왔으며 동한의 광무제의 정책 등 우리가 볼 앞으로의 역사에서도 이런 케이스가 왕왕 등장한다. 그렇지만 노비와 토지를 건드리는 것은 지방 기득권층의 거센 반발을 누를 수 있는 중앙권력의 힘이 받쳐줘야 하는 일이다. 그러나 왕망의 신왕조는 그럴 만한 힘이 없었고 결국 노비제 개혁도 지주와 관료들의 반발로 인해 이름만 존재할 뿐 실질적으로 드랍(drop)된다.

국진민퇴(國進民退)의 경제 정책

왕망의 신왕조는 경제정책에 있어서 다시금 정부의 역할을 강화시켰다. 한무제 때의 국진민퇴는 그의 활발한 대외 정책(주로 전쟁)을 전개하는 데에 대한 재원을 충당하고자 하는 것과 큰 연관이 있었다. 하지만 왕망 정부의 국진민퇴는 달랐다. 그는 어쩌면 사회주의 국가들이 세워졌을 때처럼 통제와 계획경제로 당시의 사회적, 경제적 모순들을 해결할 수 있다고 여겼을 지도 모른다. 토지와 노비의 국유화 외에도 그는 주나라 때의 행정총서에 해당하는 《주례》[98]를 참고하여 '오균육관법(五均六莞法)'이라는 걸 반포했다. 오균(五均)이란 주나라 때의 정부 부처로서 오늘날로 말하자면 국가의 거시경제를 통제하고 관리하던 부서인데 수도인 장안과 낙양, 한단, 임치, 남양, 성도의 다섯 개 도시에 관청을 두어 균일하게 물가를 관리했다고 하여 오균이라 불렀다. 오균에서는 곡식의 공급이 수요보다 많을 시 농민으로부터 구매를 하였다가 수요가 공급보다 많을 시 곳간에 있는 곡식을 푸는 추곡수매를 하여 물가를 안정시키는 역할을 하였고 농민들에게 저리로 대출을 하는 등 그 취지는 매우 훌륭했다. 육관은 '여섯 개 분야를 관리했다'는 뜻으로 왕망 정부는 소금, 철, 술을 다시 국가 전매로 가져왔고, 민간 주전을 금지시켰으며 산천을 이용하여 이득을 얻는 물품과 영업행위에 대해 세금을 부과하였다. 산천을 이용하여 이득을 얻는 것들이란 양잠, 방직, 재봉, 수공업, 의술행위, 무당, 점쟁이, 나무꾼, 어민, 사냥꾼, 행상인들이었으며 사실상 농업을 제외한 거의 모든 직

98) 관제에 대한 설명를 통하여 사회의 모든 방면에서의 운영 방안과 생활규범을 설명한 책이다. 주공이 저술한 것으로 알려져 있다.

업에 해당했다. 이렇게 여섯 가지 분야에서 정부가 독점하거나 통제하는 방식을 '오균육관법'이라 하였다. 오균육관법은 사실상 경제 전반을 국가가 통제하고 재분배하는 방식으로서 토지 국유화와 더불어 오늘날 중국과 같은 사회주의 국가들이 초기에 채택했던 경제 정책과도 비슷하다. 이를 두고 설을 풀기 좋아하는 역사 평론가들은 왕망의 개혁이 '사회주의 이상을 실현하고자 한 개혁'이라느니 '1900년의 시대를 앞선 사상'이라느니 등의 과다한 의미부여를 하고, 심지어는 그에게 '시간 여행자(穿越者)'라는 별명을 붙여주기도 하는데 정파 사학계에서는 오히려 '너무 순진한' 또는 '너무 이상적인 접근'이란 시각을 견지하고 있다.

화폐 개혁

네번째, 그는 화폐 개혁을 통해 국가의 자원을 재분배하고자 하였다. 서한 말기 국가의 대부분 자원이 호족이나 대지주들의 손에 있었는데 이를 재분배하고자 하는 목적이었다. 그러나 이는 기득권들의 강력한 반대에 부딪쳤고 또한 실행 과정에서 신화폐가 남발하여 시장의 혼란만 가중하고 결국은 극심한 인플레이션을 불러일으키는 결과를 가져왔다.

지명, 관직명 복고 개혁

왕망은 유가 경전과 주나라의 법제에 의거하여 정부 기구와 관직명, 지명을 대대적으로 변경하였다. 바뀐 게 너무 많아서 관리들조차도 다 기억하지 못하였고 공문서에는 바뀐 이름만 쓰면 알아보는 사람이 아무도 없어서 이전의 이름도 같이 적어야 하는 비효율을 낳았다. 물론 이는 전혀 불필요한 일이었고 단지 그의 복고로의 회귀의 일환이었다. 그는 또한 신규 관직을 무더기로 설치하여 자신이 황제가 되는데 도움을 주었던 사람들을 앉혔다. 더 재미있는 것은 왕망은 전설 속의 주왕조 제도에 의거하여 총 796명을 다섯 등급의 제후로 봉하였고 1,511명을 부용(附庸)으로 봉했다. 그러나 실제로 봉지를 받은 사람은 별로 없었고 대다수는 그저 몇천 전의 돈을 매월 받았을 뿐이다.

위에 설명한 왕망의 개혁을 종합하여 그가 추구했던 국가 비전을 유추하자면 이렇다. 왕망은 국가의 모든 자원, 즉 토지, 노비, 염철 등을 국가로 귀속시킨 후 균등하게 재분배하거나 최소한 매매를 금지하여 민간 시장을 없앤 후 공급과 가격을 국가가 통제하고 운영하는 사회를 꿈꿨던 같다. 그러한 사회에서는 지주도 없었고 노비도 없었으며 거상도 없었다. 모든 사람이 평등하고 똑같이 일했다. 농사가 잘 안되어 어려워지면 국가가 저리로 돈을 빌려주었다. 그야말로 20세기 초 사회주의 국가들이 추구했던 이상과 비슷하다고 말할 만하다.

개혁의 실패

신왕조는 왕망 1대에서 끝이 나고 개국 15년 만에 멸망하였는데 그 이유는 무얼까? 첫째, 왕망은 개혁가라기보다는 복고주의자, 이상주의자라고 봐야 할 것 같다. 개혁가라면 현실에 근거한 미래지향적인 계획을 세웠어야 하는데 왕망의 개혁은 유가의 경전에 근거했고 그의 국가상은 1,000년 전 주나라를 모델로 하고 있었다. 그래서 역사는 그의 개혁을 '복고 개혁(托古改制)'이라고 부른다. 개혁은 시대의 흐름과 요구에 부응해야 한다. 왕망의 개혁이 시대의 요구에 부응했는가? 시대가 토지 사유화 폐지와 복고를 요구하였던가? 왕망 자신은 그렇게 믿었을지 모르나 실은 전혀 그렇지 않았다. 이것이 가장 본질적인 이유이다. 그의 정책은 현실에 맞지 않는 게 많았고 디테일한 가이드 라인이 없다 보니 현장의 관리들은 어떻게 해야 할지도 몰랐으며 실제 적용함에 있어서 오히려 부작용이 많았다. 새로운 제도는 평등, 복지 등 진보적 측면이 많긴 했지만 그 핵심은 사실은 아름다운 과거로 돌아가자는 복고주의였다. 그래서 후대 역사는 왕망의 정책을 '개혁(改革)' 이라 부르지 않고 '복고개제(改制, 제도를 바꾸다)'라 칭했다.

둘째로는 기득권층의 반발을 누를 만한 힘이 없었다. 개혁에는 당연히 기득권층의 반발이 뒤따르는데 왕망의 경천동지할 개혁에 가만있을 기득권층이 없었을 것이다. 문제는 이를 누르고 밀어붙일 만한 조직과 힘이 있느냐이다. 왕망은 이들을 효과적으로 누를 만한 디테일과 조직 장악력이 없었다. 그는 황제인데 왜 조직과 힘이 없다고 하지? 여기서 말하는 조직과 힘이란 제도가 얼마나 지지를 받고, 얼마나 조밀하게 짜여져 있으며 이를 추진할 인력들이 조밀하게 짜여져 있느냐를 말한다. 왕망은 '제도 만능주의'에 빠져 있었다. 제도만 잘 만들어 반포하면 일이 저절로 된다고 믿고 있었다. 그러나 현실 세계에서 일이 돌아가는 건 그렇게 간단치만은 않다. 왕망의 정책 추진에는 본질적인 모순 상황이 있었다. 그가 자신의 정책을 집행하기 위해 고용해야 하는 사람들은 바로 그의 정책에서 타도해야 하는 대상이었던 것이다. 이러한 정책이 어떻게 효과를 낼 수 있겠는가? 예를 들어, 그의 '오균육관' 정책을 집행할 사람들은 바로 이들 거대 관료와 거상들이었고 이들 관료와 상인은 서로 결탁하여 백성들을 전보다 더욱 심하게 착취하였다. 그래서, 근대 중국의 저명한 사학자 뤼스미엔(吕思勉 1884~1957) 선생은 그의 저서《중국통사》에서 한편으로는 백성들의 처지를 개선해 주려는 왕망의 '진정성'에 대해서 높이 평가하면서도 왕망은 '세상물정을 모르고 현실 감각이 없다'고 했다. 후스(胡适)선생은 더욱 가혹한 돌직구를 날렸는데 "그의 실패는 그가 명령을 발표하면 일이 바로 이루어진다고 생각했고 이름을 바꾸기만 하면 본질이 바뀐다고 여긴 데에 있다. 이게 바로 학자들의 일반적인 폐단이다"라고 하였다.

세 번째는 좋은 의도로 행한 화폐 개혁 등이 치밀하지 못한 계획과 운영상의 미숙으로 인해 혼란만 불러일으켰고 국민 생활은 더더욱 어려워졌다.

네 번째로는 흉노, 서역 등과의 대외 정책에도 실책을 하였다. 왕망은 주변 민족의 정권들과 잘 지내보려 한 게 아니라 일방적으로 주변 민족을 멸시하는 외교정책을 폈다. 그는 중국의 주변 국가인 흉노, 고구려, 서역의 여러 국가들, 그리고 서남쪽의 이민족 정권들의 군주를 모두 '왕(王)'에서 '후(侯)'로 강등시켰는데 이는 우방이었던 이들로 하여금 자신들에게 모두 등을 돌리게 하는 결과를 낳았다. 서역의 여러 국가들은 이에 반발하여 저항하였으며 결국 이때 서역이 중국의 손에서 다시 떨어져 나갔다. 이걸로도 모자라 한황실에서 남흉노에게 내렸던 옥쇄를 다시 회수하였고 그들의 최고 통치자인 '흉노선우(匈奴单于)'의 명칭을 '항복한 노예'라는 뜻의 '항노복우(降奴服于)'라고 바꿨으며 고구려(高句丽)를 하구려(下句丽)로 고쳐 불렀다. 불필요하게 흉노를 자극하는 이러한 조치들은 외교적 노력과 여인들의 희생으로 어렵게 이룬 남흉노와의 우호 관계를 다시 적대 관계로 만들었고 이들과의 전쟁은 왕조 초기에 불필요한 징집과 재정 낭비를 불러일으켰다.

결국 왕망의 개혁은 기득권과 민중들, 주변 국가 모두에게서 외면받았다. 이에 더하여 1세기를 전후하여 발생한 가뭄, 메뚜기떼, 기근으로 민중들의 삶은 더욱 피폐되었고 급기야는 곳곳에서 민란이 터지는 지경에 이르게 되었다. 서한 말기에 잇따른 자연재해와 통치계급의 부패, 토지겸병, 이로 인한 민심이반으로 민란이 줄을 이었다고 하는데 자세히 들여다 보면 본격적인 민란은 전부 왕망의 신왕조 시기에 들어와서 발생한 것들이다. 나의 개인적인 생각으론 서한 후기에 분명 통치계급의 문제와 경제, 사회문제가 있긴 했지만 그렇다고 해도 왕조가 바뀔 정도의 상황은 아니었다. 오히려 혼란은 왕망이 섭정을 하면서 시작되었고 결정적으로 새로 새워진 신왕조의 비현실적 개혁 조치와 아마추어적인 국정운영으로 가진 사람은 가진 사람대로 불만이었고 없는 사람들은 도저히 더는 살 수가 없는 지경으로 몰린 것이다. 그 다음은 무엇인가? 전국적인 민란과 봉기가 일어날 수밖에 없었다.

결국, 신왕조가 쓰러지고 중국은 다시금 진제국 말기와 같은 혼란의 시기로 접어들었다. 그리고 중국은 오랜 내전 끝에 '유수(刘秀)'라는 사람에 의해 다시 평정되었고 그가 동한의 1대 황제 광무제이다. 서한과 왕망의 이야기는 이쯤에서 끝을 맺고자 한다.

동한
東漢

19장

또 한 번의 내전과 동한의 건립

또 한 번의 동란

왕망의 신(新)왕조는 성립되고 오래지 않아 많은 문제점을 드러냈다. 사회의 모순은 더욱 심화되었고 국가경제는 무너졌으며 이에 더해 자연재해까지 겹치면서 곳곳에서 민중봉기가 일어나기 시작했다. 대만의 역사학자 '백양' 선생의 말을 빌자면 '본래 왕망에 와서 비켜갔던 왕조 교체에 따른 대혼란이 그가 황제 자리에 오른 뒤 나타났다'[99]라고 한다.

17년과 18년에 순수 농민 출신이 이끈 녹림군(绿林军)과 적미군(赤眉军)의 봉기를 시작으로 우후죽순 민란이 일어났고 순식간에 중국전역은 혼란에 빠졌다. 봉기세력은 농민에서부터 귀족까지 각계각층으로 구성되어 있었는데 이는 새로운 국가가 지배층과 피지배층 모두에게 외면받았다는 걸 의미한다. 왕망의 신(新)왕조는 이러한 혼란을 진

---

99) 柏杨, 『맨얼굴의 중국사』, 제2권, 235쪽.

압할 능력이 없었고 봉기 세력들은 점점 힘을 더해가 강력한 지역세력화되었고 일부는 스스로를 왕이라 칭하기도 했다. 이렇게 중국은 다시금 내전 상황에 빠져들게 되었다.

이 혼돈의 시기를 평정한 이가 있었으니 그가 동한의 1대 황제 광무제(光武帝) 유수(刘秀)이다. 유수는 한고조 유방의 9대 손으로 그저 지방에 살고있던 몰락한 황족 중의 한 명에 불과했다. 그러던 그가 이 혼란의 시기에 봉기를 일으켰고 유(刘)씨 황족이라는 정통성을 등에 업고 세력을 키워나갔다.

서기 25년에 유수는 한왕조 부활을 선포하고 스스로 황제에 오르며 낙양(洛阳)을 수도로 정한다. 이로써 또 하나의 한왕조 200년의 시대가 열리게 된다.

서한 말 동란

동한의 1대 황제 광무제(光武帝, 25년~57년 재위)의 본명은 유수(刘秀)이다. 그가 태어난 기원전 5년은 왕망을 정점으로 한 왕씨 외척이 조정을 휘어잡고 있을 때였다. 그는 제양현(济阳县) 이라는 곳에서 태어났는데 오늘날 명칭은 허난성(河南省) 란카오현(兰考县)이고 중국 4대 고도 중 하나인 카이펑시(开封)에서 동쪽으로 조금 떨어진 곳이다. 황실의 종친이지만 그의 아버지는 현령에 지나지 않았다. 그는 9살때 부모를 여의고 형과 함께 숙부 밑에서 크면서 별 생각없이 거의 평민과 다름없이 농사를 지으며 살고 있었다. 그러던 그가 19살 되던 해에 수도 장안으로 가 태학에서 5년 동안 공부를 하였는데 그 시기가 그의 인생에서 첫 번째 변곡점이 되었다. 유수는 이 시기 많은 사람들을 사귀며 세상에 눈을 뜨게 되는데 이 중 한 명이 그를 도와 동한을 건국한 28명의 개국공신 중 맨 위에 있는 등우(邓禹)이다. 그가 장안에서 유학할 당시는 서기 14~19년이었고 최초의 봉기인 녹림군의 봉기는 서기 17년이었다.

왕망의 신왕조가 들어서고 얼마 지나지 않아 세상이 어지러워졌고 각자의 이름을 가진 수십 개의 민란 세력이 들고 일어섰는데 대표적인 것이 적미(赤眉)[100], 녹림(绿林), 동마(铜马)이다. 유수의 나이 27세 때인 서기 22년에 유수와 그의 형 유연(刘演)도 드디어 봉기를 한다. 사실 봉기의 리더는 형 유연이었다. 본래부터 형이 야망이 있고 사람 사귀기를 좋아하며 도전적인 '상남자' 스타일이었던 반면 유수는 신중하고 조심스러운 성격이었다. 형 유연은 농사를 짓고 있는 유수를 보고 '이따위 농사나 짓고 있을 것이냐'고 비웃었고 사람들을 규합하여 봉기를 하기로 결정한 것도 형 유연이었다. 형이 지르고 나가고 유수는 뒤에서 받쳐주는 역할이었다. 유연의 봉기에도 종친들은 봉기군에의 가입을 주저하고 있었는데 유수가 가입했다는 소식을 접하고서야 모두들 유연·유수 형제의 봉기군에 가입했다고 한다.

유연·유수 형제가 이끄는 봉기군은 허난성 남양군(南阳郡)의 용릉(舂陵)이란 곳에서 봉기했다고 하여 용릉군(舂陵军)이라 불렸는데 이들의 주력은 남양군의 유씨 종친들과 그 지역의 호족들이었다. 이들은 초기에는 진마(战马)가 부족하여 유수는 소를 타고 전장을 지휘할 정도로 부실한 병력과 무기를 가지고 시작하였다. 그러나 그 후 정부군을 하나

100) 적미(赤眉)는 눈썹을 붉게 칠해 피아를 식별했다고 해서 '적미'라고 불렸다.

씩 격파해 나가기 시작해 세력을 키워갔고 후에 봉기군 중 가장 큰 세력인 녹림군과 합친다.

서기 23년에 녹림군은 유현(刘玄) 이라는 서한의 또 다른 종실을 앞세워 황제(경시제 更始帝)로 옹립하였다. 녹림군 내에서의 지분 싸움에서 작은 그룹이었던 유연·유수 형제가 밀린것이다. 이리하여 한(汉)의 브랜드를 내걸은 녹림군은 그 해 9월 장안으로 진격하여 신왕조를 멸하고 한 왕조의 부활을 천명하였다. 이때 왕망이 이들에 의해 살해된다. 이 과정에서 유수의 지휘관으로서의 명성을 천하에 드높인 사건이 있으니 이것이 '곤양전투(昆阳之战)'이다. 2만 한군(녹림군)은 유수의 지휘하에 곤양이라는 곳에서 왕망 정부군의 42만 대군에 맞서서 대승을 거두었다. 곤양전투는 유수에게 있어서 지휘관으로서의 브랜드 인지도를 획기적으로 올려준 계기가 되었다.

이렇게 하여 한왕조가 부활되는 듯 싶었으나 그들은 수도 장안에 깃발을 꽂고 옥새를 손에 쥐었다는 것 이상의 의미를 만들어내지 못했다. 아직은 적미, 동마 등 쟁쟁한 할거 세력들이 남아있었고 게다가 황제로 옹립된 유현은 황제 자질을 갖춘 사람이 아니었으며 그를 둘러싼 사람들은 대부분이 배운 게 없는 무식한 사람들이었다. 경시제는 황제가 되고 장안을 점령하자마자 많은 공신들에게 작위와 직위를 무분별하게 나눠 주었고 그 자신은 내내 여색에 빠져지냈다. 질서유지에 관심이 없었던 이 사이비 한 정부는 2년밖에 지속하지 못했고 후세의 역사에서 왕조로서 인정받지도 못한다.

경시제(更始帝) 밑에서 혁혁한 공을 세운 유연·유수 형제는 각각 재상과 장군에 해당하는 대사도(大司徒)와 태상편장군에(太常偏将军)에 임명되었다. 이때까지만 해도 유수는 자기가 황제가 되겠다는 생각 같은 건 꿈도 꾸지 않고 있었다. 그런데 여기서 유수가 맘을 고쳐먹게 된 계기가 있었는데 이는 바로 유수의 형 유연이 경시제에 의해 죽임을 당한 것이다. 야심을 드러내는 사람은 필히 견제를 받기 마련이다. 경시제와 그를 따르는 무리들은 같은 종친인 유연의 존재가 항상 불편했고 유연의 강한 성격이 자기들과 부딪칠 게 뻔하다고 판단했기 때문이다.

형을 잃은 유수는 이 정권에 기대어서는 희망이 없다고 판단을 내렸다. 그러나 그의 장점은 감정을 드러내지 않고 도광양회(韬光养晦)하는 것이었다. 일단 몸을 낮추어서 경시제의 칼날을 피한 후 장안을 빠져나와야만 했다. 사실 경시제는 유수 또한 제거하려고 했었으나 유수가 납작 엎드리며 자신은 형과 달리 야심이 없다는 걸 보여주었고 그러자 그만 경계를 푼 것이다. 일례로 유수는 형의 상 기간에 상복을 입지도 않았다. 유비가 조조 앞에서 천둥 소리에 깜짝 놀라는 바보 같은 모습을 연출하여 조조의 경계를 푼 것, 사마의가 호시탐탐 구실을 잡아 자신을 제거하려는 조씨 종친들 사이에서 생존을 위해 몸을 낮췄던 것과 비슷한 상황이다. 유수는 유비의 정통성과 덕, 그리고 사마의의 정치적 두뇌와 재능, 그리고 처세술을 겸비한 사람이었다.

또한 상황도 유수를 도와준 측면이 있다. 당시 신왕조를 멸한 녹림군이 장안을 장악하긴 했지만 여전히 수많은 반란군이 각자의 세력을 이루고 있었고, 특히 강건너 황하 이북 지역에는 여전히 여러 세력들이 건재하고 있었다. 산동성에는 봉기군의 양대 세력 중 하나인 적미군이, 허베이성에는 동마군 등 쟁쟁한 봉기 세력들이 있었고 이들은 경시제의 한 왕조 부할에 대해 열렬한 지지 대신 냉소적이며 관망의 태도를 보이고 있었기 때문이다.

경시제는 화북지역의 세력들을 제압하기보다는 회유하여 이들로 하여금 투항하기를 바라고 있었고(아마 제압하기에는 충분한 힘이 없었을 것이다) 이러한 일에는 유수가 적임자라는 걸 알고 있었다. 유수는 정부군에 맞서 20대1의 전투를 승리로 이끈 곤양전투(昆阳之战)의 영웅으로서 이미 천하에 꽤 이름이 나 있었다. 또한 한왕실의 종친이라는 브랜드 가치 외에도 뛰어난 소통과 섭외 능력을 갖추고 있었기 때문이다. 그렇지만 유수를 보내면 후환이 되어 돌아올 것 같고, 안 보내자니 화북지역이 후환으로 남아있을 것 같고, 이렇게 내부 의견은 분분하였고 황제는 고민에 빠진다.

결국 경시제는 유수에게 화북의 세력들을 회유하라는 미션을 주었고 이렇게 하여 유수는 군사 없이 황제가 임명했다는 위패와 수행원 몇 명만 데리고 황하를 건넌다. 이는 호랑이를 풀어준 꼴로 초한 내전시기 항우가 유방을 풀어준 홍문연 사건(기원전 206년)의 데자뷰였다. 아니나 다를까 경시제의 우려대로 유수는 화북지역의 봉기군들을 순회하며 전부 자신의 편으로 만들었고 이렇게 하여 한왕조 간판을 내걸고 있는 경시제와 대항할 만한 힘을 가지게 된다.

화북지역에서 유수의 세력이 커지자 경시제는 극도의 불안을 느꼈다. 자신의 심복인 사궁(谢躬)이란 자를 파견하여 유수의 동향을 감시하게 했고 뒤이어 방법을 짜낸 것이 조서를 보내어 "당신의 공로를 인정하여 소왕(萧王)이라는 작위를 하사할테니 작위를 받으러 장안으로 오시오. 아참, 병력은 사궁(谢躬)에게 인계하고 오시오"라고 명하였다. 그러나 이러한 잔 꾀에 유수는 꿈쩍도 하지 않았다. 유수는 화북을 아직 다 평정하지 못했다는 이유를 들어 입궁을 거부하고 사궁을 죽였다. 이로써 유수는 공식적으로 경시제와 결별을 선언하게 된다.

유수가 황하를 건너 녹림군을 빠져나온지 2년 후인 서기 25년 6월에 유수는 현재의 허베이성 싱타이시(邢台市) 바이샹현(柏乡县)의 천추정(千秋亭)이라는 정자에서 한왕조를 천명하고 스스로 황제에 올랐다. 그리고 그해 10월 수도를 허난성 낙양으로 선포하였다. 아주 잠시지만 천하에 두 개의 한왕조가 생겨버린 것이다.

같은 해 적미군과 유수의 군대가 서진하여 장안을 협공하였고 경시제의 군대(원래의 녹림군)와 전투를 벌였다. 이들은 결국 적미군을 당해내지 못했고 경시제는 투항 후 얼마 안 있어 죽임을 당했다. 녹림군에 의해 만들어진 이 사이비 한정권은 이렇게 성립 2년 만에 역사에서 사라졌다. 이 두 세력 간의 전투로 인하여 장안은 거의 폐허가 되었고 그런 이유로 유수는 새로 성립되는 한왕조의 수도로 아싸리 동쪽으로 380킬로미터 떨어진 낙양을 선택한 것이다.

이제 남은 건 유수의 한(汉)과 장안을 점령한 적미세력 간의 전투이다. 이듬해인 26년에 유수는 병력이 30만이나 되는 적미군을 상대로 승리하였고 적미군은 한왕조의 옥새를 유수에게 인계하였다. 그리고 나머지 봉기 세력들을 완전히 평정하는 데는 10년을 더 소비하였고 서기 36년이 돼서야 전화는 완전히 멈춘 게 된다.

광무제 유수

동한의 성립 과정은 우리에게 그리 잘 알려져 있지는 않은 스토리이다. 중국의 왕조 교체 방식은 진(晋), 수(隋), 송(宋)과 같이 조정 내부에서 황제를 시해하거나 강압에 의해 선양받는 찬탈 또는 정변 방식이 있고, 원(元)과 청(清)과 같은 이민족 침입에 의한 왕조도 있었다. 그렇지만 각지에서 농민이나 군벌들이 봉기한 후 내전 상황이 벌어지는 경우가 더 많았다. 우리에게 잘 알려져 있는 케이스로는 진제국 멸망을 불러일으킨 농민봉기와 이를 평정한 한의 성립이 있다. 그리고 지금 말하는 동한의 건립, 수나라 말기의 혼란을 평정하고 세워진 당(唐), 원나라 말기의 농민 봉기와 평민출신 주원장(朱元璋)의 명왕조 건립 등이 있다. 그리고 가장 최근 역사로서 20세기 전반기의 군벌 난립과 국공내전을 종식하고 세워진 신중국도 그 범주로 볼 수 있겠다.

왕조 교체기의 내전은 엄청난 민중들의 희생과 국토의 피폐를 가져오는 대재앙이지만 중국은 역사를 통틀어 무수한 혼란과 내전을 거쳐왔고 어떤 측면에서는 봉기와 내전은 중국으로 하여금 계단식 진보를 가능케 한 주요한 동력이었다. 왜냐하면 이 혁명의 시기는 사회의 주류와 비주류가 뒤바뀌는 시기이고 비주류 층에서 인재들이 기용되는 시기이자 심지어는 비주류 층에서 새로운 리더가 탄생하는 시기이기 때문이다. 우리는 중국 역사에서 많은 성공한 창업자들을 보아왔다. 그렇지만 역사를 통틀어 광무제 유수만큼 모든 면에서 흠잡을 데 없는 창업자는 찾기 힘들다. 역사상의 개국 리더들은 전부 어디엔가 결점이 있었다. 어떤 이는 애민의식이 부족했고, 어떤 이는 의심이 너무 많았고, 어떤 이는 인자했으나 정치적 지능이 부족했고, 어떤 이는 정치적 지능이 뛰어나나 민중들로부터 존경받지 못했다. 어떤 이는 여자를 너무 밝혔고, 어떤 이는 배운 게 너무 없어서 무식했다. 하지만 유수는 지, 덕, 용을 다 갖춘 매우 보기 드문 개국황제였다. 그 자신이 너무 뛰어나서 대신들의 존재감이 느껴지지 않을 정도이다.

유수는 또한 아주 걸출한 군사가였는데 황제 본인이 훌륭한 군사 지휘관이었다는 건 당태종을 제외하고는 중원 왕조의 역사상 전례를 찾기 힘든 아주 드문 케이스이다. 또한 그가 경시제로부터 빠져나와 화북 지역의 봉기 세력들을 하나하나 찾아가서 자기 편으로 만든 것은 그가 황족이라는 출신배경 하나에 기대서만은 절대 이룰 수 없는 일이었다.

여기에 더하여 유수가 재위 한 33년 동안 개국 공신들에 대한 축살이 단 한번도 없었고 단 한 명의 공신도 반란을 일으키지 않았다는 점은 중국 역사에서 매우 보기 드문 경우이다. 마지막으로 남녀 관계도 아주 모범적이었다. 그는 정략적으로 어쩔 수 없이 다른 여자를 아내로 맞이하였지만 자기가 사랑하는 여자를 황제가 되어서도 끝까지 지켜주어 결국은 황후로 만들어 주었다.

광무제 유수는 왕조의 정통성, 능력, 용기, 화합능력, 순정 모든 것을 갖춘 아주 모범적인 개국황제였다. 그러나 모범생은 재미가 없고 재미가 없으면 인기가 없는 법이다. 유수는 이룬 것에 비해 세간의 존재감이 다소 떨어지는 경향이 있는데 그것은 오히려 그의 생애에서 반란이나 치정, 음모, 음탕함과 같은 막장드라마거리를 생산하지 않았기 때문이 아닐까?

광무제의 첫사랑 음리화(阴丽华)

유수는 장안으로 유학을 가기 전 매형의 친척인 음리화(阴丽华)와 처음 만나 사랑에 빠졌고 유학에서 돌아와서 그녀와 결혼을 하려고 하였으나 마침 천하가 혼란에 빠지고 형과 함께 봉기를 하기로 하는 바람에 결혼을 미룰 수밖에 없었다. 경시제에 의해 형이 죽고 유수의 병권이 박탈된 23년에(29세) 그녀(19세)와 결혼하였으나 불과 3개월 후 경시제로부터 화북 세력을 회유하라는 미션을 받고 황하를 건너고 이 둘은 다시 생이별을 하게 된다.

이듬해에 화북의 유력 세력인 왕랑(王郎)과의 일전을 앞두고 후방의 위협을 없애기 위해 종친이자 진정왕真定王(허베이 스자좡)인 유양(刘扬)과 손을 잡았고 이를 위해 그의 외조카 곽성통(郭圣通)을 아내로 맞이하였다. 유수는 황제가 되고 음리화와 곽부인을 똑같이 귀인(贵人)[101]에 봉했으나 화북 지역 종친 세력에 의한 모반의 움직임이 있자 이를 잠재우기 위해 즉위 2년 째인 26년에 곽귀인을 황후로 올렸다. 이때 음리화는 전혀 불만을 표하지 않았고 오히려 유수에게 곽귀인을 황후로 책봉할 것을 권했다고 한다. 즉위 후 16년이 지난 41년에 유수는 곽황후를 폐하고 약속대로 첫사랑이자 조강지처인 음리화를 황후로 책봉했다.

동한의 시작은 광무제 유수가 국가 선포를 한 25년이고, 그 마지막은 조조의 아들 조비가 동한의 마지막 황제 헌제를 폐위한 220년으로

101) 당시 후궁 중 가장 높은 작위.

한다. 그러나 동한 왕조를 막 선포한 25년은 여전히 내전의 시기였다. 광무제 유수는 그 후 11년 동안 각지의 할거 세력과 전쟁을 해야 했고 서기 36년이 돼서야 모든 할거 세력들이 평정되었다.

서기 17년에 최초의 봉기가 시작된 이래 전란이 완전히 평정되는 36년까지 무려 19년 동안 중국은 혼돈에 빠져 있었으니 인구는 대폭으로 줄었고 국토는 황폐화되었으며 국민경제는 바닥으로 갔고 백성들은 전부 유랑민의 상태에 놓여있었다. 우리의 역사에서는 내부 동란이 그리 많지 않았지만 있다고 해도 유랑민이 대거로 발생하지는 않았을 것이다. 왜냐하면 국토가 작기 때문에 짐을 싸서 이동을 한다고 해도 위험한 건 거기서 거기이기 때문이다. 그렇지만 국토가 넓은 중국의 경우 내전이 일어나거나 지방관리들의 수탈로 사는 게 어려워지면 농민들의 유랑 현상이 대거 일어났다. 이들 농민들은 수천 년 동안, 불과 20세기 초반까지 중국이 혼란에 빠질 때마다 누더기 옷을 걸치고 아주 먼 곳으로 떠났고 혼란이 평정되고 새 왕조가 성립되면 다시 고향으로 돌아와 농사를 짓거나 새로운 곳에서 정착하거나 하는 것을 반복해 왔다.

서한 말엽, 한평제 즉위 2년째 해(서기2년)에 실시된 인구통계에 의하면 당시 중국의 인구는 6,000만 명에 가까웠고 세계 인구의 3분의 1에 해당했다. 그러던 것이 세기 초 19년간의 내전을 겪으면서 급격히 감소해서 광무제 재위 말기인 중원 2년(서기 57년)의 인구 조사에 의하면 동한의 인구는 2,100만 명에 불과했다. 앞서 말했듯이 장기 내전은 자연재해, 역병, 대외전쟁 등 그 어떤 재난보다도 파괴력이 크다. 유방이 나라를 막 건국했을 때와 비슷한 상황이 다시 온 것이다. 그러나

이 새로운 한(汉)나라는 잿더미에서 다시금 일어서서 3대 황제 장제(章帝) 제위 말엽인 88년에는 4,300만 명으로 인구를 급속히 회복하였다. 그리고 4대 황제 화제(和帝) 말엽인 105년에 와서는 5,300만 명에 달하게 된다.

동한의 관전 포인트

서한과 동한은 각각 기원전 200년과 기원후 200년이라는 적지 않은 시간을 나눠 가졌지만 많은 사람들이 동한에 대해서는 아는 게 별로 없다. 물론 황건적의 난을 기점으로 한 동한 말 혼란기는 '삼국연의'라는 아주 대중적인 역사 소설을 탄생시켰다. 그러나 그 시기를 제외하고는 심지어 동한의 전성기 역사에 대해서도 딱히 떠오르는 게 없다. 200년이나 있었으면서 존재감 없는 왕조가 되어버린 이유는 무얼까? 중국 역사에서 존재감 없는 왕조가 몇 개 있긴 하다. 하지만 그들은 존속 시기가 짧았다든지 영토가 크게 쪼그라 들었다든지 정통성이 약하다든지 등 나름의 이유가 있다. 그렇지만 동한은 통일왕조로서 200년이나 지속되었고 전성기의 영토는 서한 때보다도 넓었다. 이 시기 중국인들은 일본, 동남아, 심지어는 파르티아와도 교류를 하는 등 활발한 대외 활동을 하였고 종이의 발명 등 과학기술 방면에도 큰 진보를 이루었다.

왕조의 색깔은 그 시대가 배출한 영웅과 악당, 사건, 스토리, 업적, 그리고 교훈에 의해 후대인들의 마음 속에 형성된다. 물론 동한의 역사 속에서도 많은 영웅들과 사건이 있었지만 아쉽게도 왕조 말 혼란기의 스토리에 묻혀서 우리의 머릿속에 '동한'이라고 하면 '황건의 난'과 '동한 말의 군벌 할거'만 떠오르는 그런 왕조가 되어버렸다. 그렇지만 역사를 보는 우리들은 동한이 걸어온 굵은 궤적까지 묻어버릴 순 없다. 그렇다면 동한을 볼 때의 관전 포인트는 무엇인가?

우리는 동한에 세 가지 질문을 던질 수 있을 것 같다.

첫째, 막 건립된 왕조 앞에 놓인 현실과 시대의 과제는 무엇이었고 그에 응답한 창업자의 개혁 조치는 무엇이었나?

둘째, 동한은 어떻게 망하게 되었나?

동한 정국이 혼란으로 빠져들어가서 급기야 군벌들의 난립이 일어나게 된 배경과 그 과정을 보지 않을 수 없다.

셋째, 왕조 말의 혼란을 잉태한 이들은 어떤 실책은 범했는가?

다시 중흥을 맞은 한왕조의 공과 과는 과연 무엇인지를 파헤쳐 볼 필요가 있겠다.

20장
동란은 개혁을 수반한다: 광무제의 개혁

건국 초기의 상황과 학습효과

타임머신을 타고 2,000년을 거슬러 올라가 막 내란을 평정한 광무제로 빙의를 해 보자. 보좌에 앉은 유수는 창업에 성공했다는 들뜬 기분을 만끽할 틈도 없이 자신의 앞길에 놓인 상황을 생각하니 갑갑하기 그지없다. 십수 년간의 기근과 내전으로 자신을 포함한 모든 인민들은 누더기를 걸치는 신세가 되었고 국토는 불타고 황폐화되었으며 백성들은 장기간 생산 활동에 종사를 하지 않았는지라 국가 경제는 파산 상태에 있었다. 많은 농민들이 자신의 경작지를 떠나 유랑민의 상태에 있었고 인구는 대폭 줄었다. 또한 먹고사는 게 힘들어진 농민들이 지주의 노비로 들어가서 사회에 노예가 엄청 많이 생산되었고 대신 소농민은 대폭 줄어들었다. 서로 죽고 죽이는 오랜 전쟁을 겪으면서 인민들은 날카로워졌고 인심과 도덕은 바닥에 떨어졌다. 유수는 생각에 잠겼다. 200여 년 전 자신의 9대조 할아버지 한고조께서 막 서한을 세웠을 때가 바로 이런 상태였으리라. 그렇지만 자신의 선조들은 폐허에서 50년 만에 나라를 다시 정상국가로 만든 전례가 있지 않은가? 유수는 200년 전 서한의 초기 황제들, 고조, 혜제, 문제, 경제의 여민휴식, 휴양생식 정책을 떠올렸다. 그런데 한 가지 마음에 걸리는 게 있다. 서한 건국 초기의 국가재건 정책의 핵심은 '국퇴민진(國退民進)'이었는데 이렇게 하는 것은 중앙정부의 권한을 약하게 만들 수 있기 때문이다. 서한은 황권이 약해서 망했던 것이 아니던가? 황권이 약해지는 것은 유수로서는 양보할 수 없었다.

동한의 창업 그룹은 앞선 왕조에서의 실패를 학습했고 그래서 외척의 전횡과 호족들의 토지 겸병이라는 서한 말의 문제만큼에는 단호했다. 그리고 이 문제의 핵심은 황권에 있다고 판단했다. 외척의 득세를 막지 못한 것도 황권이 약해서였고 지방 호족들의 세력이 날로 세진 것도 황권이 약해서였다. 유수는 왕망이 서한의 어린 황제 위에서 섭정을 하다가 급기야는 왕조를 찬탈하는 바로 그 시기에 피끓는 청년 시절을 보낸 사람이다. 그래서 동한 초기 개혁 조치들의 면면을 보면 그가 황권 강화에 강박에 가까운 신념이 있었음을 엿볼 수 있다.

또한 유수는 자신의 9대 선조가 저지른 실책도 학습해야 했다. 그것은 자신을 도와 창업을 한 개국공신들에 대한 처우 문제였다. 유방이 개국 공신들에게 행한 분봉제도와 그로 인한 취약한 지방행정 구도가 두고두고 화근으로 남아 서한 정권을 위협하였다는 것을 잊지 않았다.

즉, 유수는 동란 후의 사회를 안정시켜야 했고 인구와 생산력를 빠르게 회복시켜야 했으며 동시에 황권을 강화하고 호족들의 힘을 빼야 하는 서로 상충되는 듯한 과제를 안고 출발하였다. 이를 위해서는 일련의 개혁조치들을 반드시 진행해야 했다. 그렇지 않으면 나라를 편안하게 다스릴 수 없고 장기적인 통치를 할 수가 없었다. 유수의 개혁은 여러 방면에서 진행되었는데 그중 중앙관제 개혁, 지방행정제도 개혁, 경제 개혁, 그리고 군제 개혁의 네 가지 방면에서 보고자 한다.

관제 개혁

삼공(三公)의 권한 삭감, 상서대가 정치 중심에 서다

유수는 서한 말 황권이 약해지고 결국 외척에 의해 왕조가 찬탈되었던 것을 교훈삼아 황권을 강화하고자 했고 이를 위한 조치로 삼공(三公)을 약화시키고 정무비서실인 상서대(尚书台)를 키웠다. 한무제 이후 정부 구조는 3공9경의 외조(外朝)와 6상(尚)의 내조(内朝)로 나뉘어졌다. 상(尚)은 '관장한다'는 뜻으로서 6상은 상의(尚衣), 상식(尚食), 상관(尚冠), 상석(尚席), 상욕(尚浴), 그리고 상서(尚書)로 이루어져 있었다. 앞의 다섯 개 부서는 황제의 의식주와 엔터테인먼트 등 육체적, 일차적 욕구를 관장하는 부서이고 상서(尚書)는 황제의 지적 욕구를 만족시켜주는 부서였다. 즉 황제의 정책 자문 그룹으로서 오늘날의 대통령 정무비서실과 같은 그룹이다. 원래 삼공과 상서는 그 권한, 직능, 직급, 녹봉 모든 면에서 비교의 대상이 아니었다. 진(秦)과 서한의 상서는 9경의 맨 마지막 부서인 소부(小府) 산하의 조직이었다. 소부는 황제와 관련된 자질구래한 일들을 담당하는 부처였는데 이 산하의 작은 조직이었으니 삼공과는 비교 자체가 성립이 안 되는 지위였다. 그러나 한무제 때 황제의 권한을 강화하고 승상의 권한을 약화시키기 위해 상서의 지위를 올리고 국가 정책 결정에 있어서 이들의 참여와 역할을 늘렸다.

동한의 광무제 때에 와서 상서의 지위가 더욱 확대되고 조직화되어 소부(小府)에서 독립하여 상서대(尚书台)라는 명칭을 얻게 되었고 승상의 권한은 대폭 삭감되어 결국은 국가 정책 결정권이 완전히 상서대로 넘어왔다. 그에 따라 삼공[102]은 직위만 높고 실권은 없는 존재로 전락하였다. 이리하여 천하의 모든 일들은 상서대의 손으로 들어왔고 상서대는 황제가 직접 관할하는 전제독제의 어용기구가 되었다. 광무제는 상서대의 각 행정부서에의 집행력을 강화하기 위해 일단 상서대의 관원과 부서 수를 대폭 늘렸다. 둘째로는 상서대의 감찰 역할을 강화하였다. 원래는 삼공의 한 명인 어사대부가 감찰을 총괄하였지만 어사대부는 사공(司空)이란 명칭으로 바뀌어 이제는 수리공정(水利工程)을 관장하는 역할이 주어졌고 그의 감찰 기능은 내조의 어사대(御史台)로 이관되었다.

삼공의 권한 삭감, 특히 사도(司徒)로 이름이 바뀐 승상이 유명무실한 존재로 전락했다는 것이 의미하는 바는 조정의 의사결정이 버텀업

102) 삼공을 구성하는 세 관직은 왕조별로 그 명칭이 달랐다. 삼공의 개념은 주나라 때 처음 나온 것인데 주나라 때는 사도(司徒), 사마(司马), 사공(司空)이라 불렀고 진과 서한 때는 승상(丞相), 태위(太尉), 어사대부(御史大夫)라 불렀다. 왕망은 정권을 잡은 후 이들을 진부 주나라 때의 명칭으로 회귀시켰고 앞에 대(大)를 붙여 대사도, 대사마, 대사공이라고 하였다. 동한의 광무제는 사마만 태위로 명칭을 복귀시키고 승상과 어사대부는 왕망의 개명을 그대로 이어받은 후 '대'자를 뗐다. 그래서 동한의 삼공은 사도(司徒), 태위, 사공(司空)이었다. 명칭의 변경은 그 권한 삭감을 의미했다. 사도는 이전의 승상에 비해 손과 팔이 다 잘린 채로 있으나마나 한 존재가 되었고 감찰기구의 수장이었던 사공은 수리공정을 담당하는 어이없는 직책이 되어버렸다.

방식에서 완전히 탑다운 체제가 되었다는 것이며 이제는 황제의 모든 말이 아무런 조정이나 다른 의견을 거치지 않고 그대로 집행되는 전재독제 체제가 되었다는 걸 의미했다. 상서대는 황제의 의중과 말을 떠받드는 조직이지 소신과 주인의식에 있어서 앞선 왕조의 삼공과는 완전히 달랐기 때문이다. 이로써 동한 때에 와서 사실상 승상이란 자리가 없어진 셈이다. 그리고 한참 후 조조가 권력을 잡으면서 다시 부활시켜 자신이 모든 권한을 가진 승상으로 취임하는데 이는 단지 한 번으로 끝난 예외 케이스였고 공식적으로 승상이란 자리는 사실상 역사 속에서 사라지게 된다.[103]

관직 통폐합

진의 관제를 그대로 이어받았던 서한 초기에는 조직이 비교적 간단했고 관직이 그리 많지 않았다. 그러나 후기로 오면서 관직이 복잡해졌는데 이에는 한무제의 역할이 컸다. 한무제 때에 와서 국가가 강성해지고 군사적 성과가 나오자 황제 개인의 욕망이 팽창하였고 무분별하게 관직을 늘려 관직이 범람하는 폐단이 생기기 시작했다. 이는 국진민퇴의 기조에서 필연적으로 벌어지는 현상이다. 무제 때에 와서 크게 늘어난 관직은 네 가지였다. 첫째, 비서그룹이 커졌다. 이는 황권을 키우면서 나오는 폐단이다. 둘째, 군관이 많아졌다. 무제 때는 허구헌 날 흉노와 전쟁을 하던 시기였으므로 군관이 많아지는 건 당연한 일일 게다. 셋째, 세금 공무원이 많아졌다. 한무제 정권은 정권 내

103) 가끔 동한 이후의 왕조를 배경으로 한 사극이나 소설에서 '승상'이라 부르는 걸 들을 수 있는데 이는 대신들의 우두머리를 관습상 그렇게 불렀다고 보면 될 것이다.

내 국가 재정 충당에 혈안이 되어 있었으므로 이 또한 당연하다. 넷째, 내관이 많아졌다. 내관이란 후궁 및 그들을 관리하는 조직을 말하는데 후궁이 많아지면 자연히 환관들이 많아지기 마련이다. 한무제가 열어놓은 관제의 폐단은 후기 황제들로 가면서 점점 심화되었고 많은 관직과 관작 남발은 국민의 부담을 가중시켰다.

결정적으로 서한의 관제는 왕망 정권 때에 와서 엉망이 되어버렸다. 왕망은 옛것에 집착하였고 복잡한 관제 개혁으로 혼란만 가중시켰다. 그 특징은 첫째 관직과 작위의 수가 많았다는 것과 둘째는 전부 고대의 관직 명칭 아니면 이상한 이름으로 개명했다는 것이다. 정권 초기에 많은 관직을 신설하고 교묘하게 명목을 갖다 붙이는 행태는 보통 자기 사람을 임용하기 위함이고 관직 명을 모두 바꿨다는 것은 그의 망상과 같은 과거 지상주의의 산물이었다.

이상으로 말한 것이 동한 건국 전의 관제 상황이었고 이제 유수는 이러한 폐단을 뜯어고치는 관직 통폐합과 관원과 군관의 수를 줄이는 개혁을 단행해야 했다. '관직 병합'의 목적은 권한을 일원화하여 효율을 증대시키고 그에 따른 인원 감축으로 경비를 절감하고자 하는 행정적, 경제적 목적도 있었지만 그와 동시에 지방 세력을 약화시키고 장기간의 전쟁 후 비대해진 군관의 힘이 커지는 것을 막고자 하는 정치적인 목적도 있었다.

지방 행정 제도 개혁

자사(刺史) 기능 강화

동한에 와서 서한 후기 태동하고 있었던 '주(州)·군(君)·현(县)'제가 확립된다. 원래 서한은 진의 '군(君)·현(县)'제를 그대로 쓰고 있었다. 그러다가 한무제 때에 와서 자사(刺史)라는 열세 명의 지방 감찰직을 신설하여 지방을 감찰하도록 하였다. 한 명의 자사가 감찰하는 지역을 통칭하는 정식 명칭은 당시에는 없었으나 동한으로 넘어 오면서 자사의 감찰 지역을 자사주부(刺史州部)라 부르기 시작했다. 그리고 동한 후기로 오면서 이를 주(州)로 명명하면서 13개의 정식 행정 단위가 되었고 주의 장관인 자사는 거대 지역의 행정, 사법, 군대까지 거느리는 지역 총독화되었다.

광무제는 지방 행정구역을 대폭 통폐합하는 동시에 자사의 기능을 강화하였다. 군급 행정구역은 소폭 줄었으나 현급 행정구역은 서한에 비해서 407개나 줄였고 이는 전국 모든 현의 4분의 1에 해당했다. 군(郡)은 전국에 100여 개가 있었으나 예전처럼 중앙정부가 각 군(郡)을 직접 지휘할 필요가 없었다. 열세 명 자사들의 관할 군(郡)에 대한 통제력이 강화되었기에 중앙정부는 이들 자사들에게 보고만 받으면 되었다. 통폐합과 감찰기능 강화의 핵심은 결국 중앙의 지방에 대한 통제를 효율화하는, 즉 황제 권력의 강화에 있었다.

개국공신과 외척 문제

유수의 또 한 가지 과제는 개국공신의 처리와 외척에 대한 장치이다. 새 왕조 창업에는 항상 개국 공신들에 대한 처우 문제가 기다린다. 유수는 서한 초기의 문제를 반복하고 싶지 않았다. 개국 공신들에 대한 과다한 분봉이 황권에 대한 위협으로 돌아오는 것을 방지하기 위해 그가 취한 조치는 이러했다.

우선 제후로 분봉하는 공신의 수를 최소화했다. 둘째는 분봉하는 영지의 최대치를 현(県)으로 제한하였다. 서한 초기에 일곱 명의 공신들에게 각각 몇 개의 군을 합한 크기의 왕국을 영지로 준 것에 비해선 천지 차이로 줄어든 것이다. 게다가 제후에게는 분봉된 영지에서 조세를 거둘 권한만 주었을 뿐 그 안에서의 행정적 권리는 없었다. 행정 장관은 중앙이 파견하였다. 이들에게는 그저 명예와 약간의 경제적 혜택이 주어졌을 뿐이다. 유수는 또 한 가지의 장치를 걸어놨다. 병권이 주어진 공신들은 수도에서 멀리 떨어진 곳으로 가고 제후로 분봉된 공신들은 중앙 정치에 참여할 수 없다는 룰을 만들었다. 외척에 의해 빼앗긴 왕조를 어렵사리 다시 일으켜 세운 광무제에게 외척이란 잠재적 악이었고 그는 외척이 다시는 정치에 발을 붙이지 못하도록 하겠다고 마음을 굳게 먹고 있었다. 그래서 그는 황후와 비빈들의 일가 친척의 정치 참여를 금하는 금지령을 내렸고 외척은 제후로 봉해질 수도 없다는 룰을 만들었다. 이 조치에 의하면 외척은 그야말로 집안의 딸을 황제에게 시집보냈다는 명예만 남을 뿐 아무것도 아니었다. 그러나 외척의 정치참여와 세력화는 동양의 봉건군주제하의 정치 생태계에서는 없어질 수 없는 본능이자 정치 생명체와 같다. 유수의 이와 같은 조치로도 외척의 등장은 막을 수가 없었다. 왕조 초기에는 그럭저럭 잘 유지가 되었으나 4대 째에 와서 어린 황제가 즉위하면서부터 태후의 입김이 세지기 시작했고 왕조 중기로 오면서 외척이 다시 중앙 정계로 발을 들이게 된다.

광무제 노믹스

농민의 이익을 보호하고 지방 호족세력을 누르기 위해 동한 초기에 일련의 개혁이 진행되었다. 어떤 것들은 성공했고 어떤 것들은 실패했으나 분명한 건 이 시기의 개혁들이 한의 수명을 200년 연장했다는 것이다.

두전(度田): 토지조사

두전이란 국민들이 소유한 경작지 면적과 호구의 나이를 조사하는 것이다. 당시 실질적으로 중요한 문제는 토지 문제였다. 국가가 전쟁을 겪으면서 많은 지방 세력들의 신고된 경작지가 실제와 맞지 않았고 호구 연령을 임의로 늘리고 줄이면서 세금을 피하고 있었다. 그리하여 동한 정부는 전국의 농지와 노동력에 대한 정부 통제를 강화하고 세금과 부역에 대한 부담을 평준화하기 위해 39년에 토지와 인구를 조사하는 명령을 내렸다(두전령). 이로써 조세의 근거인 농지와 인구를 바로잡고자 했고, 또한 사리사욕에 치우쳐 공평치 못한 지방 고위 관원들에 대한 조사도 하였다.

당연히 이러한 과정에서 세력이 있는 호족 세력은 정부 조사를 방해하는 등 반발이 있었다. 유수가 '두전령'을 내린 목적은 호구와 농지를 조사함으로써 세수를 늘리고 부역 인구를 늘리기 위함이었지만 이는 자연적으로 호족들에게 경제적 타격을 주는 조치였다. 여기서 호족의 저항에 단호하게 대처하여 성공적으로 호족의 경제적 기반을 타격했는가? 그것에는 물음표를 달 수밖에 없다. 유수가 토지 조사에 성실하지 못한 하남 지역 군들의 태수 십여 명을 참수했다고 하지만 지역별로 강약의 차이가 있고 전반적으로는 이들과 어느 정도 타협을 할 수밖에 없었다. 왜냐하면 호족은 유수의 동한 건국의 지지기반이었기 때문이다. 유수가 형과 창업한 봉기세력인 남양(南阳)집단은 대주주가 허난성 남양군의 호족들이었다. 후에 유수가 황제가 되도록 도와준 천하의 군대 중 대부분은 각지 호족들의 군대였고 실제적으로 유수 자신에게 속한 군대는 별로 없었다. 그가 황제의 혈통이었고 다른 황족에 비해서 상대적으로 큰일을 도모할 사람으로 보였기에 지방 호족들은 결국 그를 그들의 대변인으로 선택한 것이었다. 이런 이유로 두 전 정책이 대형 호족들에게 경제적 타격을 입히는 것에는 한계가 있었지만 호족들에 대한 견제와 억제의 기능은 분명히 발휘하였다. 지방 호족들을 억제하는 것은 곧 민중에게 이익이 돌아가도록 하는 것이었고 이로써 동한 조정은 저층에서 공고한 통치 기반을 얻을 수 있었다.

고대 인구조사의 정치적 함의

구약성서 역대기 상권 제21장에는 '사탄이 다윗을 부추켜 이스라엘의 인구를 조사하게 했고 요압이라는 측근 장군이 반대했으나 다윗이 이를 듣지 않았다. 인구 조사를 강행한 다윗과 이스라엘은 결국 하느님의 벌을 받아 3년간 흑사병이 돌았고 7만 명이 죽는 참사를 겪었다'고 적혀 있다. 성경에는 요압의 반대 이유도 적혀 있다.

"주님께서 당신 백성을 지금보다 백 배나 불어나게 하시기를 바랍니다. 저의 주군이시여, 그들은 모두 주군의 종들이 아닙니까? 그런데 주군께서는 어찌하여 이런 일을 요구하십니까? 어찌하여 이스라엘을 죄짓게 하려 하십니까?"

국왕이 자기 나라의 인구 조사를 하는 것이 왜 죄를 짓는 것이고 다윗은 왜 하느님의 벌을 받은 것일까?

이 정황으로 미루어 짐작건대 당시 이스라엘은 인구를 조사하는 것이 금기시되어 있었던 걸로 보여진다. 고대 국가에서 인구를 조사하는 것은 엄청난 자원이 드는 활동이었다. 그럼에도 불구하고 인구를 조사하는 이유는 무얼까? 사실 통치자가 자기 나라의 인적 자원에 대한 정보를 장악하려 하는 것은 너무나도 당연하다. 모르는 게 오히려 비난받을 일이다. 그러나 시각을 바꿔서 자신이 대표로 있는 나라의 인구를 반드시 알아야 하는가 하면 꼭 그런 것도 아니다. 그건 군주가 실질적인 통치자인가 아닌가에 달려있다. 만약 그저 부락 연맹의 대표자에 불과하다면 그 군주는 굳이 전체 인구를 정확히 알 필요가 있을까? 중앙정부가 풍족하게 누릴 정도의 세금만 걷어진다면 문제될 게 없다. 전쟁이 나면 각 부락장들이 군대를 소집하여 온다. 이렇다면 국왕은 실질적인 통치자가 아니며 인구에 관여할 필요도 없고 인구를 조사할 능력도 없다. 더욱 중요한 것은 이 경우 실권을 가지고 있는 부락장들이 이를 원하지 않는다는 것이다.

고대 국가에서 인구가 의미하는 바는 세금, 병력원(또는 부역원), 생산력 크게 이 세 가지였다. 그러므로 고대 국가의 인구 조사는 세금 확충과 병력 충원이라는 주된 목적하에 진행되었고 이는 강력한 중앙권력이 형성되어 있거나 형성 중에 있음을 의미했다. 성경의 내용을 종교적으로 해석하자면 다윗이 벌을 받은 이유는 하나님에 대한 믿음, 즉 신앙에 의지하여 지키려 하지 않고 병력을 동원해 국가를 무장하려 했기 때문이다. 그러나 권력의 메커니즘적 관점에서 보면 다윗이 벌을 받은 본질적 이유는 하나님의 권위에 도전했기 때문이다. 지금은 인구 수라는 게 아무것도 아닌 정보이지만 고대 시대에 인구는 그 조사의 난이도만큼이나 통치자와 정치 수뇌부만 아는 국가 기밀이었다. 다윗은 그저 하나님의 대리인으로서 이스라엘을 건국하고 관리하고 있었을 뿐 이스라엘은 하느님의 나라였다. 다윗이 이스라엘의 인구 정보에 접근하고자 한 건 선을 넘은 일이었을 수도 있다.

중국은 왕조가 설립된 이래로 수많은 인구조사가 행해져왔다. 《한서·소하전》에는 유방의 군대가 먼저 함양에 도착하여 진시황의 궁에 쳐들어가서 보물을 약탈하고 궁녀들을 탐하고 있을 때 소하가 곧장 승상부로 가서 그곳에 소장되어 있는 법전, 지리서, 인구통계 관련 문서들를 가지고 나왔고 그래서 유방은 진제국의 인구가 3,000만 명이었다는 걸 알게 되었다. 이것은 아마도 중국 전역의 인구에 대한 비교적 믿을 만한 최초의 정보가 아닐까 싶다. 그러나 소하가 가져왔다는 문서들은 아쉽게도 지금은 전해지지 않고 있고 진의 인구 정보도 구체적인 숫자는 전해지지 않는다. 현존하는 중국 전역에 대한 구체적인 인구통계 자료로서 최초의 것은 서한 말 한평제 2년(서기 2년)에 행해진 호구 조사이다. 당시 한평제는 열한 살에 불과했으니 이는 왕망의 지시하에 진행되었을 것이다. 당시 조사자료에 의하면 호구 수는 1,223만 3,062호, 인구 수는 5,959만 4,978명으로서 당나라 때 조사된 인구 수보다도 많다. 여기에는 관노비와 다섯 살 이하 영유아, 귀화한 흉노족 등이 빠져 있었으므로 실제 인구는 이보다 더 많았을 테지만 서기 2년에 행해진 이 인구조사는 비교적 정확한 조사였을 것이라고 평가받고 있다.

역대 왕조들의 인구 조사에는 세원과 병력원(부역원)을 집계한다는 목적이 있었고 이는 분명 중앙권력 강화와 밀접한 연관이 있는 작업이었으니 당연히 지방 호족들은 이를 달가워할 리 없었다. 왜냐하면 인구조사가 단지 집계로만 끝나진 않을 것이기 때문이다. 좀 더 구체적으로 말하자면 황제의 대대적인 인구조사는 왕왕 통계(호구)에 빠져있는 무등록 인구를 색출해내기 위함이었고 이들 무등록 인구는 대다수가 지방 호족들의 장원에 노비로 들어가 있었기 때문이다. 이들은 먹고 살기가 힘들어지자 대지주의 노비로 들어간 것이고 국가는 노비들에게는 세금을 물리지 않았기에 이들은 지주들에게는 비과세 자산이었다. 서한 말은 호족들의 토지 겸병과 대규모 노비 소유가 사회문제화되었던 최초의 시기였고 서기 2년의 인구조사는 호족들의 토지 겸병과 노비 제도를 혐오했던 왕망이 후속 조치를 하기위해 실시했던 조사였을 것이다.

황권 강화를 위한 인구 조사에는 통상 후속 조치가 따른다. 인구 조사를 통해 노비 수의 과도함이 확인되고 어느 집에 얼마만큼의 노비가 있다는 것이 확인되면 정부는 이어서 노비를 해방시키는 조서를 반포했다. 사노비는 개인의 재산이므로 정부가 마음대로 해방시킬 순 없다. 그 대신 농지를 무상 임대해 준다던가 하는 인센티브 정책을 펼쳐 생계가 어려워 몸을 맡긴 노비들이 계약기간이 끝나면 다시 소농민이 되도록 유도하였다.

중앙정부의 인구 조사는 자신들을 향한 경제적 타격으로 이어지는 사전 단계라는 것을 역사를 통해 학습해 왔던 지방 호족, 대지주, 거상 세력은 인구 조사에 항상 노이로제 반응을 보여왔다. 또한 인구 조사는 통상 토지 조사와 병행되어 진행되었기에 더욱 민감한 사안이 아닐 수 없었다. 실제로 남북조 시대 때 인구조사에 반발하여 반란이 일어난 적도 있다. 결국 남제(齐)의 황제는 조사 계획을 철회할 수밖에 없었다.

죄수, 노비해방

죄수와 노비를 해방하는 일이 왜 경제이슈일까?

유수는 자신이 어렵게 얻은 천하를 안정시키고 사회를 풍족하게 해야 했다. 사회를 풍족하게 하려면 옛날 사람들의 입장에서는 반드시 농업을 발전시켜야 했다. 농업은 백성들의 근원이자 고대 왕조의 기반이다. 오랜 전란을 겪으면서 백성들은 도망칠 사람은 도망쳤고, 죽을 사람은 죽었는데 농사지을 사람이 어디 있단 말인가? 사회는 노동력이 필요한데 어디서 사람을 찾을 것인가? 그래, 감옥에서 찾자! 감옥에는 억울하게 죄수가 된 백성들이 많이 있지 않는가? 그리하여 유수는 죄인을 조사해서 중범죄를 저지르지 않은 죄인이면 모두 풀어주기로 했다. 이 조치는 다른 황제들이 여지껏 해 본적 없는 획기적인 조치였고 바로 이것으로 그는 많은 백성들의 지지를 받았으며 황권을 위한 견실한 기초를 다졌다. 사회에 많은 건장한 노동력이 보충되었으니 당연히 생산력이 증대되었다. 그들은 자신의 가정으로 돌아가 새롭게 자신의 전원 생활을 시작하였고 유수에게 감사의 마음을 품고 그가 좋은 황제라고 생각하고 있었다.

죄인 석방에 뒤이어 유수는 많은 노비들을 석방했다. 그는 서기 26년에서 38년까지 총 아홉 차례에 걸쳐 노비 해방령을 반포했다. 역사에 걸쳐서 노비 해방은 통치자가 경제적, 정치적 목적으로 꺼냈던 카드이다.

동한 건국 초기의 경제 상황은 200여 년 전 서한 건국 초기 상황과 거의 흡사했다. 왕망 집정 시기의 혼란과 뒤이은 내전으로 사회생산과 경제활동이 극도로 망가졌다. 혼란스러운 사회에서 먹고 살기가 어려워진 백성들은 아내와 아들을 노비로 팔았고 심지어는 자기 자신도 노비가 되었다. 대량의 인구가 지주와 상공업자들의 노비가 되었고 이는 농업 생산을 회복하는 데 큰 장애 요인이었다.

유수의 노비 해방은 괜찮은 한 수였다. 노비들의 환심을 얻었고 자신이 평정한 세력권 내에서 민심을 얻었다(당시는 유수가 동한 건립을 선포한 후이긴 하나 일부 지역에서는 여전히 할거 세력과 전쟁 중이었다). 당연히, 유수는 노비를 전부 해방시킬 순 없었다. 호족들의 사유 재산을 함부로 건드릴 순 없었기 때문이다. 그래서 대부분 관노비 위주로 행해졌다. 그렇지만 부분적인 해방도 사회를 안정시키는 데 큰 도움이 되었다.

우리는 진·한 시기 노비 해방의 정치적 의미에 대해 짚어볼 필요가 있다. 노비 석방은 상앙의 변법에 의해, 서한 초기 유방과 한문제에 의해, 왕망에 의해 행해졌고 지금 동한 초기 광무제에 의해 행해지고 있다. 이들은 왜 노비를 석방하는 걸까? 노비 석방은 표면적으로 노비의 사회적 지위를 높여주는 일이지만 사실 이는 중앙의 전제권력 강화와 밀접한 관련이 있다. 진·한 시기는 황제 1인 통치체제가 확립된 시기이다. 넘볼 수 없이 높고 높은 황제 밑으로 모든 신민(臣民)들은 전부 피통치자였다. 관료귀족, 평민, 그리고 노비 모두 신민이었다. 그러나 사노비는 실질적으로 황제의 손이 미치지 않는 범위에 있는 경우가 많았다. 지주와 상공업자들에 예속되어 있는 노비는 인두세를 주인이 반만 내게 되어 있었고 호구 조사에도 빠져 있는 경우가 왕왕 있었다. 실질적으로 노비들은 황제의 백성이라기보다는 이들에게는 자신들의 주인인 지주와 상공업자들이 더 중요했다. 그렇다면 황제 입장에서는 이들 사각지대의 인구를 자신의 통치 영역으로 끌어내는 것이 필요했다. 더불어 황제 명의의 '노비석방 조서 반포'라는 정치적 행위는 그 실효성을 떠나서 당사자인 노비들에게 '자신들이 황제의 통치를 받는 사람들이었구나'라는 자각을 일깨워줄 수 있었다. 이러한 관점에서 볼 때 황제의 권위 확립을 위해서 노비의 평민화는 필요한 수였다. 그리하여 진·한 시기 황제의 권력 강화와 노비 해방은 동보(同步)의 과정이 되었다.

염철 국유화

유수는 염철(盐铁) 산업을 다시 국유화하였다. 이쯤 되면 이제 중국 고대 역사에서 염철 산업이란 국가의 당시 재정상황이나 정치상황에 따라 국유화와 민영화를 수없이 반복하는 산업이라는 걸 알아차리셨을 것이다. 염철의 국유화는 강대한 중앙권력의 기초가 있어야 하는 사업이다. 왜냐하면 대량의 인력과 물자가 동원되어야 하기 때문이다. 또한 엄청난 지방 기득권층의 이익과 관계된 사업이기 때문이기도 하다. 동한은 광무제 유수부터 3대 황제 장제(章帝) 재위 시기까지 염철 사업을 국유화하였다가 네 번째 황제 화제(和帝) 재위 때 다시 민영화되어 국가는 세금만 징수하는 것으로 바뀌었고 그것이 동한 말까지 지속되었다.

군제 개혁

동한을 건국하고 8년째 되는 서기 32년, 유수는 친히 군사를 이끌고 양주(오늘날 깐수성)로 출정하여 남은 할거 세력과 결전을 벌이고 있었다. 전세는 한군에게 유리한 국면이었고 여기서 끝을 보았으면 유수의 천하 통일이 어쩌면 2~3년 앞당겨졌을 수도 있었다. 그러나 이때 낙양 근방에서 소동이 일어났다는 전갈이 전달되었고 유수는 승리를 눈앞에 두고 병력을 돌려 수도의 소동을 진압하려 낙양으로 철군한다. 건국한지 이미 8년이나 지났는데 후방에서 일어난 소동 때문에 성공을 거의 눈앞에 둔 정벌을 포기하고 수도로 돌아간다? 수도권에는 난을 진압할 부대가 없었나?

그렇다, 어쩌면 진짜 없었을 수도 있다. 이는 유수가 실시한 군사 개혁과 관련이 있는데 그것은 바로 지방 군대의 감축과 폐지였다.

동한왕조를 건립하고 막 황제로 즉위한 유수는 장기 전란으로 인한 막대한 피해로부터 신속히 회복하기 위해 여민휴식 정책과 병력의 감축·해체 정책을 실시하였다. 병력 감축·해체의 중점 대상은 지방 군대였다. 재위6년째인 서기 30년에서부터 23년째인 서기 47년까지 다섯 차례에 걸쳐서 각 군(郡)의 군대에 대한 감축과 해체가 진행되었다. 서기 30년에 유수는 군(郡)의 도위(都尉)[104]직을 없애고 도위의 권한을 태수에게로 이양하였다. 또한 군현의 군대가 매년 가을에 실시하던 훈련과 열병식을 취소하였다. 이 조치로 군(郡)의 행정장관인 태수(太守)는 군정의 대권을 모두 장악하게 되었고 지방 군대의 전문성과 질은 떨어졌다. 그리고 이듬해인 31년에 지방 군대에 대한 대대적인 감축이 이루어진다. '천하의 경차, 기병, 재관, 그리고 군관들을 파면하여 민간으로 돌려보냈다(《후한서》).' 이 개혁은 군현의 군대를 기본적으로 해체시키는 조치였고 군현의 군대에 1년간 복역해야 하는 제도 역시 폐지되었다. 그리고 33년에는 관도위(关都尉)를 감축하였다. 관도위는 요충지의 관문을 수비하는 부대의 장교를 말한다. 관도위의 감축은 수비군의 편제를 축소한 것이나 마찬가지였다. 37년에는 좌·우 장군을 파면하고 47년에는 변경지역의 병력을 감축하였다. 이와 같은 정책의 실시는 농민들로 하여금 군역에의 부담을 덜어주어 그들의 박수를 받았고 동한 초기에 사회의 생산을 회복시키는데 중요한 작용을 했다는 긍정적 의의가 있긴 하다. 그러나 동한은 지방군대의 감축·폐기로 인하여 국방력이 크게 약화되었고 사회 전체에 안보의식의 마비 현상을 불러일으켰다.

과도한 지방군대 감축의 영향은 초기에는 붉어지지 않았으나 시간이 흐르고 형세가 변함에 따라 그 부정적 영향은 날로 드러나기 시작했다. 변경과 내지의 군현에서 동란이 발생할 경우 어찌할 바를 몰라

104) 서한의 지방 관원은 문관과 무관으로 나뉘어져 있었고 군(郡)의 문관을 태수(太守), 무관을 도위(都尉)라 하였다.

서 당황해 하다가 임시방편으로 증병한다던가 중앙군을 보내어 교전하도록 하는 경우가 왕왕 벌어졌다. 그러나 부랴부랴 모집한 대부분의 사병들은 훈련이 제대로 되어있지 않았고 전쟁이란 걸 오래동안 잊고 지내왔기에 그 전투력은 기대에 미치지 못했다. 유수도 이 문제에 대해 인지하기 시작했고 어느 정도 시간이 지난 후에는 감축이 과도했다는 것을 발견하고는 증편하여 보충하기도 했다. 2대 한명제 때에 와서 점차적으로 지방군을 회복시켰고 3대 황제인 장제 때에도 계속해서 지방군의 훈련을 강화하여 군대의 질을 올렸다. 그러나 지방군 감축의 부정적 영향이 완전히 해소되진 않았을 뿐더러 오히려 일관성 없는 폐지와 설치의 반복은 병제는 혼란을 가중시켰다.

유수의 지방군 감축은 실행 초기에 드러난 직접적인 영향보다는 훨씬 나중에 일어날 불행에 그 씨앗을 심어놓았다는 데에 더 큰 문제점이 있었다. 문제의 핵심은 그 실행 과정에서 군(郡)의 태수가 군(郡)의 군사 대권을 장악하는 상황을 조성하였고 태수로 하여금 할거의 야심을 키우게 도와주었다는 데에 있다. 군대를 군인이 장악하고 있을 때는 오히려 반역의 위험성이 낮다. 군인은 정치인보다 충성심이 높고 지휘 체계와 명령에 따르는 것에 익숙하기 때문이다. 문제는 정치인이 군권을 쥐고 있는 경우였다. 유수의 통치 시기에는 군현의 지방 병사들이 많지 않았기에 또한 감찰관인 자사가 제대로 일을 하고 있었기에 군(郡)의 태수들이 다른 맘을 먹을 수가 없었다. 그러나 동한 후기로 오면서 사회가 어지러워지자 태수들이 자체적으로 병사를 모집하여 세력을 키워갔고, 또한 더 상위인 자사들이 더 거대한 지방 군대를 키워가면서 결국은 이들이 지방 군벌이 되어 할거하는 국면에 이르게 된다.

동한은 농민 봉기에 의해 망한 게 아니라 정치군벌에 의해 망했다. 동한 말 할거의 주요 그룹인 동탁, 원소, 원술, 손견, 유표, 유언 등이 모두 군(郡) 태수나 주(州)의 자사 출신이었다는 것은 유수의 군(軍) 개혁이 왕조 말 혼란과 무관치 않다는 것을 말해 준다. 유수가 실시한 개혁 중 지방 군대의 감축·폐지는 재상을 폐지하고 삼공(三公)을 무력화 한 것과 더불어 매우 중대한 폐단을 품고 있는 조치였다. 잘 보면 이 두 가지가 모두 황권 강화와 관련이 있음을 알 수 있다. 지방 군대 감축이라는 군제 개혁은 병력을 생산 현장으로 전환시켜 생산력을 늘린다는 목적으로 행해졌지만 지방 군대가 언제든지 중앙으로 칼을 겨눌 수 있다는 우려에서 본다면 이 역시 지방의 힘을 빼고 상대적으로 황제 권력을 강화하고자 하는 조치라는 의심을 거둘 수가 없다. 황제의 권위란 국가의 부강이라는 기초하에서 형성되는 것인데 유수는 빈약한 체력하에서 성급하게 황제의 권위만 높이려니 죄수와 노비 석방이라는 대중 인기 정책(이것까지는 괜찮은 조치라 생각함)이나 관제와 군제를 건드리는 악수를 취할 수밖에 없었던 것이다. 문제는 조세율이나 노비 석방과 같이 법령으로 시행된 조치는 언제든지 다시 조정이나 회복이 가능하지만 관제 개혁이나 군제 개혁과 같은 권력과 관련한 개혁은 한번 실시되어 그것에 익숙해지면 그 후로는 돌이키기가 어렵다는 것이다. 외척과 환관의 알력, 환관의 국정 농단, 황건의 난, 그리고 군벌의 굴기로 이어지는 동한 말 혼란의 저변에는 국가의 의사결정 시스템과 방위 시스템이 오랜기간 세내로 작동하지 않았다는 점이 있었다는 걸 간과하면 안된다. 이 점에 있어서 동한 말 화(禍)의 시작에 대해 유수의 이 두 가지 정책에 책임을 묻지 않을 수 없다.

21장
동한에서는 그간 무슨 일이 있었나?

대외 강경노선과 흉노의 서진

광무제가 내전을 완전히 평정한 서기 36년부터 세 번째 황제 통치 시기인 88년까지는 동한이 정치적 안정과 강한 황권을 바탕으로 국가의 원기를 되찾고 경제, 외교, 군사적으로 중흥을 구가하던 시기이다. 경제적 자신감을 찾은 동한 정부는 숙적 흉노에 대한 군사행동을 다시 감행한다.

반면, 서기 1세기의 역사는 마치 흉노에게 '그만하면 됐으니 이제는 초원의 주인 자리를 내어주라!'고 시한부 환자 판정을 내린 듯했다. 흉노는 1세기 40년대에 형언할 수 없이 심각한 장기 가뭄으로 인하여 경제적 어려움을 겪은 데다가 새로운 초원 세력인 동쪽의 오환족과 선비족의 공격을 받아 국력이 쇠약해졌다. 게다가 내분으로 인하여 다시금 북흉노와 남흉노로 분열되기에 이른다. 동한 초기의 상황이 서한 초기와 다른 점이 있다면 그것은 대외 상황이었다. 서한의 성립 직후에는 흉노의 전성기였지만 동한이 성립되었을 시 흉노는 이미 국운 쇠락의 길을 걷고 있었다. 그래서 그들은 중국의 혼란이라는 좋은 찬스를 살리지 못하고 오히려 가뭄과 내홍의 시기를 보낸다. 흉노의 서진은 동한의 군사력이 강해서라기보다는 이때 흉노는 이미 기력이 쇠한 상태였다고 봐야 한다.

1세기 중후반 몇십 년에 걸친 동한의 공격으로 인하여 흉노는 서쪽으로 계속해서 근거지를 옮기게 되고 결국은 새북(塞北)의 주인 자리를 선비족에게 내주게 된다. 흉노의 서진(西进)은 약 300년에 걸쳐서 중앙아시아부터 유럽에 걸친 광범위한 지역에서 민족의 지각변동을 불러일으켰다. '훈족의 서진과 그에 따른 도미노적 민족이동'이라는 세계사적 사건의 방아쇠가 기원후 1세기 동한에 의해 당겨졌다는 사실은 동한의 역사에 있어서 빼놓을 수 없는 일이라 할 수 있겠다.

흉노의 서진

4세기 중엽 흉노가 알란국(Alan,奄蔡, 암채)을 침공했다는 기재가 중국과 서방의 사료에 공통으로 등장한다. 한쪽에서는 흉노(匈奴)라고 기재했고 한쪽에서는 훈(hun)이라고 기재되어 있다. 흉노는 2세기 중반 소그디아나(오늘날 카자흐스탄)로 이주한 이래로 중국의 역사 속에서 거론조차 안 되었다가 200년이 지난 시점에 뜬금없이 동유럽의 입구에서 혜성과 같이 등장한 것이다. 이들은 200년 동안 중앙아시아를 관통했고 카스피해 연안을 지나서 알란국에 도달한 것이었다. 알란국(Alan)은 중국 사료에는 '암채(奄蔡)'라고 기재되어 있는데 오늘날 흑해 북부의 러시아와 우크라이나가 걸쳐져 있는 초원지대이다. 한왕조의 역사에서 보이는 흉노의 마지막 행보가 소그디아나(강거)로 간 것이었는데 무슨 이유에서인지 이들은 계속적으로 서쪽으로 이동하여 카스피해 북부를 지나서 알란국에 다다른 것이다. 이 시기부터는 이들의 역사는 동로마제국의 역사 기재에 의존할 수밖에 없으며 서양 역사에서는 이들을 훈(Hun)이라 불렀다.

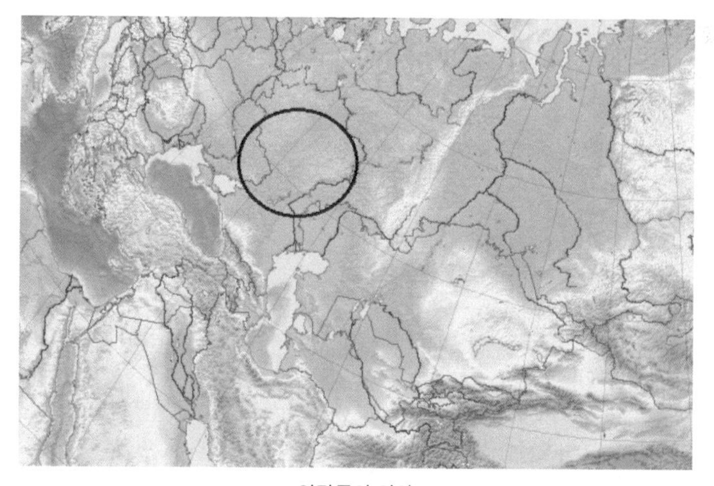

알란국의 위치

알란국을 무참히 짓밟은 훈은 거침없이 서진을 계속했다. 그들을 가로막는 나라들은 모두들 비참한 최후를 맛보았다. 훈을 막을 자는 없어 보였고 공포에 휩싸인 동유럽 민족들은 이들을 피해 서쪽으로 이동하였다. 반달 민족이 고트족을 밀어내었고 마침내 게르만족이 서쪽으로 이동하는 유럽 민족의 도미노와 같은 대 이동이 이루어졌다. 유럽 민족들의 분포가 새롭게 재편되는 어마어마한 일이 시작된 것이다.

흉노의 근원이 유라시아에서 동진한 스키타이인의 후예라고 한다면(하나의 설이다) 어찌 보면 이들은 다시 원래 자리를 향해 간 것이라 할 수 있다. 그러나 여기서 짚고 넘어가야 하는 것이 한왕조 시기 몽골지역을 근거지로 하던 흉노제국과 4세기 후반 유럽을 공격한 '훈' 간에는 민족 구성원상의 변화가 분명히 있었을 거라는 것이다. '흉노'가 '훈'이냐 하는 문제는 세계사적으로 오랜 논쟁 포인트이다. 그러나 지금은 이름의 유사성[105] 말고도 여러 가지 문헌과 유물 발굴을 통하여 '흉노가 훈이다'라는 것은 거의 정설이 되었다. '흉노와 훈이 동일 민족이다'라는 설을 부정하는 주장은 이들의 생김새에 대한 동서양의 역사 기재가 다소 차이가 나는 점에 근거로 든다. 그러나 흉노가 후한에게 쫓겨 소그디아나로 간 후로 알란국에 나타나기까지 200년이 흘렀고 그들이 이동한 거리는 직선으로도 대략 3,000킬로미터는 족히 된다. 이 과정에서 민족 구성이 많이 변했을 거라는 건 어렵지 않게 짐작할 수 있다. 앞서 말했듯이 흉노라는 게 한 민족을 지칭하는 게 아니라 여러 민족의 연합체이니 말이다.

4~5세기 동유럽 지역에 바람을 일으켰던 훈은 그러나 453년 아틸라가 결혼 첫날밤 자기 침실에서 죽는 일이 벌어지고(암살로 추정) 그 후로 아들들 간의 권력투쟁, 피지배 민족들의 봉기가 이어지면서 급속도로 쇠락하였고 468년에 결국 비잔틴제국에 의해 멸망하였다. 긴긴 흉노의 역사는 여기서 끝을 맺고자 한다.

105) 흉노의 후예가 오늘날의 헝가리로 보는 설도 있다. 공교롭게도 헝가리의 중국어 명칭이 흉아리(匈牙利)이다.

한(汉)-강(羌) 전쟁

오늘날 중국은 56개의 민족으로 이루어져 있다. 그중 한족이 91.5%를 차지하고 55개 민족이 고작 8.5%를 차지하고 있지만 이 소수민족들은 고대에는 분명 지금보다 훨씬 많은 비중을 차지하고 있었을 것이다. 이들이 오늘날 중국에서 차지하는 위치는 미미하지만 시대의 흐름과 변화 속에서 이들은 저마다의 이야기와 애환을 가지고 중국 역사의 중요한 한 부분을 담당하고 있다.

강족(羌族)은 중국민족의 탄생에 있어서 커다란 지분을 가지고 있으면서도 정작 그들 자신은 역사의 비극에 빠져 처참한 운명을 맞이한 민족이라 할 수 있다. 현재 강족은 사천성 서부의 강족자치구에 약 30만 명이 살면서 명맥을 이어가고 있다. 이들 민족의 역사에서 매우 크고 불행한 사건이 동한 왕조 시기에 벌어졌는데 이는 동시에 동한 왕조의 멸망을 앞당기는 요인이 되기도 했다.

하서4군의 설치와 강족의 남하

강족은 중국의 서북부 지역에 살고 있던 유목민족이었다[106]. 동한 시기 이들의 거주 지대를 오늘날의 행정구역으로 말하자면 칭하이(青海)성의 칭하이호수(青海湖)를 중심으로 깐수성(甘肃) 남부와 쓰촨성(四川) 서북부에까지 분포되어 있었다. 그리고 물론 서쪽으로 펼쳐진

106) 여기서 말하는 강족은 협의의 개념의 강족이다. 강족은 사실 주나라 시대 융적이라고 하는 서쪽 이민족의 맥을 이어오고 있는 민족이며 넓은 의미에서는 티베트 민족, 칭하이, 깐수, 쓰촨 등을 포함한 서쪽 지역 사람들은 전부 강족의 후예들이다.

넓은 칭하이 고산 초원지역도 그들의 무대였다. 방금 말한 이들 지역은 깐수성 남부를 제외하곤 동한의 영토 범위 밖이었다. 이들 거주 지역의 지형적 특성상 외부 세계와의 교류가 어려웠을 뿐 아니라 강족 내 부락 간의 왕래도 쉽지가 않았다. 그래서 이들은 국가를 형성하지 못한 것은 물론, 흉노처럼 한 리더를 중심으로 한 연합체로도 발전하지 못하고 그저 다수의 소규모 단위 부락 형태를 이루고 있었다.

강족들의 원래 주된 거주지는 하서(河西)지역이었다. 서역으로 가는 통로인 하서(하서주랑)는 한무제 때 중국 영토로 편입된 지역이다. 길죽하게 생긴 오늘날의 깐수성과 거의 일치한다. 한무제는 이곳에 하서4군과 금성군(金城郡)[107]을 행정구역으로 설치했다. 고조선을 멸망시키고 한반도와 만주지역에 한4군을 설치한 것과 같은 케이스이다. 그 후로 한 정부는 하서지역에 둔전을 운영하고 이 지역으로 한족들을 이주시켰고, 그곳에 살던 강족들은 칭하이 지역과 깐수성 남부로 남하하게 된다.

4군이 설치되면 행정장관과 군대가 파견되고 곧이어 자국민을 이주시킨다. 이 과정에서 점령민족의 토착민족에 대한 핍박과 갑질이 이루어지고 이에 대항하는 원주민들의 저항이 일어난다. 그런 이유로 한 정부는 토착 민족의 부락들이 규합하여 통일된 세력을 이루는 것을 견제하였고 이를 위한 획책과 공격이 행해지곤 했다. 어찌 보면 패권국의 전형적인 식민지 관리 전략인데 한4군과 하서4군에서의 양상이 크게 다르지 않았을 것이다.

107) 오늘날의 깐수성 란쩌우(兰州)시의 당시 이름이 금성(金城)이었다. 하서4군과 금성군은 동한 정부가 주를 설치하면서 량주(凉州)라 이름하게 되었다.

그러나 한4군은 설립된 지 얼마 안 되어 실질적으로 철수되거나 축소된 반면 하서4군은 그렇지 않았다. 그 이유는 하서지역이 중국에 있어서 그 전략적 중요도가 훨씬 컸던 점도 있지만 하서지역의 강족들이 연맹이나 국가를 이루지 못하고 서로 분열되어 있었던 점을 들 수 있다. 반면 한반도의 민족들은 점점 통일된 세력을 이뤄서 조직적 저항을 하였다. 민족의 캐릭터가 그 민족의 존망과 밀접하게 연관이 있다는 걸 보여주는 사례인데 쉽게 떠오르는 이 두 민족 간의 가장 큰 차이는 역시 하나는 농경민족이고 하나는 유목민족이라는 점이 아닐까 한다.

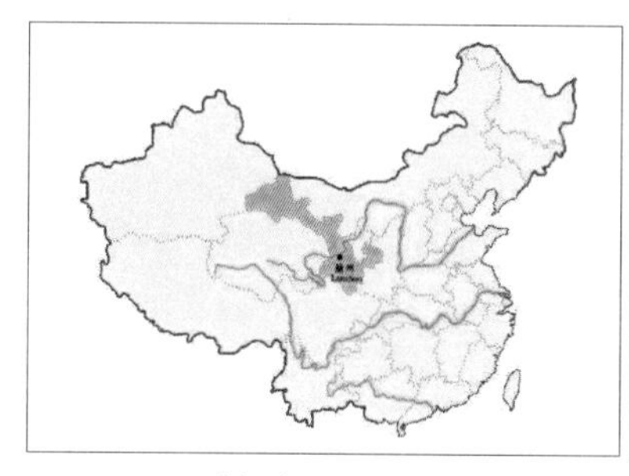

깐수성(甘肅省) 위치

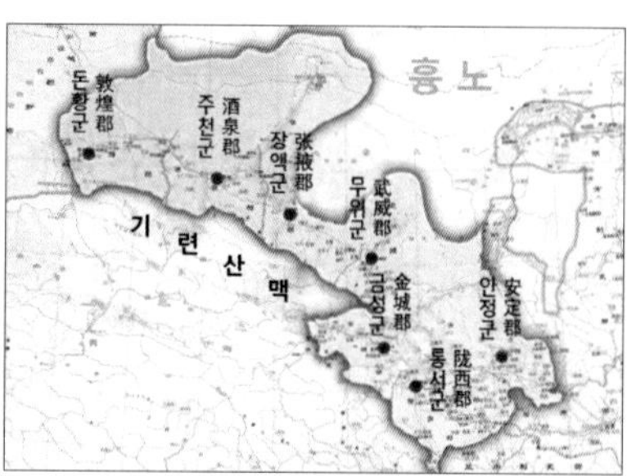

하서4군과 금성군

하서4군의 설치는 강족들에게 있어서 두 가지 측면에서 큰 변화를 가져다 주었는데 그 하나는 하서가 한의 영토화되면서 흉노와 강족 간의 교류가 끊어졌다는 것이다. 서한 정부로서는 당시 어느 세력이든 흉노와 섭촉이나 연대를 하는 것을 그냥 두고 볼 수 없었다. 당시 서한의 대흉노 전략은 서역과 강족이라는 흉노의 양 날개를 잘라놓아 고립시키는 것이었다. 이제 한의 영토가 된 기다란 모양의 하서지역은 흉노와 강족 간의 교류를 차단하는 병풍이 되었고 흉노와의 연대가 끊긴 강족은 힘을 잃을 수밖에 없었다.

또 한 측면은 서한 정부에서 한족들을 하서지역으로 이주시키면서 강족들이 생활터전을 잃거나 한족들과 마찰이 생기기 시작했다는 것이다. 점령국가의 국민들이 토착 민족을 천대하고 핍박했으리라는 건 어렵지 않게 상상할 수 있는 일이다. 한 정부가 새로운 점령지에 자국민을 보내어 정착하도록 함에 있어서 농사를 잘 짓고 문제없이 사는 농민들을 보냈을까? 낯선 변방으로 이주를 하는 사람들은 중원에서 영 살기 어려운 하층민이나 죄를 지은 죄수들이[108] 대부분이었다. 사회적 저층이 대거 이주한 점령지에서 한족과 원주민과의 갈등과 충돌은 불가피했다. 그래도 서한 때는 그나마 별 문제 없이 지나갔다. 강족들이 하서지구에서 자리를 비켜주면 그만이었기 때문이다. 서한 때까지는 대체적으로 강족은 강족 지구에서 목축을 하며 살았고 한족은 한족 지구에서 농경을 하며 살았던 것이다.

강족의 대규모 동진

그러나 동한 시기에 들어와 강족들이 대규모로 동진하면서 생활터전상에서 한족과의 교집합이 크게 발생하였다. 같은 지역 내 두 민족의 혼재는 갈등을 낳게 되어 있었고 이는 곧 유혈 충돌의 형식으로 전개되었다. 강족의 동진은 크게 세 가지 원인으로 볼 수 있다. 첫째는 거시적인 관점으로서 강족들의 인구가 늘어나면서 좀 더 넓은 거

108) 양한시대에 변방으로 자국민을 이주시킴에 있어서 노비 해방이나 죄수 석방의 방식을 이용하였다.

주·경제 생활 지대가 필요했다. 춘추전국시대부터 서한 말까지 중국의 대외 투쟁은 흉노에 집중되었고 강족은 중국으로부터의 별 견제 없이 비교적 안정적으로 인구와 경제력을 늘릴 수 있었다. 동한 초기 강족의 인구 수는 100만이 넘었고 부락의 수는 150여 개에 달했을 것으로 추정된다[109]. 이 정도면 아마 동시대(1세기 초) 한반도의 인구 수와 비슷하지 않았을까 싶다. 유목민의 생산 터전인 목장은 그 크기가 한정되어 있으므로 이들의 인구가 어느 정도 이상으로 증가하면 반드시 부락 간의 충돌이나 침략이 일어난다고 한다. 마침 중국이 내전에 빠지면서 서쪽 변경의 방어 체계는 완전히 붕괴되었고 강족들이 대규모로 내지로 들어올 수 있는 조건이 마련되었다.

두 번째 원인으로 중국의 혼란기가 이들의 이주를 유인한 측면이 있다. 서한과 동한 사이의 동란기를 겪으면서 중국의 인구는 6,000만 명에서 2,100만 명으로 급격하게 줄어드는 인구절벽 현상이 생겼다. 동란을 끝내고 성립한 동한 정부는 변경지구의 부족한 노동력을 보충하기 위해 대규모로 강족들의 이주를 유치할 필요가 있었다.

또 한 가지 원인은 기후 변화이다. 동한 시기 200년에 걸쳐 소빙하기가 찾아왔다. 소빙하기란 사시사철 온 세상이 꽁꽁 어는 그런 상태가 아니고 평균 기온이 2~3도 정도 내려간 상태가 오래 지속되는 걸 말한다. 소빙하기가 오면 기온이 내려감과 동시에 매우 건조해지는데 이는 풀을 먹이는 것에 의존하고 있는 유목민족에게는 결정타였다. 1세기 초에 몽골 초원에 극심한 가뭄이 들어 풀이 다 말라버렸고 이것이 흉

109) 余尧『东汉强人起义』甘肃师大学报 1981年1期, 王力, 王希隆『东汉时期羌族内迁探析』中国边疆史地研究 2007年9月第三期.

노가 서진하게 된 주요 원인이 되었는데 이는 동한 시기의 소빙하기로 인한 기후 변화와 무관치 않다. 매마르고 쌀쌀해진 기후는 칭하이를 근거지로 하고 있는 강족들의 생산활동에 타격을 주었으며 이들은 그나마 사정이 낳은 농경민족의 땅으로 이주를 할 수밖에 없었다. 이때부터 이들은 한족의 농경생활을 도입하여 반농반목의 생산활동을 하게 되었다고 한다.

한족과의 유혈 충돌

두 민족 간의 동거가 문제 없이 잘 이루어졌을까? 당연히 두 민족 간의 갈등이 있었다. 그렇지만 이렇게 긴 시간 유혈 충돌과 봉기가 지속된 것은 동한 정부의 대 강족 강경책에 기인했다. 한족들은 강족을 수탈의 대상으로 보았다. 호족 지주들은 강족들을 농장의 노예로 부렸고, 관리들은 틈만 나면 이들의 거주 지역에 침입하여 가축들을 약탈해갔다. 갑질 정도가 아니라 그냥 노략질을 하였고 중앙정부는 지방에서 벌어지고 있는 이런 행태에 관심이 없었다. 오히려 이들이 반항을 하거나 봉기를 하면 강압적으로 진압하도록 하였다.

한 가지 사례를 들자면 77년에 청해성의 어느 현에서 하급관리가 강족의 여인을 빼앗는 일이 벌어졌다. 여인의 남편은 어디에도 이를 호소할 곳이 없자 그 하급관리를 죽이고 자기 부인을 되찾아서 변경을 넘어 도망쳤다. 이를 알게 된 현장은 강족이 사회 기강을 어지럽혔다고 하여 군대를 보내서 그 부부를 추격하여 체포하였다. 이와 비슷한 한족 관리들의 갑질과 핍박, 폭정은 빈번히 일어났고 이는 강족들의 조직적인 저항을 불러일으켰다. 동한과 강족 간의 무력충돌은 초반 몇십 년 동안은 그리 큰 규모는 아니었으나 2세기로 접어들면서 전쟁의 양상으로 확대되었다. 한 부락을 멸하면 다른 부락이 들고 일어서고 다른 부락를 제압하면 또 다른 부락이 공격을 하는 식으로 전쟁은 끊임없이 진행되었고 169년이 되어서야 전쟁은 완전히 끝이났다. 100년이 넘는 세월 동안 중국의 서북쪽 지역에서 강족 토벌 전쟁이 진행되었던 것이다. 이 시기 동한과 강족과의 무력 충돌을 지칭하는 이름은 책마다, 학자마다 다르다. 어떤 이는 '강족의 기의(羌族起義)'라고 하기도 하고 어떤 이는 '강족의 반란' 또는 이를 줄여서 '강난(羌亂)'이라고 하며 어떤 이는 '한강 전쟁(漢羌戰爭)' 또는 이를 줄여서 '강전(羌戰)'이라고 한다. 이것이 기의인지, 난을 일으킨 건지, 두 민족 간의 전쟁인지는 애매하며 각자의 관점에 맡길 뿐이다.

장기간의 전쟁이 남긴 것은 처참했다. 강족은 민족의 대부분을 잃었고 남은 이들은 한족을 피해 조금씩 더 남으로 이동하였다. 전쟁이 동한 정부에게 남긴 피해도 막대했다. 동한 정부가 쓴 군비와 병력 손실은 어마어마했고 이는 나라를 쇠락의 길로 접어들게 하는 충분한 이유가 되었다.

한은 전한과 후한에 걸쳐서 흉노와의 전쟁, 강족의 봉기 진압 등 주변 민족과의 무력 충돌에 매달렸고 이들에게 결국 승리는 하였지만 한왕조의 쇠락은 이 두 민족과의 전쟁과 결코 무관할 수 없다. 서한의 대흉노 투쟁은 그래도 하서주랑과 서역이라는 거대 영토를 남겼지만 동한의 대강족 진압이 그들에게 남긴 건 아무것도 없었다. 특히 동한은 흉노, 강족과 동시에 전쟁을 벌이면서 국가의 모든 자원을 여기에 쏟아 부었고 다른 사업은 염두도 낼 수가 없었다.

그렇지만 동한이 치른 훨씬 큰 대가는 다른 곳에 있었다. 강족과의 길고 지루한 전쟁은 군벌이라는 새로운 세력을 탄생시켰기 때문이다. 동한의 1차 행정단위는 13개의 주(州)였는데 하서지역은 양주(凉州) 관할이었고 강족과의 전쟁은 모두 양주 군대의 몫이었다. 오랜 전쟁을 겪으면서 이들 군대는 실전 경험으로 단련된 막강한 군대로 성장하였고 양주 군사령관은 강족 토벌의 혁혁한 공으로 유명세를 타며 입지가 높아졌다. 그리고 급기야 막강한 군대를 가진 군벌로 성장하게 되었으니 그가 바로 '동탁(董卓)'이다.

서역의 재상실

한무제와 장건이 그토록 공을 들여 얻어온 '서역(신장)'은 왕망의 신왕조와 뒤이은 내전 시기를 겪으면서 잠시 중국의 세력권에서 떨어져 나갔다. 고대 서역에는 수많은 작은 왕국들이 있었는데 이들 간의 싸움이 빈번하고, 또 이들과 흉노와의 제휴 또는 대립, 한과의 제휴 또는 대립 등 복잡한 국제 역학관계가 있는 지역이며 흉노와 한과의 대리전이 치러지는 곳이기도 했다. 마치 오늘날의 중동 지역이나 발칸반도 지역처럼 말이다.

동한의 전성기이자 흉노가 세력을 잃어가던 1세기 후반에는 동한이 다시 서역을 평정하고 서역의 여러 왕국들로 하여금 흉노와의 관계를 단절토록하여 이 지역에 대한 통제권을 행사했다. 그러나 2세기 초반에 들어 강족과의 오랜 전쟁으로 동한 정부는 더 이상 서역에 힘을 쏟을 여력이 없어졌고 급기야 서역의 한 왕국에 의해 서역도호부(총독부)가 습격받았음에도 응징하지 못하고 오히려 중국 사절과 군대를 소환하라는 명을 보내기에 이른다. 결국은 2세기 중반에 들어 서역은 완전히 중국의 손을 떠나게 되고 그 후 다시 중국에 들어오기까지는 수많은 세월이 흘러야 했다.

22장

동한 말: 대분열의 서막

중국은 역사를 통틀어서 크게 세 번의 거대 통일제국 시기가 있었고 그 사이사이는 분열과 이민족 정권이 들어서는 시기로 채워져 있다.

- 진·한 제1제국: 기원전 221~기원후 220년간의 400여 년
- 수·당 제2제국: 581~907년간의 300여 년
- 명·청 제3제국: 1368~1911년간의 500여 년

당이 붕괴되고 5대10국이라는 분열기를 거쳐 송이 세워지긴 하지만 송은 중국의 절반만 차지하고 있었고 그 후 들어선 원은 몽골제국의 일부였으므로 나는 송과 원을 대제국 시기에 넣진 않았다. 우리는 지금 제1제국의 끄트머리에 와 있다. 자 그럼 제1제국과 제2제국의 사이는 무엇인가? 거의 400년에[110] 걸치는 이 시기는 중국이 '삼국의 병립',

110) 동한의 마지막 황제가 황위를 내려놓은 건 220년이지만 동한은 192년 동탁이 죽자 여러 군벌들이 독립하여 실질적인 분열 상태가 된다. 그래서 동탁 사후에서 수의 재통일(589)까지 치면 거의 400년이다.

'5胡16국' 그리고 '남북조 시대'를 겪는 대분열의 시기이다. 너무 길고 어지러워서 대분열이라는 말밖에는 달리 명명할 방법이 없다. 물론 삼국을 통일한 사마씨의 진(晋)왕조가 아주 잠시 통일왕조를 이루긴 하였으나 얼마 가지 않아 북쪽에서 내려오는 이민족들을 피해 강남으로 피신했다. 이 400년간의 대분열의 서막에 대해 지금 이야기하고자 한다.

외척, 환관, 사대부 그리고 당고(党锢)

동한 후기의 조정에는 외척과 환관이 서로 권력을 뺏고 뺏기는 고지 쟁탈전과 같은 양상이 이어진다. 여기에 더하여 사대부라는 문관 관료세력과 이를 지지하는 태학생(太学, 고위 공무원 양성 대학원)이 정치 세력화한 것이 특징인데 이들의 특성상 환관보다는 외척과 그나마 가까운 관계를 유지했다. 이들 간의 승패는 주로 황제가 누구 편이 되어 주느냐에 따라 결정되었는데 한왕조의 황제들은 서한 때부터 외척에 대한 트라우마가 있었기에 환관을 외척에 대한 견제 세력으로 이용했다. 개인뿐 아니라 한 나라나 민족에 있어서 과거의 트라우마가 당대에 와서 그 반작용으로 또 다른(때로는 더 심한) 역사상의 오류를 낳게 되는 것을 종종 볼 수 있다.

'고(锢 gu)'는 '가두다', '붙들여 매다'라는 뜻을 가진 글자이며 '정치활동을 금한다'라는 뜻도 있다. '당고(党锢)'라 함은 '붕당이나 파벌을 이뤄 정치활동을 하는 것을 금한다'는 뜻으로 오늘날로 말하자면 정당

해산이나 정치인 구속에 해당한다. 즉, 개인이나 집단의 정치 생명을 끊어놓는 것이라 할 수 있다.

동한의 10대 황제 한환제(汉桓帝, 재위 146~167) 말엽 때의 일이다. 환관세력의 국정 농단과 조정의 실정에 대한 사대부들의 비판이 일었고 이는 태학생들의 열렬한 지지를 받았다. 야당 국회의원들과 재야 민주 인사들이 독재에 항거하고 혈기 넘치는 대학생들이 이를 지지하던 지난 세기 대한민국의 80년대 상황과 비슷한 것 같기도 하다. 허나 여기서 바로 봐야 할 것은 당시의 사대부들 또한 기득권 세력이라는 것이다. 뒤에 나오지만 사대부들은 문벌을 이루고 관직을 장악하고 있었으며 방대한 토지를 소유하고 있던 동한 사회의 커다란 기득권 세력이었다. 이들의 민중에 대한 착취와 부패는 환관보다 더했으면 더했지 절대 뒤지지 않았다. 그렇지만 순수한 의도이든 아니든을 떠나서 어쨌건 당시 그들의 조정에 대한 비판은 맞는 것이고 옳은 것이었다.

그런데 이들 사대부들에 대한 환관 세력의 반격이 이루어졌고 황제가 환관의 편을 들면서 사대부들이 대대적으로 수감되는 사건이 발생한다. 이후 조정 대신들의 건의로 환제(桓帝)는 166년에 사대부들에 대한 사면을 하긴 하는데, 대신 이들을 고향으로 내려보내고 영원히 관직에 오르지 못하도록 명하였다. 이 사건을 역사는 '당고의 화(党锢之祸)'라 칭한다. 당고(党锢) 사건을 계기로 사대부 세력은 정치적 타격을 입고 정계에서 사라져 숨죽이며 지내는 세월을 시작하였다. 그렇지만 이들이 아무것도 안하고 있었던 것은 아니다. 이들은 재야 정치 세력화되어 서로 간에 은밀히 교류하며 다시 환관들을 향한 반격의 날을 기다리고 있었다. 여기서 중심이 되었던 인물이 바로 '원소(袁绍)'

이다. '당고'는 18년간 지속되다가 184년 '황건의 난'이 발발하자 '국민 대통합과 인재 기용'이라는 필요에 의하여 정부에 의해 대대적인 사면이 이루어졌다. 이로써 사대부에 대한 정치탄압은 해제되었다.

군벌의 등장

소설 《삼국연의(三国演义)》[111]로 우리에게 잘 알려진 동한 말의 혼란은 황건의 난이라는 농민 기의가 기폭제가 되었지만 곧 군벌들의 할거 국면으로 이어졌다. 세계사를 들여다 보면 군벌의 탄생에는 거의 예외 없이 오랜 기간의 전쟁이 그 배후에 있었다. 외부와의 전쟁이건 민란의 진압이 되었건 간에 전쟁 상황에서는 실권이 군으로 가게 되어 있고 필연적으로 전쟁 영웅이 탄생한다. 그리고 이에 더하여 중앙 정치인들의 내분이나 정쟁이 합쳐지면 군벌이 형성되는 완벽한 조건이 갖춰지는 것이다. 중국과 같이 영토가 넓은 나라는 혼란기에 지방의 독립적인 군(軍) 세력이 형성되기가 아주 용이하다. 그래서 중국의 역사에서 군벌의 등장이 특히나 많았던 것이다.

동한 말기에 군벌의 할거를 가능케 한 또 하나의 환경이 만들어지는데 이는 지방 행정구역 체계의 변경과 관련이 있다. 황건의 난을 계기로 생긴 지방 행정구역상의 변화, 즉 '자사(刺史)에서 주목(州牧)의 체제로의 변경'이 군벌 형성의 발판을 마련해 주었다. 한무제 때 만들

111) 연의(演義)란 매 회마다 표제가 붙는 장회체(章回體)로 쓰여진 역사소설을 말한다. 《삼국연의》는 원나라 말 명나라 초의 작가인 나관중(罗贯中: 1330~1400)에 의해 쓰인 소설이다.

어진 자사(刺史)라는 감찰직은 7~8개 군(郡)의 행정을 감시하고 지방에 보고하는 역할을 하는 지방을 견제하고 중앙을 강화하는 장치였다. 원래 주(州)는 정식 행정단위라기보다는 자사의 관리구역을 지칭하는 명칭이었고 이들 13개 관리구역의 정식명칭은 '유주자사부(幽州刺史部), 익주자사부(冀州刺史部), 양주자사부(凉州刺史部)' 이런 식이었다. 행정상으로 중앙 다음의 행정단위는 군(郡) 이었고 군(郡)의 수장은 태수(太守)라 불렸다. 그러나 실질적으로는 태수들이 자사들의 비위를 맞추려고 하는 관계였음은 어렵지 않게 상상할 수 있다.

시간이 지날수록 자사의 위상과 권력은 커졌지만 그렇다고 그들이 행정수장이거나 병권(兵权)을 가지고 있었던 건 아니었다. 그러던 중 184년에 터진 황건의 난은 참으로 여러 방면으로 새로운 국면을 열어놓았다. 오랜 이민족과의 전쟁으로 쇠약해진 중앙정부는 황건의 토벌에 있어서 지방정부에 의존할 수밖에 없었다. 이를 위해 지방에 권한을 더 주어 황건 토벌에 힘을 실어 주는 게 필요하게 되었다. 앞선 장에서 군(郡)의 군사령관인 도위(都尉)직을 없애고 지방군을 감축, 혜체했던 유수의 군(軍) 개혁이 동한 말의 혼란에 일말의 책임이 있다고 한 것은 이런 맥락에서이다. 각 군·현이 충분한 군대를 보유하고 있고 중앙의 지휘를 받는 도위가 있어서 지방의 군(軍) 지휘체계가 바로 섰다면 황건의 난을 진압하는 데 이렇게나 당황하고 허둥대지는 않았을 것이다. 지방에 군대가 부족하고 지휘 체계도 모호하니 중앙은 지방에다가 '당신들이 알아서 징집하고 훈련시켜서 황건들을 막아주세요'라 고밖에 할 수 없었고 지방에 더 많은 재량권이 주어질 수밖에 없었다.

당시 중국 전역에 군(郡)의 수는 100개가 넘었는데 각 군(郡)의 병력을 징집하고 통합된 관리와 지휘를 하려면 군(郡)을 뛰어넘는 행정 단위가 필요했다. 그런 목적하에 주목(州牧)이라는 거대 지방행정장관을 신설하게 되었다. 그리하여 '중앙-군-현' 이었던 행정체계는 '중앙-주(州)-군-현' 의 체계가 되었다.

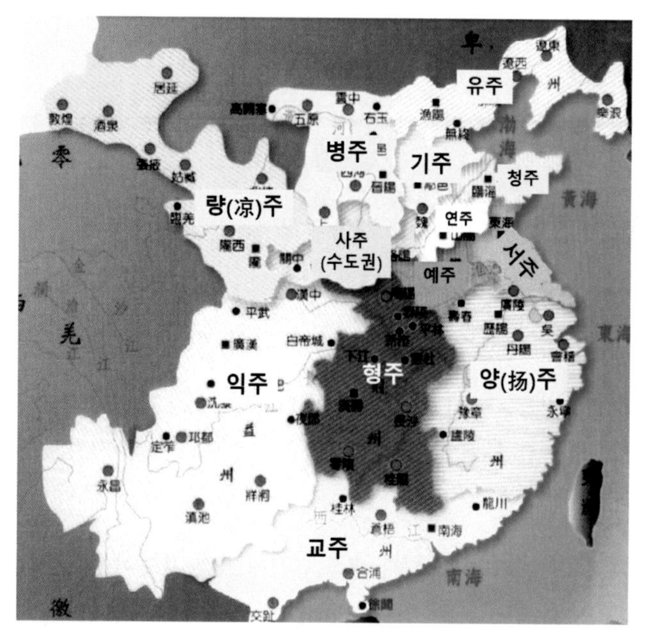

동한의 13개 주

그러나 이것이 황건의 난이 평정된 후 부메랑이 되어 동한 정부를 멸망으로 이르는 결정적 요인이 되었다. 이들이 거대 군벌 세력으로 커져서 중앙을 우습게 보고 급기야 각 지역에서 할거하였기 때문이다. 주목으로 임명되지 않았던 지방세력 또는 동탁을 피해 중앙을 박차고 나가서 지방에 자리 잡은 이들도 하나같이 스스로를 주목 또는 자사라 칭하였다. 동탁, 조조, 원소, 손견, 유비 등이 전부 이런 식으로 형성된 지방 정치군벌 세력이었다.

황건 기의

《삼국연의》는 '황건의 난'으로부터 그 이야기가 시작된다. 황건의 난이 동한 말의 군벌 할거에 점화의 역할을 했다는 건 부인의 여지가 없다. 이민족과의 오랜 전쟁이 주는 피해는 전장에서 벌어지는 군인들의 희생도 있지만 무엇보다도 전쟁비용 부담으로 국가경제가 거덜나고 결국은 민중 수탈로 이어진다는 것이다. 이를 못 이긴 농민들은 하나 둘씩 변란의 세력화되었는데 이렇게 하여 형성된 것이 역사적으로 유명한 '황건적'이다. 184년, 급기야 100만 명이 넘는 민중들이 머리에 황색 두건을 두르고 봉기하였다.

동한의 경우 개국 이래로 흉노와의 전쟁, 강족과의 전쟁, 선비족과 오환족과의 전쟁 등 주변 민족에 대한 강경책으로 인하여 거의 왕조 내내 반(半)전쟁의 상태가 지속되었고 엄청난 군비를 쏟아부어야 했다. 전쟁이란 국민들을 단합시키고, 승리하여 식민지라도 생기면 그로부터 들어오는 경제적 효과도 생기는 등의 순기능도 있다. 하지만 그것은 단기간에 끝낼 경우이다. 왜냐하면 전쟁만큼 막대한 비용을 치르는 것이 없기 때문이다. 국가는 전쟁 비용을 대기 위해서 세금을 증액해서 걷을 수밖에 없는데 이는 국가 전체에 엄청난 부담이 아닐 수 없다. 동한처럼 왕조 내내 전쟁을 하는 경우 국민들은 이를 감당할 수가 없게 된다.

황건의 난은 첫째로 태평도라는 종교 집단에서 시작되었다는 데서 앞선 두 시기의 농민 봉기와 다르다. 태평도는 당시 유행하던 종교인 불교와 도교가 결합하여 생겨난 종교 집단이었다. 둘째로는 조직적으로 기획되어 전국적으로 일제히 일어난 조직적 봉기라는 점이다. 사실 우리에게 '황건의 난(黄巾之乱)'이란 이름이 더 익숙하기 때문에 '난(乱)'이라고 했지만 이제는 '황건기의(黄巾起义)'라고들 더 많이 칭한다. 고대의 농민봉기는 그야말로 수탈에 도저히 살 수가 없어서 일어나는 것이므로 봉기나 기의라고 부르는 게 더 맞다.

태평도의 교주는 장각(张角)라는 사람으로서 우리의 단군과 같은 존재인 전설상의 최초의 군주 황제(黄帝)를 신봉하였고 동한 정부를 '푸른 하늘(창천)'이라고 칭하고 태평도에 의한 새로운 세상을 '황천(黄天)'이라 했다. "창천(苍天)은 죽었고, 황천(黄天)이 세워지니, 갑자년에 천하가 대길할 것이다"라는 구호와 함께 신도는 전국으로 퍼졌다.

이렇게 하여 갑자년 3월5일에 봉기를 하기로 계획되어 있었는데 봉기 계획이 누설되는 일이 벌어진다. 간부 몇 명이 잡혀가 참형을 당했고 교주 장각에게는 수배령이 떨어졌다. 이리하여 장각은 어쩔 수 없이 급히 날짜를 한 달 앞당겨 봉기한다. 184년 2월 장각이 하북성 거록(巨鹿, 허베이성 싱타이시邢台市 부근)에서 봉기한 것을 계기로 민란은 순식간에 전국으로 퍼졌다. 이들은 모두 이마에 누런 수건을 동여매고 있었기에 '황건'이라고 불렀다. 황건들의 수는 최소 30만 명 이상, 어떤 이는 100만이라고도 한다.

이렇게 조직적이고 전국적인 농민 봉기는 생각도 못 해봤고 경험해 보지도 못했던 동한 정부는 맨붕 상태에 빠졌고 황건의 진압에 모든 인물, 병력 그리고 모든 수단과 방법을 동원하게 된다. 소설 《삼국연의》의 주요 영웅 호걸들이 모두 이 황건 진압에 투입된 전력을 갖고 있는 사람들이라는 건 당시 동한 정부가 황건의 난을 진압하기 위해 국가의 모든 자원을 총동원 했다는 걸 방증한다.

전무후무한 대규모 집단 봉기로 패닉 상태에 빠진 동한 정부를 구한 건 동탁의 양주(凉州) 부대였다. 양주(凉州)는 동한의 13개 주(州) 중 가장 서쪽(오늘날 깐수성)에 있는 변방의 주이다. 동탁(董卓)은 양주 지역 사령관으로서 강족과의 전쟁에서 공을 세우며 이름을 날렸고 그의 부대는 오랜 실전으로 단련된 정예부대로 정평이 나게 된다. 동탁의 양주 부대는 황건적을 1년이 채 안 되어 평정하였고 이를 계기로 동탁의 입지와 기세는 급격히 상승하였다. 이제 그는 호시탐탐 중앙으로 진격할 기회를 보게 된다.

황건의 난은 그 거침없던 기세에 비해 짧은 시간에 진압되었다. 불과 9개월 만에 진압되는데 이들의 봉기가 오래가지 못했던 이유에 대해서도 짚고 넘어갈까 했지만 그냥 생략하고자 한다. 이야기가 너무 길어지기 때문이다. 황건의 난은 여러 야심가들을 탄생시켰고, 군벌을 형성시켰으며, 오랫동안 정치활동이 금지되어 있던 사대부들을 정치무대로 불러들였고, 거대 지방행정 단위를 탄생시켜 중앙의 힘을 더욱 약화시켰다. 결국 '군벌들 간의 내전의 문'이 열렸고 이로써 동한 정부는 식물인간 상태가 된다. 그렇게 시작된 군벌들 간의 혼전은 30년이 넘도록 지속되다가 적벽대전을 계기로 위·촉·오 삼국으로 분열 국면이 굳어졌다. 그리고 이러한 분열기는 위(魏)의 뒤를 이은 진(晋)이 오(吳)를 멸망시킨 280년이 되어야 끝이 났다. 황건의 난 이후 중국에 새로운 통일왕조가 다시 성립되기까지 거의 100년이 소요된 셈이다. 《삼국연의》의 첫 페이지가 '황건의 난'으로부터 시작될 수밖에 없는 이유가 여기에 있다.

십상시[112] 제거 작전과 동탁의 입성

앞서 이야기했듯이 동한 정부는 후기에 가서 외척과 환관 세력 간의 고지 쟁탈전과 같은 양상을 보였다. 외척이 환관 세력을 공격하면 조정에 한바탕 피바람이 불었고 환관 세력은 큰 손상을 입고 죽어지내다가 다음 황제에 와서는 황제의 지지를 등에 업고 환관들이 외척 세력에 반격을 가하면 다시 피바람이 부는, 이런 식이었다.

12대 황제 영제(灵帝)는 환관세력에 의지하여 황권을 유지한 황제이다. 이는 그만큼 외척 세력에 대한 반감과 견제 심리가 컸다는 것을 뜻하는데, 이는 그가 11대 황제, 즉 그의 부친 대에 외척에게 엄청 휘둘리는 것을 봐왔고 이에 치를 떨었기 때문이다. 그리하여 영제(灵帝)는 환관들과 한편이 되었고 그의 재위 시기(168~188)는 환관들의 농단이 극에 달했던 시기였다. 당연히 외척과 사대부 세력은 숨을 죽이며 살았다. 그렇지만 사대부와 군부를 중심으로 한 반(反)환관 세력이 재야에서 움직이고 있었는데 조조, 원술도 이들 중 하나였다. 그중에서도 반 환관세력의 중심이 된 인물이 있었으니 그가 바로 '원소(袁绍)'이다.

112) 십상시: 영제(灵帝) 재위시기 국정을 농단하던 12명의 환관. 전부 중상시(中常侍)라는 비서실장과 같은 관직을 가지고 있었으므로 십상시라 부르는데 십이상시라고 하지 않고 왜 십상시라고 부르는지는 정확한 이유가 알려져 있지 않다.

189년, 영제(灵帝)가 죽고 어리고 유약한 소제(少帝)가 즉위하자 그의 어머니인 하태후가 거의 황제나 다름없는 존재가 되었고 그녀의 이복 오빠인 대장군 하진(何进)이 실질적 정권을 잡게 되었다. 사례교위(司隶校尉)[113]라는 직책이었던 원소(袁绍)는 하진을 움직여 환관 세력 처단을 계획하였고 모든 것을 실행에 옮기기만 하면 되는 상황이었다. 그러나 이들의 작전이 벽에 부딪치게 되는데 하태후가 극구 반대를 한 것이다. 오늘날로 따지자면 참모총장과 국정원장이 손을 잡은 건데 이쯤 되면 자국에서는 어떤 일이라도 도모할 수 있어야 하는 것이 아닌가? 그런데도 하태후가 반대해서 실행에 옮기지 못하고 발을 동동 구르고 있다? 조금 이상하다. 하태후가 환관 처단에 반대하는 것도 그렇고, 오빠인 하진이 도모하는 거사를 반대하는 것도 언뜻 이해가 가질 않는다. 여지껏 동한의 환관과 외척은 서로 견제하고 반목하는 관계였는데 만약 이번에 환관들을 싹쓸이할 수만 있다면 남은 건 어린 황제뿐이고 진정한 외척의 세상이 오는 데도 말이다.

그러나 상황은 그렇게 간단치만은 않았다. 먼저 알아야 할 것이 하진은 하태후의 이복 오빠이다. 보통 사람들이 생각하는 그런 돈독한 오누이 관계는 아닐 것이다. 또 하나는 하태후는 환관들의 도움으로 황후가 되었다는 것이다. 하태후의 집안은 원래 백정 집안이었다. 꿈도 꿀 수 없는 일이었지만 그녀는 뇌물과 출중한 미모로 신분을 세탁하고 황후가 되는 데 성공하였는데 이를 가능케 만들어 준 사람들이 환관들이었다. 그러니 하태후는 환관들과 관계를 유지할 수밖에 없었

113) 지방에 대한 감찰 역할을 수행하는 직이 자사(刺史)이고 수도권에 대한 감찰 역할을 하는 직이 사례교위(司隶校尉)이다. 국정원장과 서울지검장을 합쳐놓은 것과 같으며 일정 규모의 군대도 주어졌다.

고 이들은 어찌 보면 서로 도움을 받는 관계였다. 또 하나는, 동한 말 환관들은 그렇게 만만한 세력들이 아니었다는 것이다. 중국 역사를 통틀어 세 번에 걸쳐 환관들이 판을 쳤던 시기가 있는데 특히 동한 말과 당 후기의 환관들의 힘은 대단하였다. 이들에게는 황제 경호부대와 같은 일부 군권도 주어졌다. 그렇다면 하진과 원소의 계획이 실패하는 경우도 생각해 봐야 한다. 만약 실패할 경우 역풍을 심하게 받을 것이고 태후가 묵인했다는 게 밝혀지면 이들은 그날로 끝장인 것이다. 또한, 하진이 성공하면 어떻게 되는가? 그것도 문제이다. 하진이 환관 처단에 성공할 경우 무소불위의 권력을 손에 쥐고 제2의 '왕망'이 되는데 그것도 하태후로서는 바라는 바가 아니었다. 자신의 오빠지만 적절한 견제 세력이 있어주길 바랐던 것이다.

원소는 거사의 시기를 놓칠 위기에 있자 고육지책으로 낸 아이디어가 야전부대 사령관을 끌어들이는 것이었다. 대규모 군대를 앞세워 황궁 밖에서 무력 시위를 하면 하태후가 그 위세에 못이겨 한발 물러날 것이라 생각했던 것이다. 하진이 이에 동의하였고 그리하여 하동(河东)에 머물고 있는 병주목(산시성, 섬서성) 동탁과 기주목(허베이성)을 끌어들이게 된다. 같이 거사를 도모했던 멤버 중 하나인 조조는 동탁을 끌어들이는 것에 반대하나 불행히도 하진과 원소의 정치적 두뇌가 거기까지였다.

그러나 곧이어 바보 같은 하진은 동탁을 끌어들인 것을 후회하고 사람을 보내어 도중에 동탁에게 회군하여 흉노 잔당을 토벌할 것을 명했다. 그러나 동탁은 이를 무시하고 계속 낙양을 향해 진군하였다. 그가 이끄는 3천의 정예병은 낙양을 점령하기에 충분했다.

하진과 원소의 십상시 처단이 임박했다는 걸 안 하태후는 십상시에게 정보를 흘려 도망가게 하였다. 십상시들이 아무리 대단한 힘을 가졌다고 해도 하진과 원소가 군대를 끌고오는 데에는 방법이 없었다. 이들은 자기들이 승산이 없다는 사태 파악을 하고는 하진 앞으로 와서 납작 엎드려서 목숨만 살려달라고 애원하였다. 그런데 여기서 어이없게도 하진은 그들을 풀어준다. 원소가 십상시를 모두 죽여야 한다고 그렇게 설파를 했는데도 말이다. 그런데 쥐새끼도 궁지에 몰리면 고양이를 문다고 하지 않았던가? 십상시들은 떠나기 전 하태후에게 마지막 인사를 한다는 빌미로 접근하여 하진을 벤다. 이렇게 대장군 하진은 어이없게 환관에게 당하고 만다. 그리고 이들은 한살밖에 안 된 왕자 유협(영제의 비妃에게서 난 왕자, 후에 동한의 마지막 황제 헌제가 됨)을 안고 뒷문을 통해 황궁을 빠져나온다.

하진의 살해 소식을 접한 원소는 곧장 병력을 이끌고 황궁으로 들어가서 환관 소탕작전을 벌였다. 미처 황궁을 빠져나가지 못한 환관들은 하나도 남김없이 죽임을 당한다. 환관이라면 노소를 불문하고 죽일 것을 명하였고 심지어는 수염이 없다는 이유로 칼을 맞기도 했다. 이날 2,000명의 환관이 죽임을 당했다고 한다.

이렇게 놓고 보면 환관 제거는 실질적으로 원소의 계획과 지휘하에 이뤄진 작전이다. 동탁의 낙양 입성만 없었더라면 원소가 실권을 잡고 잠시 동안이나마 동한 말 혼란기의 주인공이 되었을 수도 있다. 동탁을 끌어들인 건 그야말로 최대 실수였다. 그렇지만 동탁이 낙양에 들어오지 않고 원소가 실권을 잡았더라도 역사의 큰 흐름이 뒤바뀌지는 않았을 것이다.

대분열의 시대

윈강석굴(북위)

삼국 분열

23장
적벽대전: 삼국의 병립

반동탁 연합 전선의 형성

189년 원소의 십상시 처단 사건을 빌미로 동탁은 무력으로 낙양을 장악하였고 이제 그가 어린 황제를 끼고 전횡을 휘두르는 동탁의 시대가 열렸다. 동탁이 몰고온 양주병단이 아무리 이민족과의 오랜 실전으로 단련된 정예병이었다 하지만 3천에 불과한 이들이 수도를 장악하고 아무도 이를 저지할 수 없었다는 것은 이해하기 힘들다. 이는 모든 군대가 강족과 황건의 난을 진압하는데 동원되어 수도를 지키는 병력이 적었기 때문이며 또한 동한 초기에 실시된 군 개혁과도 관련이 없지 않다. 당장은 아무도 동탁에게 반기를 들 엄두를 내지 못하였고 원소, 원술, 조조 등 조정의 실력자들은 역시 일단 낙양을 빠져나와 목숨을 보전하고 세력을 키우는 것이 우선이었다.

동탁은 낙양 입성 후 스스로를 상국(相国, 국무총리)과 태위(太尉, 국방장관)에 봉하였고, 조정의 주요 빈자리를 자기 수하나 자기에게 아첨

하는 자들로 채웠다. 이 시기 이후로 한의 황제는 아무런 존재감이 없는 허수아비로 전락한다. 물론 동탁이란 인물은 나라를 다시 잘 세워보려 하는 의지나 능력 따윈 애초에 가지고 있지 않았다. 얼마 후에 동탁은 소재(小帝) 유변을 폐위시키고 어린 유협(刘协)을 황제로 만들었다. 하태후와 유변은 그 후 죽임을 당한다. 왕조 말에 능력도 도덕심도 없는 무지막지한 자가 자신의 군대에 의존에 정권을 잡았으니 낙양은 향락과 공포정치에 빠질 수밖에 없었다.

그러나 도성을 빠져나갔던 조정의 실력자들은 곧 자신의 근거지를 마련하고 그곳에서 빠르게 세력을 형성하는데 그 대표적인 인물이 원소와 조조였다. 특히 화북지역의 군벌들은 원소를 구심점으로 하여 반(反) 동탁 연합군을 형성하였고, 손견(孙坚)과 같이 원래부터 지방에 있던 군벌들도 역도 동탁을 타도하기 위해 낙양으로 진군하였다. 전국의 군벌들이 전면적인 동탁 타도 전쟁을 시작한 것이다. '반 동탁 연합 전쟁 시기'라 불리는 이 시기는 192년 왕윤과 여포에 의해 동탁이 살해되면서 3년 8개월로서 끝이 난다.

이 시기 황당한 일이 벌어지는데 그것은 동탁이 수도를 낙양에서 장안으로 천도한 일이다(190년). 동탁의 천도는 그 이유와 배경에 대해 여러 가지 분석이 있긴 하지만 비교적 납득할 만한 이유는 이렇다. 예상치 않게 반 동탁 연합전선이 급속히 형성된 것에 아무리 동탁이라도 부담을 느끼지 않을 수 없었다. 그리고, 결정적으로 강동(오늘날 장쑤성)의 맹주 손견(孙坚)이 낙양을 향해 진군하는 것은 상당히 위협적이었다. 동탁은 여포로 하여금 손견의 동진을 저지하게 하였으나 여포의 군대는 손견의 군대에 번번히 깨졌고 손견의 군대는 어느덧 낙양의 코앞까지 오게 되었다. 결국, 동탁은 낙양을 버리고 서쪽으로 천도하기로 결정하였고 대신들의 반대에 부딪혔지만 이를 밀어붙인다. 물론 어린 황제와 사전 협의 같은 건 없었다. 100만에 가까운 낙양 주민들이 하루아침에 터전을 버리고 짐을 싸서 이동하라는 통보를 받았고 동탁의 군대가 무슨 포로압송이라도 하듯이 낙양 주민들의 이동 행렬을 감시하고 윽박지르면서 직선으로도 380킬로미터나 되는 거리를 끌고갔다. 힘 없는 어린 황제 헌제(獻帝)도 자신에게 소중한 것들을 거의 버리고 보잘것없는 마차에 몸을 실었다. 이렇게 장안으로의 천도는 부랴부랴 이루어졌고 거기에는 아무런 국가 전략적 의미나 민초들을 향한 고려가 들어있지 않았다. 어느 누구도 왜 천도를 하는지 알지도 못했고 수긍할 수도 없었다. 보통 적을 피해 피난을 가는 경우 정부 관리들과 후궁들만 데리고 가는데 왜 주민들을 전부 데리고 굳이 천도를 했는지 이해할 수가 없다. 동탁은 주민들로 하여금 미련을 갖지 못하도록 낙양 도성 전체에 불을 질렀다. 이로써 주성왕(周成王 기원전 1046~1021) 이래로 1,200년을 지속해온 아름다운 도시 낙양은 하루아침에 아무것도 남지 않은 잿더미로 변했다. 그야말로 왕조 말의 비극적인 장면이 아닐 수 없다.

공공의 적 동탁이 죽자 이제 동탁에게 겨누었던 창과 칼은 서로를 향하였고 군벌들이 각자의 생존과 확장을 위해 서로 싸우는 시기가 열렸다. 이 시기 군벌들은 동한의 13개 주(州)를 하나씩 차지하고 그 주의 주요 성(城)을 근거지로 하고 있었다. 예를 들면 원소는 중원의 가장 노른자 땅인 기주(冀州)의 업성(鄴城, 하북성 안양시 북쪽)에 근거지를 두었고, 조조는 연주(兗州)의 허창(许昌, 낙양시 남쪽)에 근거지를 두었다. 이 밖에도 가장 북쪽에 자리 잡은 유주(幽州, 베이징과 발해만)의 공손찬, 오늘날 후베이성인 형주(荆州)의 유표 등이 있었고, 손견의 첫째 아들 손책(孙策)이 오늘날 장쑤성인 서주(徐州)를 기반으로 하고 있었다. 당시 유비는 근거지 없이 얼마 안 되는 자신의 지지자들을 이끌고 이리저리 떠돌아 다니는 신세였다. 그는 조조의 진영에서도 얼마간 머물며 의탁하였다. 유비가 가진 장점은 한왕조의 종친이라는 것과 그에 대한 평판이 좋았다는 것이다. 당시 장강 이남의 형주(후베이·후난)와 익주(쓰촨)를 유표와 유장이라는 유씨 종친이 장악하고 있었는데 면적으로만 보면 이들 두 개 주가 거의 당시 중국 판도의 3분의 1을 차지하고 있었다. 떠돌이 생활 끝에 유비는 종친인 형주의 유표에게 의탁하여 오늘날 후베이성 우한시 근처의 성(城) 하나를 받아서 머물게 된다. 제갈량을 영입하기 위한 유비의 삼고초려도 이때 벌어진 일이다.

조조의 남하

208년, 화북지역을 거의 평정한 조조는 드디어 유표(刘表)의 형주(荆州)를 향해 남하한다. 그런데 조조군이 형주에 도착하기 직전에 유표가 병으로 죽었고 형주의 지휘권은 그의 둘째 아들 유종이 물려받게 된다. 그리고 그릇이 안 되었던 유종은 조조의 대군이 몰려온다는 소식을 접하자 그만 투항을 결심한다. 당시 유표에게 의탁해 있던 유비와 그의 무리들은 가장 북쪽인 양양성(襄阳城) 근처의 번성(樊城)에 주둔하고 있었는데 유종은 이 일을 유비와 사전에 논의하지 않았다. 뒤늦게 알게 된 유비는 배신감에 노발대발했지만 그때는 이미 조조군이 코앞까지 온 상황이라 부랴부랴 짐을 싸서 자기 식구들과 지지자들을 데리고 황급히 번성을 떠날 수밖에 없었다. 당시 제갈량 등 참모와 부하 장수들이 유종을 죽이고 형주를 접수하여 조조군에 대항하자고 건의했지만 유비는 죽은 유표에 대한 배신보다는 힘든 길을 택했다. 그리하여 유비와 그의 지지자들 그리고 조조군이 두려워 유비를 선택한 번성 주민들의 피난 행렬이 유비를 따라 남쪽을 향해 이어졌다. 조조는 5천의 기마병을 출병시켜 유비를 뒤쫓게 하였고 이 과정에서 조자룡(조운), 장비 등이 필사의 방어를 하며 유비의 가족을 지켜내는 소위 '장반포 전투' 장면이 벌어진다. 전투라 할 것도 없이 유비쪽이 일방적으로 당했는데 이 피난길에서 두 딸이 포로로 잡혔고 간신히 아들 유선만 조자룡의 품에 안겨 조조군의 포위에서 벗어나 목숨을 건졌다.

장반포 전투로 조조는 형주 북부지역(오늘날의 후베이성)을[114] 얻어 장강까지 세력을 넓히는 큰 소득을 얻었다. 그렇지만 장반포 전투의 최대 수혜자는 조자룡(조운)이 아닐까 한다. 이 전투로 인하여 조자룡은 젊은 데다 충절심도 강하고 무공도 높은 흠잡을 데 없는 완벽한 남자로 후세 사람들의 마음속에 자리 잡게 되었다.

114) 형주: 형주(荆州)는 한왕조의 13개 주(州) 중 중남부에 있는 주(州)로서 그 면적은 남한의 다섯 배 정도로 매우 큰 행정 단위였다. 오늘날로 따지자면 후베이성과 후난성을 모두 포함하고 북으로는 허난성 일부, 서로는 광시와 꾸이저우성 일부, 동으로는 장수성의 일부를 포함하고 있었다. 중간에 장강이 흐르고 장강을 기준으로 북쪽은 북형주(후베이성), 남쪽이 남형주(후난성)였다.

후베이성 당양현(当阳县)에 위치한 장반포 영웅 기념비. 장비가 장반교(长坂桥)를 끊어서 조조군의 추격을 저지했다고 전해진다.

북형주에는 장강이 흐르고 그 위로 장강의 지류인 한수(汉水)가 흐른다. 한수의 북쪽 편에 번성(樊城)이 있고, 그 건너편에 양양성(襄阳城)이 있다. 양양성에 유표가 주둔해 있었으므로 형주의 중심지는 양양성이라고 할 수 있겠다. 후베이성(湖北省)은 장반포, 강릉, 적벽, 이릉, 제갈량 초가 등 삼국지의 주요 격전지와 일화의 배경이 총 집합해 있는 삼국지 투어의 메카이다.

208년의 남하로 조조는 형주를 접수하였지만 이는 장강 이북 지역인 북형주를 접수한 것이었고 장강 이남으로 내려가진 못하였다. 그것 마저도 적벽대전의 패배로 이듬해 초에 철수하여 손권에게 내주게 된다.

형주(荊州)의 전략적 가치

그 다음으로 벌어지는 사건이 바로 '적벽대전(赤壁大戰)'이다. 장강의 적벽(赤壁)이라는 곳에서 조조의 대군이 수적으로 훨씬 약세인 손권·유비 연합군에게 참패하고 돌아가게 된 사건이다. 여지껏의 역사에서 중요한 사건이나 내전 또는 반란의 진압 등은 전부 황하 유역, 즉 화북지역을 주요 무대로 하여 벌어졌다. 이는 역사의 실세들이 전부 화북지역에 근거지를 두고 있었다는 뜻이고 화북 지역만 평정하면 화남지역(회하 또는 장강 이남지역)은 큰 어려움 없이 따라 들어오는 양상이었기 때문이다. 이런 관점에서 봤을 때 적벽대전은 우리의 눈을 장강으로 옮겨 놓은 사실상의 최초의 전투이자 화남 지역의 역사적 중요성이 슬슬 나오고 있다는 것을 드러내는 사건이었다.

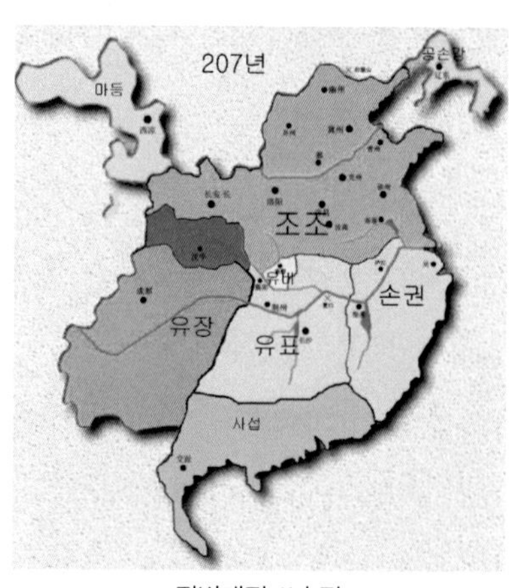

적벽대전 1년 전

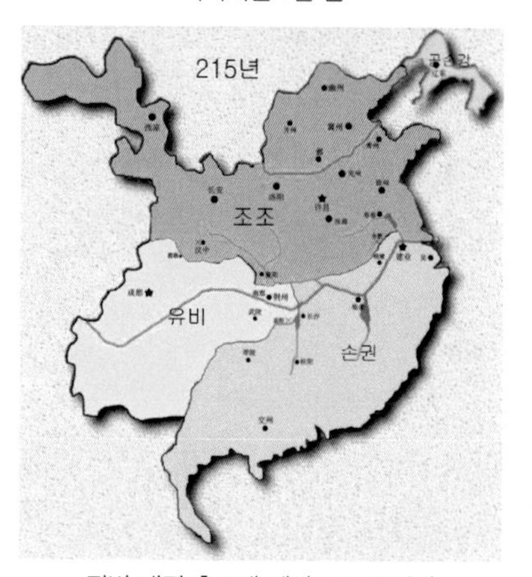

적벽 대전 후 3개 세력으로 굳어짐

적벽대전의 전개 과정에 대해 서술하기에 앞서 이 전투의 발단은 무엇이고 왜 일어났는지에 대해 짚어보고자 한다. 조조의 남하가 행해졌던 208년 당시 장강

이남지역에는 4개 세력이 있었는데 그들은 형주의 유표(刘表), 강동의 손권(孙权), 익주의 유장(刘章), 그리고 가장 남쪽인 교주의 사섭(士燮)이었다.

가장 남쪽의 사섭(士燮)은 너무 멀어서 아직은 고려 대상이 아니었을 것이다. 익주(쓰촨)의 유장 또한 위협이 되는 세력이 아니었고 위치상 전략적 중요성이 떨어지는 점을 고려하면 남은 건 형주의 유표와 강동의 손권, 둘이다. 형주(荆州)란 곳이 이때부터 역사에서 비중 있는 곳으로 등장하기 시작한다. 당시의 지도를 잠깐만 봐도 알 수 있듯이 형주의 지리적 위치는 당시 중국의 정 중앙이었다. 화북이 전쟁터가 되면서 천하의 싱크탱크들이 전부 혼탁한 화북을 피해 형주로 모여들었는데 그 대표적 인물이 제갈량과 방통이다. 형주는 전국을 통일함에 있어서 반드시 손에 넣어야 하는 전략 지역었고 조조의 남하 1차 목표가 이곳이 되는 건 당연한 일이었다. 조조의 남하 목적은 형주를 손에 넣고 이참에 유표에게 의탁하고 있던 유비를 제거하는 것이었지 그때까지만 해도 손권은 아직 염두에 두지 않았다.

형주의 유표는 만만치 않은 상대라 조조도 마음의 준비를 단단히 하고 남하를 하였다. 그런데 뜻하지 않게 형주에 도착도 하기 전에 유표가 죽고 아들 유종이 투항을 하면서 조조는 사상자 한 명 없이 그 커다란 형주를 공짜로 손에 넣게 되었다. 그리고 두 번째 타깃인 유비를 제거하기 위해 기병을 보냈지만 아쉽게도 성공하지 못했다.

유비이 당시 객관적 세력만 놓고 보면 전혀 위협적인 존재가 아니었는데 조조가 굳이 유비를 잡기 위해 이토록 공을 들였던 것은 무엇 때문일까? 그것은 유비가 가지는 브랜드 파워와 잠재력 때문이었다.

사실 조조는 일찍이 유비가 투항하여 자기 밑에 있을 때 유비를 제거하려고 했다가 포기했다. 신망받는 종친을 별 이유 없이 죽였다가 여론의 역풍을 맞는 것이 부담스러웠기 때문이다. 소설 속에서는 유비가 일부러 천둥 소리에 놀라는 바보 같은 모습을 연기한 것에 조조가 속아서 경계를 풀었다고 나오지만 조조가 그 정도로 바보는 아니다. 하여간 형주를 접수하면서 이참에 유비를 반드시 제거하겠다고 마음을 먹었으나 눈앞에서 놓치고 말았다.

손권의 참전

그런데 형주를 너무 손쉽게 손에 넣은 것이 조조를 자만에 빠지게 만들었고 자만은 그의 최대 장점인 조심성과 치밀함을 무뎌지게 했다. 조조는 남하하기 전에 양주(깐수성)의 군벌 마등(马腾)과 화친을 하여 자신이 남하했을 때 본진이 공격받는 것을 미연에 방지하는 치밀함을 발휘했다. 그런데 사실 이런 일을 강동의 손권과도 해서 손권을 묶어뒀어야 했다.

절체절명의 위기에 처한 유비는 지푸라기라도 잡는 심정으로 제갈량을 보내 강동의 손권에게 연맹을 제안하였는데 이것이 성사되어 유비·손권 연합군이 형성되었다. 이제껏 강 건너 불구경 하듯 바라보던 손권으로서는 조조의 형주 점령으로 국면이 이제 남의 일이 아닌 게 되어버렸다. '순망치한(잇몸이 없으면 이가 시리다)'이라고 하지 않았던가? 손권은 참전을 결정한다. 형주는 손권에게도 관건이 되는 지역이다.

형주에는 장강의 중류가 지난다. 손권의 지역은 장강 하류이므로 형주에서 수군을 띄워 장강의 흐름을 따라 가면 손쉽게 손권의 지역으로 침입해 들어올 수 있다. 그간 유표는 줄곧 중립적 태도를 견지했기에 형주는 일종의 완충 지대였지만 조조의 남하를 시작으로 이제부터 형주란 곳은 삼국의 화약고가 되었다. 적벽대전은 이렇게 하여 발발하였다.

적벽대전의 최대 수혜자, 유비

드디어 이듬해인 209년에 손권·유비 연합군은 조조의 대군을 맞아 오늘날 후베이성 우한에서 멀지 않은 적벽이라는 곳에서 결사항전을 벌이게 된다. 그런데 여기서 뜻밖의 결과가 나오는데 조조의 정부군이 참패를 당한것이다. 이것이 삼국지 3대 전투 중 두 번째 전투인 '적벽대전'이며 중국 역사의 대표적인 '이약승강(以弱胜强, 적은 군대로 많은 군대를 이긴)' 전투이다.[115] 적벽대전은 삼국의 흐름를 완전히 바꾼 일대 사건이었다. 왜냐하면 이 전투를 계기로 조조의 거침없던 질주에 제동이 걸리고, 조조, 손권, 유비, 이렇게 세 세력의 분열 국면이 굳어지게 되었기 때문이다.

115) 적벽대전에 동원된 병력의 규모에 대해선 여러 가지 주장이 있다. 《삼국연의》에서는 조조의 군대만 83만 이라고 하나 이는 재미를 위해 엄청나게 부풀린 수임이 분명하다. 필자가 봤을 때 가장 그럴듯한 추정은 조조의 군대 12만 정도(원래 조조의 군대 5만, 유종의 군대 7만)이고, 손권의 군대는 3만 정도(손권의 전체 군대는 7만이었으나 4만은 적벽에 출병하지 않고 후방을 지켰다), 유기와 유비의 군대는 합쳐서 2만 몇 천 정도이다. 순수 유비의 군사는 만 명이 채 안되었다.

적벽대전의 최대 수혜자는 유비였다. 가장 적은 투자로 최대 수익을 보았기 때문이다. 유비 그룹은 그 수도 적었고 근거지도 없이 남의 땅에 빌어있던 신세였으므로 병력과 물자, 전략 측면에서 절대 주도적 역할을 했다고 볼 수 없다. 게다가 적벽대전을 이끈 리더는 사실 손권 측의 사령관 주유(周瑜)였다. 소설과 영화에서는 제갈량의 활약을 부각시키지만 사실 정사 《삼국지》 속의 적벽대전 관련 기재에서 제갈량의 이름은 손권에게 연합을 제안하는 부분 외에는 거의 등장하지도 않는다(물론 그것이 제갈량이 역할을 하지 않았다는 것을 의미하진 않는다).

적벽대전의 승리로 유비는 남형주(현재 후난성)를 얻는다. 그리고 얼마 후 관우의 활약으로 북형주(현재 후베이성)의 상당 지역을 차지하였다. 자, 여기서 역사에 관심이 있는 독자라면 약간 이상함을 느꼈을 것이다. 사료나 삼국연의에 따르면 유비의 병력은 만 명이 채 안 된다고 되어있다. 그렇다면 유비는 미미한 밑천으로 손권의 도움을 받아 승리의 대오에 숫가락을 얹었고 전투는 손권이 주도를 한 셈인데 적벽대전 후 어떻게 그 넓은 형주를 얻었을까? 이 전투 승리의 지분은 손권이 절대적이고 그에 따라 손권이 대부분의 형주 땅을 가져가야 이치에 맞다. 여기에는 소설에서는 생략된 과정이 있는데 다소 디테일하지만 이야기를 하겠다. 왜냐하면 이것이 나중에 벌어지는 손권의 배신 그리고 관우의 죽음과도 연관이 있기 때문이다.

형주의 주인이었던 유표에게는 아들이 둘이 있었다. 장자 유기(刘琦)와 차남 유종이었다. 유표가 죽자 차남 유종이 측근들과 짜고 자기가 후계자가 되었는데 장자 유기는 이에 불복하고 강하江夏(하구夏口 라고도 한다. 오늘날 우한시)로 가서 동생과 대치한다. 조조가 형주 땅으로 남하하자 유비는 무리들을 이끌고 강릉(江陵, 오늘날 징저우시荊州市[116])으로 피신을 가고 있었는데 도중에 유기가 강하를 점령하였다는 소식을 접하고는 장반포 전투 이후 기수를 틀어 강하(江夏)로 가서 유기와 합친다. 이때부터 유비는 유기의 도움을 받는다. 적벽대전의 반(反) 조조 연합군은 사실상 손권, 유기, 유비의 세 개 세력이었던 것이고 유비의 2만 몇 천의 군사라는 건 사실 대부분이 유기의 군대였다. 손권의 군대가 주력군으로서 전체 지휘를 맡았고 유기는 수군을 제공했다. 그럼 유비는 뭘 했느냐? 유비는 유기의 명의를 빌려서 형주 남부의 여러 군들을 평정하는 역할을 담당했다. 당시 형주 남부에는 4개의 군이 있었는데 형주 북부가 어지러운 상황에서 남부의 태수들도 동요하기 시작했기 때문이다. 유비는 적벽대전의 전투 현장에 있었던 게 아니라 후방을 담당했던 것이다.

적벽대전이 끝난 후 형주 북부는 조조와 손권이 반반씩 점령하여 대치하게 된다. 그리고, 오늘날의 후난성에 해당하는 형주 남부 4군의 넓은 지역은 유기와 손권이 아직 영토를 확정 짓지 못하고 있었다. 유비에게는 원래 아무것도 주어지지 않았는데 손권은 남군(南郡)이라는 곳을 유비에게 빌려준다. 남군은 조조와 가장 가까운 지역으로서 조조의 총알받이를 하라는 것이나 다름이 없었다. 참으로 처량하기 그지없는 신세이지만 목숨을 건진 것과 그래도 머물 곳이 생긴 것에 만

116) 오늘날에도 호북성에 형주시(荊州市 징저우시)가 있는데 이를 당시의 형주(荊州)와 동일시 하면 안 된다. 오늘날의 형주시는 동한 말에는 강릉(江陵)이라 불리던 곳이고 이곳은 조조가 남하하자 유비가 번성을 버리고 피신하고자 했던 곳이다. 유비는 도중에 목적지를 바꿔 유표의 첫째 아들이 있는 강하(江夏, 오늘날 무한시)로 간다.

족해야 했다. 그런데 여기서 유비의 일생의 묘수가 나온다. 유비는 저 멀리 업성의 한(汉)조정에 유기를 남형주 4군의 태수로 임명해 달라는 추천 상소를 올린다. 황제에게 올리는 상소는 전부 승상인 조조한테로 가게 되어있었고 조조는 처음에는 화를 냈으나 곧 그것을 재가한다. 유비를 도와주기 위해서가 아니라 손권을 견제하기 위함이었다. 그렇게 남형주의 4군은 공식적으로 유기의 관리하에 들어간다. 그런데 뜻밖에도 임명장을 받은지 얼마 안 되어 유기가 갑자기 병사하는 일이 벌어졌다. 정황상으로 유기의 갑작스런 죽음이 석연치 않으나 그의 실질적인 사인에 대한 역사의 기재는 없다. 그 후 유비는 죽은 유기의 친척임을 내세워 스스로를 남형주 4군의 주목(행정장관)에 봉하여 남형주의 넓은 영토를 손에 넣었고 게다가 손권으로부터 빌린 북형주의 남군까지 반납하지 않고 관우를 갖다 앉혀 근거지로 하였다. 유기의 먼 친척이라는 이유로 그의 지분을 그대로 물려받은 것이다. 번성에서 도망쳐 나올 때와는 달리 이번에는 조금 뻔뻔해지기로 한 것이다.

이쯤되면 손권은 '어…… 이거 뭐지?'라는 생각을 하고 있었을 것이다. 전쟁의 주도적 역할을 하고도 자기한테 떨어진 건 아무것도 없고 조조의 원한만 산 꼴이 되었다. 결과적으로 전쟁의 이득은 전부 유비한테로 가 있었다. 넓은 땅을 얻은 유비는 탄력을 받았고 남군에 주둔하던 관우는 계속적으로 조조군을 격파하여 급기야 북형주의 상당 부분이 유비 진영으로 들어오게 된다. 손권은 유비한테 사기를 당했다는 걸 깨달았고 이로써 이 둘 간의 사이는 틀어지게 된다.

유비, 익주를 접수하다

그리고 215년, 유비에게 좋은 기회가 굴러 들어온다. 익주(翼州, 쓰촨)의 군벌 유장은 한중(汉中, 섬서성 남부) 태수 장노의 위협을 받고 있었는데 유장이 유비를 불러들여 장노를 무찔러 줄 것을 제안한 것이다. 유비는 이 좋은 기회를 놓치지 않고 유장의 성안으로 들어가서 주둔하였고 나중에 구실을 만들어 유장을 쫓아내고 자신이 드넓은 익주 땅을 차지하였다. 대의 명분을 중시하던 유비가 산전수전을 겪으면서 이제는 실리를 중시하고 염치와 의리 같은 것에 매이지 않기로 했다고 봐야 할 것 같다. 익주는 오늘날의 쓰촨성이고 쓰촨성의 옛 지명이 '촉(蜀)'이다. 떠돌이 신세에서 적벽대전을 계기로 드넓은 형주를 거의 차지했고 뒤이어 천혜의 분지 지역인 촉(蜀)을 얻었으니 유비에게 적벽대전은 잭팟이나 다름없었다. 그 후 유비는 쓰촨지역으로 근거지를 옮겼다.

조조는 왜 패했나?

적벽대전에서 조조의 정부군이 절대적으로 우세한 군사력을 갖고도 패한 요인을 분석해 보면 이렇다. 첫째, 대세가 이미 정해졌다는 과도한 자신감에 철두철미한 조조도 여러 측면에서 방심하고 소홀하게 되었다. 둘째, 조조의 정부군은 북방 사람들이었고 남쪽의 기후와 풍토병에 취약했다. 정부군의 절반 가량이 전염병에 걸려서 쓰러졌다. 셋째, 정부군은 육지전만 해 왔지 수전의 경험이 없었다. 장강에서의 수전은 손권의 군대가 훨씬 유리했다. 넷째, 운이 나빴다. 때는 서풍이 불 때인데 갑자기 동풍이 불어 주유의 화공 작전이 대성공했다. 이 모든 실패 요인을 살펴보면 본질적으로 전부 첫 번째 이유에 기인했다고 볼 수 있다. 조조가 중원 싸움을 하며 보여줬던 냉정함과 치밀함을 유지했더라면 손권의 참전을 막았을 수도 있었고, 남쪽으로의 원정에서 일어날 수 있는 리스크과 자신들이 취약한 측면에 대한 여러 대비를 했었을 것이다. 실패의 원인은 본질적으로 초심을 잃는 데에 있다는 것을 역사가 다시 한번 일깨워 주는 사건이다.

삼국의 운명

적벽대전이 있고 12년 후에(220년) 조조가 죽자 아들 조비(曹丕)는 황제를 폐하고 자기가 황제자리에 오른다. 조조·조비 부자 중 어느 한 사람 대에서 황제가 되는 것은 기정 사실이었으나 그들은 여론이 무르익을 때까지 기다렸고 허수아비 황제 신세로 황궁에 갇혀 30년을 넘게 살아왔던 동한의 마지막 황제 헌제는 이제는 모든 것을 내려놓고 황궁을 떠나고 싶었다. 그들은 국호를 '위(魏)'라 불렀고 이로 인하여 196년간 지속되었던 동한은 완전히 막을 내렸다. 이 소식이 전해지자 이듬 해에 유비도 사천성 성도에서 '한(汉)'제국을 선포하였고 뒤이어 손권도 강소성 남경에서 '오(吴)'제국을 선포하였다. 이로써

'위·한·오'[117] 삼국시대가 열렸고 삼국 병립의 국면은 창업자의 아들, 손자 대까지 이어져 280년이 되어서야 끝이 난다. 보통은 삼국지 스토리를 크게 전반부와 후반부로 나누는데 전반부는 한왕조의 숨통이 아직은 붙어있던 220년까지이고, 후반부는 각국이 제국을 선포하는 220년부터 동오(东吴)가 멸망하는 280년까지를 말한다.

고대에는 생산력과 군사력이 인구에 비례했으니 인구가 곧 전력이었다고 할 수 있겠다. 동한 말의 혼란기에는 인구 조사 기록이 없었고 《삼국지》와 《후한서》에 기재된 263년의 인구를 비교해 봄으로써 삼국의 전력을 가늠해 볼 수 있을 것 같다. 이들 사료에 의하면 조위 443만 명, 동오가 256만 명 그리고 촉한이 108만 명이다. 그런데 이를 다 합쳐도 810만 명밖에 안되므로 이 절대 수치는 의미가 없다. 혼란기에는 군인 및 그들의 가족, 호족에 의탁한 사람들, 전쟁 포로, 유랑민 등 등의 인구 조사에 포함되지 않는 인구가 우리가 생각하는 것보다 많았기 때문이다. 오늘날 사학자들은 적벽대전 직후의 삼국 초기 인구를 2,200만에서 2,400만 명으로 보고, 삼국시대 말기의 인구를 3,000만 명 정도로 추정한다. 263년의 기록과는 엄청난 차이가 있지만 그래도 이 소중한 《후한서》의 통계 기록은 우리에게 삼국의 인구 비율이 대략 4:2:1이었다라는 걸 알려준다.

삼국시대 하면 우리의 뇌리에 떠오르는 인물들은 조조, 유비, 관우, 장비, 주유와 같은 영웅 호걸들과 책사들인데 사실 이들은 삼국의 형성 전에 활약했던 인물들이다. 정작 세 개 세력이 제국을 선포한 삼국

117) 삼국의 원래 이름은 '위·한·오'라 부르는 게 맞다. 후대 역사에서 구분을 위해 조위(曹魏), 촉한(蜀汉), 동오(东吴) 라고 불렀고 이것이 '위·촉·오'로 굳어진 것 같다.

시대는 이들 창업 세대들이 모두 세상을 떠나고 그들의 2세들이 활약했던 시기이다. 그래서 그런지 진정한 삼국시기라 할 수 있는 220년 이후의 역사에는 오히려 대중의 관심이 덜 가고 심지어 그 전개 과정에 대해서 잘 모르는 사람들도 많다.

삼국의 운명을 간단히 요약하자면 이렇다. 위(魏)는 249년에 사마의가 쿠데타를 일으켜 실권을 잡고 황제를 허수아비로 만든다. 그로부터 16년 뒤인 265년에 위(魏)의 다섯 번째 황제가 강압에 의해 내려오고 사마의의 손자 사마염(司马炎)이 황제가 되어 진(晋)으로 국호가 바뀌었다. 조비(曹丕)가 제국을 선포한 220년부터 사마염에 의해 진(晋)이 세워지기까지의 불과 45년간 무려 다섯 명의 조씨 황제들이 거쳐갔다. 평균 재위 기간이 9년밖에 안 되었고 3~5대 황제의 경우 즉위시 나이가 전부 10대(3대 황제 조방은 8세)였다는 것은 그만큼 위(魏)의 내부 정치 투쟁이 격렬했고 조씨 황제가 제 역할을 하지 못했다는 것을 의미한다. 조위제국은 설립된 지 20년 정도 지나면 이미 사마의(司马懿)라는 조조에 버금가는 정치 두뇌를 가진 조정 대신이 정치 중심에 서게 된다.

삼국 중 가장 먼저 멸망한 곳은 촉한이었다. 221~222년의 이릉 전투 패배 후 촉한은 형주 땅을 모두 동오에 내주고 5년 동안 위, 오와 전투를 하지 않았다. '하지 못했다'는 게 더 맞는 표현이겠다. 223년에 예순네 살의 나이로 유비가 죽어 아들 유선이 재위하였고 제갈량은 승상이 되어 실질적인 국정과 군사 책임자가 되었다. 촉한은 일단 남서쪽 변방의 이민족들부터 제압하거나 자기편으로 만들었는데 이는 매우 중요한 수순이었다. 촉한 영토의 절반은 이민족들의 땅이었는데 이들로부터의 위협도 만만치 않았을 뿐더러 이 지역은 든든한 군량의 보급원이 될 수 있었기 때문이다. 국력이 회복되었다고 생각되자 제갈량은 섬서성과 깐수성을 통한 북벌을 감행하였다. 227년에 최초 북벌이 감행된 후 제갈량이 병사하는 234년까지 총 다섯 번에 걸친 북벌이 추진되었다. 그러나 전적은 썩 좋진 않았다. 다섯 차례 북벌 중 네 차례가 실패하고 단 한 차례만 성공하여 깐수성의 두 개 진영을 위(魏)로부터 뺏었다. 사실 삼국지에 관심이 조금 있는 분들은 아시겠지만 제갈량의 실제 전적은 그리 좋지만은 않았다.

유비 사후의 촉한에는 두 가지 큰 문제가 있었다. 원래 유장이 다스리고 있던 익주(益州)는 유비가 자신의 브랜드 인지도와 명장들을 앞세워 거의 공짜로 인수한 지역이다. 그러므로 이곳의 토착 세력인 유장파와 점령 세력인 유비파 간의 알력은 촉한의 최대 아킬레스건이었고 불안요인이었다. 그나마 유비라는 리더가 살아있을 때에는 그를 중심으로 화합하였지만 유비가 죽자 잠재적이고 원천적인 문제가 붉어지기 시작하였다. 제갈량이 어려운 와중에도 다섯 번이나 북벌에 매달렸던 것도 촉한 내부의 정치 불안을 전쟁의 승리로 극복하고자 함이었는데 결국 북벌 중 후방에서 제갈량의 발목을 잡은 것도 이들 익주 지방의 토착 세력들이었다. 또 하나는 조조, 손권 등 모든 창업 세대들이 공통적으로 가지고 있는 문제인 자식 문제였다. 유비의 아들 유선은 이 어려운 시기의 리더로서 턱없이 함량 미달이었다.

촉한은 234년에 제갈량이 6차 북벌 중에 병사하자 급속히 내리막길을 걷는다. 263년 실질적인 권력이 사마소(司马昭)에게 있던 조위제국이 남하하자 촉한의 황제 유선은 싸워보지도 않고 그만 투항을 하고 만다.

가장 늦게까지 버틴 곳은 동오였다. 제국의 창업자 손권이 무려 52년간 재위하면서 정치적 안정을 유지할 수 있었기 때문이다. 그러나 손권의 망나니 같은 아들이 황제가 되면서 나라가 기울어져 갔고 결국 280년에 진(晋)의 공격에 남경이 함락되고 황제는 생포되었다. 삼국이 통일된 해는 280년이지만 촉한이 망하면서 이미 삼국의 균형이 깨졌으므로 삼국 병립 시기는 220~263년이라 보는 게 실질적으로 더 맞을 듯하다.

24장
조위제국의 운명과 사마의(司马懿)

중앙 관제 개편: 상서성과 중서성의 탄생

동한의 명맥을 이은 조위제국은 46년밖에 지속하지 못했지만 이 시기 중앙 관제에 큰 변화가 생겼고 이는 후세에 상당한 영향을 주었다. 이해를 위해서 제20장의 동한의 관제 개혁을 다시 펼쳐 보는 게 필요할 수도 있겠다. 앞서 설명했듯이 서한의 승상에 해당하는 동한의 사도(司徒)는 그 권한이 대폭 삭감되어진 채 있으나 마나 한 자리였다. 그 대신 동한의 권력 중심에는 상서대(尚书台)가 있었다. 그런데 조조가 갈 곳 없는 천자를 끼고 있으면서 승상을 부활시켜 자신이 승상이 되었으니 또다시 권력의 중심 이동이 발생하는 것은 당연하다.

조조는 권력의 중심인 상서대를 내조에서 들어내어 다시 외조(승상부)로 편입시켰다. 이것은 간단치 않은 결정이나 당시는 전시 상황 아닌가? 그리고 실질적인 창업자인 조조의 결정에 반기를 들 수 있는 사람은 아무도 없었다. 이러한 과정에서 상서대의 기능에 대폭 변화가 생겼다. 조조는 비서령(秘书令)이라는 내조 부서를 신설한 후 상서대의 비서 기능을 비서령으로 이관했다. 비서 기능이란 황제 도서관의 문서를 관리하고 조서의 초안을 쓰는 일을 말한다. 한편 승상부로 소속을 옮긴 상서대는 이제 황제 비서실 기능이 없어지고 정무와 행정 집행 기능 위주로 점차 변해간다. 동한의 상서대는 그 밑으로 다시 다섯 개의 조(曹)라는 부서를 거느리고 있었는데 이는 상서대의 정책 실행력을 높이기 위해서 만들어진 행정 부처와 같았다. 명목상으로 전통적인 행정 부처인 9경이 있었지만 동한 초기 유수의 관제 개혁으로 3공과 9경은 이미 있으나 마나 한 존재로 전락했고 그대신 상서대가 국무원과 같은 기능을 해오고 있었다. 그리고 조조는 다시 상서대를 황제로부터 떼어냈고 이로써 정책입안과 행정부로서의 기능을 모두 가지면서도 황제와 독립된 무소불위의 상서대가 탄생한다. 황제 유협은 그저 비서령의 의전만 누릴 수 있었을 뿐 정치에는 전혀 관여할 수 없게 되었다.

조비는 황제가 되자 비서령을 중서성(中书省)으로 승격시켰고 중서성은 황제 비서실 역할에 더하여 정책 자문 역할을 하는 내조(内朝)의 중추 기구가 되었다. 아버지 조조는 신하의 신분이었으므로 신권을 강화기 위해 상서대를 외조로 분리하여 키웠지만 이제 조비는 황제가 되었으니 아버지와 반대로 황권을 강화하는 작업을 해야 했다. 물론 중서성의 관원은 환관이 아닌 문인들로 구성되도록 하였다. 환관은 중서성의 역할을 수행할 학식과 자질이 부족했다. 역대로 황제 비서실은 중대한 역할이 있었는데 그것은 황궁의 도서와 문서를 관리하는 것과 황제의 조서를 기안하고 반포하는 일이었다. 여기서 '황궁의 도서와 문서를 관리한다'라는 업무를 무슨 도서관 사서처럼 생각하면 큰 오해이다. 옛날에는 모든 정보가 책이라는 형태로 저장되어 있었는데 책이란 귀한 것이어서, 특히 종이 책이 나오기 전 죽간에다가 정보를 저장할 때는 민간 서적이란 게 발달하지 못했고 천하의 모든 정보가 황궁의 도서관에 있었다. 황궁의 서적과 문서를 관리하는 사람들은 엄청난 양의 정보를 분류하고 분석하여 황제에게 전달할 수 있는 최고의 학식을 갖춘 싱크탱크 그룹이었던 것이다. 우리가 잘 아는 서한의 역사학자 사마천이 중년에 이 일을 맞았었다. 또한 황제의 조서를 반포[118]하는 것은 그 상징적인 의미가 매우 큰 업무이다. 이렇게 조비 때에 와서 중서성이 중심 기구로 부상하기 시작한다.

동시에 상서대를 상서성(尚书省)으로 독립시켜서 오늘날의 국무원과 같은 행정총괄 기구로 만들었다. 이리하여 조위 제국의 정부 조직은 중서성과 상서성의 2성(省)으로 나눠졌고 중서성은 황제 비서실 및 정책입안 역할을, 상서성은 행정총괄 기구가 되었다. 그리고 상서성의 하부 조직인 다섯 개의 조(曹)가 각 행정부처 역할을 하였다. 9경이 없어진 건 아니었으나 그 존재감은 더욱 줄어들었고 이제부터는 잊어버려도 될 듯하다. 이로써 상서성은 더 이상 정책결정 기구가 아닌 구체적인 국무를 처리하는 기구가 되었다. 중서성이 과거 동한의 상서대를 대체한 것처럼 보이지만 동한과의 본질적 차이는 내조의 중서성과 외조의 상서성 간에 역할 분담이 이루어졌고 대체적으로 힘의 균형을 이루고 있었다는 것이다. 물론 시간이 흐르면서 점점 황제와 가까운

118) 한무제 이전까지는 황제 조서 반포를 승상이 하였다.

중서성이 실질적인 중추가 되긴 한다.

조위의 새로운 관제는 그 후 진(晋), 북위(北魏)를 거쳐 수(隋)왕조 때에 가서 '3성6부(3省6部)'[119]제로 완성된다. 원나라 때까지 사용되었던 중국의 중앙 관제인 '3성6부' 제도의 모태가 이때 형성되었다는 건 역사적으로 의미가 매우 크다고 할 수 있겠다.

구품관원법(九品官員法)

조위제국이 역사에 기여한 또 한 가지 측면은 관원의 기용에 있어서 조조 때부터 '오직 능력에 의한 기용'의 원칙을 시행하기 시작했다는 것이다. 아버지의 영향을 받은 위문제 조비는 사마의의 건의를 받아들여 '구품관원법'을 제정하였는데 그 방식은 이렇다. 군(郡)에는 소중정(小中正)을 두고 주(州)에는 대중정(大中正)이란 직을 두어서 소중정은 여론과 평판을 수집하여 지방의 인재를 아홉 개의 등급으로 나눈 후 대중정에 올렸다. 대중정은 올라온 인재 정보를 심사한 후 상서성(尚书省)의 예부(吏部)에 보고하였고 예부에서 최종 심사 후 기용하였다. 인구 10만 명당 한 명을 뽑도록 하였는데 특별히 우수한 케이스에는 호구 제한의 예외를 두었다.

'구품중정제'라고도 불리는 이 제도는 '인재의 우열을 논함에 있어서 작위와 귀천을 논하지 않고 오직 평판과 능력만 본다'는 정신을 실현

119) 3성6부(3省6部)제: 3성은 상서성(尚书省), 중서성(中书省), 문하성(门下省)이고 행정총괄기구인 상서성 밑으로 여섯 개의 부(部)를 두었다. 수나라 때 완성되어 원나라 때까지 쓰였고 명나라 주원장은 중서성을 폐지하였다.

하는 것으로서 동한 말 벼슬길이 외척과 환관에 의해 조종되었던 것과 단순히 봉건 도덕관념의 기준이었던 '효렴(孝廉)'에 의해 선발되었던 것에서 크게 진보한 것이라는 건 의심의 여지가 없다. 그렇지만 구품관원법의 정치적 의미와 역사에 미치는 영향을 말하는 데에 있어서이 정도로는 조금 아쉬운 면이 있다. 크고 작건 간에 모든 관리 임용방식의 변화에는 복잡하고 거대한 정치적, 사회계층적 함수관계가 숨어있기 때문이다. 모든 개혁은 기득권층의 반발에 직면하며 이들이 왜 반발했는지를 파악하면 그 개혁의 본질을 알 수 있다. 언젠가 앞선 장에서 한번 말했듯이 중국의 개혁사는 관리 임용방식을 두고 주류와 비주류 간의 계속적인 줄다리기와 투쟁의 연속이었다. 이러한 투쟁과 쟁취를 통해 이뤄진 변혁은 몇백 년간 지속되다가 다시 시대가 바뀌면 그 제도는 어느덧 부패한 기득권 층을 보호하는 낡은 시스템이 되어있고 새로운 시대에서 새롭게 사회의 주류가 되려는 세력에 의해, 물론 투쟁과 쟁취을 통하여, 새로운 제도로 보완되고 개선됨으로써 역사는 진보하였다. 그래서 중국 개혁사의 두 개의 커다란 축은 언제나 '관리임용 방식'과 '토지분배 방식'이었던 것이다. 사마의의 작품으로 알려져 있는 이 제도는 당시 기득권층인 조씨와 하우씨를 위시한 무관층의 거센 반발을 받으면서 벽에 부딪쳤으나 당시 황제인 조비가 밀어붙여서 실시될 수 있었다.

조씨와 하우씨 무관 집단은 왜 이 제도를 반대했을까? 이를 위해서는 당시 조위제국의 기득권 세력이 누구들이었는지를 알아야 한다. 삼국은 전시 상황이었기에 당시 이들 나라의 실세는 여전히 군인들이었다. 조위제국은 창업주 조조의 일가 친척인 조씨와 하우씨 장군들이 왕이나 후의 작위에 책봉되었고 그들과 그들을 따르는 세력들이 군의 요직을 장악하고 있었다. 예나 지금이나 인사권은 권력가가 절대 쥐고 놓지 않으려는 권한이다. 기업이나 당의 실세라는 자들 중에 인사권을 쥐고 있지 않은 사람이 있던가? 당대의 관리 채용 시스템은 국가 인사권 안에서 어떤 집단이 영향력을 발휘하였는가를 말해 준다. 당시의 관리 채용 방식은 한무제 때부터 내려오던 찰거제였는데 조위제국의 인재추천 채널 곳곳에는 무관세력들이 있었고 그들의 입맛에 맞는 사람들 위주로 추천되고 임용되었다. 그런데 사마의의 구품중정제는 추천과 중간 평가를 담당하는 중정(中正)들을 상서성 소속의 문인들 중에서 뽑도록 되어 있었고 이들에 의해 추천된 인재를 최종 승인하는 기관 역시 상서성 예부, 즉 문인들이었다. 구품중정제 하에서는 무관들이 관리채용 채널에서 전혀 영향력을 발휘할 수 없었다. 자신들의 국가 인사권을 통째로 내어주게 되었으니 이들이 가만있을 리 없었다. 그래서 '구품관원법(구품중정제)'을 사마의가 문벌 세력을 키우기 위해 만든 정책이라고도 하는데 정치적으로 굳이 해석하자면 그렇게 볼 수도 있지만 그것은 사마의를 폄하하기 위한 과다 해석이라 생각된다. 그렇지만 결과적으로 문벌을 형성하는 데 구품관원법이 결정적인 역할을 수행한 것은 부인할 수 없다.

사마의(司马懿)

조위제국의 상황은 눈여겨봐야 한다. 강력한 카리스마와 뛰어난 정치 감각을 가졌던 조조가 죽자 조정 내부의 정치투쟁이 슬금슬금 고개를 들기 시작했기 때문이다. 조조는 8명의 부인과 6명의 첩을 두고 있었고 이들 사이에서 25명의 아들이 나왔다. 그러나 이들 중 일찍 죽은 아들, 첩에서 낳은 아들, 나이가 어린 아들, 능력이 안보이는 아들을 제외하면 실질적으로 뒤를 이을 만한 후보는 셋째 부인한테서 나온 조비(曹丕)와 조식(曹植) 둘로 수렴되었다. 조조는 조식에게 더 마음이 갔지만 이 둘 간의 세자 쟁탈전에서 조비가 승리한다. 주제를 벗어난 얘기지만 조비, 조식 모두 아버지 조조를 닮아 문예에 뛰어났다. 조조는 뛰어난 정치가이자 군사 전략가이지만 동시에 걸출한 문학가이기도 했다. 조조의 시는 주로 동한 말의 혼탁한 현실이나 자신의 정치적 이상을 주로 담았다. 조조와 조비, 조식의 문학적 재능을 일컬어 '삼조(三曹)'라고 한다.

조비가 위왕국의(아직까지는 위왕국이다) 태자가 되는 데 결정적 도움을 준 대신이 있었는데 그가 바로 '사마의(司马懿)'이다. 후에 조비가 황제가 되자 사마의는 승승장구하였고 조비의 아들 조예 재위 때에는 군의 요직에까지 걸치면서 조정의 핵심 대신이 되었다. 하지만 그를 둘러싼 정치 환경이 녹록지만은 않았다. 사마의에 대한 이야기는 잠시 뒤로 하고 조비 재위 시절에 대해 좀 더 이야기하겠다. 조비는 220년에서 226년까지 7년을 재위하고 아쉽게도 40세의 나이로 병사하였다. 그의 재위 시기에 세 번에 걸쳐 동오를 공격했으나 별 소득 없이 철군하고 만다. 조비는 군사전략 측면에서는 아버지 조조보다 역량이 한참 떨어졌다.

사마의(司马懿)

사마의(司马懿, 179~251)는 조조에 의해 발탁되어 중앙정부에 발을 들인 사람이다. 그가 죽은지 14년 후인 265년에 그의 손자인 사마염에 의해 위(魏)제국의 황위 선양이 이루어지고 이로써 진(晋)으로 국호가 바뀐다. 이런 의미에서 역사는 사마의를 진(晋)왕조의 사실상의 설립자로 간주한다. 조위제국의 초대 황제가 조비이기는 하나 모두가 창업자로서 조조를 말하는 거와 같다.

진(晋)왕조는 서진 50년(266~316)과 동진 100년(317~420)을 합하여 150년을 유지해 온 한족 왕조임에도 이 왕조에 대해서 잘 아는 사람은 그리 많지 않다. 역사에서 별로 부각되지 않았고 중국인들조차 이 왕조에 그다지 큰 관심을 두고 있는 것 같진 않다. "듣긴 들었는데 이 왕조 때 무슨 일이 있었더라?" 라든가, 마치 '역사책의 찢어진 몇 페이지'와 같은 느낌을 떨칠 수 없다. 이는 역사를 이야기함에 있어서 진(晋)왕조가 상대적으로 적게 거론되어 왔다는 뜻이고 그것은 중국인들 사이에서도 크게 다르지 않다. 자국민들에 의해 많이 회자되지 않는 역사 스토리가 외국에서 부각되겠는가? 진(晋)왕조가 이렇듯 인기가 없는 것에 대해서는 앞으로 풀어나가는 3세기 역사에서 그 이유를 찾을 수도 있고 어쩌면 실질적인 창업자인 사마의라는 인물에서 찾을 수도 있을 것 같다.

사마의, 그가 간웅이냐 영웅이냐에 대해서는 평가가 엇갈리며 마치 조조나 왕망처럼 보는 사람마다 견해의 차이가 있다. 그에 대한 역사의 보편적 인식은 긍정적이라기보다는 부정적인 평가가 지배적이였고 최근에 와서야 재조명되고 있다. '사마의는 국가에 혁혁한 공을 세워 신뢰를 얻은 후 조씨 정권의 중심으로 점점 들어갔고 자신을 드러내지 않고 평생 발톱을 숨긴 채 때를 기다렸다가 일흔 한 살에 쿠데타를 일으켰다.' 그의 객관적인 행적에 대해 굳이 한 문장으로 서술하라면 이 정도가 되겠다. 그렇지만 그에 대한 부정적인 이미지가 단지 쿠데타 때문일까?

중국 역사에서 정변을 통해 왕조를 세운 인물은 여럿 있다. 수문제 양견, 송태조 조광윤 등이 정변을 통해 새 왕조를 세웠지만 모두 영웅으로 추앙받는다. 심지어 15년으로 단명한 왕망의 신(新)왕조조차 후세의 평이 엇갈리긴 해도 새로운 세상에 대한 그의 이상만은 인정을 한다. 그런데 유독 사마의의 쿠데타는 후세의 혹독한 평가를 받는다. 과연 사마의에게 무작정 배신자 아이콘을 씌우는 게 맞는 것일까? 사마의가 진(晋) 왕조 탄생의 기반을 구축해 놓은 건 사실이지만 혹시 그의 본의는 묻혀버리고 형편없었던 진(晋)의 통치자들(그의 후손들)과 함께 저평가된 건 아닐까?

사마의의 집안은 대대로 지방관리를 해온 집안이긴 하나 그리 큰 세도 가문은 아니었다. 그는 어려서부터 총명하고 식견이 넓기로 유명했다고 한다. 지방 행정직으로 있던 그를 201년에 조조가 중앙으로 불러들이고자 했는데 '환관 집안 사람의 밑에서 일하기 싫다'고 하여 병을 핑계로 거부했다. 그 후 208년에 조조가 승상이 된 후 다시 그를 불러들였는데 조조는 "이번에도 병을 핑계로 오지 않으면 묶어서라도 데리고 와라"라고 했다고 한다. 이미 최고 권력자가 된 조조의 명을 이번에는 거부할 수 없었고 이렇게 그는 조정으로 들어온다. 인재를 데려오는 방식에 있어서 유비와 참으로 대비되는 장면이지만 제갈량에게 삼고초려 했을 때의 유비와 사마의를 불러들일 때의 조조는 그 지위와 세력에서 서로 비교될 수 없는 차이가 있다는 점도 고려해야겠다. 화북을 평정하여 몸집을 불린 조조 그룹은 인재 공급이 절실했고 능력이 있으면 출신과 과거를 묻지 않는 실용주의 인재등용 정책은 조조 그룹을 성공으로 이끈 주요 요인 중 하나였다. 사마의도 당시 조조의 적극적인 인재유치 정책하에서 뽑혀온 인물이었다.

219년 사마의의 재능을 인정한 조조는 그를 태자중서자(太子中庶子)로 승진시켰는데 이는 태자 조비의 가정교사 겸 비서와 같은 자리이다. 이것이 조비와 사마의 간 군신 연합의 시작이었다. 그러나 조조는 사마의에 대해 '웅대한 뜻을 품고 있다(有雄豪志)'고 하면서도 '늑대가 뒤를 돌아보는 상(狼顾之相)'이라고 하면서 그에 대한 견제 심리를 감추지 않았다. 이는 신중하고 치밀하나 의심이 많고 옳지 못한 마음을 품고 있는 사람을 표현하는 말이다. 조조는 또 아들 조비에게 "사마의 같은 자는 야심이 커서 언제까지나 신하로 있을 사람이 아니니 경계하라"고 했다고 한다.

재능만 놓고 보면 사마의도 역사의 영웅이 될 자질을 충분히 갖추고 있었다. 그의 정치적 두뇌는 조조에 뒤지지 않았고, 그의 군사적 지략은 제갈량에 뒤지지 않았다. 촉한의 제갈량이 다섯 차례에 걸쳐 북벌을 감행했을때 이 중 두 번을 사마의가 막아냈다. 그러나, 사마의가 처한 정치적 환경이 그리 우호적이지만은 않았다. 사실 조씨 무관들이 장악하고 있던 당시 조정에서 문신 출신 사마의가 입지를 다지기란 쉽지 않았기 때문이다. 능력을 너무 발휘하면 조씨들의 견제를 받을 것이고, 공을 세우지 못하면 자신의 생존이 위협받을 것이고, 그렇다고 적당히 지내기에는 자신의 야망이 너무 컸다. 사마의를 설명할 때 가장 많이 인용되는 말이 '도광양회(韬光养晦)'라는 성어이다. '재능을 드러내지 않고 때를 기다리다'라는 뜻이다. 사마의는 자신이 완벽하게 실권을 잡기까지 줄타기를 하며 자신의 발톱을 드러내지 않고 도광양회(韬光养晦)해야 했다.

배경이 하나도 없는 사마의가 조정에서 승승장구하며 성장할 수 있었던 건 조비와의 특수한 관계 때문이다. 앞에서 언급했듯이 조비가 세자가 되는 과정은 순탄치만은 않았다. 당시 군(軍)은 조조의 친족인 조(曹)씨와 하후(夏侯)씨[120]들이 장악하고 있었는데 처음에 이들은 태자로 조비가 아닌 둘째 조창(曹彰)[121]을 지지하고 있었기 때문이다. 영명한 리더였던 조조가 잘못한 일은 자신들의 친족들을 너무 많이 요직에, 특히 군요직에 앉힌 것이었는데 이는 조조가 죽은 후에 여러 가지 부작용으로 드러났다. 조비는 자신의 지원군이 필요했고 문관들을 규합하여 자신의 지지세력으로 삼고자 했는데 이때 문관들을 규합하는 역할을 하는데 적임자가 바로 사마의였다. 사마의 또한 이를 기회로 자신의 세력을 만들 수 있었기에 이 둘 간의 소위 군신연맹이 이루어진다. 조위제국의 지지 기반이 종친들이지만 이들의 세력이 너무 커지는 건 황제로서도 바라는 바가 아니었다. 이때부터 사마의는 황제에게 있어서 조씨와 하우씨 무관들을 견제하는 카드로 쓰였고 그러한

---

120) 조조(曹操)의 원래 성은 하우(夏侯)이다. 조조의 아버지가 환관 조등(曹騰)의 양자로 들어가면서 조씨로 성을 바꾼 것이었다. 그러므로 당시 위왕국 소정에서 조씨와 하우씨는 친척지간이었다.

121) 조조와 정실 변황후 사이에는 조비, 조창, 조식, 조웅 네 명의 아들이 있었다. 둘째 조창은 문에는 소질이 없었지만 힘이 세고 무예가 뛰어난 용맹한 장수였고 그래서 무신 위주인 종친들의 지지를 받았다. 그러나 조조의 눈에 조창은 진작부터 후계자 대상에서 제외되었다.

양상은 조비의 뒤를 이은 조예 때까지 이어진다.

226년, 문제(文帝) 조비가 40세의 나이로 병사하였다. 조비는 임종시 태자 조예(曹叡)에게 절대 배신하지 않을 네 명의 대신을 알려주며 그들을 보정대신으로 임명하여 신임 황제 조예의 정치를 보좌하도록 하였다. 그중 두 명은 군의 최고 지위에 있는 조씨 집안 사람들이었고 한 명은 오늘날의 국무총리에 해당하는 상서령이었고 마지막 한 명이 바로 사마의였다. 조씨 종친과 비종친, 무관과 문관을 반반씩 두어 견제와 균형을 유지토록 한 조치였다. 조비의 유지를 받든 사마의는 조예(명제明帝)를 잘 보필했다. 명제 때까지만 해도 사마의는 충신처럼 보였다. 아니면 정말로 충신이었을 수 있다. 명제 재위시기 사마의는 더욱 중용되어 군(軍)으로까지 그의 직책이 확장된다.

명제 재위시기(227~239)는 위·촉·오의 전쟁이 비교적 치열했던 시기이다. 제갈량이 이끄는 촉한은 다섯 차례 북벌을 감행하였고 위나라는 문신인 사마의를 투입하여 제갈량을 막도록 했다. 제갈량의 지략에 대항할 자는 사마의밖에 없다고 판단한 것이다. 사마의의 활약과 촉한 내부의 정치투쟁에 발목을 잡혀 제갈량의 북벌이 좌절되었고 사마의는 이에 대한 공로로 태위(국방장관)에 오른다. 234년 5차 북벌 도중 제갈량이 병사하자 촉한은 리더십 부재로 급속히 쇠락의 길을 걷게 된다. 사마의의 정치적 지위에 있어서 큰 도약을 하게 해 준 계기가 바로 제갈량의 북벌이었다. 그러나 사마의는 황제에게 있어서 견제와 균형을 위한 위한 카드였을 뿐 명제(조예) 역시 그가 공을 세우고 브랜드 인지도가 올라가자 그에 대한 의심을 버리지 않고 끊임없이 견제한다.

고평릉 정변(高平陵之变)

명제 조예는 12년을 재위하고 36살의 젊은 나이로 후사 없이 죽었다. 그리고 그의 양자 조방(曹芳)이 즉위했는데 당시 그의 나이가 8살이었다. 조예는 임종 시 아버지가 자신을 위해 했듯이 두 명의 보정대신을 임명하여 어린 황제를 잘 보필할 것을 당부하였고 조방에게는 국사를 두 명의 대신에게 의존하도록 하였다. 이 둘 중 한 명은 종친이자 대장군인 조상(曹爽)이었고 다른 한 명은 조씨 삼대(조조, 조비, 조예)를 보좌해온 원로 대신 사마의였다. 조예 때처럼 서로 상극인 두 사람으로 하여금 견제토록 한 조치였다. 초기에는 문제가 없었는데 시간이 지나면서 둘 간의 알력이 생기고 균형이 깨진다. 그러나 사마의보다는 종친이자 군의 지휘권이 있던 조상의 세력이 우위였다. 최소한 표면상 그렇게 보였다. 그리고 당시는 분명 전시가 아니었던가? 전시에는 실권이 군에게 가게 되어있다. 조상은 사마의를 제끼고 자기가 황제를 독차지하고 전권을 행사하기 시작했고 이때부터 사마의의 조정내 견제와 균형 역할은 힘을 잃기 시작한다. 승진이라는 명목으로 사마의를 태박(太博)이라는 실권은 없고 명예만 있는 황제 가정교사 자리로 옮기게 하였고 그의 태위(국방장관) 자리를 박탈하였다. 그 후로 조정의 주요 직은 거의 조상의 사람으로 채워지기 시작하였고 대신들은 조상에게 줄을 대기 바빴다.

더욱이 문제는 조조의 4대 후손 때에 와서 드디어 어리석고 형편없는 인물이 황제가 되었다는 것이다. 황제 조방은 청년이 되어서도 정신을 못 차리고 주색에만 빠지고 국사를 돌보지 않았고 조상은 뇌물을 받아 재산을 불리고 황제의 눈과 귀를 가리는 등의 전횡을 저지르고 있었다. 이렇게 조위제국의 리더십은 타락하기 시작했다. 이때 조상은 이미 조만간 황제 자리에 앉겠다는 야욕을 내비치고 있었다. 아마 이때부터 사마의는 조정에 대한 충심을 내려놓은 게 아닌가 싶다. 더욱이 결정적이었던 것은 조상이 자신의 행보에 이래저래 태클을 걸던 곽태후(조예의 아내)를 연금한 것이었다.

사마의는 조상에 대항하지 않고 조용히 때를 기다렸다. 나이와 병을 핑계로 아예 집에서 칩거하여 조상으로 하여금 자신에 대한 경계를 풀도록 하면서 물밑 작업으로 치밀하게 정변을 모의하였다. 사마의란 인물을 묘사하는 데 있어서 '도광양회'라는 사자성어가 많이 쓰이는 데에는 아마도 그의 이런 행보가 결정적이지 않았나 싶다. 그리고 조상과 그의 세력은 '일흔이 넘은 나이의 사마의가 이제 뭘 할 수 있겠는가'라며 경계심을 놓았다.

249년 정월, 황제 조방은 조상의 수행하에 문무 대신들을 이끌고 고평릉(高平陵, 명제의 무덤)으로 제사를 지내러 갔다. 친 조상파 무관들과 대신들이 낙양을 비운 틈을 타 사마의는 준비한 대로 쿠데타를 일으켰다. 사마의는 먼저 곽태후로부터 재가를 받아 곽태후 명의로 도성의 모든 문을 닫고 무기고를 점령하였으며 군을 보내 도성으로의 길목인 낙수부교(洛水浮桥)를 점거하였다. 사마의는 금위군(수도경비군)을 장악하고 순식간에 낙양을 점령하였다. 이 사건을 '고평릉 정변(高平陵之变)'이라 한다. 이 소식을 접한 황제와 조상의 수행 병력은 근방에 임시 진영을 구축하고 사마의와 대치하였다.

고평릉 정변이 국가를 전복하고 사마의 자신이 또는 그 아들 대에서 황제가 되려는 정치적 야심의 실현인지, 아니면 조상(曹爽)의 농단에 대항하여 나라를 바로잡으려는 충정심에서 나온 것인지에 대해서는 보는 사람마다 나름의 견해가 있을 것이다. 사마의는 낙양을 점령한 후 조상의 죄상을 설명하는 상소문을 황제에게 보낸다. 당시의 상황에 대한 정확한 이해를 위해 상소문의 내용을 있는 그대로 적어놓겠다.

신(臣)이 요동에서 돌아왔을 시 선제께서는 폐하와 진왕秦王(조상을 뜻함) 그리고 저를 침상에 부르셔서 제 손을 잡으시고 후사에 대해 깊은 우려를 토로하셨습니다. 신은 "태조(조조), 고조(조비)께서도 후사를 저한테 부탁하셨고 폐하께서도 그것을 친히 보셨습니다. 염려하실 게 없습니다. 만일 어떤 뜻밖의 일이 벌어진다면 저는 맹세컨대 폐하의 유언을 목숨을 다해 받들겠습니다"라고 말씀드렸습니다. 오늘 대장군 조상은 선제의 유지를 던져버리고 국가의 제도를 손상시키며 어지럽히고 있습니다. 조정 내에서는 본분을 넘어서서 자신을 군주에 비하고 있으며, 밖으로는 전권을 휘두르며 권력을 독점, 남용하고 있습니다. 각 군의 편제를 어지럽히고 있으며 금위부대를 완전히 장악했고 각종 중요 관직에 모두 자기 사람을 앉혔습니다. 황궁의 숙직 호위무사 또한 자기 사람으로 바꿨습니다. 이들은 서로 작당하여 자기들끼리 점유하고 있으며 제멋대로 행동함이 날이 갈수록 심해지고 있습니다. 조상은 또한 환관 황문장을 도감(都監)으로 임명하여 폐하의 동향을 파악하도록 하고 폐하와 태후마마 두 분의 관계를 이간질하는 등 골육의 정을 해하려 했습니다. 천하가 불안에 떨고 사람들은 두려워하고 있습니다. 이러한 형국에서 폐하 또한 잠시 천자의 자리에 의탁하는 것일 뿐 어찌 장기적이고 안정적인 통치를 할 수 있겠습니까? 이는 절대 선제께서 폐하와 저를 침상에 불러놓으시고 하신 말씀의 본뜻이 아닙니다. 제가 이미 늙고 쇠약했지만 어찌 감히 그때의 말씀을 잊겠습니까? 태위 장제(蒋济) 등 대신들도 모두 조상이 왕위를 찬탈하려는 마음을 가지고 있다고 여기고 있습니다. 그들(조상) 형제에게 황가의 호위를 맡길 순 없습니다. 신은 이러한 의견을 태후께 보고드렸고 태후께서 제가 올린 상소에 따라 진행하라고 명하셨습니다. 저는 전권을 위임받아 주관 담당자와 황궁 담당자에게 명령하였습니다. '조상, 조의(曹羲, 조상의 동생), 조훈(曹训)의 관직과 병권을 해제하고 이들은 후작의 신분으로 퇴직하여 귀가한다. 폐하의 수레를 머물게 하거나 시간을 지체하지 않도록 한다. 만약 (천자의) 이동을 지연시키고자 하면 군법으로 처리한다.' 또한, 신은 전권을 위임받아 병들고 힘든 몸이지만 병력을 이동시켜 낙수부교(洛水浮桥)에 주둔케 하였으며 이로써 상황을 정찰토록 하였습니다.

-《자치통감(资治通鉴)》(필자 직역)

황위 찬탈과 진(晋)의 탄생

조상과 그의 가족은 모두 죽임을 당했고 정권은 사마의와 두 아들이 (사마사 司马师, 사마소 司马昭) 움켜쥐었다. 황제가 바뀐 건 아니었지만 조방은 허수아비 황제가 되었다. 그 후 황제의 밀서와 반대파들에 의한 몇 번의 전복 시도가 있었으나 모두 실패하였고 이는 오히려 사마씨 가족들의 정권을 공고하게 만들었다. 이제 상황은 50년 전 조조가 동한의 헌제를 허수아비 황제로 끼고 전권을 행사했던 것과 비슷해졌다.

고평릉 정변 2년 후인 251년에 사마의는 73세의 나이로 죽었다. 사마의는 조조, 조비, 조예, 조방까지 4명의 조씨 황제를 보필한 원로 대신이었다. 그가 모략에 뛰어난 사람이긴 하지만 수십 년 동안 정변의 계획을 품어왔으리라 생각하긴 어렵다. '고평릉 정변'은 사마씨 부자가 모의하여 조씨 세력에 타격을 가하고 실질적인 정권을 장악했으니 쿠데타가 맞지만 아직 황위를 찬탈한 것까지는 아니었다. 그렇지만 이왕 이렇게까지 저지른 거 황위 찬탈은 쉽게 예상할 수 있는 다음 수순이다. 안 그러면 언젠가는 반격을 받아서 자기들이 멸족을 당할 것이 분명하기 때문이다.

사마의와 달리 그의 아들들은 노골적인 행태를 보였다. 그들은 254년, 조방을 폐위시키고 16살인 조모(曹髦)를 황제로 세웠다. 그러나 조모가 대신들을 움직여 사마소(사마의의 둘째 아들)를 제거하려는 계획이 발각되자 사마소는 사람을 시켜 백주 대낮에 황제 조모를 죽였다(260년). 조위왕조의 마지막 황제로 조환(曹奐)이 15살로 등극하였으나 그로부터 5년 후인 265년에 조환은 사마소의 아들 사마염(司马炎)에게 황제 자리를 선양하였다. 물론 위협에 의해서이다. 이렇게 조위제국은 46년간 지속하다 간판을 내리고 진(晋)으로 국호가 바뀐다. 사마의의 손자 사마염은 진(晋)의 초대 황제가 되었다.

3세기는 전시였으므로 모든 것이 전쟁을 위한 것에 맞춰졌고 그러므로 장기적인 관점의 국가 개혁이나 민생 정책이 나올 수 있는 시기가 아니었다. 국정을 총괄하고 개혁을 주도해야 하는 재상들도 이 시기에는 전쟁에서 이기는 수를 내는 데 모든 역량을 쏟아부었다. 제갈량과 사마의, 3세기 전반기에 걸쳐 활약한 이 두 재상은 전시가 아니었더라면 어떤 운명이었을까? 이들은 과연 개혁을 이끌었을까? 제갈량은 훌륭한 개혁 재상이 되었을 가능성이 크다. 이렇게 생각하는 이유는 그에게는 대의와 민중을 생각하는 정신이 자신의 야망보다 앞섰기 때문이다. 그러나 사마의는? 자신의 야망을 평생 놓치 못했고 잔꾀와 거짓 수로 점철된 사마의의 이력을 볼 때 미안하지만 그에 대해선 물음표를 달 수밖에 없다. 사마의는 철저한 실리주의자이며 자신이 손해를 보거나 지는 싸움을 할 사람이 절대 아니다. 그러기에 자신의 소신을 위해 기득권과 부딪히며 개혁을 추진할 사람으로 보이진 않는다. 어쩌면 그는 철저한 실사구시형 재상이 되었을 수도 있다. 물론 제갈량과 사마의, 이 두 재상은 각자 조정에서의 입지가 완전히 달랐다는 점을 고려해야 한다. 그래야만이 사마의에 조금 공평하게 다가갈 수 있을 것이다. 제갈량은 황제의 전폭적인 지지를 받았고 모든 신하들을 자기 밑으로 두었으며 백성들의 존경을 온몸에 받고 있었다. 그는 명실공히 '일인지하 만인지상'의 위치에 있었고 특히 유비 사후에는 정치와 병권을 전부 쥐고 있는 실질적인 군주였다. 반면 사마의가 몸담고 있던 조위제국은 조조, 조비, 조예로 이어지는 군주들의 카리스마가 너무 강했고 조씨 집안(하우씨 포함) 무관들이 그야말로 조정을 '꽉 잡고' 있으면서 사마의를 견제하였고 심지어는 호시탐탐 구실을 만들어 제거하려고까지 하였다. 사마의는 황제와 실권을 잡고 있는 무신들 어느 쪽에도 진정한 자기편을 가지고 있지 않았다. 그래도 사마의에겐 자신을 지지하는 문신 집단들이 있었고 조씨 무관들의 견제를 받으면 받을수록 그는 더욱더 문신 집단들에 의존하고자 했고 이들을 키웠다. 이들 문신 그룹은 실권은 없었지만 사마의를 위해 여론을 형성하고 명분을 제공하는 든든한 자산이었다. 원래 명분과 대의는 붓끝에서 나오는 것이 아니었던가? 이것이 문벌의 시작이며 삼국이 통일되고 사마씨의 천하가 되자 이들 문벌이 천하를 장악하는 국면이 시작된다.

전란기의 문벌

진(晋)왕조를 이야기하기 전에 잠깐 다시 동한 말 이야기로 돌아가야겠다. 조조의 아들 조비가 황제를 칭하기 전까지는 아직 동한 황제의 숨이 붙어있었으니 220년까지는 공식적으로 동한 말이라 칭한다. 동한 말은 사회 시스템이 붕괴했고 무력이 지배하는 시기였다. 권문세족이라 불리는 문벌들은 자신의 생존과 이익에 가장 적합한 군벌을 찾아 그 아래로 들어가야 했다. 거대 권문세족 순욱(荀彧)이 원소의 진영에서 책사를 한 것이 그 대표적인 사례이다. 조조는 사대부와 대립했던 환관집안 출신이라는 태생적 핸디캡 때문에 초기에는 브랜드 인지도가 큰 싱크탱크 집단을 영입하기가 쉽지 않았을 것이다. 조조가 능력 위주의 인재등용 정책을 견지했던 것은 이러한 자신의 출신 배경과도 무관치 않다.

조조의 진영으로 들어온 두뇌(문벌) 중 대어가 있었으니 이는 공융과 순욱이다. 순욱은 조조 진영의 승상으로서 활약하였고 조조는 그를 '나의 장량'이라고 하며 전폭적으로 신뢰하였다. 순욱은 단순한 책사가 아니었다. 순욱이 원소를 떠나 조조에게로 간 건 문벌들이 이제 조조를 대세로 인정하고 있음과 조조 진영으로 인재가 이동하고 있음을 단적으로 보여주는 사례라 할 수 있다. 순욱과 같은 거대 사대부 세력의 합류는 중소 사대부들의 합류를 불러일으켰는데 그중 하나가 '사마의'이다. 삼국지에 등장하는 책사들은 거의가 동한 말에는 크고 작건 간에 한자리했던 사대부라고 보면 된다. 제갈량도 마찬가지이다. 이들을 영입한다는 건 개인채용하듯이 당사자만 진영으로 출근시키는 게 아니라 그가 이끄는 집단을 데리고 합류토록 하는 걸 의미한다.

그런데, 문벌들이 조조에게 등을 돌리게 한 사건이 있었으니 이는 '순욱의 죽음'이다. 조조는 말년에 황제가 되려는 시도를 하였는데 이에 대해 강하게 반대한 집단이 바로 순욱으로 대표되는 사대부들이었다. 말년의 조조는 한(汉)조정을 폐하고 스스로가 황제가 되고자 하는 야망과 이에 대한 반대여론 또는 역효과에 대한 우려 사이에서 심각한 고민을 하고 있었던 것으로 보인다. 순욱은 한을 폐하고 조조가 자립하는 것에 대해 공개적으로 반대했다. 한(汉) 조정의 신하 출신으로서 충절심의 마지노선이란 게 있었던 것이다. 그리고 212년에 그는 조조가 내린 사약을 마시고 죽는다.

순욱의 죽음을 계기로 많은 문벌들이 조조에게 등을 돌렸고 브레인들이 떠나기 시작했다. 조조는 총 세 번에 걸쳐서 구현령을 반포하는데 그중 세 번째인 214년의 《取士毋废偏短令(취사무폐편단령)》은 '좋은 품덕이 있는 사람이 꼭 능력이 있는 것은 아니며, 능력이 있는 사람이 꼭 좋은 품덕을 가지고 있는 것은 아니다'라는 노골적인 '재능 only'의 인재 선발 기준의 반포였다. 이는 순욱 등 대형 문벌들의 공백으로 인해 인재에 대한 공급이 절실했을 것이라는 정황과 무관치 않다. 조조의 적극적 인재유치 정책하에 중소 문벌들이 조정에 대거 들어왔는데 이들의 구심점이 된 인물이 바로 '사마의'였다. 결국 사마의는 순욱을 이은 조위제국 2세대 문벌의 대부였고 이들이 찬탈하여 세운 진(晋)은 곧 문벌들이 쿠데타를 일으켜 쟁취한 왕조였다.

진晉의 짧은 통일

25장

8왕의 난, 흑역사의 시작

307년 7월, 선비족과 오환족으로 이루어진 2만의 기마병단은 계성(薊城, 오늘날의 베이징 남부)을 출발하여 남쪽을 향해 달렸다. 이들의 말발굽 소리는 10리 밖에서도 들렸고 이들이 지나간 곳은 자욱한 먼지로 한참을 뒤덮였다. 북쪽 이민족의 침입인가? 아니다. 한족 장수 기홍(祁弘)이 인솔하고 있었다. 이들은 계성의 사령관 왕준(王俊)이 끌어들인 이민족 기마병들이었고 업성[122]을 향하고 있었다. 곧 업성의 성도왕 사마영의 군대와 전투를 벌일 예정이었다. 그러나 전투를 앞둔 이들 이민족 기마병들은 기대와 흥분에 차 있는 것같아 보였다. 이들 초원민족은 중국이 삼국으로 분열되어 변경에 별로 신경을 못 쓰는 틈을 타 점점 남하하였고 계성 바로 위까지 왔으나 이렇게나 빨리 중원으로 발을 들이리라곤 자신들도 생각치 못했다. 그것도 갑자기 한족 사령관의 파병 요청에 의해 이름만 듣던 번화한 중원의 도시인 업성으로 직행하게 되었으니 이들은 전투를 앞둔 긴장감보다는 전쟁

122) 오늘날의 허베이성 한단시 남부 임장(臨漳).

의 승리 후에 얻을 전리품에 대한 기대에 더 부풀어 있었다. 이들의 출발지인 계성은 유주(幽州)에 속했고 목적지인 업성은 사주(司州)에 속했다. 그리고 유주와 사주 사이에는 계주(冀州, 오늘날의 허베이성)가 있었으므로 계주 자사가 이들의 첫 교전 상대였다. 보병 위주의 한족 군대는 이들의 말 발굽 아래에 처참히 짓밟혔다. 그리고 이들은 계속해서 업성을 향해 달렸다. 이들의 말 발굽 소리는 중국 역사 암흑기의 시작을 알리는 소리였다.

종친 왕국의 난립

'8왕의 난'의 발생 원인은 여러 가지가 있겠지만 무엇보다도 진(晋)의 분봉 체계에서 그 이유를 찾지 않을 수 없다. 진의 초대 황제 사마염과 통치그룹은 동한의 멸망 원인에 대해 생각해 보았다. 이들의 눈에 동한은 군벌 때문에 망했고 군벌은 주자사나 군태수와 같은 지방 장관 출신이었다. 그래서 주자사나 군태수와 같은 행정장관들은 언제든지 중앙으로 칼을 겨눌 수 있는 자들이라고 생각했다. 그리하여 고안해낸 방법이 사마씨 종친들을 각 지방의 왕으로 봉하여 이들로 하여금 지방을 장악하도록 하고 유사시에 중앙을 보호하는 지원군으로 삼는 것이었다. 이는 460년 전 서한 개국 초기에 했던 방식인데 이 낡은 시스템을 다시 가져다 쓴 것이다. 서한의 개국황제 유방(刘邦)은 중앙의 힘이 잘 미치지 않는 지역에 종친들을 왕으로 만들어서 자신의 정권유지의 방벽으로 삼았다. 그리고 그에 대한 대가로 '7국의 난'이라는 홍역을 치뤄야 했다.

그러나 진의 개국 멤버들은 한술 더 떴다. 진이 선택한 체제는 한마디로 전국적으로 사마씨 종친들을 종왕(宗王)으로 분봉하여 이들로 하여금 지방 행정 장관을 실질적으로 대체하도록 하는 것이다. 그렇게 되면 지방 행정 장관들이 실권이 없으니 중앙에 대항할 힘이 없어질 것이고 피를 나눈 종친들은 중앙을 배신하지 않을 거라 생각했던 것이다. 이것이 서한 초기의 분봉과 가장 큰 차이는 이들 종친왕국에 군권을 준 데에 있다. 서한은 분봉을 하긴 했지만 종친왕국에 군대를 주진 않았다. 군대는 여전히 중앙에 속해있었다. 서한 초기 7국의 난은 7왕들이 스스로 군대를 조직한 것이지 국가의 군대가 아니었다. 그러나 진은 분봉된 종왕들에게 군대를 주었다. 더욱 결정적인 조치는 후에 가서 주·군의 군대를 폐기한 것이다. 이렇게 되니 주·군·현은 있으나 마나 한 행정조직이 되었고 실질적으로 진은 십수 개의 왕국으로 나뉘어진 형국이 되어버렸다. 진의 초대 황제 사마염은 봉국과 종친왕들이 힘을 가져야 지방을 장악하고 중앙을 지키는 데 도움이 될 것이라고 생각하였던 것이다. 그러나 이는 그만의 착각이었을 뿐, 서한 때와 마찬가지로 이는 새로 출범한 진(晋)왕조에도 골육상잔의 씨앗을 심어놓은 꼴이 되었다. 그 씨앗이 싹을 틔우고 꽃을 피기까지는 그리 오랜 시간이 필요하지 않았고 그 결과는 참담하였다.

또한 진의 초대 황제 사마염(司马炎)은 권문세족의 세력이 너무 커질 것을 우려했다. 자기들이 조위왕조에게 했던 일이 똑같이 반복될 수 있다고 생각했기 때문이다. 그래서 진의 초대 통치 집단은 중앙 권력에 종친들이 참여하도록 하였다. 이들로 하여금 시중(侍中), 제공(诸

公), 중서감(中书监) 등의 신분으로 정책 결정에 참여할 수 있도록 하였고 어떤 때는 녹상서사(录尚书事)라는 신분으로 황제를 대신해서 최고 권력을 행사하도록 하기도 하였다[123].

그 밖에도 8왕의 난 발생의 원인으로는 최고 통치 계층이 부패한 데에도 있었다. 중국의 역사를 보면 선양이나 궁정정변과 같은 조용한 방식의 왕조교체를 이룬 왕조는 대개 병목을 통과하지 못하고 2대나 3대에 가서 사달이 났다. 왕망의 신(新), 사마씨의 진(晋), 수(隋), 무측천의 주(周) 그리고 남북조 시대 네 개의 남조 왕조들 모두 50년을 넘기지 못했다. 반면, 서한, 동한, 당, 명과 같이 장기 동란(내전)을 평정하고 피범벅이 된 땅 위에서 건립된 경우 걸출한 군주와 신하가 배출되고 군신 간의 조화를 이루며 왕조가 꽃을 피웠다. 진(晋)은 보통 왕조 초기에 보이는 참신함이나 개혁, 위대한 황제의 등장과 같은 밝은 면들을 전혀 보이지 못했다. 진의 초대 황제 사마염은 동오를 멸망시켜 통일을 이뤘다는 것 말고는 이렇다 할 업적이 없어 보인다. 게다가 재위 말엽으로 가면서 정사를 잘 돌보지 않고 간신들을 중용하며 주색에 빠져 지냈다. 그러는 사이 조정은 왕조 초기부터 사마씨 종친 간의 투쟁의 소용돌이 속으로 계속 빠져들어갔다.

8왕의 난

앞서서 문벌과 종친 왕들의 탄생에 대해 설명한 것은 '8왕의 난'이

123) 刘国石『七国之乱, 八王之乱, 安史之乱之比较』北华大学学报(社会科学版) 2000.6.

일어나게 된 구조적 원인을 설명하기 위해서다. '8왕의 난'을 한마디로 말하자면 여덟 명의 진(晋)왕조 종친들이 서로 자기가 권력을 잡겠다고 끊임없이 쿠데타를 일으킨 내전이다. 사마씨 족보에 이름을 올린 거의 모든 이들이 종적 횡적으로 총 동원되어 마치 권력이라는 먹이에 굶주린 늑대들처럼 서로를 물어뜯고 죽이는 이 참사는 무려 16년 동안이나 지속되었다. 8왕의 난에 직간접적으로 연류되고 동원되어 희생된 사람들이 50만 명이라 하니 그 참상을 알 만하다. 이는 핍박에 저항하는 농민 봉기도 아니었고 왕조말 새로운 정권을 창출하고자 하는 군벌들의 할거도 아니었다. 그저 권력을 잡고자 하는 사마씨 종친들의 정치적 욕심에 의해 많은 군대와 대중들이 동원된 전혀 불필요한 소모이고 혼란이었다.

8왕이란 앞서 설명한 사마염 제위 기간에 책봉된 수십 명의 종친왕들 중 여덟 명을 말하는데 실은 이 내전에 참여한 사마씨들은 20~30명에 달했다고 한다. '8왕의 난' 이야기는 등장인물이 너무 많고 복잡해서 이야기를 듣다 보면 머리가 어지러울 지경이다. 아마 세세히 설명을 한들 머리에 들어오지도 않을 것이다. 그래도 '8왕의 난'이란 게 실상이 어땠는가를 느끼길 바라는 마음에서 아래에 간략하게 설명하였다.

8왕의 난은 상반부과 하반부으로 나뉜다. 진의 초대 황제 사마염이 25년을 재위한 후 죽고(290년) 아들 사마충(司马衷)이 황제(혜제惠帝)가 되었다. 역사는 사마충을 백치 황제라고 묘사하는데 아마도 경미한 정신지체 장애가 아니었을까 한다. 황제가 백치였던 것보다 더 큰 문제는 황후 가남풍(贾南风)이었다. 8왕의 난이라는 막장 내전은 이 여인의 권력 욕망에서 시작되었다. 그녀는 백치 남편에 대한 절망감을 자신의 권력 야망을 이루는 것으로 보상받으려는 듯했다. 사실 태자를 사마충으로 정한 것도 8왕의 난 발발 원인 중 하나이다. 진무제 사마염에게는 사마유(司马攸)라고 아들이 하나 더 있었는데 그는 아버지 진무제를 능가한다고 모든 이들이 칭찬을 마지않는 인재였다. 사마염 자신도 사마충이 적장자이긴 하지만 그가 황제가 될 경우 조정이 혼란스러워질 것을 예상하였다. 하지만 황제의 외할아버지와 사마충의 아내 가남풍이 조정 대신들을 포섭하고 황제를 설득하여 끝내 사마충을 황제로 만들었다.

사마염이 죽을 때 두 명의 대신에게 사마충을 보좌할 것을 부탁하였는데 한 명은 태위 양준(杨骏)이고 한 명은 여남왕(汝南王) 사마량(司马亮)이다. 양준은 사마충의 외할아버지이자 군권을 쥐고 있는 외척이었고 사마량은 사마충의 작은 할아버지였다. 가남풍은 먼저 외척 양준 제거에 착수한다. 이때 그녀를 도와 일을 도모한 이가 방금 소개한 황제의 작은 할아버지 사마량과 황제의 동생인 초왕(楚王) 사마위(司马玮)였다. 가남풍에게는 아주 큰 무기가 있었는데 바로 그녀의 남편인 백치 황제 사마충이었다. 황제는 그녀가 부르는 대로 조서를 쓰고 옥새를 찍어주었다. 그렇게 황제의 외할아버지이자 조정의 최고 실세인 양준이 '역모 혐의'를 뒤집어쓰고 죽임을 당했다. 그 후 그녀는 황제의 작은할아버지인 사마량의 존재도 위협이 된다고 생각되었는지 사마위와 짜고서 같은 방법으로 그를 처형하였다. 마지막으로 사마위조차 같은 방법으로 토사구팽당하여 처형된다. 이 모든 일들이 291년에 일어났고 이제는 가황후의 천하가 되는 듯했다. 여기서 '○○왕' 이렇게 왕호를 붙여 소개하는 인물이 '8왕' 중 하나이다. 이미 두 명이 나가 떨어졌고 여기까지가 8왕의 난의 상반부이다.

4세기가 시작되는 300년, 가남풍의 타켓은 태자에게로 옮겨갔다. 가남풍은 아들이 없이 딸만 셋이 있었기에 태자는 황제와 후궁과의 사이에서 난 사마휼(司马遹)이 되었다. 백치 황제를 조종하면서 전권을 휘두르는 황후를 사마씨 종친들이 가만히 보고만 있었겠는가? 조정은 19살 태자 사마휼을 지지하는 종친들과 가황후 지지파로 나뉘었다. 이때 태자 지지파의 주축이 되었던 인물이 황제의 동생인 성도왕(成都王) 사마영(司马颖)이었고 그를 중심으로 황제의 두 사촌동생이 있었다.

가황후는 똑같은 방법으로 '역모 혐의'를 뒤집어 씌워 태자 사마휼을 죽이는 데 성공하였다. 그런데 이때는 강한 반격을 받는다. 죽은 태자의 작은할아버지 조왕(赵王) 사마륜(司马伦)이 군대를 끌고 황궁으로 들어온 것이다. 정변은 성공하여 황후 가남풍은 감금되었고 얼마 안 있어 그녀에게 사약이 내려졌다. 사마륜은 사마의의 막내(아홉번째) 아들이자 그가 총애했던 첩 백부인(柏夫人)과의 사이에서 난 아들이다. 이때까지만 해도 황제의 동생 성도왕(사마영)과 황제의 작은할아버지 사마륜은 한배를 탔었다.

그런데 사마륜이 더 욕심이 생겨 아예 손자인 황제를 연금하고 자신이 황제로 등극해버렸다. 황위를 찬탈한 것이다. 그러자 성도왕 사마영과 두 사촌 동생들 제왕(齐王) 사마경(司马冏), 하간왕(河间王) 사마옹(司马颙)이 연합하여 군대를 이끌고 와 낙양을 함락시켰다. 물론 이 과정에서 사마륜의 군대와 낙양에서 교전을 하였고 수천, 수만 명이 죽었을 것이다. 백치 황제는 복권되었고 할아버지 사마륜은 감금된 후 가남풍을 죽인 것과 똑같은 방식으로 독주가 하사되었다.

이렇게 하여 8왕 중 세 명이 죽었고 성도왕 사마영이 중심이 된 3형제가 정권을 잡았다. 그러나 성도왕 사마영은 자신의 근거지 업성에 있었고 하간왕 사마옹도 자신의 근거지 장안으로 갔다. 그리고 제왕 사마경이 낙양에서 재상이 되었는데 그는 백치 황제를 끼고 안하무인으로 자기가 황제인양 전횡을 휘둘렀다. 302년, 보다 못한 사마경의 사촌동생 초왕(楚王) 사마예(司马乂)가 군대를 끌고 쿠데타를 일으켰고 8왕 중 네 번째 타자인 사마경은 살해되었다.

그런데 여기서 끝났겠는가? 3형제 중 나머지 두 명인 업성 사령관 성도왕 사마영과 장안에 있는 하간왕 사마옹이 다시 연합하여 낙양을 공격하였다. 사마영의 봉국은 사천성 성도이지만 지난 세기 말 가남풍이 양준을 제거할 때 그녀를 도왔고 이에 대한 공으로 업성의 사령관이 되어 그 후 계속 업성을 근거지로 하고 있었다. 연합군은 낙양을 포위하였지만 초왕이 이끄는 정부군은 성문을 굳게 닫고 수성으로 나갔다. 그러던 도중 중앙관직을 맞고 있던 동해왕(东海王) 사마월(司马越)이 내부 반란을 일으켜 초왕 사마예를 감금하는 일이 벌어진다. 사마예가 오래 못 버틸 것이라 판단했고 그렇게 될 경우 조정의 대신들도 화를 면치 못할 거라는 판단에서였다. 초왕은 성도왕·하간왕 연합군 진영으로 보내져 잔인하게 처형당했고 대권은 성도왕 사마영의 손으로 들어갔다. 동해왕 사마월은 내부 반란의 공로를 인정받아 더 높은 관직으로 올라갔다.

성도왕 사마영은 자신을 황태제(皇太弟)로 부르게 하여 진혜제(사마충) 사후 황위 계승을 예약하였고 이렇게 잠시 사마영의 세상이 오는 듯하였다. 그런데 사마영은 낙양으로 입성하지 않고 자신의 지역 기반인 업성에 거주하며 300킬로미터 이상 떨어진 낙양을 원격 조정하려고 했다. 이해할 수가 없는 처사이다. 당연히 정부는 엉망으로 돌아가고 있었고 이것이 또 다음 쿠데타에 틈을 주었다.

이번에는 초왕을 감금시켰던 동해왕(东海王) 사마월에 의해 쿠데타가 일어났는데 그가 8왕의 여덟 번째이다. 8왕의 난은 결국 최후의 생존자인 성도왕과 동해왕 간의 싸움이었다. 그리고 또 한 명이 있는데 이는 유주(幽州)에서 오랫동안 변경 사령관을 해 왔던 왕준(王浚)이라는 군벌이었다. 왕준은 과거 태자를 둘러싸고 가황후와 태자파가 싸웠을 때 가황후의 행동대장으로서 태자 독살을 주도했던 인물이다. 그러니 태자파였던 성도왕이 왕준을 좋게 보았을 리가 없다. 또한 가황후 사후 성도왕이 사마륜을 타도할 때 왕준에게 유주의 병력지원을 요청했는데 왕준이 눈치를 보며 이에 응하지 않았다. 그리고 이제 권력의 정점에 오른 성도왕은 왕준 제거를 계획한다. 그는 자신의 심복 화연(和演)을 유주 자사로 임명한 후 그로 하여금 왕준을 암살하도록 하였다. 그런데 암살 계획이 새어나가 도리어 화연이 왕준에게 살해당하는 일이 벌어졌다. 왕준은 곧바로 군대를 이끌고 성도왕을 치고 싶었으나 그러기에는 성도왕의 세력이 너무 컸다. 신분, 직급, 군사력 모든 측면에서 상대가 되지 않았다. 성도왕 사마영은 황제의 종친인데다가 황대제가 되었으므로 신분상으로 횡제 다음이었다. 또한 그는 승상으로서 문인들 중의 대장이었고, 대장군으로서 전군을 통솔하였다. 유주의 군대를 지휘하는 지역 사령관 왕준으로서는 성도왕과의 일대일 대응은 승산이 없었다.

그런데 이때 동해왕 사마월의 쿠데타가 왕준에게 기회를 만들어 주었다. 당시 국면은 성도왕 사마영과 동해왕 사마월 간의 싸움이었고 이들은 각자의 동맹 세력들이 있었다. 성도왕은 하간왕과 오래전부터 한편이었다. 동해왕도 산시성 태원, 허난성 난양 등에 친형제를 중심으로 동맹 세력이 있었고 왕준도 그의 동맹 중 하나였다. 동해왕 사마월은 낙양으로 군대를 끌고가서 백치 황제의 어가를 끌고 친히 사마영 토벌을 위해 업성으로 향했다. 황제의 친정(親征)이라는 것이었다. 물론 진혜제 사마충은 영문도 모르고 어가에 올라탔다. 동해왕은 출정 전에 격문을 써서 자신의 동맹들에게 보내어 협공을 호소하였다. 이렇게 하여 한때 같은 편이었던 성도왕과 동해왕 간의 전투가 벌어졌는데 결과는 동해왕의 전군이 몰살되었고 그는 남방의 봉지 동해국으로 도망쳤다. 황제는 세 발의 화살을 맞고 사마영에 의해 업성으로 이송되었다.

그런데, 사마영이 황제를 낙양으로 되돌려 보내지 않고 자기가 있는 업성으로 이송한 것은 큰 실수였다. 세상 사람들의 눈에는 보좌를 노리던 성도왕이 드디어 황제를 포로로 잡았다고 보였기 때문이다. 이는 왕준(王浚)에게 황제를 구출한다는 좋은 명목을 주었고 그는 북쪽의 오환족과 선비족 기마 병단을 끌여들였는데 이것이 5호16국의 포문을 여는 사건이 되었다(본장 도입부 참조). 왕준은 다년간 유주에서 근무하면서 북방의 이민족들과 관계를 다져놓았다. 일례로 그는 딸 둘을 각각 단부선비와 오환족 추장에게 시집보냈다. 그는 선비족과 오환족 사위들에게 병력을 빌려줄 것을 요청하였고 이들은 곧 기마병

2만 명을 파병하였다. 선비족과 오환족 군대는 파죽지세로 달렸고 계주(冀州 허베이성)에서 첫 교전을 하였는데 이때 계주의 부대가 처참히 깨졌고 이 소식이 성도왕 사마영에게 전해졌다. 선비족이 업성 80리 앞까지 오자 성도왕은 진혜제(사마충)를 데리고 업성을 포기하고 도망을 쳤다.

업성을 점령한 선비족 군대는 번화한 업성의 모습에 눈이 휘둥그래져서 닥치는 대로 약탈을 하고 부녀자를 데리고 갔다. 지휘관인 왕준은 이들의 약탈을 묵인하였다. 며칠간 약탈이 이뤄지고 난 후 왕준은 선비족 군대를 이끌고 철군하였는데 이때 데리고 간 부녀자가 8,000명이었다고 한다. 그런데 도중에 왕준이 부녀자를 데리고 갈 수 없다고 명하자 화가 난 선비족 군사들은 8,000명을 전부 죽여서 강물에 던졌다고 한다.

사마영은 황제를 데리고 필사적으로 낙양으로 도주하고 있었는데, 이 소식을 접한 장안의 하간왕이 원군을 보냈다. 하간왕은 이참에 황제를 자기가 탈취하여 자기의 근거지 장안으로 수도를 천도시키고자 하는 생각을 가지고 있었던 것이다. 결국 황제는 하간왕의 보호(?)하에 장안으로 들어왔고 더 이상 권력도 이용 가치도 없는 성도왕의 황태제 지위는 박탈되었다. 성도왕과 하간왕과의 우애는 이 정도밖에 안 되었던 것이다.

한편, 304년 왕준이 성도왕 사마영을 치려 선비족을 끌여들이자 사마영은 이에 대항하고자 흉노족을 끌어들였다. 흉노는 2세기 말엽 조조가 중국 북부에 잔류해있던 남흉노 칸국을 멸망시키고 이들을 산시성(山西省)과 섬서성(陝西省) 일대에 정착하여 살도록 하였는데 그들이

사는 지역을 다섯 개의 부(部)로 나눴고 각 부에 도독을 두어 관리토록 하여 이들이 사는 지역을 '흉노5부'라 불렀다.

당시 흉노의 왕족인 유연(刘渊)이 대도독이란 관직을 맡아 5부를 전부 통솔하고 있었는데 다급해진 사마영은 유연으로 하여금 흉노 군사를 소집하도록 했다. 그런데 누가 알았겠는가? 그것이 5호16국이라는 대분열의 봉인을 푸는 조치였다는 것을. 유연이 5만의 흉노 군대를 소집해 왔지만 때는 이미 사마영과 그의 군대가 뿔뿔이 흩어져 도주한 후였다. 만약 조금만 일찍 왔으면 흉노와 선비가 업성 근처에서 한판 붙었을 뻔했다. 그리고 그 자리에서 유연은 자신을 한왕(汉王)이라 칭하고 한(汉)왕국을 선언하였다.[124] 왕족 간의 권력 다툼이 중국 영토 안에서 이민족 정권의 탄생에 빌미를 제공한 셈이다.

그리고 이보다 한달 앞서서 사천성 성도(成都)에서 저(氐)족이 성한(成汉)제국을 세웠다. 8왕의 난이 한창인 와중에 중국에 이미 두 개의 이민족 국가가 세워진 것이다.

그렇게 하간왕 사마옹의 시대가 열리는 듯 싶었으나 앞선 사마영과의 전투에서 패하고 도망쳤던 동해왕 사마월이 근왕군의 명목으로 각지를 돌아다니며 세력을 규합했는데 이들은 자신의 목적 달성을 위해선 이민족도 가리지 않았다. 306년 왕준의 부장 기홍(祁弘)은 또다시 선비족 군대를 이끌고 장안으로 쳐들어가서 성안을 쑥대밭으로 만들

124) 흉노족의 성씨가 유(刘)씨인 점과 그들이 만든 왕국을 한(汉)이라 칭한 점이 의아스러울 수 있을 것 같아 설명하겠다. 서한 초기 화친의 수단으로 왕실의 공주를 흉노 모어두(冒顿) 선우에게 시집보냈고 유방(刘邦)과 모어두(冒顿)는 서로를 형제라 칭했다. 그 후 모어두(冒顿) 선우의 자손은 유(刘)씨 성을 가지게 되었다. 잔류한 남(南)흉노인들이 중국 영토에 정착한 이후부터 중국 정부는 유씨 성을 가진 흉노인 귀족들에게는 관직을 주어 흉노 거주 지역(5부)의 사무를 맞게 하였다.

어 놓는다. 사료에 의하면 이때 2만여 명이 죽었다고 한다. 기홍에 의해 황제는 다시 낙양으로 호송되었다. 노리개처럼 이놈 저놈 손에 들어갔던 황제는 아무 위엄도 찾아 볼 수 없었고 소가 끄는 달구지 위에 태워져 초라한 모습으로 낙양으로 입성하였고 최후의 승리자 동해왕 사마월이 이를 맞이하였다. 당연히 패배자 성도왕 사마영과 하간왕 사마옹은 후에 죽임을 당했다. 이게 8왕의 난의 마지막 장면이다.

정리하자면 이렇다. 진(晋)은 초대 황제 사마염이 죽고 2대 황제가 즉위하는 291년부터 306년까지 16년 동안 지방의 봉지에 있거나 중앙 관직을 맡고 있던 여덟 명의 사마씨 종친들이 저마다 백치 황제를 끼고 대권을 잡겠다며 궁내 정변을 일으키거나 자기 군대를 이끌고 쿠데타를 일으켰다. 진(晋)의 실질적인 창립자 사마의는 네 명의 부인을 두었고 이들과의 사이에서 총 9명의 아들을 두었는데 8왕의 난에 등장하는 이 여덟 왕들은 모두 사마의의 아들이자 손자들이자 증손자들이었다. 여덟 왕들을 백치 황제 사마충의 입장에서 보자면 작은할아버지뻘 두 명, 작은아버지뻘 두 명, 그리고 자신의 친동생과 사촌 동생들이 네 명이었다. 이들 간의 상잔이 16년간 지속되었고 결국 이 과정에서 선비족과 흉노족 등 이민족들을 끌어들여 5호16국 시대의 문을 열어주었다.

26장
5호16국의 시작과 서진(西晋)의 종말

5호16국이란 '다섯 개의 이민족(호胡)이 16개 나라를 세웠다'라는 뜻이다. '5호가 중국을 어지럽히다(五胡亂華)'라는 명칭으로 불리기도 하는 이 시기는 이민족들에 의해 화북이 점령당하고 한족 왕조인 진(晋)은 남쪽으로 피신가 있는 중국의 대분열 시대이자 중국인들의 입장에선 별로 떠올리고 싶지 않은 흑역사이다. 이 120년간의 역사는 중국 고등학교 고대사 역사교과서 200여 페이지 중 한 페이지 남짓의 분량으로 설명되어 있다[125]. 5호란 흉노(匈奴), 선비(鲜卑), 강(羌), 갈(羯), 저(氐)를 말한다. '갈(羯)'은 흉노의 한 갈래이고 '저(氐)'는 강(羌)의 한 갈래이므로 실질적으로는 '3호'라고 할 수도 있겠다. 이들 이민족들은 화북지역을 완전히 장악하여 크고 작은 정권을 16개나 만들었고 이러한 혼돈의 국면은 서진(西晋)이 망하는 316년부터 선비족 정권인 북위(魏)가 화북지역을 평정하는 439년까지 무려 120여 년간[126] 지속되었다.

---

125) 보통고중과정표준역사독본, 《중국고대사》, 인민교육출판사, 2017.8.

126) 5호16국의 시작을 중국 영토내 최초의 이민족 정권인 성한(成汉)이 성립된 304년으로 볼 수도 있다. 이 경우 5호16국의 기간은 135년 동안이다.

5호16국을 5대10국과 혼동하지 말기를 바란다. 5대10국은 당왕조가 멸망하고 중국 전역이 몇 개의 나라로 쪼개진 시기이다(907~979). 이 역시 중국의 분열 시기이긴 하지만 시기가 600년이나 차이가 있고 후자는 대부분 한족 군벌들에 의해 만들어진 정권들이라는 점에서 그 성격이 완전히 다르다.

5호16국의 실제 정권 수는 이보다 훨씬 많은 27개 정도라고 하지만(정확한 수는 아무도 모른다) 비교적 영향력 있었던 정권만 역사에 기재되어 있으므로 16국이라고 부른다. 이들 각 이민족 정권들의 존속 기간은 그리 길지 않았다. 짧게는 몇 년에서 길게는 몇십 년이었다. 즉, 화북이 16개 나라들로 쪼개져 있던 게 아니라 특정 시점을 기준으로 보자면 몇 개의 나라가 존재했던 것이고 이들 중 일부가 망하고 또 새로운 이름의 정권이 생기는 식으로 해서 120여 년 동안 누적으로 16개의 정권이 출현했던 것이다.

그리고 또 한 가지 오해하면 안 되는 것이 중국 영토 밖에서 유목생활을 하던 오랑캐(호胡)들이 어느 날 갑자기 중국 영토를 넘어 쳐들어와 정권을 만든게 아니라는 것이다. 5호16국의 초기는 중국 영토 내에서 대를 이어 정착하며 살아오던 소수민족들로부터 시작되었다. 그러다가 중기에 와서 화북지역의 한족 정권이 와해되자 북쪽의 선비족 정권이 장성 이남으로 남하하게 된다.

5호16국의 발생 배경과 시대적 의미

중국은 한무제 이후로 펼쳐온 확장과 이민족 정책의 결과로 변경지역에 많은 이민족들이 정착하여 한족들과 같이 생활하고 있었다. 이러한 양상은 시간이 흐르면서 지역의 사회갈등과 문제점들을 낳았고, 이들의 수가 점점 늘어나면서 그러한 갈등과 문제들은 어떤 양상으로든 언젠가는 터질 수밖에 없는 운명이었다. 이는 또한 중국의 역사가 이민족들을 품어 안기 위해서는 언젠가는 겪고 가야 할 진통이었다.

중국은 양한(两汉)과 조위(曹魏)를 겪으면서 흉노, 강, 선비 등 이민족들과 끊임없는 전쟁을 벌이기도 했지만 동시에 많은 수의 이민족들을 중국 영토로 이주시켜 생활하도록 하였다. 한왕조는 외부 세력에 강공으로 나갔던 대표적인 왕조이긴 하지만 동시에 유화책으로서 투항하는 집단에게는 기름진 중원 땅에서 정착하도록 하였다. 쉽게 말하면 이민정책을 쓴 건데 이런 사례는 한과 조위의 역사 곳곳에서 찾아볼 수 있다.

중국의 역대 왕조가 왜 이런 이민족 유인책을 펼쳤는지에 대해선 두 가지 측면에서 볼 수 있다. 하나는 위에 설명했듯이 이들에 대한 유화책을 통하여 변경의 충돌을 피할 수 있었기 때문이다. 또 한 가지 측면은 이들이 경제적, 군사적 자원이 될 수 있기 때문이다. 이민정책을 펴긴 했지만 중국의 이들에 대한 대우는 좋았을 리가 없다. 이들은 지주의 소작농으로 들어가거나 둔전 개간병이 되거나 운이 나쁘면 노예로 팔려갔다. 후에 가서는 이들을 군인으로도 썼는데 유목민족이었던 그들은 기마병으로서는 한족보다 훨씬 능력을 발휘했기 때문이다. 물론 아주 저렴한 비용으로 말이다. 동한 말 영제(灵帝) 때 남흉노 병사들을 이용해 황건의 난을 진압하는 데 쓰기도 했고, 진(晋)의 '8왕의 난' 때 계성(베이징) 사령관 왕준(王俊)이 사마영(颖)을 치려고 선비족 기마병단을 투입시킨 일, 이에 대항하여 사마영이 흉노5부의 군대를 소집한 일, 사마월(越)이 장안의 사마옹(颙)을 칠 때 선비족 병단을 끌어들여 장안을 쑥대밭으로 만든 일, 그리고 훨씬 더 후에 당왕조 말기 안사의 난을 진압하기 위해 위구르족을 용병으로 투입시킨 일 등등 이들 이민족들이 중국의 군사자원화된 사례들은 무수히 많다.

그러나, 시간이 흐르면서 잠재되어 있던 문제와 사회적 갈등들이 드러나기 시작한다. 5호들이 들고 일어난 배경에 대해 생각해 보자. 우선 중국 경내 이민족들의 수가 점점 늘어 서진(西晋)[127] 때에 와서는 무시 못할 집단이 되었다는 것이다. 중국의 서쪽과 북쪽, 동북 지역은 흉노, 선비 등 이민족들 판이 되었고 이들의 거주지는 조금씩 남하하여 낙양을 초승달 모양으로 포위하는 모양새가 되어버렸다. 특히 흉노의 뒤를 이은 선비족은 중국이 혼란한 틈을 타 몽골 초원에서 맘놓고 세력을 넓혀갔고 과거 흉노 제국의 전성기 영토를 거의 차지하였다. 어떠한 세력이든지 그 수가 무시 못할 정도로 커지면 반드시 기존 세력과 충돌이 일어나는 법이다. 서진의 초대 황제 사마염 재위 시기에 이민족들을 국경 밖으로 이동시켜야 한다는 대신들의 건의가 몇번 있었으나 받아들여지지 않았다. 그렇게 하기에 이들은 이미 너무 커져 버렸고 반면 서진의 힘은 약했다.

127) 앞으로 설명이 나오지만 진(晋)은 5호들의 공격을 받아 장강을 건너 남경으로 천도한다. 천도 전의 낙양 정부를 서진(西晋)이라고 하고 천도 후의 남경 정부를 동진(东晋)이라고 부른다.

또 하나는 한족들이 정착 이민족들을 천대하고 박해하고 수탈했기 때문이다. 이민족들 박해의 사례들은 사료에 많이 기재되어 있다. 서진 때 와서 기근이 들어서 경제가 어려워지자 관리들이 이들을 잡아다가 노예로 파는 경우가 점점 많아졌다. 흉노 한(汉)왕국의 장수였다가 후에 후조(后赵)를 세운 석륵(石勒)이 대표적인 케이스이다. 그는 오늘날 산시성의 가난한 갈족 농민이었는데 어머니와 함께 노예로 잡혀가 산동의 어느 호족에게 팔려갔다. 그 후 탈출하여 흉노의 리더인 유연(刘渊)의 밑으로 들어가 흉노 한왕국의 장수가 되었고 후에 서진의 숨통을 끊는 주역이 된다.

세 번째는 기근으로 인해 이들의 생존이 위협받고 있었다. 불행히도 3세기 말엽에 10년에 걸친(282~292) 가뭄으로 인한 대기근이 밀어닥쳤다. 게다가 역병까지 돌아 죽어나가는 사람이 속출했고 가뜩이나 어려운 이민족들은 생존이 어려운 지경으로 몰렸다. 이럴 경우 이들이 선택할 수 있는 건 둘 중 하나다. 그냥 앉아서 굶어 죽든가 아니면 반란을 하던가.

또 하나의 요인을 들자면, 이들이 전투에 투입되면서 점점 군사 역량을 갖췄다는 것이다. 본래 이들의 조상들은 싸움을 잘했던 민족들이다. 기마전은 말할 것도 없고 용맹하고 호전적인 민족인데 오랜 정착과 농경 생활을 하면서 전투 본능이 억눌려져 있었다. 그런데 이들이 전투에 투입되기 시작하면서 병기 사용법과 전술 등이 조직적으로 전수되었고 이들의 전투 본능이 활성화되기 시작했다.

서진의 멸망: 영가의 난(永嘉之乱)

사마월은 8왕의 난에서 마지막으로 살아남은 왕이 되었고 이렇게 해서 8왕의 난은 끝이 난다(306년). 이듬해 정월에 그는 백치 황제 사마충을 독살하고 사마충의 배다른 동생 사마직(司马炽)을 서진의 세 번째 황제 회제(怀帝)로 즉위시켰다. 이때 이미 중원 지역은 16년 동안의 내란으로 폐허가 되어 있었고 민생은 전혀 돌보지 않은 채 국토는 만신창이가 되어 있었다. 기근과 전염병으로 굶어 죽은 시체들이 거리에 나동그렸고 부모가 자식을 팔고 심지어 굶주린 사람들이 사람고기를 먹기도 하였다.

진회제(怀帝) 재위시기 사마월은 실세가 되어 전권을 휘둘렀고 그에게 줄을 대는 사람들이 생겨났지만 이들은 곧 이것이 아무 부질 없는 짓이라는 걸 깨달았어야 했다. 배가 침몰하고 있는데 누가 조타수가 되는 게 무슨 의미가 있는가? 이 나라는 이미 회복 불능상태에 있었고 진 정부는 외세로부터 자신을 방어할 힘조차 없었다. 전란으로 중원의 군대가 거의 소멸 상태에 처했기 때문이다. 이때 새로 일어난 흉노 한(汉)왕국은 점점 낙양을 향해 진군하여 진의 숨통을 조여오고 있었다. 309년 낙양 근처에서 두 번에 걸쳐 전투가 있었는데 운좋게도 진 정부군이 흉노 한왕국 군을 물리쳤다. 310년 흉노 한의 황제 유총(刘聪)이 친히 대규모 군을 이끌고 남하하여 낙양을 포위하였고 보급로가 끊긴 낙양은 식량 부족에 허덕이게 되었다. 여기 저기 굶어죽는 자가 속출하였고 그야말로 진 조정은 풍전등화와 같은 상황이었다.

사마월은 하남성과 산동성의 군사를 징집하고 흉노 한의 대장 석륵

(石勒)의 군대를 토벌하기 위해 출정을 하겠다고 안을 올렸고 황제가 이를 재가하였다. 그리하여 310년 11월 사마월은 낙양 주변에 남아있는 모든 병력 4만과 대신들을 이끌고 출정을 한다. 도성에는 황제와 출정에 참여하지 않은 대신들, 그리고 경비병 정도만 남아 외부의 공격에 완전히 무방비 상태가 되었다.

이듬해인 311년, 사마월의 그간의 전횡에 불만을 품었던 반대파 세력이 그의 부재를 틈타 황제에게 모함하는 일이 벌어진다. 황제도 사마월을 신뢰하고 있지 않았지만 그의 위세에 눌려 별 말을 못 하고 있다가 그가 자리를 비우자 용기가 생겼던 모양이다. 이에 사마월의 죄상을 묻는 황제의 조서가 떨어지고 사마월을 처벌하라고 사람이 보내어졌다. 하지만 이 와중에 그게 무슨 소용이 있겠는가? 행군 중에 이 소식을 접한 사마월은 근심과 걱정 속에 있다가 병사하였다. 대장을 잃은 군사들은 목적지도, 사기도 잃은 채 우왕좌왕하다가 사마월의 관을 끌고 그의 봉국인 동해국(산동성)으로 가기로 한다. 그러나 그들은 도중에 석륵의 군대를 만나 전투를 벌였고 여기서 진 군대는 모두 전멸하였다. 사마월을 따라 출정한 대신들과 귀족들도 모두 잡혀 생매장되었다(311년).

같은 해 5월에 흉노 한의 군대는 낙양으로 입성하여 태자와 귀족들, 호위병들과 백성들 3만여 명을 죽였고 황제를 포로로 잡았다. 이때 서진(西晋)왕조는 멸망한 것이나 다름없다고 봐야 한다. 황제 사마직은 후에 죽임을 당한다.

회제(怀帝) 사마직의 즉위에서부터 흉노 한군에게 낙양이 함락되는 이 기간(307~311)을 황제 연호로 영가년(永嘉年)이라 부른다. 그러므로 역사는 이 기간에 일어난 서진 멸망과 관련한 일련의 사건들을 '영가의 난(永嘉之乱)' 또는 '영가의 화(永嘉之祸)'라고 부른다. '영가의 난'은 서진의 멸망이자 5호16국의 시작을 의미하는 사건이다.

312년 사마직의 조카 사마업(司马邺)이란 자가 장안에서 사마직을 잇는 4대 황제로 추대되어 등극했지만 이건 아무런 의미도 없는 코미디 같은 일이었다. 316년에 흉노 한제국은 장안을 가뿐히 점령하여 황제를 죽였다. 이로써 서진은 공식적으로 종말을 고했다. 서진(晋)이 조위의 황위를 선양받아 성립된 게 265년이니 성립 후 51년을 지속하였고 오를 멸망시키고 중국을 통일한 게 280년이니 통일왕조를 유지한 기간은 불과 36년이다. 서진(晋)은 중국의 여러 단명 왕조 중 정말로 아무런 이룬 것이 없는 왕조라 해도 지나친 말이 아닐 듯하다. 역사에 지대한 영향을 끼친 진(秦)제국은 말할 것도 없거니와 왕망의 신(新)왕조 조차도 자신의 국가 비전을 실현시키고자 여러 가지 실험을 하였다. 그러나 50년을 유지한 서진은 아무런 이룬 게 없이 그저 서로 권력을 향해 싸웠던 '8왕의 난'과 이민족들에게 나라가 망하는 '영가의 난'이라는 창피하고 치욕스러운 사건을 남긴 왕조로서 역사에 남게 된다. 진(晋)의 실질적인 창업자 사마의에 관해서는 긍정과 부정의 시각이 공존하지만 최소한 그의 정치적 안목과 재능만은 누구나 인정한다. 하지만 그의 아들대부터는 통치자로서의 자질을 전혀 보이지 못하고 나라를 망국으로 끌고갔다. 그래서 나는 사마의에 대한 역사의 부정적 인식은 그가 충절을 배신하고 정변을 일으켰다는 데에 있지 않다고 생각한다. 사마의에 대한 후대의 평가에는 서진이 보여준 모습에 대한 후세의 원망이 반영되어 있다고 생각한다. 새롭게 들어선 서진이 최소한 50년이라도 훌륭한 통치를 하고 개혁적 모습을 보였더라면, 최소한 이렇게 엉망진창으로 중국을 몰고 가지 않았더라면 창업주 사마의에 대한 후대의 평가는 달랐을 것이다.

개혁사 외전(外傳) II

요동과 고구려

189년, 동탁의 정권 장악 후 공손도(公孙度)[128]라는 사람이 요동군(辽东郡) 태수로 임명된다. 공손도는 본래 기주(冀州) 자사를 하던 인물이었는데 무슨 연유에선지 파면되었다가 동탁의 눈에 들어 요동 태수로 다시 기회를 잡았다[129]. 동탁 사후 요동지역은 공손도가 군벌이 되어 자립하였고 그 후 공손강(康), 공손공(恭), 공손연(渊) 등 공순(公孙) 패밀리가 대를 이어 관장하였다. 이들은 요하(辽河)의 동쪽인 상평성(襄平城, 랴오닝성 랴오양시 辽阳市)을 근거지로 하고 있었다.

128) 공손도 패밀리와 공손찬(公孙瓒)과는 성이 같을 뿐 관련이 없다. 공손찬은 북평(오늘날 베이징, 텐진天津, 탕산唐山)지역의 군벌이었다.

129) 기주(冀州)는 오늘날의 허베이성(河北省)에 해당한다. 군(郡)은 주(州)의 하부 행정단위이므로 공손도는 파면전 직책보다 낮은 직책으로 간 것이다. 그렇지만 요동군의 면적이 크고 낙랑군과 현토군까지 관할한다고 볼 때 웬만한 주(州) 정도의 힘을 가지고 있었다고 볼 수 있겠다.

요동의 지정학적 의의

이민족이 중원으로 들어오는 길은 크게 세 가지가 있었다. 하나는 서쪽으로부터 오는 길이다. 실크로드라고 불리는 이 길은 주로 당시에는 양주(凉州)라고 불렸던 하서주랑을 통해 오게 되어 있었는데 칭하이를 거쳐서 오는 남부 실크로드 라인도 있었다. 둘째는 아예 정북에서 하투(네이멍구 어얼뚜어스)나 산시성 북부 장성을 넘어서 오는 방법이다. 이렇게 오는 경우는 주로 몽골 초원 민족이 남하하는 경우이고 경제교류보다는 군사 침략의 경우가 많았다. 그리고 또 한 가지 길은 동북에서 발해만을 따라 요하를 건너서 들어오는 길이다. 굳이 하나를 더 말하자면 오늘날의 티베트에서 칭하이나 쓰촨 서부를 통해서 들어오는 서남 라인이 있긴 한데 이곳을 통한 교류는 한참 후인 당나라 때의 일이니 지금은 일단은 잊어도 될 듯하다.

요하(辽河)를 기준으로 동쪽을 요동, 서쪽을 요서라고 불렀다. 오늘날의 랴오닝성(辽宁省) 동부에 해당하는 요동군은 남으로 발해만(渤海湾)과 접해 있고 서로는 요서군(위·진 시대에 요서는 선비족이 점하고 있었다), 북으로 현토군, 동으로는 고구려, 부여와 접하고 있고 한반도 북부에 걸쳐 있는 낙랑군과도 접해 있는 전략적 요충지였다. 발해만(보하이만)이란 오늘날의 요녕성과 허베이성 동부, 그리고 산동반도에 걸쳐서 빙둘러진 움푹 들어간 지형인데 마치 그리스 반도와 터키 서부 사이의 에게해를 연상시킨다. 지도를 보면 전체 발해만에서 요동군이 있고 없고는 천지 차라는 걸 알 수 있다. 요동군이 있을 당시의 중국 영토를 보면 발해만을 빙 둘러서 해안선을 전부 점령하고 있는 모양새인데, 이 경우 중국은 산동 옌타이에서 출발해 오늘날 따리엔(대련)에 상륙하여 해상으로 쉽게 만주지역으로 갈 수 있었고 압록강을 건너 한반도로 진입할 수도 있다. 마찬가지로 만주 정권의 입장에서도 중국 본토로 진입하기 위해서는 이곳을 반드시 거쳐야만 했다. 중원 정권이나 만주 정권 둘 다에게 요동지역은 상대에게 점령당하면 뒤통수가 되게 시리는 그런 곳이다. 이런 곳은 충돌이 자주 일어나는 첨예한 지역이 되기 마련인데 에게해 만(湾)도 고대 그리스, 마케도니아, 페르시아 등 국가들 간의 화약고가 되었다. 그렇지만 중원과 멀리 떨어져 있는 이 지역은 중국이 내전에 휩싸였을 때는 패권자들에게 있어서 후순위 타겟이었고 이런 지역적 이유로 운 좋게도 서북쪽 끝의 양주(扬州, 깐수성)와 더불어 가장 나중에 조조에게 병합되는 곳이었다. 마치 전국시대에 진시황에게 마지막으로 망하는 나라가 거리가 가장 먼 연(燕)국이었던 것과 마찬가지로 말이다.

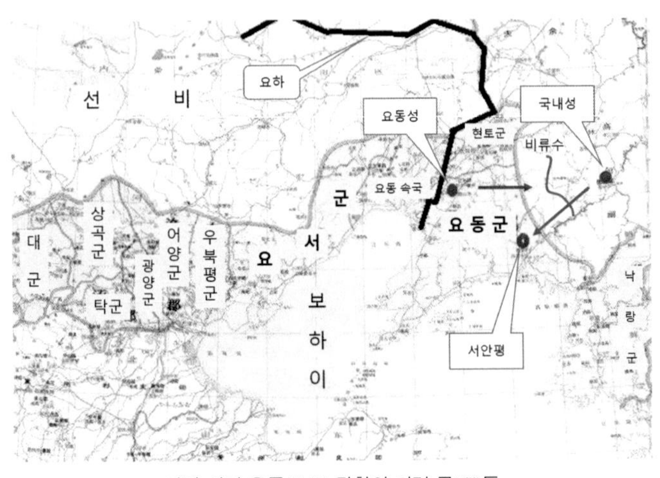

서진 시기 유주(幽州) 관할의 여러 군(郡)들

성장기 고구려의 대외 충돌

고구려의 9대 고국천왕(179~197 재위)부터 15대 미천왕(300~331재위)까지 7명의 왕이 거쳐 갔던 150년간의 한반도 정세를 보자. 시기를 이와 같이 구분한 이유는 중국이 동한 말 황건기의에서 삼국시대, 위(魏), 진(晋)을 거쳐 5호16국으로 가는 동안의 동아시아 정세변화에서 고구려가 어떻게 주변 정권들과 상호작용을 하며 성장했는지를 보기 위함이다.

초기 고구려의 역사는 왕위 계승 문제로 조용한 날이 없었다. 고국천왕 때부터 왕권이 강화되었기는 하지만 여전히 고구려의 문제점은 왕위 계승과 관련한 형제간, 부자간의 싸움과 반란이었다. 이 시기 고구려의 국제 동맹관계와 무력충돌은 주변 정세의 변화로 인해 고구려가 부딪쳐야 했던 어쩔 수 없는 과정이기도 했지만 고구려의 고질적인 문제였던 왕위계승 투쟁이 외부 세력을 끌어들이며 기인했던 측면이 동시에 존재한다.

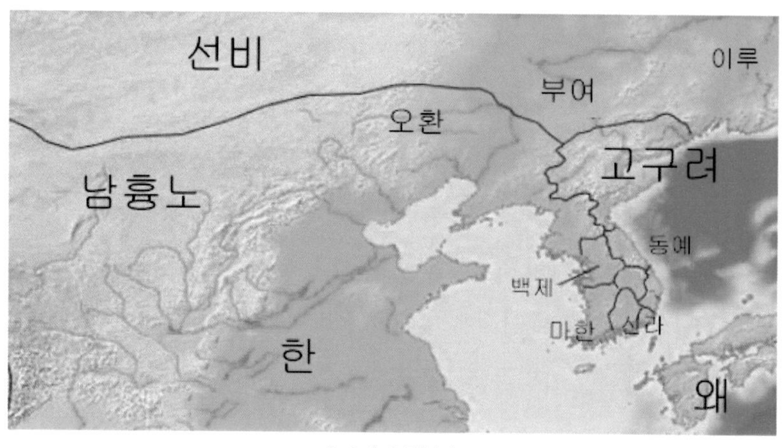

2~3세기 동북아

고구려는 8대 신대왕(165~179 재위)부터 접경지역의 동한 군현에 공격과 노략질을 하고 또 이들의 보복을 받는 등 동한의 군현과 무력충돌이 빈번해지기 시작했다. 고구려의 세력이 커지기 시작했다는 뜻이다. 고구려는 요동군과 현토군를 차례로 공격하고 돌아오는 길에 낙랑군을 공격하는 '노략질 투어'을 한 적이 있는데 이때 낙랑군 태수의 처와 딸이 살해되기도 했다. 물론 이 일로 요동군의 보복 공격을 받았다.

9대 고국천왕(故國川王)이 재위한 17년 5개월간은 중국에서 황건의 난, 십상시의 난, 반 동탁 연합 전쟁이 벌어지고 있던 동한 말 혼란의 시기였다. 고국천왕 때 왕권이 강화되고 고대 국가로서 진일보하긴 했지만 고구려는 왕위 계승 문제가 언제나 발목을 잡았다. 고국천왕은 8대 신대왕의 차남이었다. 신대왕의 장남, 즉 고국천왕의 형은 '발기(拔奇)'라는 자인데 동생이 왕위를 계승한 것에 불만을 품고 몇 개 부락들과 자기 휘하의 무리들을 이끌고 요동 태수 공손도(公孫度)의 진영으로 망명하였다.

10대 산상왕(山上王: 197~227)은 고국천왕의 동생이다. 고국천왕이 후사가 없었기 때문에 제도적으로 부자상속을 하자고 해놓고 어쩔 수 없이 동생에게 왕위를 물려주었다. 큰 형 '발기'는 둘째 동생한테도 밀리고 셋째 동생한테도 밀린 셈인데 셋째인 산상왕이 왕위를 물려받은 것은 고국천왕의 왕후 우씨가 밀어줬기 때문이다. 그리고 산상왕은 '형사취수제'라는 낡은 유목민족의 관습을 되살려 형수 우씨를 왕후로 삼았다. 이 둘 간의 관계에 대해서는 말이 많다. 나중에 우씨가 죽으면서 고국천왕이 아닌 산상왕 옆에 묻으라고 유언을 남겼다는 걸로 비루어 보아 이 둘은 그 전부터 사랑하던 사이였을 개연성이 크다.

한편 요동은 204년 군벌 공손도의 뒤를 이은 공손강(公孙康)이 낙랑군 남부의 대방현(县)을 분리해내어 대방군(带方郡)이라는 행정구역으로 승격시키고 한반도 남부 지역으로(경기도, 충청도) 세력을 넓히고자 했다. 후에 조조가 요동을 접수하면서 낙랑군과 대방군은 다시 동한의 관리 범위로 들어오게 된다.

한편 발기는 자신의 아들을 왕으로 만들려고 했으나 이것이 좌절되자 반란을 일으켰다가 실패하고 급기야 요동의 공손강(康)을 끌어들여 고구려를 공격하였다(209). 고구려는 이 공격을 막아냈으나 수도를 국내성에서 환도성(丸都城)으로 천도해야 했다.

산상왕 때까지는 중국이 한창 군벌들의 혼탁한 내전을 치르던 때라 동한의 중앙정부는 고구려나 부여와 같은 타민족 국가에는 신경을 쓸 겨를도 필요도 없었다. 그래서 고구려의 대외투쟁의 상대는 주로 요동군 군벌이었다. 하지만 11대 동천왕(東天王: 227~248) 때부터는 중국이 삼국으로 굳혀진 시기이고 이제 고구려는 위(魏), 오(吴) 그리고 여전히 남아있는 요동(辽东) 군벌의 세 개 세력 사이에서 현명한 판단을 해야 하는 상황에 처한다.

동천왕 때의 일이다. 고구려는 정세를 잘못 판단하고 자신의 힘에 도취되어 전략적이지 못한 무모한 선택을 하였고 그 결과 위(魏)의 반격을 불러일으켜 아주 크게 당한 사건이 있으니 이것이 '비류수(沸流水) 전투'이다. 그것도 고구려는 두 배나 많은 병력으로 위군에게 거의 전멸당한 우리 민족 역사상 최악의 전투 중 하나이다(242~246년).

고구려의 외교적 행보

동천왕 초기까지만 해도 고구려의 외교적 스탠스는 그리 나쁘지 않았다. 동오의 손권이 위(魏)를 견제하고자 요동으로 사신들을 보내 연맹을 맺으려 하였는데 위(魏)로부터의 압박이 부담이 된 공손연[130]이 손권을 배신하고 사신들을 잡아 가둬버린 사건이 있었다. 손권으로서는 기분이 나빴을 뿐 아니라 외교적 고립에 대한 불안을 느꼈을 것이다. 그런데 공손연 입장에선 그럴 수박에 없었다. 당시 요동은 이미 조조한테 접수되어 위제국의 군(郡)이였고 공손연의 지위는 요동군 태수에 불과했기 때문이다. 아버지와 삼촌 대에서 누린 거의 독립국과 같았던 군벌의 지위가 이제는 없어진 상태에서 동오와 연맹을 했다간 강력한 중앙정부의 징벌을 당할 수 있으니 공손연으로선 당연히 부담스러웠을 것이다. 요동과 동맹을 맺고자 한 손권은 화북의 정세에 대한 정보가 어두웠는지 가능성 없는 외교 전략을 구사하느라 헛발질을 하고 있었다.

그런데 잡혀 있던 동오의 사신 중 일부가 탈출하여 고구려로 가는 일이 벌어졌고 고구려에서 이들을 융성히 대접하고 돌려보냈다. 그때까지만 해도 동천왕과 고구려의 대신들은 동오가 위보다 더 센 나라라고 착각하고 있었을 수도 있다. 이 소식을 들은 동오의 손권은 요동 대신 고구려를 연맹의 대상으로 정하고 고구려에 정식으로 사신을 보냈다.

---

130) 요동은 공손강이 죽고 잠시 동생인 공손공(恭)이 뒤를 이었다가 후에 아들 공손연이 뒤를 잇는다(228년).

고구려의 몸값이 조금 올라가는 느낌이다. 동오와 고구려가 손을 잡으려 하고 있고, 또 이 즈음 요동군 태수 공손연의 독립 움직임이 있자 위제국은 공손연을 견제하고 동오를 고립시키는데 고구려를 끌어들이지 않을 수 없었다. 위(魏)는 고구려로 사신을 보내 통교를 제의했고 동천왕은 이를 받아들여 234년에 위와 화친(통교)을 하였다.

위와 국교를 맺은 고구려는 동오에서 보낸 사신을 죽여서 수급을 위로 보냈고, 결국은 동오와의 연맹을 무효화했는데 여기까지는 고구려가 괜찮은 외교적 스탠스를 취했다고 해야겠다. 여기도 찔러보고 저기도 찔러보며 간을 봤다가 결국은 가장 강력한 위와 통교를 하였기 때문이다. 동오는 두 번의 연맹 시도가 전부 무산되는 불쌍한 처지가 되었다.

위(魏)의 요동 정벌

후에 공손연과 조위 정부 간의 마찰이 생겼고 237년에 중앙에 불만을 품은 공손연은 독립을 선포하고 자신을 연왕(燕王)이라 칭했다. 정말 자신이 있었던 건지 홧김에 객기를 부린 건지 모르겠다.

238년, 때는 조위의 2대 황제 위명제(魏明帝) 조예의 제위 시기이고 사마의가 태위(국방장관)을 맡고 있을 때이다. 사마의의 당시 나이는 59세, 제갈량의 북벌을 좌절시키고 황제의 신임을 받은 그는 능력과 연륜이 최고조에 달했다고 할 수 있겠다. 황제는 사마의에게 친히 군대를 이끌고 요동정벌을 할 것을 명하였다. 공손연과 같은 사람이 사마의의 적수가 될 수 있었겠는가? 사마의는 오늘날의 고속도로로도 1,450킬로미터나 되는 긴 행군 끝에 요동에 도착해 상평성(襄平城)을 함락시키고 공손연을 죽였다. 이와 동시에 낙랑군과 대방군에서 공손연에게 지원군을 보내는 것을 막고자 유신(刘昕)과 선우사(鲜于嗣)를 각각 낙랑태수, 대방태수로 임명하여 군사를 이끌고 바다를 건너 낙랑군과 대방군으로 상륙하도록 했다. 그리하여 이 두 개 군은 위제국의 직할군이 되었다. 사마의의 군사 이력에 또 하나 큰 전적이 새겨지는 순간이었으나 고구려에게는 거대한 위기의 먹구름이 오는 듯했다.

비류수(沸流水) 전투

'비류수 전투'는 사마의의 요동정벌이 있은 지 4년 후, 동천왕 재위 말기인 242년에 벌어진 일이다. 비류수 전투로 시작한 위와 고구려의 싸움은 246년에 끝이났다. 그리고 이로부터 3년 후 위(魏)에서는 사마의가 정변을 일으켜 정권을 잡은 '고평릉 정변(高平陵之变)'이 일어났다.

사마의의 요동정벌로 위와 고구려가 국경을 맞닿게 되자 이 둘의 관계는 험악해지기 시작한다. 이런 측면에서 이 둘의 충돌은 예견된 것일 수도 있다. 그래서 국제관계에서 완충지대라는 게 이렇게 중요한 것이다.

242년 고구려는 압록강 하류의 서안평(西安平)을 공격했다. 고구려가 서안평을 왜 선제공격했는지 직접적인 계기가 나와 있진 않으나 하나 분명한 것은 이 지역이 양국 간의 전략적 요충지라는 것이다. 고구려는 신대왕 때도 이곳을 공격한 적이 있다. 당시 고구려의 영토는 거의 산악지형이라 평야로 넓혀나가기 위해서는 서쪽의 요동으로 가거나 북쪽의 부여로 가거나 아니면 남쪽의 낙랑군을 점령할 수밖에 없었다. 현재의 압록강 하구인 서안평은 요동과 낙랑을 연결하는 좁은 지역이므로 여기를 점령하면 낙랑이 고립된다. 그러므로 고구려는 낙랑을 차지하기 위해 서안평을 먼저 점령하는 것이 필요했고 반대로 위(魏)의 입장에서는 서안평을 내주는 건 낙랑이 위험에 빠질 가능성이 있고 요동으로서도 위협적인 상황이었다. 그러므로 서안평은 위나라 역시 양보할 수 없는 지역인 것이다.

서안평이 공격받은 위는 242년에 유주(幽州) 자사 관구검(毌丘俭)으로 하여금 고구려를 공격하게 하였다. 이로써 위와 고구려의 전쟁이 벌어졌다. 고구려는 압록강의 지류인 비류수(沸流水) 상류에서 교전했고 고구려는 관구검의 군을 격퇴시켰다. 그리고 바로 근처 양맥(梁貊)이라는 곳에서 위군에 또 한번 승리했다. 그러나 두 번의 승리에 도취된 동천왕은 위군을 얕보고 계속해서 밀고 나가다가 관구검의 반격에 무너지기 시작한다. 전세는 순식간에 바뀌어 당시 고구려군은 2만, 관구검의 위군은 1만이었는데 이 전투로 고구려군 1만 8,000명이 전사했다. 이 전쟁은 비단 위군과 고구려군 만의 싸움이 아니었다. 당연히 현토군과 낙랑군의 군대가 참전하였고 선비족과 오환족도 위군을 도운 것으로 알려져 있다.

비류수에서 패한 후 동천왕은 계속 도망을 쳤고 이를 현토군 태수 왕치(王頎)가 쫓았다. 동천왕은 북옥저로 피신했으나 왕치의 군은 북옥저로 쳐들어와서 북옥저를 도륙하였고 동천왕은 또 북쪽으로 피신한 후 간신히 병력을 모아 반격을 하여 살아났다. 관구검은 245년에 2차 공격을 하였고 두 번의 공격으로 고구려는 그야말로 쑥대밭이 되었다. 고구려의 국내성, 환도성이 모두 불탔고 고구려 영토뿐 아니라 고구려의 동맹국인 옥저, 동예도 위군에게 짓밟혔다. 246년에 고구려는 각지의 병력을 모아 반격에 성공했고 마침내 위군은 고구려 영토에서 전부 철군하였다. 남쪽에서 오와 촉의 위협이 도사리고 있는 와중이라 더 이상의 확전은 위(魏)로서도 바라는 바가 아니었을 것이다.

이 전쟁으로 입은 고구려의 피해는 말할 수도 없었다. 당시의 고구려는 유주의 지역 군대에 패할 만큼 아직은 군사력이 그리 강하지 않았다. 그렇지만 고구려는 이어지는 중국의 혼란기를 틈타 재기하였고 무롱 선비족과의 오랜 전쟁은 그들을 단련시켰다. 그 결과 수와 당 초기에 와서는 수십만 대군을 이끌고 황제가 친정을 해도 점령하지 못하는 군사 강국으로 발전한다.

무롱(慕容)선비와 고구려의 대결구도

위(魏)의 변경지역 대외 정책은 무력을 주로 한 강경노선이었던 것에 반해 진(晋)의 변경지역 정책은 유화와 안정 위주였다. 아마도 진은 통일을 위한 동오와의 전투에 치중해야 했기에 변경 쪽과는 마찰을 빚지 않으려고 했을 것이다. 또한 위는 무신들이 이룬 정권이고 진은 문벌들이 주가 된 정권이 아닌가. 아무래도 이들의 성향상 활발한 대외성벌보다는 자신들의 안위를 주로 택했을 것이다. 비류수 전투 이후 3

세기 후반까지 중국과 한반도와의 무력 충돌은 거의 발생하지 않았다. 그 대신 요동 지역의 대결 구도가 무롱선비와 고구려 간의 대결로 변해갔다. 요동의 지정학적 특성상 고구려는 바람 잘 날이 없었다.

선비(鮮卑)는 대략 여섯 개의 부족으로 구성되어 있었는데 그중 요하 상류 지역에 근거지를 둔 부족이 '무롱(慕容)'씨를 가진 부족이고, 이들을 '무롱부' 또는 '무롱선비'라고 불렀다. 이 지역에 '위원(宇文)'선비, '뚜안(段)'선비도 있었지만 무롱선비의 세력이 그중 가장 컸다. 무롱선비는 급속도로 세력을 키워가면서 요하지역의 새로운 강자로 등장하였다. 무롱선비의 성장에는 진(晋)이 '8왕의 난'을 거치면서 요동이나 서역과 같은 원거리 대외문제에 힘을 쓸 여력이 없었던 것도 분명히 한몫했다. 이리하여 동북지역의 신흥강자 무롱선비는 요동으로 남하하면서 비류수 전투로 입은 내상을 입었던 고구려를 위협하고 있었다.

당시 이미 서진은 요하 지역을 거의 포기한 듯해 보였다. 이들에게는 고구려와 국경을 맞대고 싸우는 것도 부담이었고 새로 성장 중인 무롱선비도 위협적이었다. 그래서 차라리 요동 지역에서 손을 떼고 신흥 강자인 무롱선비와 고구려가 서로 싸우도록 놔두는 편이 낫겠다고 생각했던 것 같다.

이런 상황에서 요동쪽으로 서진을 하려는 고구려와 요동의 헤게모니를 장악하려는 무롱선비와의 충돌은 예견된 수순이었다. 3세기에서 4세기로 넘어가는 즈음 중국에서 8왕의 난, 영가의 난으로 서진이 와해되는 지경에 이르자 평주(平洲)[131]는 완전히 통제력을 잃었고 요

131) 서진은 280년에 요동 지역의 행정구역으로 평주(平州)를 신설했다.

동은 그 후로 백년에 걸쳐 무룡선비와 고구려 간에 주거니 받거니 하는 각축장이 된다.

하여간 무룡선비는 우리 민족과 아주 악연이 깊은 집단이었다. 285년 이들은 동쪽으로 국경을 접한 부여를 공격하였다. 이 침공으로 부여의 왕이 자살을 하고 왕비를 포함하여 부여 국민 1만 명이 포로로 끌려갔다. 무룡선비의 성장은 부여에게는 재앙이었다. 부여는 수도를 옮기고 다시 시작했지만 다음 세기 중반 무룡선비가 세운 나라인 '연(전연)'이 다시 부여를 공격하였고 이때 부여는 거의 멸망에 이르렀다.

낙랑군 축출(313년)

영가의 난(永嘉之乱)이 끝난 후 2년 뒤, 즉 서진 멸망 2년 뒤인 313년에 낙랑과 대방의 공동 태수를 맡고 있던 장통이란 자가 고구려와 백제의 공격을 감당하지 못하고 주민 1,000여 명을 이끌고 요하를 건너 선비족 '무룽웨이(慕容嵬모용외)'에게 투항하였다. 420년간 존재해 왔던 낙랑군이 우리 민족의 영토에서 완전히 없어지는 순간이다.

기원전 108년에 한무제의 공격을 받아 옛 고조선 지역에 한사군이 설치된 후, 낙랑군의 지리적 범위, 시기, 성격 등등 한사군에 대한 여러 가지 주장이 있긴 하지만 400년이 넘도록 한반도의 일부가 중국의 행정구역이었고 중국의 관리하에 있었다는 건 부인할 수 없다. 한사군, 하서사군과 같은 새로운 점령지에는 어김없이 중국 정부에 의한 주민들의 이주가 있었다. 한사군에도 최소 수천 명의 중국인들이 이

주해서 살고 있었을 것이다. 이들과 토착 주민과의 마찰은 당연한 것이고 강족과 같은 중국 변방의 이민족들이 받았던 핍박과 멸시를 낙랑군 토착 주민들도 받았을 것이다.

낙랑군에 대해서는 우리나라 역사 교과서에서 잘 가르쳐 주지 않는 피지배 역사이지만 엄연한 역사적 사실이고 언급을 피하는 것만이 능사는 아니다. 침략과 피지배의 역사는 그 나름대로 내외부적 원인과 당시 민중의 고충, 그리고 투쟁의 노력을 같이 이해하고 냉철하게 반성하는 것이 필요하다. 그러므로 나는 '313년'을 우리 역사에서 기억해야 할 중요한 연도 중의 하나라고 생각한다.

공교롭게도 313년은 기독교 역사에서 의미 있는 연도이다. 이해에 로마 황제 콘스탄티누스가 기독교에 대한 탄압을 풀고 로마제국에 종교의 자유를 주었다. 사실상의 기독교 장려를 의미했다. 이로써 유일신인 기독교가 서방 세계에 널리 퍼지는 전기가 마련되었다.

참고문헌

◈ 1장 중국 민족의 기원

李济.『中国民族的形成』. 上海人民出版社. 2008

明清史.『中国古代小数民族的后裔』. 新浪. 2013.10.13

张天路.『我国少数民族人口的过去、现状和发展趋势』. 民族研究所. 1983.9

柏陽. 김영수 역.『맨얼굴의 중국사』. 창해. 2005

◈ 2장 반국가 시대: 하(夏), 상(商) 왕조

晁福林.『夏商西周的社会变迁』. 北京师范大学出版社. 1996.6

毕贞云.『龙山文化』. 中国山东新闻网. 2009.9.28

黎虎.『殷都屡迁原因试探』. 北京师范大学学报. 1982.4

娄恒.『万性之主是姬性 八成多姓氏发源于姬性』. 大河网. 2014.5.15

徐义华.『商代分封制的产生与发展』. 东方文物. 2009.4

周书灿.『商朝国家结构与国土构造』. 殷都学刊. 2001.4

田粉红.『史记简介』. 中国社会科学网. 2015.8

◈ 3장 주(周), 연방 체제의 형성

刘建林.『周公庙:孕育一种延绵不断苍劲力量』. 台声. 2016.3

杨东辰·杨建国.『周公是整合中国文化的第一位圣人』. 宝鸡文理学院学报. 2004.6

钱宗范.『论西周春秋时代的土地所有制』. 广西师范大学学报. 1989.3

张学博. 『井田制的变迁』. 学习时报. 2014.10
王希岩. 『井田制与贡、助、彻』. 山东师范大学报(人文社会科学报). 2014.1
省庐. 『“周武王”的“武”也不是谥号』. 咬文嚼字. 1999. 8
杨志文·包小忠. 『对井田制兴起和衰落的一种契约分析』. 华南农业大学学报(社会科学版). 2006.10

◈ 4장 진보와 융합의 500년, 춘추전국시대

曾文芳. 『先秦民族思想与民族政策』. 陕西师范大学. 2007.4
平子. 『中国奴隶社会分析』. 海派经济学. 2017.3
张光直. 『中国饮食史上的几次突破』. 民俗研究. 2000.2
王炳万. 『简仑春秋时期的农业结构及农业工具』. 农业考古. 2006.8
陈树祥. 『楚国铜矿冶业历史进程的考古学探析』. 湖北理工学院学报(人文社会科学版). 2020.1
孙斌来. 『关于周昭王伐楚原因和结果的探讨』. 松辽学刊(社会科学版). 1995.2

◈ 5장 개혁의 시작: 관중(管仲)의 중상주의 개혁

『历代经济变革得失-管仲变法』. National Energy. 2014.8
葛剑雄. 『中国人口史』. 复旦大学出版社. 2002
吴廷桢·郭厚安. 『中国历史上的改革家』. 甘肃教育出版社. 1986.7
熊良钟. 『中国古代宰相传』. 广东旅游出版社 广州出版社. 2010
张艳丽. 『论管仲的人才思想及其用人得失』. 山东理工大学学报(社会科学版). 2010.3

◈ 6장 진국(晋)의 흥망

『春秋时期哪个国家的人口基数最高 为什么这个国家就像开挂一样』. 趣历史. 2019.5.16
张珊珊. 『春秋时期晋国的军事制度』. 吉林大学.

◈ 7장 전국시대(戰國時代)와 변법(變法)

高专诚.『战国前期的变法活动及其历史教训』. 太远理工大学学报(社会科学版). 2019.12

高梦薇.『先秦法家国家治理思想及其当代启示』. 湘潭大学. 2017.6

赵丹丹.『先秦法家"法治"思想及其当代价值研究』. 曲阜师范大学. 2013.3

王仲修.『齐与晋秦法家思想之差异』. 齐鲁学刊. 2001.11

◈ 8장 철혈재상 상앙(商鞅)의 국가 대개조

胡文彬.『秦统一的地理条件——论秦国崛起的政治地理因素』. 文教资料. 2019.7

兰桂莎.『以军功爵制为视角探究"商鞅变法"』. 中学历史教学参考. 2019.5

赵燕霞·李佳怡.『商鞅变法与秦国崛起』. 法制与社会. 2019.3

石俊美.『论战国时期的文化西渐与秦国的崛起-以秦国人才引进为考察重点』. 忻州师范大学学报. 2017.12

郝洪剑.『商鞅变法的现代价值』. 法制博览. 2018.8

吴廷桢·郭厚安.『中国历史上的改革家』. 甘肃教育出版社. 1986.7

林东林.『谋国者』. 上海三联书店. 2013

◈ 9장 망명재상 범저(范雎)와 정복군주 소양왕

常青树.『范雎的远交近攻计』. 中小企业管理与科技(中旬刊). 2011.1

石金鸣·宋建忠.『长平之战遗址永录1号尸骨坑发掘简报』. 文物. 1996.6

◈ 10장 황제의 탄생: 영정(嬴政)

颜博威.『吕不韦是怎样用商业头脑经营政治的』. 课程教育研究. 2019.3

熊良钟.『中国古代宰相传』. 广东旅游出版社 广州出版社. 2010

东方.『中国商业史上十大著名商人』. 商业文化. 2019.2

◈ 11장 진시황과 이사(李斯)

熊良钟.『中国古代宰相传』. 广东旅游出版社 广州出版社. 2010

马国福. 『李斯：千古第一相缘何被腰斩』. 河南法制报. 2012.2.21
刘晓原. 『丞相李斯的"老鼠哲学"』. 学习博览. 2009.1

◈ 12장 제국의 급속한 붕괴

柏陽. 김영수 역. 『맨얼굴의 중국사』. 창해. 2005
张斌. 『从地域文化冲突的角度浅析秦朝的灭亡』. 牡丹江大学学报. 2017.6
聂毅. 『秦朝速亡原因分析』. 青春岁月. 2015.9

◈ 13장 최초의 동란: 초(楚)-한(汉) 내전

시바료타로 지음. 양억관 역. 『항우와 유방』. 2002.10
熊良钟. 『中国古代宰相传』. 广东旅游出版社 广州出版社. 2010

◈ 14장 초라하게 시작한 한(汉)

葛剑雄. 『中国人口史』. 复旦大学出版社. 2002
孙家州. 『西汉前期三大政治集团的"平衡"及其破局』. 理论学刊. 2019.11
刘国石. 『七国之乱, 八王之乱, 安史之乱之比较』. 北华大学 古籍研究所. 2000.6

◈ 15장 한무제(汉武帝)

刘运华. 『汉武帝时期货币改革述论』. 湖南社会科学. 2006
熊良钟. 『中国古代再想传』. 广东旅游出版社 广州出版社. 2010
刘典. 『中国最早的财产税发』. 知识广角
吴延桢·郭厚安. 『中国历史上的改革家』. 甘肃教育出版社. 1986
许为. 『"以名入仕"与"以文取士" - 人才选拔制度比较』. 领导科学. 2019 18期
张晓政. 『察举与科举』. 人才资源开发. 2016 23期
张毅. 『察举制的得失』. 学习时报. 2017. 2
范振国. 『关于司马迁的结局问题』. 史学月刊. 1985. 6
张碧波·喻权中. 『汉四郡考释』. 学习与探索. 1998. 1期

◈ 16장 서역이 중국의 판도에 들어오다

제임스 A. 밀워드. 김찬영·이광태 역. 『신장의 역사』. 사계절. 2013.1

◈ 17장 한무제, 그 후

吴廷桢·郭厚安. 『中国历史上的改革家』. 甘肃教育出版社. 1986.7

熊良钟. 『中国古代再想传』. 广东旅游出版社 广州出版社. 2010

◈ 18장 왕망(王莽), 이상만으로 개혁이 가능한가?

柏陽. 김영수 역. 『맨얼굴의 중국사』. 창해. 2005

葛剑雄. 『王莽改革失败为何上千人愿陪他死』. 凤凰网历史. 2011.1.21

林东林. 『谋国者』. 上海三联书店. 2013

◈ 19장 또 한번의 내전과 동한의 건립

柏陽. 김영수 역. 『맨얼굴의 중국사』. 창해. 2005

葛剑雄. 『中国人口史』. 复旦大学出版社. 2002

『刘秀登基遗址在柏乡千秋亭旧址』. 新浪网. 2014.4.28

◈ 20장 동란은 개혁을 수반한다: 광무제의 개혁

王恩涌·张宝秀. 『东汉的中兴与改革』. 中国地理教学参考. 2011.5期

减云浦. 『略论东汉初年的改革』. 徐州师范学院学报(哲学社会科学版). 1987.2

高士荣. 『秦汉时期的奴婢放免方式及原因分析』. 兰州学刊. 2017.9

『秦汉时代奴婢制度与工商业』. 河北大学历史学硕士学位论文. 2018.6

黄今言. 『说东汉在军制问题上的历史教训』. 南都学坛(哲学社会科学版). 1996.2

◈ 21장 동한에서는 그간 무슨 일이 있었나?

崔明德. 『匈奴是如何迁徙至欧洲的』. 北京日报. 2019.4.22

迟奇. 『东汉"汉羌战争"再研究』. 延安大学. 2015.6

高荣. 『论两汉对羌民族政策与东汉羌族起义』. 广东社会科学. 1998.3

余尧.『东汉羌人起义』. 甘肃师大学报. 1981.1
王力·王希隆.『东汉时期羌族内迁探析』. 中国边疆史地研究. 2007.9

◈ 22장 동한 말: 대분열의 서막

柏陽. 김영수 역.『맨얼굴의 중국사』. 창해. 2005
付开镜·董坤玉.『东汉末年天下州郡的迅速私有化』. 天水师范学院学报. 2017.11
刘晓航.『误判、轻视与放任——东汉朝廷在黄巾起义爆发前后的应对』. 咸阳师范学院学报. 2019.5

◈ 23장 적벽대전: 삼국의 병립

侯国平.『赤壁大战原因新说』. 南风窗. 2003.9
熊召政.『从邺城到襄阳：曹操挥戈南下——风云三国志·赤壁之战之一』. 海燕. 2008.1

◈ 24장 조위제국의 운명과 사마의(司马懿)

吴雪飞.『公园220年：九品中正制』. 中国纪检监察报. 2020.3
苟忠英.『试述九品中正制对后世的借鉴意义』. 中国地名. 2019.7

◈ 25장 8왕의 난, 흑역사의 시작

刘国石.『七国之乱，八王之乱，安史之乱之比较』. 北华大学学报(社会科学版). 2000.6

◈ 26장 5호16국의 시작과 서진(西晋)의 종말

柏陽. 김영수 역.『맨얼굴의 중국사』. 창해. 2005
王恩通·张宝秀.『五胡十六国的兴亡』. 中国地理教学参考. 2011.9